首阳教育书系

U0589929

中学写作教育课程与教学法新体系

ZHONGXUE XIEZUO JIAOYU KECHENG
YU JIAOXUEFA XIN TIXI

司新华 / 著

陕西师范大学出版总社　西安

图书代号　JY25N1166SY

图书在版编目（CIP）数据

中学写作教育课程与教学法新体系 / 司新华著 .
西安 : 陕西师范大学出版总社有限公司，2025. 6.
ISBN 978-7-5695-5308-6

Ⅰ . G633. 342

中国国家版本馆 CIP 数据核字第 2025VU8298 号

中学写作教育课程与教学法新体系

ZHONGXUE XIEZUO JIAOYU KECHENG YU JIAOXUEFA XIN TIXI

司新华　著

出 版 人/	刘东风
策划编辑/	李　岩
责任编辑/	韩娅洁
责任校对/	任　宇
装帧设计/	吴鹏展
出版发行/	陕西师范大学出版总社
	（西安市长安南路 199 号　邮编 710062）
网　　址/	http : //www.snupg.com
印　　刷/	西安市建明工贸有限责任公司
开　　本/	710 mm×1010 mm　1/16
印　　张/	21. 5
字　　数/	360 千
版　　次/	2025 年 6 月第 1 版
印　　次/	2025 年 6 月第 1 次印刷
书　　号/	ISBN 978-7-5695-5308-6
定　　价/	98. 00 元

读者购书、书店添货或发现印装质量问题,请与本社营销中心联系。
电话:(029)85307864　85303629　　传真:(029)85303879

前　言

　　写作不仅是一个人终身发展的基本能力，也是语文教育和语文能力的重要组成部分。然而，多年来，教材编写者虽筚路蓝缕，中学教育阶段却一直没有一个符合写作学科知识结构、写作与能力生成规律的写作教育课程与教学法体系。在日常写作教学中，不管是语文教材里的写作学习内容还是教师的日常写作教学，大多零散、简略，更谈不上系统和科学。这是中学语文教学界、语文教育研究界多年来的共识。写作教育课程与教学法内容的系统性、科学性，是中学写作教学的需要，也是中学语文教师、语文教研人士以及大学里语文教学类专业学生、教师的真切期盼。

　　二十多年来，作者一直致力于写作教学内容系统性、科学性构建的理论和实践体系探索，有一些创新理论和改革实践成果发表或出版。

　　经过作者数年复杂艰难的理论和实践改革探索，一部以常见文体写作教育课程与教学法构建为主体内容，全面突破中学段写作教育课程与教学法构建瓶颈的写作教育课程与教学法体系呈现在您面前。这套体系以"全人·融通·系统"为宏观视域，以"生命""文化""思维""技能"为关键、本真要素，以培育心灵健全、思维健全，具有民族特色、世界素养、时代精神的中国人和厚重、深刻、独到、真切的写作表达者为目标。主要内容包括：

　　1. 写作教育课程与教学法新体系构建的"全人·融通·系统"核心理论体系。

　　2. "全人·融通·系统"视域下人文素养培育，由"人本位视角健全生命主体智慧培育与写作表达"到"社会本位视角文化精华主体智慧培育与写作表达"两个写作教育课程与教学法主体体系。

3. "全人·融通·系统"视域下思维方式与写作技能融通培育的主体路径。

4. "全人·融通·系统"视域下思维方式与记叙抒情类文体写作技能系统融通培育的三个基础课程和教学体系、三个进阶课程和教学体系。

5. "全人·融通·系统"视域下思维方式与议论类文体写作技能系统融通培育的两个基础课程和教学体系、四个进阶课程和教学体系。

6. "三主三辅交融并进"、教与学方式一体化的写作教育课程与教学法新体系结构。

7. 中学段各年级"三主三辅交融并进"写作教育课程与教学法新体系的课程结构及专题内容示例。

这部面向中学段的写作教育课程与教学法构建的创新理论和全面改革实践体系，是一套写作教育课程、教学法理论和教学实践体系的全面、系统改革和重建总纲，是对中学段写作教学课程内容、教学法育人体系构建的一次本真、系统、较为全面和科学的突破性探索，为中学段写作教育课程和教学法开辟了新的天地，它系统综合了理论视野、知识体系和实践案例，可读性、实践性很强。

这个体系既能全面新建教师的写作教育课程及教学法的理论认知体系，帮助教师全面、系统构建新的文化、思维与写作知识、教学法知识结构，全面提升写作教学素养和能力。教师还可以依据这个总纲的具体内容，根据学生心理特征和学段的思维发展规律、写作教学需要，再构教学内容、学习难度适合的课程内容，选择适当的教学法，实现写作教育课程与教学目标。教师如果不愿意或没有精力在本书观点及内容总纲导引下根据自己年级、学生情况再创理想的写作教育课程，可以根据自己学段、年级情况部分或系统选用、化用本书科学、系统的人文素养融通培育体系，思维方式与写作技能融通培育体系以及辅助课程、教学方式，也能实现部分写作素养与能力、学科育人的培育目标。

为完成本书的创作，作者前后数年静守一室，算得上呕心沥血、皓首穷经。为了准确把握和阐释自己的课程思想、主体观点以及实现相关内容体系的全面、系统、科学的突破性创构，作者全面研究了写作教育相关学科的书籍和重要文章，力求搜猎写作教育课程内容与教法体系构建相关领域的重要研究成果。作者对相关内容进行全面梳理，深入融通研究，系统创构，尤其对国内外的文化发展，形象思维，抽象思维里的形式逻辑思维、辩证思维、批判性思维等方面着力最多。在创构众多知识体系总纲的同时，配有众多写作案例，以便知识与实践结合，让读者乐于阅读、便于运用。创作中资料搜寻、学习与梳理、研究、再创写的工作也是异常纷繁和艰辛的。其间，在作者的具体指导下，沈进宇、师云锋、陈晓娇、蒙越、刘英、钟漪、何璋撰写了少量知识点运用案例初稿，师云锋、沈进宇还分别完成了第六章初中段、高中段写作教育课程与教学法专题示例初稿。在此，向以上七位老师的辛勤、智慧付出表示感谢！

探索之路无止境，科学与智慧总在不断发展。书中不足之处还有不少，敬请各位指正，以期更好地完善，让本书成为中学语文教学、教研人士以及大学里语文教学类专业学生、教师的写作教育课程与教学法体系参考用书，更好地填补中学段没有写作教育课程与教学法体系用书这一空白，更好地为提升教师写作教育专业素养和写作教学的科学性服务。

目 录

第 一 章

写作教育课程与教学法新体系的核心理念：
全人·融通·系统

中学段写作教学课程与教学法的科学性一直受到语文教学与研究专业人士的质疑，其科学性缺失的特征是：没有系统体现写作学科特征、学科知识逻辑、学科素养发展规律以及学生写作素养发展需要的课程内容与教学法体系；缺乏构建学科课程与教学法体系的基础理论及实践体系研究成果；日常写作教学内容零散，教学随意。这些问题的核心是学科本位、学生本位的缺失。

"全人·融通·系统"视域为写作教育课程及教学法改革、构建提供了新理念。在这个视域下，基于文章特质、写作能力形成、思维发展基本规律以及写作教学育人需要创构的中学写作教育课程与教学法理论和实践新体系，是对写作教学育人、写作教学课程与教学法体系构建的本真、系统、创新、科学、突破性探索。

这套理论和写作教学实践相结合的中学写作教育课程与教学法新体系在对已有写作知识与能力形成途径进行重新梳理和全面研究的基础上，在"全人·融通·系统"理论视域下，以"生命""文化""思维""技能"为本真、关键要素，以培育具有健全心灵、健全思维、民族灵魂、世界素养、时代精神的中国人和厚重、深刻、独到、真切的写作表达者为目标，探寻和创构了从全人素养培育角度进行人文素养整合性融通培育的写作教育课程与教学法体系，从思维方式与写作技能融通角度进行思维方式与写作技能培育的课程与教学法体系，"全人·融通·系统"视域下人文素养、写作技能和思维方式三个写作主体素养全面融通、系统发展的写作教育课程与教学法主体体系，个体性素养、表达技能的生长与完善课程，写作情境学习课程，自我完善、建构与多元评价、完善课程三个写作教育课程和教学法辅助课程体系相结合的"三主三辅交融并进"的课程体系及其方案、示例。

第一节　全人：当代写作教育的基础内容和目的

"全人"来自全人教育（Holistic Education）理念，"全人"即完整的人、整全的人。全人教育理念给写作教育课程与教学法体系的构建以重要启发。由于写作与全人素养全面关联，写作会促进人的素养全面发展，全人素养背景下的写作和写作教学更利于学生个人素养以及写作素养的全面提升和写作内涵空间的全面拓宽、深刻发掘，所以，全人素养是写作素养全面培育的终极形态，"全人"应成为当代写作教育的基础内容和目的，成为写作教育课程与教学法体系构建的核心理念。

一、教育的人本回归：全人教育的缘起、特征及当代视野

20 世纪 70 年代末期，北美教育理论激进派受人本主义教育理念的影响，发展出以促进人的整体发展为主要目的的教育思潮，形成"以人的完整发展"为核心概念的全人教育理论体系，涌现出一批较有分量的全人教育研究成果，在一定范围内产生了较大的影响。

1990 年 6 月，80 位支持全人教育的学者在芝加哥签署了"全人教育宣言"，发表了《教育 2000：全人教育的观点》，提出全人教育的十大原则：1）为人类的发展而教；2）将学习者视为独立的个体；3）经验的关键作用；4）整全的教育；5）教育者的新角色；6）选择的自由；7）为参与式民主社会而教；8）为培养地球公民而教；9）为地球的人文关怀而教；10）精神和教育。[1] 全人教育的主要倡导者、"全人教育"概念的正式提出者美国心理学家隆·米勒（Ron Miller），综合几十位全人教育学家的意见后认为，"全人"应该包涵六个方面的基本素质：智能、情感、身体、道德、审美、精神。[2] 全人教育强调每一项教育活动都要以促进这六

---

[1] 刘宝存：《全人教育思潮的兴起与教育目标的转变》，《比较教育研究》2004 年第 9 期。

[2] 薛彦华、蔡辰梅编著《全人教育理论与实践》，北京师范大学出版社，2019，第 13 页。

个方面的素质整体发展为目的，而不是将其割裂开来进行培养。

全人教育主张教育要培养"完整的人"，从身体、智力、审美和情感意识、个人责任和精神价值等多方面整合人类个体知识并融为一个整体，注重情意、灵性、灵感、直觉的激发及想象力、创造力、多元综合智能的开发，提倡人与自然、人与人、人与社会、人与全球的和谐以及长远发展，追求心灵的健全、和谐、完整、力量与高尚，追求自然生命与价值生命的完美统一。这个教育体系为人的健全和人类的和谐、长远发展奠定了坚实的教育理论基础。全人教育不仅仅意味着培养人的全面素质，还蕴含着一种广阔而博大的世界观，它追求的是人、人生、人类社会所可能达到的最高境界，是一种理想的教育理念，也是中外教育家的一种理想追求。

不仅如此，本书还认为，在人文素养方面，"全人"应是立足于本国文化，融汇本民族和世界文化精华的人。全人素养的培育应以科学性、时代性和民族性、世界性为基本准绳，即全人素养还应该具有民族灵魂、世界素养、时代精神。在思维能力方面，"全人"还应具有完整的思维结构，即具有成熟的形象思维、抽象思维结构。思维结构健全，具有民族特色、世界素养及时代精神，是全人素养的新内涵和新视野。这两个方面加上前述的心灵健全是全人素养内涵的三个重要方面。

在当前技术主宰、功利为先的时代，我国教育忽略了本应被视为原点与基础的健康生命、健全思维、健全灵魂以及全面、高贵的人文素养，很多学生沦为忽视自身生命健康、社会责任的功利主义者，全人教育成为提升当代学生生命品质的最迫切的教育需求。

二、人的整全：写作教育的人本、科学回归

（一）写作与全人素养的关系

语文是一门学习祖国语言文字运用的综合性、实践性课程。虽然语文课程具有文学性这一特点被普遍忽略，但工具性与人文性的统一是语文课程的基本特点是得到了语文界一致认可的。这表明人文性是语文课程基本特点中的重要因素。同时，全人素养与人文性直接相关，语文教学涉及全人素养的全部因素。自然，语文课程具有培育全人素养的独特教育价值和功能。

如何认识写作、写作教学与全人素养的关系？

三国时期著名的政治家、文学家曹丕在《典论·论文》中说"文以气为主"。近代著名学者王国维在《人间词话》里说："东坡之词旷，稼轩之词豪。无二人之胸襟而学其词，犹东施之效捧心也。"可见，文章体现的是作者具有个性特征的人文内涵和特质，并且一定程度上反映了当时社会的文化特征。这种内涵和特质，是作者对人生、社会的认知能力、认知程度及认知中人文含量、个性特质的反映，决定了作品的内容与境界特质。

南朝刘勰在《文心雕龙·知音》中说"缀文者情动而辞发"。清代诗人、学者沈德潜在《说诗晬语》上六中说："如星宿之海，万源涌出；如土膏既厚，春雷一动，万物发生。"这里阐述了人文素养是作品产生的前提，"情"会使"辞"的运用更加丰富，更有表现力，充沛的人文积淀让文章写作如滔滔江水势不可当，如万物勃发于厚膏根深叶茂。鲁迅先生若没有对国民性的深刻认识、深重忧虑及急切的拯救意识，就没有那么多对社会、对国民性鞭辟入里、酣畅淋漓的杂文和小说。舒婷若没有自立自强、与男性平等竞争的人文修养，就没有《致橡树》这首动人的诗歌及其丰富、优美的联想。长篇哲思抒情散文《我与地坛》是史铁生文学作品中充满哲思又极具人性化的代表作之一，是作者十五年来摇着轮椅在地坛思索、体验的结晶。地坛只是一个载体，文章的本质是一个绝望的人寻求希望的过程。文中饱含作者对人生的种种感悟，对亲情的深情讴歌，这些内容对读者的人性感悟产生了巨大的冲击。这是史铁生健全人性的生动体现。

综观诺贝尔文学奖获奖作品，对人类自身及社会发展的深刻关怀是其共同特征。蕴含在作品中的作家健全人性、人类与社会关怀、价值生命、审美、思维结构、个体性等众多全人素养，是伟大作品得以产生的根本因素。

可见，全人素养是作品写作的基础动力，是作品的重要组成部分和核心，决定了作品的内容格调和表达形式运用水平。所以，写作教学中全人素养的培育对于学习者来说极为重要。

（二）人的整全与写作教育的人本、科学回归

当代中国课程与教学法受世界"社会效率主义"和"学问中心课程"思潮以及考试选拔模式、日常系统考试压力的影响，造成学生写作认知贫乏，思维结构残缺，人文思想与精神信仰缺失，漠视人生、生活，漠视人类、社会责任，写作内容

"假、大、空"，个体性缺失；当代写作教学重一般文字形态速成的功利性教学、重单一的写作技能教学、重技能教学的知识构建，对学生的上述问题没有具体、系统的写作教育课程进行纠正，也不符合写作及写作教学应有的规律，忽视了写作素养以及人的素养的全面发展。

全人教育理论传入我国，引起了一些教育研究与实践范围的变革，在部分学校和艺术教育领域有少量推广。将全人教育用于语文教学领域，是语文教学及语文教学研究的新趋势。

关注和培育人的生命状态、价值状态、生活状态、文化与审美状态、创造状态是本真的写作教育必须全部重视的问题，也应该是写作教育的基础内容。这些内容与全人教育所涉及和倡导的智能、情感、身体、道德、审美、精神六个因素完全相通，所以，全人教育理念下系列要素的培育能全面提升学生写作素养和人的素养，是写作素养和人的素养培育及提升的基础内容。所以，"全人"既是当代写作教育的基础内容，也是教育目的。立足于全人教育的写作教育，是写作教育的人本、科学回归。

在全人教育人本位、社会本位整合的理念下，写作教育中语文教师应注重对每一个学生的智力、情感、社会性、物质性、艺术性、创造性与潜力的全面培育。在建构写作教育课程体系时，应系统设置全人素养培育体系，着力让学生在丰厚的人文学习中提升全人素养，促使学生素养全面发展，培育学生的创造能力，从而真正全面提高学生的写作素养和人的素养，实现写作教育的本质功能和真正价值。如何在语文写作教育中实现全人教育，是本书要探究的主要内容之一。

三、"全人"视域下写作教育课程与教学法体系的深度、创新探索与实践的宏观途径

根据对人本主义心理学和全人教育理论的系统研究，结合写作教学的特征及教学实际，全人教育视域启发下的写作教育课程构建的宏观路径，整体上注重人本位与社会本位两种文化理念的整合，注重生命的自然教育与价值教育的结合①；注重思维品质的健全与深刻、表达思维与能力的全面提升、写作内涵的全面开掘与丰

---

① 薛彦华：《全人教育理论与实践》，北京师范大学出版社，2019，第14-15页。

厚；注重社会生活与社会实践的参与；注重自我重建。"全人"视域下写作教育课程与教学法体系的深度、创新探索可体现在如下一些主体方面：

（一）全人视域下写作素养全面培育的写作教育课程目标

全人教育强调培养健全的人，注重人的全面发展。基于全人素养内涵及前文提出的心灵健全、思维结构健全，具有民族特色、世界素养及时代精神这三大全人素养，全人视域下写作素养全面培育的写作教育课程的构建目标是通过系统的课程内容学习，帮助学生掌握全人素养形成所需要的知识、方法，培育具有丰沛、全面的全人素养、写作素养及长远发展力的学生。

（二）"全人"视域下写作素养全面培育的写作教育课程与教学法宏观开发

一：以人本位为主的健全生命智慧深度培育的写作学习主体课程与教学体系

生命教育是一切教育的基础和核心。全人教育应以学生生命本位的认知与觉醒、培育健全生命智慧为基础。健全生命智慧包括健全生命意识和健全人性两个方面，是健全的人必须具备的。对生命、人性的关注、感怀是写作艺术价值的重要方面，所以，写作教育应以人本位为基础，通过具体、全面、深入、系统的人文内容和教学途径来实现对学生健全生命智慧的培育。

自然生命是人之为人的基础和前提，是构成人价值生命的物质载体，只有认识到生命的神圣和可贵，才会善待生命，更好地面对人生。尊重、敬畏和爱护生命是健全生命意识的具体体现，是培育健全人性的基础。

健全人性是自然生命的本然和社会环境的合理要求协调统一的反映。健全人性不仅指向个人，还指向个人对环境应有的基本态度。健全人性的主体特征一方面是自由、仁爱、真善、包容、尊严、尊重、合作、向上、积极、乐观、坚韧、灵动、创造等若干人本视角健全人性要素的反映；另一方面，还应该具有自我调控所需要的能力，包括主动的自我认知、自我体验、自我控制、自我完善。自我调控具体体现在"全人"视域下写作教育课程开发中的"自我觉醒、发展与个体性重建"辅助课程中，并融入人文素养专题培育课程内容之中。

世界文化中有无数宝贵的生命智慧，如何从人本位文化视角出发，立足于民族，吸纳世界文化精华，开发全人理念下培育健全生命智慧的人文知识学习与体验的写作教育主体课程与教学体系？

从人本位文化视角构建中国传统生命智慧认知、体验、重建的写作教育课程与教学主体体系，实现中国传统生命文化智慧的当代理解、传承与发展。包括构建认知、体验、重建道家的道法自然、性命双修的学习体系，儒家的生命的人本属性和尊严、和谐现世人伦、追求利于生命健全的道德伦理及自强不息的学习体系，释家的苦和空、生命的超越等传统人本生命文化主体智慧的学习体系。

从人本位文化视角构建西方人本主义生命文化智慧的认知、体验、重建的写作教育课程与教学主体体系，实现西方人本主义生命文化智慧的当代理解、传承与发展。

这个课程体系基于中国传统生命文化中儒道释生命哲学文化和世界生命文化精华知识，紧扣与生命意识、人性直接相关联的因素，侧重于人本位的全面认识与当代理解，建立人与自身、人与自然、人与人、人与社会的合理、和谐、长远发展应有的认知框架和知识结构，通过认知与体验等课程内容的教学，着力培育学生的健全生命意识以及认知能力。

（三）"全人"视域下写作素养全面培育的写作教育课程与教学法宏观开发二：以社会本位为主的文化精华主体智慧深度培育的写作学习主体课程与教学体系

社会本位的素养是全人素养的重要组成部分。人具有双重生命，既有大自然赋予的自然生命，又有自我创造的价值生命。自然生命是人之为人的基础和前提，是构成人的价值生命的物质载体。价值生命能让人感受到作为人类应有的责任与担当、自我存在的价值和尊严。价值生命的意义是一个人在社会中存在的最重要的意义。承载和展现符合人类文明生存与发展的社会文化精华，追求在人类社会发展中的社会价值，体现人类应有的责任与担当，是一个公民实现价值生命功能的重要方面，也是一个人价值生命意义的体现。

在重视生命自然价值的同时注重生命的社会价值培育，是全人教育的重要内容。全人教育强调培养健全人的同时，注重人的全面发展。人文素养培育是全人教育的主体方面。社会本位的人文素养是以符合人类生存与发展需要的文化素养为核心的反映人的社会存在价值的素养，具有促进人类社会文明可持续发展的重要功能。

一个人总是生存于社会文化中，文化的传承、理解与重建，是人类繁衍发展的基本形态。接受以社会文化精华为主的人文素养培育，是每一个公民的基本义务。这与全人教育所强调的智力、道德、情感意识、个人责任和精神价值直接相关，也是中国学生发展核心素养里"人文底蕴、科学精神、学会学习、责任担当"四大素养的具体体现。这些素养不仅是一个公民的重要素养，也是写作者创作内容的主体，其境界的高低决定了创作内容社会价值的高低。

同时，社会本位的文化素养教育是一个公民通过树立远大目标走向心理健康与健全的重要方面。这个观点有着深刻的心理学背景。以健康人的心理和人格为研究对象的人本主义心理学家奥尔波特认为，健康人格（healthy personality）的核心特征是有意识的目标或抱负。有无长远的目标，是区别人类和动物、健康人格和病态人格的一个主要标志。事实表明，有长远的目标并能为实现目标而努力的人，不易受问题和冲突的干扰，能把人格的各个方面整合起来。相反，缺乏长远目标的人，往往受潜意识的力量驱动，使完整的人格化为一些互不联系的亚系统。这便是神经症的主要特征。① 所以社会化的目标是走向心理健全的重要方面。

如何构建"全人"视域下以社会本位为主、体现符合人类社会生存与发展需要的文化精华的写作教育课程与教学主体体系，实现人类文化精华的理解与传承和人文素养的深度培育？

构建这个以社会文化精华传承为主的写作教育课程与教学主体体系，应立足于本民族文化，吸纳世界文化精华，以人类社会发展的人文素养需要为方向，以科学性、时代性、民族性、世界性为基本准绳，继承和发展符合人类文明发展需要的社会文化精华，培育健全心灵、民族灵魂、世界素养、时代精神。

在我国，社会本位的人文素养深度教育应以中国传统文化、革命文化、社会主义先进文化为基础，吸纳古今中外世界文化精华，构建以社会本位为主的中外文化精华主体智慧的认知、体验、重建的主体课程与教学体系，即以社会本位为主体的中国传统文化儒家伦理规范、新民主主义革命文化、当代中国改革开放文化主体智慧以及社会主义核心价值观文化、现当代国外优秀文明等四大范围的文化主体智慧

① 车文博：《人本主义心理学》，浙江教育出版社，2003，第3页。

的认知、体验与重建的主体课程与教学体系。

（四）"全人"视域下写作素养全面培育的写作教育课程与教学法宏观开发三：健全思维品质和思维能力深度培育的写作学习主体课程与教学体系

健全的人、全面发展的人，必须具有成熟的思维结构和较好的思维水平。全人教育强调智能、情感、道德、审美、精神要素，健全思维品质与这五要素直接相关。健全的思维品质是这五要素形成与发展的核心，也是创新发展的基本条件。良好的思维品质是调节不良情绪、情感、认知，走向情感、道德与智慧成熟的重要手段。

这里所说的思维结构包括形象思维、抽象思维两个方面，思维水平指思维能力与审美水平。

1. 形象思维发展培育

形象思维包括联想和想象两个方面。一定程度的联想和想象能力是一个全人必须具备的思维能力。记叙抒情类文体写作，从主题、局部内容点到断面、篇章的产生与形象思维直接相关，形象思维对记叙抒情类文体写作技能有直接帮助，建立记叙抒情类文体写作与形象思维培育相融通的写作学习课程与教学体系，不仅利于写作内容的产生、优化与完成，还利于培养学生的形象思维能力，培育健全的思维结构。

2. 抽象思维发展培育

抽象思维既包括形式逻辑思维、辩证逻辑思维，也包含批判性思维。形式逻辑思维是抽象思维的基础，辩证逻辑思维是抽象思维的高级形态，批判性思维是在形式逻辑思维和辩证思维基础上提出更有理据的观点，进行更严密分析的至高品质的思维。拥有这三种思维，能够全面、理性、深刻地认识事物本质，自觉促进认知与人文品质的发展，是思维健全的重要标志。

写作中对事物的理性认识总是与抽象思维联系在一起，记叙抒情类文体写作的主题、议论、抒情产生常与抽象思维联系，思辨类文体写作与抽象思维全面相关。建立思辨类文体写作与抽象思维培育相融通的写作学习课程体系，不仅利于思辨类文体写作内容的产生，还利于学生的抽象思维能力的发展。

3. 审美能力发展培育

一个健全的人所具有的健全思维品质还包括一定程度的审美能力。审美是人类理解世界的一种特殊形式，审美能力是一个人的重要素养，审美教育是培养思维品质的特殊方式。当具有一定的审美观时，个人就会知道什么是真善美。当审美进行时，个人就能从理智与情感、主观与客观上去认识、理解、感知、评判纷繁的社会现象中真善美的存在。审美活动能促进人性的完善，提升个人修养，激励个人去追求更有意义、更有价值、更有情趣的人生境界，还可以完善个体的思维方式和知识结构，从而更好地发展个体的认知兴趣、认知能力和审美能力，更好地获得人生智慧的发展。当写作进行时，审美思维能够运用审美观分辨、选择，创造性地组合、锤炼人类各种现象、语言表达，呈现美和美的评判，获得审美的愉悦感和成功感。审美思维与活动贯串写作活动的始终。

对文本主题、内容与结构、语言表达进行锤炼与优化，是写作教育中培养审美能力的重要内容。

（五）"全人"视域下写作素养全面培育的写作教育课程与教学法宏观开发四：社会体验和社会实践课程与教学体系

社会体验和社会实践课程是现代课程论中人本主义课程的重要部分，是一种突出"参与集体与人际关系"的情景体验课程、综合课程，是学习方式的重大改变和重要补充，体现了全人教育的开放与综合融通性特征。

从书斋到全面深入的社会实践参与，真实情境中的社会体验和社会实践教育真实、深刻、有力，是培养学生走向现实人生、全面参与社会的重要途径，是对当代空泛、虚浮的体验教育及肤浅、狭隘的人格特质的有力纠正，也是全人素养培育的重要措施，体现了中国学生发展核心素养中三大方面之一的"社会参与"这个重要方面。

在情境性社会体验和社会实践活动学习过程中，知识与现实问题结合，个人与他人、社会真实相处，社会生活情境与个人情境体验、学科知识与运用体验结合，生活指导与跨学科渗入、多元智能的开发与学生个体成长结合，自我奋斗与自我反思结合，个人与他人协作结合，自我认识、自我监控、自我管理与自我发展结合，活动课程及学习方式与学生自由、主动选择、成长结合，对于学生自我认识、心智成长、知识学习与实践能力、人际沟通与协作能力的培养以及兴趣、动机、理想、决策能力、创新能力、现实责任与发展动力、创作热情等长远人生素养的培育具有重要意义。尤其是学生感兴趣的领域与现实环境结合的时候，学生主动发展的兴趣更浓，动力更足，成效更好。学问中心课程是不具备现实参与这一全人教育的重要行动的。

写作是一项特殊的学习活动，是对个体自身、社会、人类认识与情感的言语表达，其真实性、真切程度是习作的主要魅力之一，所以写作教育必须将学生置于真实的人生与社会情景之中，增强主体性和经验性，注重具体社会情景下对生命、社会以及人类文明的写作认知、体验，真实地认识、发现、体验、辨识世间百态及丰富复杂的个体，锤炼真实有力的表达内容，在系列情境性、生活化认知与体验之中对学生的生命与价值、认知与情感、道德与精神、审美与批判、认知与表达等素养进行全面培育。可见，写作教育的社会体验和社会实践课程具有社会综合实践活动的全部功能，利于学生发现写作素材，生发创作热情，提升作品的内涵及境界。所以，教师必须系统地设计情境性、生活化的社会体验和社会实践活动课程。

这里的写作社会体验和社会实践课程从人本位、社会本位两个方面进行课程设置。

1. "全人"视域下写作学习以人本位为主的社会体验和社会实践课程及写作表达

即在人本位素养的培育中，实施以生命本位的认知、生命觉醒与生命关注为基础的社会体验和社会实践写作课程的深度构建及教学。参与社会实践项目能唤起学生的生命意识，促使学生关注生命，对健全人性进行发掘与培育。课程对于促进学生健全生命的自我觉醒与发展、发现写作素材、拓宽写作内容、提升写作境界有重要意义。

（1）通过到生命现场或观看视频认知和体验现实生命的现象特征

即设置到医院探望病人、拜访长寿老人、拜访尊重生命有仁爱之心的人、拜访忘我工作的人、到公园拜访坚持锻炼身体的人等及观看视频等社会体验和社会实践课程，认知和体验现实生命的现象特征，唤醒学生对生命的觉察与关注、对人类的关怀，培育学生健康的人本素养。

（2）写作发掘，关注、呈现生命百态

通过书写相关人物的特征及事迹、作者的发现与感受，感知和呈现生命的幸福、艰辛，警示读者对生命的存在与意义的认知与感悟。以人本位为主的写作学习社会体验和社会实践课程会帮助学生催生无数感人泪下的篇章，书写纷繁的人生百态。

2. "全人"视域下写作学习以社会本位为主的社会体验和社会实践课程及写作表达

以社会本位为主的写作学习社会体验和社会实践课程，是让学生置身于社会文化现实中，进行自我素养培育和写作内容发现，并通过写作表达出来。这样的社会体验和社会实践让学生既能立足国情，也能站在世界视角，自由地进行生活化、社会化、真实性的情境认知、体验，提升学生的社会认知素养、参与素养，促进学生的写作认知、体验与激发。

（1）开设以社会本位为主的文化主体智慧相关的社会体验和社会实践写作学习课程

社会本位的人文知识涉及很多方面，这些方面在现实中的情景是怎样的？该怎样认知？请学生进入相关社会场景，进行生活化、社会化、真实性的情境认知、体验，并通过写作表达出来。这是学生社会体验和社会实践课程的重要内容。比如，参观抗战胜利纪念馆、改革开放陈列馆、拜访战争英雄、新中国建设时期的劳动模范，参观沿海发达地区，观看相关视频，等等，在具体的情境中感知每一发展阶段的文化特征及意义，发掘写作素材。

（2）开设社会时政、社区活动、社会热点的社会体验和社会实践写作学习课程

在以社会本位为主的社会体验和社会实践写作学习课程的专设项目中，还可以与时政系列、社区情景、新闻现场以及观看各类社会热点视频等结合。让学生进入丰富、复杂的社会场景，围绕这些情境进行观察、体验和思考，并进行真实的写作表达。课程内容只有从学生的现实问题中出发，才会真正适合学生和社会的实际，才会产生真正的学习。这种课程不强调记忆现成的知识，而是强调探究、比较、阐释、综合的过程，是知识课程与情意课程的整合，即认知与情意的整合，加强现实认识，触发认知与写作，利于学生整体人格和写作能力的培育。

（六）"全人"视域下写作素养全面培育的写作教育课程与教学法宏观开发五：自我觉醒、发展与个体性重建课程与教学体系

自我觉醒或自我发展的课程（curriculum of self-awareness or self-realization）旨在唤起学生对于自身存在、人生意义的探求。自我觉醒或自我发展课程的学习，不仅是知识的自我认知与发展，还为学生身心的健全、人格的解放与发展提供了实现途径，从而帮助学生确立与增强自律性、个体存在意识、主体发展性，将知识、价值观与目标变为实际行动，促进学生的健全成长。[①]

个体性重建的写作学习课程是在对文化主体智慧的认知、体验后进行自我觉醒的基础之上，对文化主体智慧进行再体验、再认知，并在自我反思后进行个体性重建与个性化写作表达，最终实现文化的个体性重建和个性化表达。这是一个由自省到个体性重建与个性化写作的递进的课程内容设置。

1. 开发人本位生命文化主体智慧的自我觉醒、发展与个体性重建写作教育课程与教学体系

人本位自我觉醒、发展与个体性重建写作学习课程与教学体系是写作教育中全人教育的重要内容。生命意识的觉醒、生命健全状态的认知与反省、个体性认知重建，既是健全自我生命的需要，也是写作的重要范围。生命意识的自我觉醒和自我发展、个体性重建自然就成为了人本素养和写作素养培育应该特别重视的内容。自我觉醒、发展与个体性重建课程的开发，还将带来学生学习方式的重大变化。

（1）人本位生命文化主体智慧的认知觉醒、发展与个体性重建、写作表达

即在写作学习过程中，在中国传统文化和国外优秀生命文化每一板块学习之后，参照课程知识体系，反观自己的认知和素养，通过推演认知和体验、批判性认知以及写作表达，进一步触发生命意识的觉醒、再认知与感怀，促进健全人性的发掘与培育、个体性重建，完善和发展自己的理性生命认识，加强对社会生命文化的关注。

通过自我觉醒、发展与个体性重建写作教育课程内容的教学，引导学生主动追求自我生命的发现与重视、健全发展与创造，追求心灵的健全、和谐、完整、

---

① 钟启泉编著《现代课程论（新版）》，上海教育出版社，2015，第180页。

力量、高尚，培育学生健全与完善的生命意识，为学生的自我长远发展奠定基础，也为写作提供内容。这些素养的培育是对学生生存与发展中生命文化的自我觉醒、重建这一重要方面的重视，也是中国学生发展核心素养中"自主发展"的基础。

（2）人本位生命文化形态调适与矫治的表达性写作

写作是一种特殊的心理活动，在心理学界的广泛试验中，已经确切地证明，写作会对学生人性及心理的健全起到积极而又特殊的作用。表达性写作（Expressive Writing）作为一种新兴的心理干预疗法，是生命状态的写作觉醒和健全生命的自我发展，这种写作能有效改善个体的身心健康状况。

情绪的好坏是身心健全与否的重要表征。不良情绪是产生各类心理疾病的本源。表达性写作作为情绪表露的一种方法，要求表达者围绕某一创伤事件或者压力事件写出自己的情感和认识，也被称为书面情感表露或聚焦表达性写作。这种心理干预手段可以让人们不受社会限制而自由表达与压力相关的想法和感受，正被越来越多地应用于多种心理疾病的治疗。

通过表达性写作，打开心灵，反观与重塑心灵，一方面自我探索、自我发现和自我疗愈，健全自我人性；另一方面，发现、关注、呈现和矫治人的心理，也是写作内容开掘的重要途径。如何通过表达性写作实现健全人性的培育，可以通过如下学习程序：

①健全人性的自我重建一：自由书写和释放，擦拭心灵镜面

打破心灵枷锁进行自由写作。这是心理学里提及的"表达性治疗"的基本内容，也是写作治疗、重建自我的基础和起点。

自由联想是心理治疗鼻祖弗洛伊德发现和使用的一种方法。写作治疗的"自由书写"，就是自发和诚实地书写下自己自由联想的内容。写作学习中的自由书写要求学生快速而不加评判地记录下自由联想的内容，大脑放空，不控制、不斟酌、不重读、不修改，把当下脑海中升起的一切，不分先后多少、高低尊卑、善恶美丑，把内在积压的情绪倾泻出来，把自我真实的感受表达出来，让自己彻底释放。

②健全人性的自我重建二：探索、发现与写作，实现自我重建

即在自由书写之后进行自我认知与评判、觉醒、生长。

在自由书写后，通过检查分析、自我探索，深度了解、认知与评判自我深层心理的情绪情感、人际关系、身体感受、自动思维、上瘾行为、自我认同、自恋自尊、价值金钱等八个方面，发现自我问题的根源，看到"我想要什么""我的感受如何""我在这个世界的位置"等，帮助学生发自内心地体验和认知"我不喜欢那样""我觉得这个很好"，确切地定义"我是谁"，形成明确的自我认同。这样学生会更有自主感，学生的现实适应、现实检验以及现实感受能力都会明显增强，变得更加勇敢，能更好地掌控自己的人生。

在此基础上完成主题写作，让自己的内心与认知完成良性重建，让自己变得更加强大。这也是心理学里提的"表达性治疗+指令性治疗"。主题写作的主题须明确，如"生命与自由：人类发展的根基""走出迷茫：让心更强大""让爱与尊严在你生命中的每一个时刻弥散""告别歧视、欺凌""平等：生命的尊严和爱"等等。通过这些指令性的写作，再现我是怎样的、应该怎么样，通过这些探索与发现、"表达性治疗+指令性治疗"的结合，实现自我重建。

2. 开发社会本位自我觉醒、发展与个体性重建的写作教育课程与教学体系

即在以社会本位为主的中外文化精华每一部分的主体智慧学习后，对应人类社会生存与发展所需要的社会本位人文素养知识，通过对自身拥有的社会本位文化主体智慧的自我认知、反思、体验以及再认知、再体验，重建社会本位文化主体智慧，拓展写作内容发掘空间，培育写作能力，提高写作水平。

（七）"全人"视域下写作素养全面培育的写作教育课程与教学法宏观开发六：全人教育理念下写作学习实践中多元成全的课程与教学体系

写作学习实践中的多元成全是以个人表达为主体的实践体验和表达性写作的自我发现与表达为基础，在表达呈现环节，实施师生、生生间相互帮助、完善以及自我完善等多元成全方式；在真实情景中，通过学生的自我实现与多元表达、互助、学生自我完善、学习情境中利于自我和群体发展的人际互助体验的结合，促进学生获得兴趣、主动性、自我完善与发展力，实现写作学习的多元成全以及更完善的写作表达，从而促进学生的心理与思维健全、认知与写作的自我完善与发展。

第二节　融通：写作教育课程及教学法构建的学科性特征和基础途径

一、融通：人类智能活动的基本特征

1974 年诺贝尔经济学奖得主、被誉为 20 世纪最具影响力的经济学家及社会思想家之一的弗里德里希·奥古斯特·冯·哈耶克（Friedrich August von Hayek）说："人的决定必定总是一个整体心智。"[1] 这个经典观点揭示了人类智能活动的一个基本特征即多元融通、整合。也就是人类在表达过程中，智能活动的相关因素是相互关联、融通整合的，融通是人类智能活动的基本特征。这个特征强调了事物存在因素的相关性和相关因素存在与发展整体性这一人类存在与发展的基本规律。

二、融通：写作学习素养生长、写作表达及写作教学的基本特征

"融通"的特征和内涵对于研究文章组成、写作的缘起和表达、写作素养与能力生长、写作教学的因素及因素结构很有启发意义。写作教育研究作为人类智能活动之一，其上述四个方面也应是相关因素的融通、整合。

《尚书·尧典》中说："诗言志。"朱自清先生在《诗言志辨·序》中称这一句是中国历代诗论"开山的纲领"。自古以来，人们认为"诗"这种表达形式与"志"是融合一体的。推演开来，就是作者的创作过程和结果是语言形式与个人之"志"的结合。这里的"志"是带有作者个体特征的人文内涵，是作品表达的内容；"诗"是承载作者人文内容、体现作者表达技能的语言符号、表达形式，是表达载体，由于每个人的表达特质不同，"诗"也具有明显的个体性特征。再深入考察，作者的思维方式与能力是"志"与"诗"产生的深层原因，也就是作者的思维能力与"志"、与"诗"是分别融合的。所以，文章由作者的人文内涵、思维方式与表达技能三个方面主体因素共同作用而产生，并且具有个体性、诸要素的综合融通性特征。

---

[1] 马永翔：《心智、知识与道德：哈耶克的道德哲学及其基础研究》，生活·读书·新知三联书店，2006，第 65 页。

　　"诗"与"志"的完美结合，才能构成好文章。北宋理学家、文学家、哲学家周敦颐在《通书·文辞》中有一段著名论述："文所以载道也，轮辕饰而人弗庸，徒饰也，况虚车乎？"意思是"文"这个载体失去了"道"，就好像车轮和车扶手装饰得再好，车不载人，也是无用的装饰。这里形象、清晰地描述了文与道结合才能构成好文章。

　　"诗"与"志"的产生因素在写作过程中的协和复杂艰难，并且写作主体的主体性、个体性、灵活性很强，完美的结合需要以作者丰沛的人文素养、良好的思维能力、高超的写作技能为基础。南宋文学家、史学家、诗人陆游在《示子遹》中写道："汝果欲学诗，工夫在诗外。"清代诗人、学者沈德潜在《说诗晬语》中说："有第一等襟抱，第一等学识，斯有第一等真诗。"都强调了诗外功夫是诗歌内涵及诗作产生的关键，没有宽广的视域和深刻的社会、文化体验，便不能成就好的诗作。唐朝贾岛《题诗后》中说"两句三年得，一吟双泪流"，揭示了好作品是作者长时间多种因素参与、不断锤炼的结晶。可见，一方面，写作内涵涉猎面宽、内容深，产生因素很复杂，要有好的襟抱，即好的人文素养和思维方式与能力，需要写作主体长时间多方学习、感知、体悟和不懈思辨；另一方面，写作是一个艰难的过程，人文素养、思维方式与能力、写作技能的融合并达到一定的高度需要作者进行艰苦的融通性写作实践和锤炼。由于"诗外"空间与认知体验不同、人的襟抱不同，写作思维与表达的个体差异大，文章表达的水平和特点就不同。所以，写作素养与能力的形成以及运用具有写作主体的主动性，人文素养、思维方式与能力、写作技能的综合融通性、整合性，写作主体的个体性，写作行为的时间性，写作内容的选择性，写作方式的灵动性等特征。可见，写作内容来源，写作素养与能力形成途径，写作呈现形态的丰富性、多样性，以及相关因素的融通性、整合性和个体性特征，即是作品形成的特征，融通程度和境界越高作品水平就越高。

　　这给写作教育和写作教育研究以重要启发。写作教学的目的是培养学生的写作素养与写作能力，写作教学内容构建、教学方式的运用自然应该具有相关因素融通的特点。写作教学应当充分尊重文章产生和组成的特质，充分体现文章产生和组成的主体因素以及这些因素的融通性、个体性特征；尊重写作素养和能力的多样性、个体性和灵活性以及相关因素融通性发展规律；尊重学生心理、思维、人文素养发展需要；尊重学生写作素养和能力形成、生长的个体性特征及发展规律。所以，构建写作学习课程内容与教学法体系时，必须考虑将写作教与学的相关因素融合一体，并将这些多元因素组成一个整体的、融通的结构性系统，将写作教学内容与教学方式进行系统的融通建构，呈现写作学习课程内容、教与学方式的多样性、关联融通性、综合性特点。这些融通，不仅涉及单学科的教学内容与教学法相关因素的关联与融合，也涉及跨学科的相关因素融合，还涉及学生个体发展特征、学习方式与行为、学生素养及写作素养等多项融合贯通。

"融通"理念将写作教学的内容与方式置于宏大的背景和内容体系之中，有利于写作研究、写作教学课程与教学法体系构建走向深入和宏远，这样的学习与实践利于培育学生全面的人的素养、写作思维和创造能力以及个人思维与表达特质。

"融通"写作教学核心理念将前述相关内容因素、写作教学方式的相关因素的多元融合贯通合成一个整体。"融通"是写作学习素养生长和写作表达以及写作教学的基本特征，是写作教育课程及教学法应有的学科性特征，是写作教育内容与教育方式探寻、构建的基本途径，是写作课程设置及教学的基本原理，也是对写作教学原理及构建教学体系核心理念的创新探索。

三、学习内容、教学方式与"全人"、写作素养培育相关要素融合一体的宏观途径

（一）学习内容的适应性融合一体

即写作教学内容与学生心理特征、思维发展规律相适应，与学科能力形成规律相一致。各学段学生的心理特征不同，思维发展和写作技能学习需求不同，"适应性融合一体"在各学段写作学习课程构建中的阶段性重点及不同学段同一内容或范围的难易程度就有区别。

适应教育对象特征及发展需要的教育才是真教育。宋儒程颐在《河南程氏遗书》卷十九称："孔子教人，各因其材。"明末清初大思想家王夫之说"因人而进"。清朝郑观应在《盛世危言》中说："别类分门，因材施教。"因材施教早已成为日常教学的基本原则和重要方法，中学写作教学也应该如此。

由于写作学习与学生的心智、思维能力、表达能力以及个体性表达直接相关，写作教学与这些因素的适应性、发展性直接相关，写作教学内容构建以及写作教学

必须遵循学生的认知与思维、情感、品德等心理特征，适应并发展学生心理，遵循思维发展的基本规律和写作技能形成、生长规律，让学生的心理素养、思维能力与表达能力得到培育和有效生长，为写作内涵及表达能力的形成和发展奠基。这是写作教育针对性和合理性发展的重要手段。

适应性是写作教学内容构建的基本原则。

1. 写作学习内容与学生的心理特征及其发展需要相适应、融合

（1）适应学生认知与思维发展特征

《辞海》中对认知阐释为：认知是指人类认识客观事物、获得知识的活动。在认知过程中，人类通过大脑对外界信息进行加工处理，并将之转换成内在的心理活动，从而支配自身行为。认知活动主要凭借思维方式和思维能力进行。在认知与思维、情感、品德这几个基本的心理特征中，认知与思维特征是灵魂、是总领，情感、品德特征的产生都基于认知与思维能力。

写作主体的人文素养、写作技能的形成与提升，都与认知与思维能力直接相关。适应学生的认知与思维特征，是有效培养学生的认知能力，构建有针对性的写作教学内容的基础。

高中阶段（16~18岁），一个人心理逐步趋于成熟，并且已经包含着成熟后的独立性和自觉性，是理想、动机、兴趣发展的重要阶段。比起初中学生，高中学生的心理有更强的社会性、政治性，他们对现实环境有了更多的体验与思考，在考虑未来的志愿及解决实际问题时，其思维已经具有很强的现实性和严肃性，并且对未来充满希望和向往。但是，他们也只是刚刚进入成熟期，认识水平还不高，认识能力也有限。

从这一宏观的认知特征就可以看出，高中写作教学内容构建应该注重学生对社会现实、未来社会、未来人生诸方面的认知，提高其认知能力，培育和发展学生的理想、动机和兴趣，让其独立性和自觉性更加成熟。

就思维特征而言，"15～17岁是抽象逻辑思维发展趋于初步定型或成熟的时期"①，"高中二年级（十六七岁）是认知发展的成熟期"②。这个阶段，抽象逻辑

---

① 林崇德：《中学生心理学》，中国轻工业出版社，2013，第40页。
② 同上书，第11页。

思维不仅占优势，而且处于主导地位。由于高中学生拥有更强的抽象逻辑思维能力，抽象逻辑思维已由经验型水平急剧地向理论型水平转化，"他们能够将高级推理过程和逻辑思维过程运用到社会问题和意识形态问题上，开始思考一些抽象的问题，包括政治问题、人际关系问题、哲学问题以及伦理道德问题等。这些问题中涉及一些抽象的概念，如民主、友谊、公平、忠诚等"①，"并逐步地了解特殊和一般、归纳和演绎、理论和实践等对立统一的辩证思维规律"②。可见，高中生的形式逻辑思维和辩证逻辑思维在迅速发展，处于抽象逻辑思维成熟、思维整体结构形成的重要阶段。

随着高中学生自我意识的增强，"其独立性和批判性有了显著发展，但他们对问题的看法还常常是只顾部分、忽视整体、只顾现象、忽视本质，即容易片面化和表面化"③。

高中生思维的创造性也急剧增强，在思维过程中，追求新颖的、独特的元素，追求个人色彩。但是，其思维的创造性大都是不成熟的。具体表现为鉴别力不强，易受错误思维的影响，在遇到困难时容易动摇。尽管如此，还是可以很明显地看出，高中生能创造性地进行学习，能够独立地分析问题、解决问题。

高中生的想象力也在发展，主要表现为能自觉地确定想象的目标和任务，并能围绕目标展开想象。他们不仅能迅速完成内容较为复杂的想象任务，而且能主动地提出想象的任务。并且，随着表象内容的深刻和丰富，随着想象的认知操作能力的提高，他们想象的创造性有了很大发展，并逐渐在想象力发展中占据优势。另外高中生思维的现实性不断增强，其想象能更精确、完整地反映客观现实，所以高中生的想象力还具有较高现实性。

可见，高中生的思维发展侧重于抽象思维，其思维的创造性急剧增强，思维空间不断扩大，思维方式越来越复杂，但思维能力还欠缺。

同时高中生思维活动的自我监控能力也在日益增强。随着年龄增长，青少年的自我监控能力在不断发展，认知操作能力越来越强，思维的反省性、监控性越来越

---

① 林崇德：《中学生心理学》，中国轻工业出版社，2013，第 151 页。
② 同上书，第 11 页。
③ 同上书，第 251 页。

明显。在这个阶段，"中学生的心理显示出'闭锁性'，即他们的内心世界逐渐复杂，开始不大轻易地将内心活动表露出来"①，这是自控能力、敏感性逐渐增强的具体体现，说明中学生在这个阶段正处于理性能力发展的关键期。

很明显，抓住成熟前的时机提高各种认知和思维的能力显得相当重要。写作学习内容就应该在重视学生思维独立性、批判性、创造性的基础上，侧重于培养学生的抽象思维能力，并注重形象思维的培养，增强学生思维的反省性、监控性，促进学生的自我反思与观照、自我完善，从而促进学生思维品质的全面发展。

因此，高中写作教学的主体内容应以思辨类文体的写作学习为主，记叙抒情类文体学习为辅，两种文体的学习相互补充，协同发展。

（2）适应学生认知与情感发展特征

巴金说："我写作不是我有才华，是因为我有感情。"情感是写作教育培养的核心之一，也是学生人文素养和人生发展的重要力量，认知能力与情感状态直接相关。对学生认知与情感特征的关注，是培养学生写作动力和提升文章生动性、感染力的重要前提。

高中段是一个情感动荡多变的时期。随着"成人"意识的增强，高中生希望被当成社会的一员，自尊心和自信心在增强，对于别人的评价十分敏感，加之理想化程度比较高，对未来充满憧憬，有勇敢追求未来、崇尚道义的热情和勇气，他们思想单纯，重感情，敢想敢说，敢作敢为，但思维往往片面，容易偏激、摇摆，有极大的波动性。不仅如此，受认知与理智能力的限制，高中生的情感具有两极性。不仅在外部情绪上两极性明显，比如强烈、狂暴与温和、细腻共存，可变性与固执性共存，内向性和表现性共存，而且内心表现、意志、人际关系都有两极性，如内心的坦白与秘密、真实性和虚伪性等矛盾状态。② 总之，这是心理成熟前动荡不稳的时期，是令人喜忧参半的阶段。这个年龄阶段的心理面貌（包括个性倾向）很不稳定，可塑性强，并且具有丰富的、难以把握的复杂性。

这些特征说明，写作教育要培养学生较强的认知能力、沉稳的性情和高尚的人

① 林崇德：《中学生心理学》，中国轻工业出版社，2013，第344页。
② 邱莉主编《中学生认知与学习》，北京师范大学出版社 .2013，第27页。

格情操等写作的基础素养，必须高度重视学生心理在社会化过程中所体现出的这些认知与情感特征，必须具有与之匹配的利于心理发展的丰富的人文内涵。

写作教育中这些人文内涵学习内容的设置，应该注重价值观、世界观和理想、动机、兴趣、责任感的培育；增强教学内容的社会性、复杂性、理性和情感性，加强对个人与他人、集体、社会的关系，个人因素与成功的关系的丰富性、复杂性和规范性的理性认识；培育学生的自尊心、自信心，强化追求个人事业、社会发展和生活真理、社会规范的意志，培育勇敢追求未来、崇尚道义的勇气；尊重和发展学生的个性品质，既要让学生敢想敢说、敢作敢为，注重自我表达、自由表达，还要促使他们变得沉稳、深厚与坚强，提升人格境界。只有这样，才能适应学生的认知与情感发展需要，培育正确的观念、行为以及良好的认知能力，丰富沉稳、深厚、个性化的情感内涵，提升学生自我修养和人格境界，促进学生个性的充分发展，丰富和发展学生心理，增强人文素养，让学生获得更大的学习与发展动力，为真正走向成熟以及长远人生的发展奠基，为写作提供积极的、丰厚的、自我驱动的认知与情感基础。

（3）适应学生认知与品德发展特征

品德是文章写作的动力和文章内涵意义的重要决定因素。没有品德，难以发现生活中的一些素材，难以产生写作的责任和动力；没有品德，文章就不会有一定的高度，甚至不具有可读性。品德与学生的认知能力直接相关，提高学生的认知能力是培养德育品质、践行德育行为的重要途径。

高中段是世界观从萌芽到形成、发展的重要阶段，品德逐步走向成熟。这时期的品德发展进入了以自律为主要形式，遵守道德规则，运用规则和信念来调节行为的品德成熟阶段。但是在高中初期，仍然有部分学生明显地带有少年时期的动荡性特征。就一般特征来看，"高中一年级学生的认知或智力表现的可塑性较大，道德认识和思想变化也起伏不定"，"15～16岁（初中三年级第二学期至高中一年级第一学期）是品德的初步成熟期"，"高中二年级是认知发展的成熟期"①。所以，高中写作学习内容的设计要高度重视高中一二年级学生认知能力的培养以及高一学生品德的培养。通过提高学生的认知能力来提高其道德认识水平，通过重视高一年级的

---

① 林崇德：《中学生心理学》，中国轻工业出版社，2013，第11页。

道德培育为高中生道德成熟打下坚实基础。

道德成熟的指标有两个：1）能自觉地运用一定的道德观点、原则、信念来调节行为；2）人生观、世界观初步形成。① 所以在高中阶段，应加强社会规范教育，强化道德认知，帮助学生形成正确的道德观念和规则，提升道德境界。

创构适应高中生发展特征的写作教学内容体系，应该与上述认知与思维、情感、品德等心理发展特征相适应，必须高度重视高一年级学生的品德教育，高度重视高中一二年级学生思维结构、认知能力以及情感、理想、意志等的培育，高度重视高中一、二年级学生对人生、社会、自然以及个人与这些因素的关系的认识，并将人文素养与思维能力培育结合起来。

2. 适应思维发展的一般特征和规律

（1）与思维发展的主体途径一致

思维发展都要经过从最初的直观行动思维到具体形象思维再到抽象逻辑思维的过程。这个途径表明思维发展是有阶段性和重点发展期的，抽象逻辑思维是思维发展的高级阶段。抽象思维分为形式逻辑思维和辩证逻辑思维。形式逻辑思维主要包括概念、判断与推理，其中推理包括归纳推理、演绎推理、类比推理。辩证逻辑思维基本思维方式是联系地、发展地、一分为二地分析（或对立统一地分析）。形式逻辑思维是抽象思维的基础，辩证逻辑思维是人类高级思维形式，辩证逻辑思维的成熟标志着思维整体结构的形成。近些年风行的批判性思维是外来概念，也是抽象思维类型，建立在形式逻辑思维和辩证逻辑思维的知识与思维方式之上，提出更有理据的观点，是思维方式培育的终极形态，是抽象思维最高级形态，也是本书设置思维培育进阶路径的终点。

（2）思维发展的全面性和关联融通性

思维发展不是简单的单线发展，而有它的丰富性和复杂性。形象思维和抽象思维是思维的两种基本类型。"抽象思维和形象思维涵盖了人脑中的所有表征，所以思维具有全面性特点。"② 也就是人类是用全脑来思维的。在形象思维发展过程中

---

① 林崇德：《中学生心理学》，中国轻工业出版社，2013，第 158 页。
② 温寒江：《学习与思维》，教育科学出版社，2010，第 10 页。

抽象思维随之产生和发展，在抽象思维发展的同时，形象思维也在丰富和提升；并且，思维会自然融通、综合发展，所以思维发展还具有关联融通性特点。

基于前面关于思维发展规律的分析，思维的发展是形象思维到抽象思维的重点阶段性发展和全面、协调与可持续发展。比如，构建小学段 3~6 年级写作教学内容，就应基于小学生思维发展特征，遵循思维发展规律和发展路径，重视形象思维的重点发展和基本的抽象思维、现象评价的关联融通性发展；构建初中写作教学内容，就应重视形象思维的重点发展和抽象思维的关联融通性发展；构建高中写作教学内容，就应重视抽象思维的重点发展和形象思维的关联融通性发展。小学写作教学内容应以浅易的记叙抒情类文体为主，说明类文体技能写作学习为辅；初中写作教学内容应以记叙抒情类文体写作学习为主，思辨类文体写作学习为辅；高中写作教学内容应以思辨类文体写作学习为主，记叙抒情类文体学习为辅。

思维教学内容缺乏，会使学生思维结构不完整，写作内涵缺少深层发展。当前的写作教材和写作教学普遍缺乏符合思维发展规律的系统的思维教学，即使有，也只是一点零散的技能思维教学。

3. 适应写作技能形成与发展的基本规律

（1）适应写作知识自身的内在逻辑和知识结构

写作知识有其自身的结构，写作课程内容的创构必须符合写作技能的内在逻辑。可是，现实中的写作教学内容设计远不是这样。以人教版新课标教材为例。其高一、高二年级学生写作技能训练序列设计就有明显不足。比如，在第一册"表达交流"第三专题"写人要凸显个性"、第四专题"写事要有点波澜"，这两个专题学习中，已经学习了很多的描写手法，可是第二册"表达与交流"第二专题才安排"学习描写"。而第二册"表达与交流"第一专题"写景要抓住特征"安排在第二专题"学习描写"前，难道是写景要抓住特征就不用描写？再比如，必修第三册"表达与交流"第四专题"学习议论中的记叙"，是解决事实论据的问题，为什么放在第二"学习选择和使用论据"与第三专题"学习论证"之后？并且这些技能主体设计内容简略，结构缺失。如学习各文体的专题技能之前应有文体学习，为以后专题学习文章形成奠基；记叙文写作学习里还应有场景描写；思辨文学习时应把辩证分析作为重点，还应添上对比、类比展开议论等。又如高中必修上写作学习内容的"学写诗歌"怎么放在了"如何做到情景交融"专题之前？"情景交融"是诗歌写作的基础内容。这类知识和能力逻辑的混乱在人教版教材里还有不少。另外，技能主体设计单一，主要表现在只有专题技能，在技能间的联系及综合学习与运用上没有设计。国家统编教材如此，日常写作教学中，教师自己设计的教学内容更不必说，其中零散化、写作技能应试化尤为突出。

（2）适应写作技能形成与发展的基本路径

技能形成和生长规律是构建写作教学内容必须考虑的问题。写作技能虽是一种特殊的心智技能，但技能的形成过程必须经历专项技能学习的阶段性到综合性这一过程。由于技能表达的丰富性，技能运用的综合性、灵活性，写作技能的形成呈现技能学习的专项阶段性、综合性、个体主观性特点，所以写作技能形成与发展的基本路径应是：

写作技能点能力培养的阶段性学习→综合运用写作技能点的综合性学习（章节内技能点、后章节对前章节技能点的综合，文体交错写作产生的文体写作技能间的灵活性综合影响）→综合性技能个体选择性自由运用。

这个路径，既让写作技能点的能力得以形成，又让技能点得以综合运用，写作者的综合性技能得以选择性、个性化发展，使技能呈现丰富性、生动性、运用的个体性特征。

比如，在描写、叙述两个能力点的阶段性和综合性学习之后，进行描写、叙述系列能力点的综合性运用、综合性技能个体选择性自由运用；在抒情方式能力点的阶段学习与综合性运用之后，进行描写、叙述、抒情方式的综合运用、综合性技能个体选择性自由运用；在议论方式能力点的阶段学习与综合性运用之后，进行描写、叙述、抒情、议论方式的综合运用、综合性技能个体选择性自由运用等等。不仅技能间如此，文体间也是如此，如记叙抒情类、思辨类文体写作学习的交错进行产生的文体写作技能间的灵活性综合影响，实现技能的阶段性、综合性、自由性发展。

（3）写作能力的主体学习与补充性学习的结合

文章的创作是相关因素的整体性和不断发展性共同作用的过程，需要写作学习主体在学习进程中主体素养与能力不断发展，整体素养不断完善与提升的同时，进行一些补充性学习。比如，写作知识、技能和某方面素养的欠缺等，都需要写作主体进行补充性学习来填补。这是写作教学实践的常态，是写作教学必须重视的内容。写作学习课程内容的构建应该重视写作能力培育的主体学习与补充性学习的结合。

（二）学习内容的整合性融合一体

写作学习相关因素的整合性融通一体，是"融通"这一核心理念的重要内涵。在各学段写作课程内容构建与教学实施中，学生的心理不同，思维发展和写作技能的水平就不同，写作学习课程构建的整合性融通一体体现的难易、深浅也不同。

1. 学习内容言、文、人、物、思谐和一体

"言""文""人""物""思"五因素谐和一体是写作教学时教师对学习内容选择和实施的一个基本质量标准。

文章是"言""文""人""物""思"的载体。这里的"言"是指文章语言；"文"既包括文章的人文内容，也包括文章的文学性和文学价值；"人"是指作品中体现出的人的特征；"物"是指外界事物，有自然物和社会事物，包括自然、社会环境等作品内容的具体情景；"思"是教学内容体现的思维方式及思维品质。学习文本及教学内容"言""文""人""物""思"五要素谐和一体，体现了教学文本和教学内容的人本性、社会性和文学性的整体价值，满足了写作教学时人本教育和语言文学教育的需要。

2. 学习内容跨学科融合一体

学习内容跨学科融合一体是写作学科教学内容与方式的特征，也是实现学生写作素养和全人素养全面培育的重要手段。构建写作学习内容跨学科融合一体课程的基本途径是：将写作素养培育的相关学科内容与写作内容学习、人的素养全面提升的写作教学内容整合融通一体。做法是将心理学、教育学、哲学、思想史、社会文化学、历史、美学、德育、美育、思维科学、写作学、现代课程论的人本课程与写作教学中的人文素养、写作思维品质和写作技能培育系统融通一体。比如第一个核心观点"全人"里创构的内容，体现了这些学科知识与所创构的人本位、社会本位的人文素养、思维能力培育课程，社会体验和社会实践课程，自我觉醒、发展与个体性重建课程的结合，实现学生全人素养和写作素养的培育；本核心观点"融通"里述的适应性融通的几个方面都是将心理学、思维科学、教育学、写作学与写作学习内容跨学科融合为一体；在后面的"全人·融通·系统"视域下人文素养、思

维方式与写作技能融通培育课程体系各章节中，上述众多学科的跨学科融合一体的具体内容都有不同程度体现。

3. 课程专题内容三主体融合一体

人文素养是文本组成及文本产生的基础，涉及广泛的素养内涵。思维方式是人文素养、写作内涵及写作技能发展与体现的重要因素。写作技能是指文章的表达技能，含文体、表达方式、语言三个方面，是对人文素养、思维方式的呈现。人文素养、思维方式、写作技能这三者是文本组成及文本产生的主体方面，在写作过程中是融通的。

"全人·融通·系统"视域下，三大主体的纵向版块内容，分专题横向组合成融通一体的专题学习内容，是写作教学内容构建的本真途径和基本学习单元。三主体交融课程是每一个学习专题的基础整合方式。每一专题三主体融通的整合途径是：人文素养专题的学习材料一定程度体现该专题学习内容中的思维方式、写作技能；与专题学习里思维方式与写作技能融通培育专题学习配套的范例从不同角度或不同层次与该专题学习的思维形式、人文专题内涵系统对应。这样的学习专题整合内容，形式上实现了人文素养、思维方式、写作技能学习的相互融合、共同发展，培育学生从不同角度开掘专题人文内容和运用专题技能的思维结构，利于学生人文思维结构与表达思维、表达技能的形成和迁移，促进学生学习专题的写作素养与能力培育的整体协同发展。

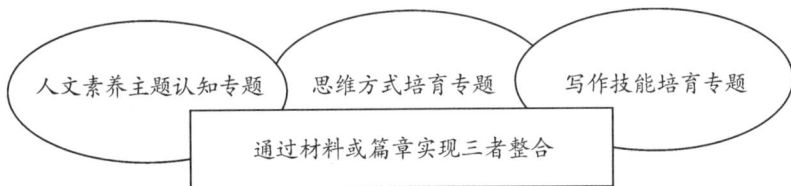

图1　每个学习专题里三主体融通整合的基本方式

4. 主辅课程整合融通一体

即辅助学习内容课程与主体课程融合一体。

所谓写作教学的辅助性内容，是基于写作学习以三主体融合的写作学习主体系统而言的，是穿插于主体内容之中必不可少的教学内容的组成部分与教学方式。

（1）辅助性课程与教学法一：个体性素养与表达技能生长与完善课程

包括两个方面：写作素养、写作技能个体性生长的基本途径与写作教学主体内容融通；写作主体个性化的内涵素养与表达技能完善、提升的辅助学习内容与主体专题教学一体化结合。

①写作素养、写作技能个体性生长培育的基本途径与写作教学主体内容融通

主体性内容构建给教学者与学习者提供了一个一体化的主体学习内容系统，但是由于写作能力的形成具有写作主体在外界环境影响下自身写作素养与能力相关因素综合性作用的特点，即写作能力的形成是写作主体的写作要素间个性化结合与生长的结果，所以写作教学内容的构建必须考虑写作素养与技能个体性产生的因素与方式，系统构建写作素养个体性生长的内容体系，将其融入主体的学习体系中。这样的写作学习内容构建才符合学生写作能力的生长规律，体现了对写作者能力生长的科学途径的重视。

个体性素养与技能个体性生长、培育内容设置同写作教学主体内容融通，即在写作教学主体内容的构建中，系统融入以下四个结合：

A. 阶段性和综合性结合

学习具有过程性和学习内容的综合融通性、个体主观性特征，即学习具有阶段性和综合性特征，所以学习内容的设计也应该是阶段性和综合性的结合。思维发展与人文素养、写作技能的形成一样遵循这一规律，所以写作教学内容设置应该遵循这一规律，将思维培育、人文素养与写作技能的阶段性和综合性学习结合，促进个体素养与写作能力的提升。

在课程设计中，阶段性和综合性结合主要用于局部内容学习后的整合。比如思维方式与写作技能融通课程设计中，学习了局部能力点后进行能力综合。这包括小板块里从某个点的学习到几个点的整合学习，一个板块学习结束后进行几个板块的整合学习，实现思维与技能的综合发展。

B. 不同思维方式、文体写作技能交叉互补结合

思维发展具有全面性、互补融合发展特点，不同文体写作技能间也有互补发展性特点，所以在写作教学内容构建中应遵循思维发展规律，注意文体写作、思维与技能在内容设置中合理、交错配置，促进文体写作、思维与技能的互补性综合发

展。不同思维方式、文体写作技能的交叉互补结合，是相关因素的关联性、互补性融通的重要方式。比如：通过在思辨文教学中插入记叙抒情类文体写作，实现抽象思维和形象思维的互补发展。

C. 指定任务和自主学习结合

学习有个体习得性特点，写作素养的形成也是以个体习得为主要方式，所以写作教学内容设置应将内容与方式的指定性学习与自主学习结合，实现写作素养个性的自由生长。自主学习包括指定任务内学生的自由选择、人文素养学习内容的自由拓展、思维与写作技能融通能力点的自由运用以及无任务情况下学生的自由写作学习与实践。此结合在课程设计和实施的全流程都可以灵活运用。

D. 读、研、写结合

读、研、写结合是一种以学生自主习悟、自主写作为主的写作学习方式。

读写结合教学是我国语文传统教学经验的精华之一，是语文教学的一条基本原则，也是写作教学学科特点的重要体现。读写结合，是将学生学习、研究、写作融为一个整体。通过专题教学内容里的读写结合，不仅实现了文化传承与理解、思维发展与提升、审美鉴赏与创造、语言建构与运用等语文学科的核心素养的培育，还实现了思维方式、人文素养、写作技能的个体性习得。

在新时代背景下，语文课程标准要求学生读写结合的范围已经拓宽。结合传统的读写结合理念，可将读写结合方法归结如下：1）研究性写作。包括对某专题的研究性学习和对专题或篇目的评论性写作。研究性写作是对阅读对象进行理解、分析、鉴赏的评论写作，是对文本特点的揭示，对评论对象的文本要素及价值的学习、体悟、情景体验与再创造，是研究类文体写作与文本学习的结合。2）参照性写作。即学习文本的内容与表达方式，进行写作借鉴与创造。3）拓展式阅读写作。即在文本阅读基础上进行的迁移性阅读，以体现相关因素的拓延性关联，拓宽内容与表现形式以及素养学习的范围。

学、研、写的内容设置融合一体，就是将教师主导或学生自主的学习内容与学生的自行研究、学生的自主写作融为一体。此种结合在课程主体学习内容设计与教学中以及主体课程完成后都可以灵活运用，实现学生个体性素养与技能的生长与培育。

②写作主体个体性、个性化的内涵素养与表达技能完善与提升的辅助学习内容同主体专题教学一体化结合

A. 表达主体文本内涵素养的个体性和艺术性完善与提升的辅助教学

在主体写作学习内容体系的专题学习中，学生文章会反映出作者本身内涵素养的诸多不足，对这些问题的补救是促进学生写作素养综合性以及写作能力整体发展的重要方面，也是主体写作教学过程中的重要环节。所以，在写作主体教学内容中，要根据学生内涵素养的情况，间插安排写作主体内涵素养的培育与优化的教学内容，促进学生内涵素养的完善优化与个体性提升。

写作主体内涵素养个体性的优化包括：1）个体性生活素养的优化。即内容的生活化和个体性的完善。写作需要生活的再现与艺术的真实，在学生写作中生活化和个体性不足很普遍。对社会文化、经济、人生百态的生活情景教学，让学生观察、感知与体验，形成个体性认识，是写作生活化、个性化的重要前提。2）个性化的人文素养的优化。即针对学生在主体学习过程中表现出的个性化人文性素养的不足，如情感、品德、人格品位、审美理想、学识修养、文化性元素缺失等，进行补充性学习。3）思维能力优化。即面对学生的一般思维及艺术思维的不足，进行思维方式及写作思维的补充性学习。

表达主体文本内涵素养个体性和艺术性完善与提升的辅助教学即是将这些因素的生成、补救与培育融合于主体的写作教学内容体系之中。

B. 表达技能完善与提升的辅助教学

在主体写作学习内容体系的专题学习中，学生的文章会反映出文章本体表达技能的很多不足，所以应在学习过程中对这些不足予以完善优化，并借助形象思维、抽象思维对这些教学进行优化。文章本体的技能元素是写作学习必须掌握的表达形式。文章技能元素包括写作行为的心理过程、主题、文体、内容与结构、写作技法、语言，以及文章技能基础等级、发展等级双等级知识与能力体系。所以，教师必须在主体写作学习内容中融入思维方式辅助下的文章本体元素知识与能力培育体系。

思维方式辅助下的文章本体技能元素完善与提升的辅助教学，包括以下四个方面。其教学方式是教师主导与学生学习、多元评改、自我完善晋级结合。

a. 艺术心理生成过程和写作行为生成过程的教学。亦即在形象思维、抽象思维辅助下怎样由写作运思到行文过程的教学，包括：艺术心理过程与调适；文本生成过程的思维素养与能力教学。

b. 主题生成的双等级辅助教学，即抽象思维辅助下的立意基础等级、发展等级的双等级辅助教学。

c. 思维方式辅助下文体特征与内容结构的基础等级、发展等级双等级辅助教学。

d. 思维方式辅助下文体表达技能的双等级辅助教学。包括三个方面：一、不同文体的语言艺术性元素生成的辅助教学：1）语言工具性元素辅助生长教学。指一般语言表达的能力与水平，主要涉及怎样遣词造句准确表达。2）语言文学性元素及个性化辅助生长教学，即语言表达的修辞性、句式、联想与想象、灵感与文质等文学性元素及个体性因素的生成教学。3）文体语言表达及个性化完善的辅助教学。指不同文体语言的工具性、文学性的完善与优化。二、不同文体的表达技能的辅助教学。三、不同文体表达的个性化辅助教学。三个方面的教学方式主要是教师示范性、典型性教授，学生自主研习、模仿式学习，同伴及教师辅助。

（2）辅助性课程与教学法二：情景学习课程

这是在前述"全人"核心理念及课程开发中的社会体验和社会实践课程与教学课程基础上发展出来的适用于各写作教学课程内容融通学习的辅助课程。即在课程体系中每一专题的学习里融进情境学习课程，激发和丰富学生的社会和人生认识、体验，实现学生素养社会性、现实性、个体性发展。

写作的情景学习课程与主体学习内容融合，即在写作教学的主体体系中融入情景教学，将写作情境与写作学习融合一体。社会体验和社会实践课程是写作教学中情景活动的一部分。

场域理论的代表人物库尔特·勒温认为，人的每一个行动均被行动所发生的场域影响，这个场域包括他人的行为及与此相关联的许多因素。[①] 写作也一样，它是写作主体表达自己对外物和自身认识的一种特殊的心智与语言表达活动。写作结果是社会及个人特征的反映，这里既有社会生活情景的具象或抽象特征，也有作者个

---

① 库尔特·勒温：《人格的动力理论》，王思明、叶鸣铉译，北京理工大学出版社，2014。

人认知情景特征，是写作情境与现实生活的融合。要让作品反映社会生活，就要让写作学习发生在真实的社会及语文生活中，所以在写作教学的体系中，必须要让写作情境与写作学习融合。

写作学习的情景教学通过创设情境场让学生置身其中，构建写作认知场景，丰富学生的认知素养，激活学生的记忆、认知和情感，促进学生对这一空间事物的全面认知、体验，触发真切情感，激发学生的写作内驱力以及表达、分享的愿望，从而帮助学生在写作认知空间里建立鲜活、真切的自我写作营构，完成写作过程。

情景设置是写作教学中的常见现象和常用手法。现实情景设置和虚拟情景设置是两种常见情景设置。现实情景课程包括生活情境、文化活动、科技活动、艺术活动、体育活动、综合实践等情景参与、认知、实践体验。虚拟情景是教学者或学习者虚拟非直接现实的学习情景，进行人生、社会、文化等的认知与体验。

（3）辅助性课程与教学内容三：自我完善与个体性重建课程

这是在前述"全人"核心理念及课程开发中的自我觉醒、发展与个体性重建课程与教学体系课程基础上发展出来的适用于各写作教学课程内容融通学习的辅助课程。即在课程体系中每一专题学习里融进学生自我完善与个体性重建的课程内容，实现学生素养及表达能力的自我认知、觉醒与个体性发展。

（三）教与学方式多元融合一体

教与学方式多元融合一体是"融通"视域核心内涵的一部分，是一种教学方式或教学法体现。即将以下两个方面的教与学方式相关要素融合并融入前述主体写作学习、辅助学习课程过程之中。

1. 传授、引导与自主学习融合一体

传授、引导与自主学习是三种常见的学习方式。传授是教学活动中的基础方式，包括两个方面：在学生学习前，教师对一些学生还不知道的知识予以传授；在学习过程中，教师对一些学生不理解的知识进行讲解传授。自主学习是学生能力自我建构、生长的重要方式。素养与能力的生成需要学生自我进行个体实践，学生在掌握了一定基础知识后，可以进行体验式、自我开发、自我生成的学习。在自主学习的过程中，总会有学生没法解决的知识和理解上的问题，这时需要教师适时引导，帮助学生掌握知识、形成能力。所以教学活动中，传授、引导与自主学习都应

予以重视，并使之融合一体，共同发挥作用。

2. 师生多元活动与习作完善升格融合一体

习作的自评与互评、教师升格与个体性自我完善等多元评价与完善提升是写作教学的重要辅助性环节，对于挖掘学习深度、提升写作能力和激发学生的兴趣有重要作用。

（1）多元评改：依据学业标准，完善和优化学生习作

写作学习过程中，在每一专题学习之后设置学习评价量表，参照各项评价标准，师生对学生习作的相关指标达成程度进行整体评估，实现学生学习水平的衡量与反馈，促进学习的再研究。在此基础上，在教师的指导下，学生参照评价标准自我修改、互改互励、教师升格、学生再自我完善，促进学生习作不断完善和整体水平提升。其中，自评与自我完善，不仅是督促学生进一步对这写作任务中人文理解方向的思维内涵进行深入挖掘，还在语言表达技巧、语言准确与生动方面予以锤炼提升。这个过程是进一步思考与提升的过程，是能力素养形成的一个强化过程。互评是促进自我学习和学生间相互学习的重要方法。这种评价和修改督促学生分析同伴文章的内容结构和表达技巧，促进了学生阅读能力、写作兴趣及写作能力的提升。教师的典型文章升格，是教学方式的关键环节。学生的自评、他评并不能让学生习作达到较高水平，有些问题需要教师来发现和示范性处理，在此基础上学生再个体性自我完善。

（2）多元展示一体：学生习作的展示和结集

多元展示是将学生习作的自评、同伴点评、教师分析展示结合成一学习整体。多元展示一体包括几个方面：第一，学生自评和他评的结果通过小组内部交流、多媒体投影、教室专栏粘贴、现场宣讲的方式进行多元展示，避免一个人看一两篇文章或一个小组内几篇文章的局限，在班级范围内相互交流、共同提高；第二，教师对部分不同层级典范文章的提升完善展示；第三，对优秀作文、习作典型问题升格结集，让学生人手一册，共同学习。多元展示一体，不仅是学习成果的具体体现，更是学生学习同学作文、纠正和提升自身习作能力、进一步回味学习的一个重要手段。

第三节　系统：写作教育课程及教学法构建的
科学性特征和基础途径

一、学科课程结构的系统性特征：结构的动力性作用和螺旋式上升

自 20 世纪 60 年代，美籍奥地利人、理论生物学家 L. V. 贝塔朗菲（L. Von. Bertalanffy）出版专著《一般系统论：基础、发展和应用》以来，系统论成了研究一切对象的基本方法论之一。

系统论认为，应把研究和处理的对象看作是一个整体系统，并以系统为对象，从整体出发来研究系统整体和组成系统整体各要素的相互关系，从本质上说明其结构、功能、行为和动态，以把握系统整体，达到最优目标。事物存在都是结构化的，对事物的研究也应该结构化。系统性是各门类研究在系统论指导下组成系统结构化的存在形态，是各门类科学性存在的基本依据，同时系统化素养也成为个人素养的重要方面。在美国，系统化素养是 SCANS（职场基本素养达成秘书委员会）提出的职场基本素养指标体系中的一个重要指标。[①]

在系统论影响下产生的结构主义课程观认为，课程以学科为中心，而学科以它的基本结构为中心。结构主义课程论建构人之一，美国心理学家、教育家、哈佛大学教授布鲁纳认为，由于学科结构具有连续性，学科内容应该螺旋式上升，因此他提出了"螺旋式课程"概念。布鲁纳借助格式塔心理学主张的整体动力结构观来阐释螺旋式课程的内涵，认为螺旋式课程是因为结构因素间的动力性作用产生了螺旋式上升结构，也就是课程内容具有结构因素间动力性作用而组成螺旋式上升的结构形态。

二、系统：写作教育课程及教学法构建的科学性特征和基础途径

系统论及结构主义课程观给写作教育课程与教学法构建以重要启发。写作教育课程与教学法也应该有一个基本结构，并且结构因素间应具有动力性作用，呈现螺旋上升形态。那么写作教育课程与教学法的基本结构是什么？因素间的动力如何构

---

① 林崇德主编《21 世纪学生发展核心素养研究》，北京师范大学出版社，2016，第 72 页。

成不断上升的课程内容、教学法结构？这是写作教育课程与教学法体系构建必须考虑的问题。

写作是一种综合体现作者素养的个体行为，具有素养形成和能力体现、培育的过程性、相关因素融通性特征。从系统论角度，写作教育课程和教学法体系构建应该将一般文章组成要素、文本生成的过程与结果相关因素的特征、文本生成规律及途径、作者写作素养产生和发展途径、写作教与学的方式等当成一个整体、互动的结构性系统来认真研究，探索和构建写作教育课程和教学法应有的基本结构。也就是写作教育课程和教学法构建应通过这些途径，去探寻和实现课程内容及教学法的结构化、系统性，实现结构的互动性和螺旋式上升。

三、"全人·融通·系统"视域下写作教育课程与教学法系统构建的宏观结构

语文教材里的写作学习内容以及日常写作教学内容、教学法，大多局限在零散的写作技能、语言形式学习上，缺少人文学习或顶多配置一点零散的人文教育，这样的写作教学是零散、表面化的。其至，从主体上看，这种做法偏离了写作教学的正确道路，更谈不上科学性和系统性。

"全人·融通·系统"视野下的写作教育课程和教学法体系构建旨在探寻和创构符合学科知识逻辑、学生写作素养与能力以及人的素养生长规律的相关因素应有的结构形态和具体内容。这既指向"全人·融通·系统"视域下写作教育课程与教学法体系的宏观、中观结构形态和具体内容创构，也指向写作教育课程与教学法各板块内部的系统性结构和内容创构。

建构科学的写作教育课程内容及教学法体系，必须基于前述"全人""融通""系统"的内涵和"全人""融通"理念下开掘的宏观课程体系，围绕前述写作教育课程与教学法体系创构的核心要素和目标，从系统论的角度，全面构建符合学生发展特征、思维发展规律、写作素养与能力发展规律以及人的素养发展需要的，内容具有结构性、动力性、螺旋上升的课程与教学法体系。

那么，符合"全人·融通·系统"视域内涵和课程、教学法构建目的，结构化的主体课程、辅助课程具体内容是什么？主辅课程体系如何融合，才能构成一个合

理的、科学的、结构化螺旋上升的系统化课程与教学法体系，使学生在本真、系统的融合学习中写作素养与能力、人的素养得到全面发展？这是本书接下来要重点探索的内容。

（一）主体学习内容课程结构

前文已经阐述了文章是作者人文素养、思维方式与能力、写作技能的个体性综合反映，写作能力的形成与发展具有这三方面主体因素的关联融通性、个体性、综合性特点。"全人·融通·系统"视野下，写作教育课程与教学法构建自然应该把这三个方面各自具有怎样相互关联的知识与能力系统，这些系统应该怎样融合，构成一个符合写作能力生长规律的学习和实践系统课程，并呈结构化、螺旋上升状态作为必须充分考虑的主体内容。

这里的写作主体学习内容课程以走向"全人"素养的人文素养培育课程体系和思维方式、写作技能思维融通培育课程体系的构建为基础内容，以人文素养、思维方式、写作技能系统学习的三主交融并进为主体课程的最终呈现形态。

1. 核心子系统课程结构一：走向"全人"的人文素养融通培育的系统性课程

全人素养培育是写作教学的基础内容和目的，为了培育完整的利于人类长远发展，写作素养全面丰厚、写作动力充沛的学生，应构建人本位和社会本位并重的人文素养全面培育的课程体系。这个体系应从双本位的角度，从历史文化学、人本主义哲学、教育学、心理学（尤其是人本主义心理学）视野及内涵的跨学科系统融合与教育实践探索的角度，较为全面地吸纳传统文化、现当代国内外文化精华，既培育学生的健全人性，也注重培育学生的社会存在素养，实现文化的全面理解、传承与重建。

这个系统内容建构的主体结构主要由两部分组成：

（1）人文素养整合性融通系统培育一：写作教育人本位文化视角中生命智慧认知、体验与重建的主体课程与教学内容体系

包括两个方面：中国道家、儒家、释家传统人本位生命文化主体智慧，现代人本主义生命文化主体智慧的认知、体验、重建与写作表达。

（2）人文素养整合性融通系统培育二：写作教育社会本位文化视角中社会文化精华认知、体验与重建的主体课程与教学内容体系

包括中国传统文化基本精神，新民主主义革命阶段的革命文化及实质，当代文化特质的认知、体验与重建系统培育的主体课程与教学体系；以社会本位为主的社会参与、社会实践和社会服务课程；以社会本位为主的自我觉醒和自我发展与写作表达课程。

2. 核心子系统课程结构二：思维方式与写作技能思维融通培育的系统性课程

思维能力建立在思维方式基础上，思维方式有动作思维、形象思维、抽象思维。写作技能思维与思维方式全面直接相关。为了简练创构思维方式、写作技能思维的培育体系，从思维科学与写作学跨学科融合的角度，将这两个主体方面系统融通，是写作学习课程与教学体系中思维培育体系构建的捷径。亦即构建由形象思维（联想、想象）到抽象思维（形式逻辑思维、辩证逻辑思维、批判性思维）逐步螺旋式上升发展，与在思维路径启发下创构的文体写作技能思维发展路径全面融通的写作教育课程体系。

该系统内容构建的主体结构为：

（1）"全人·融通·系统"视域下形象思维的思维方式与记叙抒情类文体写作技能思维深度、系统融通的教学内容体系

包括写作技能思维与联想思维深度融通培育、写作技能思维与想象思维深度融通培育、写作技能思维与抽象思维深度融通培育三大方面。

（2）思维方式与思辨类写作技能思维深度、系统融通的教学内容体系

包括写作论证思维与形式逻辑推理论证思维深度融合及写作运用的主体学习内容体系，写作论证逻辑思维与辩证逻辑思维深度融合及写作运用的主体学习内容体系，写作技能思维与批判性思维深度融合及写作运用的主体学习内容体系。

3. 核心系统课程结构三：三主交融并进体系

三主交融并进是"全人·融通·系统"视域下人文素养、思维方式与写作技能思维三者交融并进的学习系统，是写作教学的主体课程内容。三主交融并进体系即

是人文素养培育体系、思维方式和写作技能思维融通培育体系的两线系统融合。这三大主体要素系统一体化融通的学习模型在写作教学内容构建中把人文素养培育、思维方式与写作技能融通培育体系两条主线的每一主线分若干专题纵向设计后，每一主体的组成专题横向组合、相互融合为一个"人文素养+思维方式和写作技能"的学习专题，具体内容组构中让人文素养专题学习的材料或篇章一定程度体现并行专题学习内容里的思维方式、写作技能，与专题思维方式与写作技能融通培育点配套的范例与专题学习的思维形式、人文专题内涵从不同角度或不同层次系统对应，实现人文素养、思维方式、技能学习的相互融合、促进，整体协同发展。此结构模型是图 1 所示图示的纵向重复。

（二）辅助课程与教学法

写作教育课程及教学法在着重建构写作学习的主体内容之外，在教学内容及教学法方面，还必须建构辅助学习课程，并让辅助学习课程与主体学习课程融通，实现人的素养、思维与写作素养和技能、艺术表现能力的系统性融通和全面发展。

"全人·融通·系统"视域下写作教学课程与教学法中的辅助教学内容与方式是什么？根据写作素养以及能力的形成规律、写作行为特点，基于"全人""融通"的核心理念及内涵结构，尤其是"全人"里的"社会体验和社会实践课程""自我觉醒、发展与个体性重建课程""写作学习实践中多元成全"，"融通"里的"个体性素养与表达技能生长与完善课程""情境性课程"，从教与学的角度整合前述内容，构建与主体写作学习课程相融合的辅助课程。

辅助课程与教学法有三种：

1. 辅助课程与教学法一：个体性素养和表达技能的生长与完善课程

包括个体性素养与表达技能生长培育与完善提升课程两个方面。见前面"融通"里的"个体性素养与表达技能生长与完善课程"的具体阐述。

2. 辅助课程与教学法二：情境学习课程

这是整合"全人"核心理念及课程开发中"社会体验和社会实践课程与教学体系"、"融通"核心理念及课程开发中"辅助性课程与教学内容二：情景学习课程"观点和内容的辅助课程。即在课程体系中，每一专题学习里融进情境学习课程，激发和丰富学生社会、人生认识，实现学生素养社会性、现实性、个体性的发展。

3. 辅助课程与教学法三：自我完善、建构与多元评价、完善课程

这是整合"全人"核心理念及课程开发中"自我觉醒、发展与个体性重建课程与教学体系"、"融通"核心理念及课程开发中"辅助性课程与教学内容三：自我完善与个体性重建课程"及"教与学方式多元融合一体化"观点和内容的辅助课程。即在课程体系设置中的每一专题学习里融进人文素养学习、思维方式和写作技能融通培育学习中的个体性自我完善，促进学生素养的自我觉醒、完善、建构与个体性发展；每一专题学习里融进师生、生生多元评价和学生个体性自我完善课程，实现学生素养及表达能力的互补和自我认知、觉醒、建构与个体性发展以及写作文本的个体性完善提升。

（三）主辅课程与教学法结合的"三主三辅交融并进"课程与教学系统构建

即主辅课程结合，形成系统的写作教学体系。建立在前述要素融合的基础上，遵循学生心理发展、思维发展规律，语文素养与能力生长的科学途径，构建思维方式、人文素养、写作技能三主线纵向发展与上述三个辅助课程与教学法辅助发展途径的融合体系，构成三主三辅交融并进的课程与教学体系，并将之作为写作教学的主体课程内容体系，使学生的写作素养与技能在系统的整体性融合学习中得到丰富的、一体化的、个体性的发展。

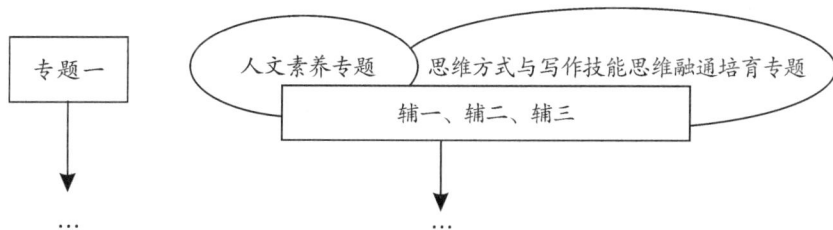

图2　三主三辅交融并进课程与教学系统构建模型

四、"全人·融通·系统"视域下教与学方式的系统一体化

教与学方式是主辅课程内容教学之中知识与素养培育的桥梁之一。"全人·融通·系统"视域下教与学方式的系统一体化是建立在"融通"理念及内涵结构里"教与学方式多元融合一体化"基础之上，结合写作教学法的系统性特征及教学启发构建的与教学内容课程配套的写作教与学方式体系。这个体系具体实施在板块专

题学习和"三主三辅交融并进"体系之中。

（一）教师写作教学方式体系

教师写作教学方式以教授、引导、活动组织、示范教学、成果整理指导为主，在教学过程中教师是主体，教学时传授和开放结合。教学法由传授走向开放，其教学法体系是：知识教授→知识教授、情景内容+引导→组织（自主、合作、探究）+引导→学生展示与深化、升格→教师典型内容教授（知识、升格及范例）→成果整理。

（二）学生写作学习方式体系

学生写作学习方式以学习、体验、互助、实践、完善为主，实现写作知识的实践、素养的形成、习作的完善。学习方式的体系是：听学、看学或研究性学习→知识及情景的参与与体验、自主、合作、探究、反思→写作→参照与深化、互助、完善→展示与反思→成果整理。

（三）教与学方式的系统一体化

即在学习过程中教与学方式的系统融合。其体系是：教师主题引入教授+学生听学、看学或主题研究性学习→教师主题教授+引导+学生知识及情景的参与与体验→教师组织、学生参与的主题相关内容及表达的自主、合作、探究、反思学习+引导→学生写作+引导→学生展示及在评价标准引领下的互助深化、升格+教师典型内容教授（知识、升格及范例）→学生自主、合作、探究学习，参照评价标准及教师引领的再深化、完善+引导→展示与反思+引导→成果整理。

第 二 章

"全人·融通·系统"视域下人文素养培育的
写作教育课程与教学法主体体系

　　全人素养背景下的中国人应该是以中华优秀传统文化精华为基础，融合世界文化精华，具有时代精神的人。"全人""融通""系统"三个核心理念的内涵以及理念引导下开掘的宏观课程体系、写作教育课程与教学主体体系中人文素养培育体系，必须扣住"生命""文化"要素，着力培育心灵健全，具有民族特色、世界素养和时代精神的中国人，厚重、深刻、独到、真切的写作表达者，创构系统的人文素养融通培育体系。

　　在全人教育的人本位、社会本位整合，注重生命的自然教育与价值教育理念下，从人本位素养到社会本位素养的层级递升的角度，全面吸纳中国古代传统文化、现当代国内外文化中人本位与社会本位文化精华，全面构建人文素养培育课程体系，是"全人·融通·系统"视域下人文素养培育的宏观路径。

　　如何具体建构人文素养培育的课程内容和教学法体系？这个体系内容的具体建构，应该充分考虑写作学习内容与人的整全、写作素养培育相关要素融合一体、系统性三个主要方面。应将古今哲学、思想史、历史学、中外传统文化和当代文化，德育、美育、教育学、写作学、心理学、人本主义课程的相关成果深度融通，创构以人本位向社会本位递升的人文素养培育的主体知识体系，并融入人文素养再认知、体验、重建与写作表达的课程内容与教学方式，呈现人文素养整合性融通系统培育的主体性、纲要性的教学体系。

第一节　主体课程与教学体系一：人本位视角健全生命主体智慧培育与写作表达

"全人·融通·系统"视域下写作教育课程与教学，应从人本位文化视角进行健全生命主体智慧的认知、体验、重建与写作表达，实现写作教育中人本位人文素养整合性、基础性的系统融通培育。

人本视角健全生命智慧的缺乏、人本视角生命智慧教育的缺乏是当前学生和教育普遍面临的问题。从写作素养和写作实践需要的角度，这些问题体现为无数生命现象得不到应有的重视，不能被正确认识，无法被写作再现，也导致了学生对自身生命现状的忽视，影响了学生生命的健全。

生命健全与否是写作素养培育和写作行为中特别需要关注的内容，不少作家因为对人本生命的深度关注而写出震撼人心的艺术作品，成为不朽的艺术家。健全生命包括健全生命意识和健全人性两个方面。"全人·融通·系统"视域下，写作教育人文素养培育课程应以人本位文化视角健全生命认知为基础，通过具体的人本课程内容的学习、体验、重建来实现学生对健全生命意识和健全人性的培育，丰沛学生的生命认知。其中人本视角生命智慧知识精华的认知与体验、传承是教育内容和方式的基础，自我觉醒与完善、人文重建、写作表达是教育内容和方式的核心。教育内容和方式的基础、核心是素养重建和写作教育的前后环节。

"全人·融通·系统"视域下人本生命文化素养应该是基于民族生命文化精华，融合世界生命文化精粹。基于人类的生存发展、文化传承与发展的特殊关系，人本位健全生命培育的写作教育课程及教学实践应该传承、融合本国人本生命文化特色及世界生命文明精华，促进学生生命智慧的自我完善与素养生长，拓宽生命内容的写作认知空间，提升生命认知写作表达的质量。

对于人类生命文化精华的内涵，各类文献的阐述可谓丰厚，基于教师和学生的认知，对这些精华文化进行较为全面的研究筛选、提炼，从以下几个方面进行全面、深入、系统的写作教育课程与教学途径探索和建构，深度培育学生人本视角的健全生命素养和写作认知能力。

一、人本位生命文化理解、传承、重建与写作表达课程及教学体系一：人本位文化视角中中国古代传统生命智慧的认知、体验、重建与表达的写作教育课程及教学主体体系

一个体现民族人本生命文化精华的人才可能成为本民族全人素养的体现者，也才是对世界文化有民族贡献的人，所以培育民族人本生命文化精华素养是培育民族人文素养的基础。

传统生命文化理解、传承与重建，是培育民族生命意识和健全人性的重要途径。源远流长的中华传统文化是中华民族的精神家园，其中包含着丰富的人本位生命哲学和生命教育思想。挖掘传统的生命与人性教育思想，将其精华养分灌注到写作教育课程内容体系之中，不仅能培育学生人本位视角健全的生命意识、健全人性，对于传承传统文化精华、塑造健全的民族成员具有独特、深远的价值，也对帮助学生通过写作开掘与呈现民族生命文化及现实文化现象具有重要作用。

在漫长的中国传统文化历史中，儒家、道家与释家思想对中国文化发展和社会的教化最有影响力和代表性，这三家思想也是"中国传统文化认识生命的三条路径"①，对于当代的生命与人性教育具有非常重要的意义。儒释道三家思想资源中具有丰富的、宝贵的破除世俗混沌与迷执的生命智慧。国学大师南怀瑾在《参悟人生》中说，人生的最高境界是"佛为心，道为骨，儒为表，大度看世界"。这是历经各种生活磨难、具有深厚文化修养和崇高人生追求的中国知识分子总结的成功人生的宝贵智慧，或许也是可供思考和借鉴的高境界生命智慧。

在当代重功利追求的现实环境中，生命意识和健全人性的唤醒与建构对个体、家庭、社会以及写作的意义非常重大。要让学生对传统文化中人本位视角生命观精华进行真实、准确、系统、有效的再认知、传承和文化重建，客观上需要明朗地、选择性地、系统地将儒道释三家人本位生命文化思想精华正式纳入学生的学习课程。"全人·融通·系统"视域下的写作教育课程将人本位文化视角中传统生命智慧的认知、体验与重建作为写作教育课程与教学主体体系中写作素养培育的基础，

---

① 刘济良等：《生命的沉思——生命教育理念解读》，中国社会科学出版社，2004，第13页。

作为写作内容开发的认知和体验基础，能有效培育学生的生命素养和写作素养。

中国文化中的人本内涵极为丰富，其中儒道释文化都是关注人生、生命的文化。这一特点使中国的传统文化带有浓厚的人文色彩，关注人的生命追求、探寻人生道路成为中国文化的精神核心，也使中国的传统教育非常重视生命主题。这里基于一般教育实际，侧重于挖掘、归纳和阐述儒、道、释三家生命文化中体现人本视角的生命健康与健全人性的主体文化精华。

（一）中国古代传统生命智慧的认知、体验、重建与写作表达主体课程及教学体系一：道家生命文化主体智慧的认知、体验、重建与写作表达

道家文化有着深厚的历史积淀及悠久的文化传承。道家文化在民间广为传播，虽有迷信、玄说、邪说，但也蕴含着宝贵的生命文化。通过对道家生命文化精华的认知、体验、重建，一方面对于培育学生健全的自然生命意识和健全人性有重要意义；另一方面，利于学生观照自然生命处于天地间的美好，在写作中获得健康、自然、自由、美好的生命观察与体验，也会反观忙碌、繁重的尘世生活给人带来的困苦与生命扭曲，激发对生命出路的探寻和自身生命的再创造。

1. 道家生命文化主体智慧的认知与体验一：道法自然

"道法自然"作为道家文化的核心观点之一，具有遵循客观规律、主张万物共生及尊重事物本身个性的基本内涵：第一，顺应自然条件和客观规律，不做超出客观条件的事。老子说："不知常，妄作凶。"告诫众人不了解事情的规律而贸然行事，很容易惹祸上身。老子强调的"无为"并不是无所作为，而是应顺应事物发展的规律。第二，主张万物共生。道家思想以道为基础和前提，其本质是对人类与天地万物之间关系的探讨，认为天地万物都是共生的。道家认为，在对待人与万物之间的关系时，要充分了解和尊重自然界的客观规律，使人与天地万物共生共长。只有这样，才不会扼杀宇宙的生机，人类社会才有可能生存和发展下去，如果反其道而行之，必然会给人类自身带来危险。第三，尊重事物本身。人要正确认识事物的差别，顺应事物的本性，遵循事物各自的规律，否则会导致秩序的混乱。

"道法自然"的生命观认为与生俱来的本然的东西才是生命的客观本性，"自然、本然"就是生命的本质，万物共生与协和才是存在的条件与目的。因此道家的生命教育主张遵从自然规律，遵从本然，以个体的自然生命存在为生命教育追求的最高价值，并提出了"真人""至人"等逍遥自由、超然物外的理想人格目标。在教育内容方面，道家提出了"重身贵生"的思想，认为生命教育的主要内容就在于促进自然生命的保全和长存。在教育方法方面，道家提出了"无为之教"的独特教育方法。这里的"无为"是指不刻意妄为、肆意乱为，是不干扰他物之道。

2. 道家生命文化主体智慧认知与体验二：性命双修

性命双修是道教养生哲学中最重要的理论。性，指所有与精神性生命相关的范畴，包括人的心、性、神、意识等，性功就是对人心性的修炼。命，指所有与物质性生命相关的范畴，如精、气、身、形等。在道教看来，生命的产生、存在与灭亡都与身体内的精、气紧密相连，精与气所表现出来的物质依存性是命的本质特征。在道教看来，"性无命不立，命无性不存"①，人的存在既离不开性也离不开命，是性与命的统一。命功的修养通常通过静坐冥想、调息导引、服用药物、饮食调理等活动进行，目的是追求心的安宁与身体的长健；性功是对人心性的修炼，目的是以德养生、延年益寿。可见，性功的修炼利于命，命功的修炼利于性，性功与命功的修炼之间也是紧密联系、相辅相成的。

性命双修的伦理原则为：1）自我性伦理原则。在处理人与自身关系时向内求索、返本还源使生命获得永恒与超越；处理人与社会关系时，以道德践行来维护世俗社会的伦理秩序；处理人与人之间的关系时以行善乐施、积功立德的道德实践去协调。2）自然性伦理原则。处理人与自然的关系时以尊重自然为本、以"天地与我并生，而万物与我为一"的态度关怀自然、热爱自然、尊重自然规律，在人与自然之间建立和谐的伦理关系，目的是通过敬畏一切生命从而完善人的自我生命，以求"长生久视"。

道教性命双修重视对人生命的修炼，主张通过修心炼性、存根养命探索生命的状态、价值以及生命和宇宙之间的关系，把向外求索与向内求证统一起来，将人与自然、社会有机结合，实现肉体永驻与灵魂超越的共修，深刻体现了对人的终极关怀，体现了道家另一种理想人格：长生久视，修行养生。②

---

① 出自宋末元初著名道士李道纯道藏经典《性命论》。
② 金元浦主编《中国文化概论》，中国人民大学出版社，2021，第115-116页。

道教性命双修的生命智慧内外求索，是追求健全生命的宝贵途径。虽然关于命的方面追求"肉体永驻"不客观，丰富复杂的道教文化中关于性命双修还有不少玄说，但呵护生命、追求生命的长久、内外兼修与和谐的主张都是积极可取的。性命双修对现代人摆脱普遍忽视生命、身心焦灼的困境大有裨益，对强健学生的身体，培养精神生命、道德品质有重要意义。

写作教学中进行性命双修的知识认知、体验、重建与写作表达，不仅帮助学生进行性命修习，达成心理道德与生理肌体的和谐，培育健全生命智慧，也利于培育学生的写作素养，帮助学生发掘和拓宽写作内容空间，写出动人心弦的文章。

3. 道家生命文化主体智慧的再认知、再体验、反思、个体性重建与写作表达课程及教学

即结合自己价值标准，对道家生命文化进行再认知、再体验，对自己的认知现状予以探索、发现与完善，实现自我重建，并进行写作表达。

怎样认识和评价道家生命文化？在现实环境中，道家生命文化精华存在形态是怎样的？在当前急于功利的环境里，学生面临许多巨大的发展和成长压力，面对名利得失、个人努力与期望的错位、人与人之间的差异，学生的生命状态是怎样的？在道家生命文化的警示之下，该怎样去认识、重建生命意识？怎样培养正确对待名利，以乐观豁达的人生态度来对待人与事的能力？这些既是学生健康的生命意识和健全人性应该具有的素养学习和体验，也是写作表达的重要内容。

（1）道家生命文化主体智慧的批判性认知、体验、个体性重建与写作表达课程及教学

如何认识"道法自然"和"性命双修"这两种生命文化？它们在现实环境中有什么积极意义？其中道家生命文化主体智慧哪些文化要素需要摒弃或改进？合理的改进思想和做法是什么？请用写作表达出来。

（2）道家生命文化的社会体验、社会实践与个体性写作表达课程及教学

即进行道家生命文化情景的体验认知、文化重建与写作表达。通过对情境性和生活化的道家生命文化的社会体验和实践，探索和重建生命文化，并对体验、认知的现象、认识与情感进行写作表达，很好地体现写作课程的开放与综合融通性特征。

①道家生命文化的社会体验和社会实践、认知

为了真切地体验道家道法自然、性命双修的生命文化智慧，丰富认知和写作表达内容，必须实施道家生命文化的社会体验和社会服务课程。比如，到道观参观学习；拜会有名望的道士，听其讲解道家生命文化；修习道家养身功；新闻现场、视频媒介背景下道家生命文化的社会参与体验、认知；用道家生命文化作为参照，调查道家生命文化在民众中的存在现状，认识社会上的生命百态；参与社区及情景性服务，推行道家生命文化精华。通过这些道家文化社会体验和社会服务课程认知和体验道家文化，加深对生命文化的写作认知与体验，发掘丰厚、真切的写作表达内容。

②道家生命文化社会体验和社会实践的个体性写作表达

社会生活中哪些生命形态体现了道家生命文化精华？这些好的生命形态和价值是怎样的？你自身及社会上哪些生命文化形态可以用"道法自然"和"性命双修"这两种文化来予以矫正？有哪些不好的生命形态？其实质是怎样的？有哪些危害？请用写作表达出来。

（3）道家生命文化主体智慧的自我觉醒、个体性重建与写作表达课程及教学

学生通过对自身道家生命文化主体智慧的掌握情况的再认知、再体验、反思，重建生命智慧，并对再认知和体验、反思和重建的具体内容进行写作表达。这是生命意识、生命感怀、健全人性发掘与培育的写作教学重要途径。主要从以下四个方面进行：

①再认知、再体验、反思、重建与表达一：是否重人贵生

你是否重人贵生？对自我生命的肯定、对自我生命的主宰、对宇宙万物生命的解救这"三要旨"对你健全生命有何意义？有哪些个人或社会现象值得赞扬或反省？请对相关生命现象及你的认识进行写作表达。

②再认知、再体验、反思、重建与表达二：是否与自然生命共生

你是否与自然生命共生？在万物的生命中你是否得到栖息和滋养？有哪些现象值得认可和反思，有一些什么新的启示？这样做的价值在哪里，结果是怎样的？请对所关涉的生命现象及你的认识进行写作表达。

③再认知、再体验、反思、重建与表达三：是否心清意静，整体协和

你在现实环境里是否心清意静、整体协和？有哪些正反现象和观点？请对所关涉的生命现象及你的认识进行写作表达。

④再认知、再体验、反思、重建与表达四：是否修心体道，入世有为

道家生命观提醒人们应从"道"的高度来审视包括生与死的生命状态，也要积极入世。你是否修心体道，入世有为？有哪些正反现象和观点？价值在哪里，结果是什么？请对所关涉的生命现象及你的认识进行写作表达。

（二）中国古代传统生命智慧的认知、体验、重建与写作表达主体课程及教学体系二：儒家生命文化主体智慧的认知、体验、重建与写作表达

儒家文化是我国传统文化的重要组成部分。儒学是华夏族群的精神形态，是中华民族精神最集中的代表，"是中国乃至东亚社会文化的结晶，蕴含了东亚各民族的民族性格、终极信念、生活准则、生存智慧、处世方略"，"儒家文化又因其'与时俱进'的品格而具有了时代影响的特性"①。儒家文化蕴含着丰厚的关于健全生命的宝贵文化。一方面，儒家强调自然生命的重要；另一方面儒家从伦理理性的角度研究生命的本质，揭示了人存在的社会意义。儒家文化中关于自然生命、人存在的基本群体规范对于对当前学生进行健全的生命意识（自然生命、社会生命素养的培育）及健全人性培育有重要指导意义。

1. 儒家生命文化主体智慧的认知与体验一：生命的人本属性和尊严

（1）尊生重生

尊生重生是儒家关于生命文化的基本思想之一。儒家主张尊重和敬畏自然生命。从"天生万物""天人合德"的本体论思想出发，儒家认为生命是天地间最为宝贵的东西，人应该要尊重天地"生"德，珍惜自然生命。孔子说："未知生，焉知死？""危邦不入，乱邦不居。"孔子称赞管仲不愚忠，不守小节，时时注意保全自己，在自己安全的前提下充分发挥治理天下的才能。此外，孔子从不主张战场上无谓的伤亡和毫无意义的"送死"。② 这也体现了孔子人贵于物、"天地之性，人为

---

① 郭齐勇、秦平：《儒家文化：民族认同与伦理共识的基础》，《求是学刊》2006年第6期。

② 马建新、崔家新：《论儒家自然生命观与大学生生命教育》，《江苏高教》2014年第2期。

贵"的生命观。从人伦角度，儒家认为对生命的爱护还源于行孝尽孝这一文化教条。在儒家伦理中，孝是百善之首，人最基本的孝道就是尊重父母，呵护父母给予的生命。人只有活着才有机会去创造自身的价值，才有机会实现自己的理想和目标。

乐观重戒是儒家生命文化中尊生重生的主要手段。儒家认为，首先要有乐观的人生态度。在儒家看来，既然死亡是人的必然归宿，人生短暂是不可抗的自然规律，那么就应该坦然面对，顺应天道，积极而为。儒家认为在对自然生命重视的同时，还要注意养护自然生命。孔子对饮食起居、听说见闻都有讲究，对身心健康要求非常严格，如"食不厌精，脍不厌细。食饐而餲，鱼馁而肉败，不食。色恶，不食"。孔子主张养生之道在于有所为有所不为。他在《论语》中给人们展示了如何在诗、书、礼、乐中"有所为"，如"兴于诗，立于礼，成于乐"；如何"有所不为"，如主张"不语怪、力、乱、神"。还提出一生养生经验，如"三戒"："君子有三戒：少之时血气未定，戒之在色；及其壮也，血气方刚，戒之在斗；及其老也，血气既衰，戒之在得"。这些养生思想小到可以治病，大到可以治国。孔子正是遵循这些养生观，通过诗、书、礼、乐净化自己的心灵，避免疾病，修身养性，强壮身体，不断努力追求实现以德治国的大志。孔子虽处乱世，历经坎坷，其自然生命能达到七十三岁，在当时可以说是高寿。

（2）人的尊严

"民贵君轻"、人人平等的思想，也是儒家人本主义文化中关于生命文化的重要内容，是培育健全人性的重要因素之一。

儒家学说"民为邦本"的思想很突出。这种民本主义精神，早在《尚书》就有体现。《尚书》中说"重我民""施实德于民"。孔子历来主张重民、富民、教民。孟子则提出影响了中国几千年的"民为贵，社稷次之，君为轻"的著名观点。《荀子·王制》曰："君者，舟也；庶人者，水也。水则载舟，水则覆舟。"荀子将民与君形象地比喻为水与舟的关系。儒家这些民贵君轻、以民为本的思想和道德规范，在中华民族的发展历程中有着非常重要的意义，也明确阐明儒家文化里关于普通人生命存在的尊严和重要的独立地位，是传统文化中的宝贵精华。

儒家还有宝贵的人与人平等的理念。孟子提出了人格均等的观点，认为"圣人与我同类"（《孟子·告子上》）、"尧舜与人同耳"（《孟子·离娄下》）、"人皆可以为尧舜"（《孟子·告子下》）。孟子的平等思想在中国文化历史上有着特有的人文价值，这种人与人平等的思想在漫长的讲求等级秩序的封建社会里有它特有的人文光辉。

（3）性善论中的生命文化观

"善"是中国传统文化的核心价值观之一，是一切具有正面价值的行为总和，是宝贵的生命文化。对"善"的阐释与践行一直是中华文明五千年发展进程中的重要内容。儒家提倡"仁者爱人"、善即为仁。善文化不仅蕴含在人际交往、文学表达、民俗民风之中，还蕴含在中国文化的方方面面，并不断地被人们挖掘、学习和传承，以塑造人们更加完善的中国传统善文化人格。

孟子是中国思想史上第一个系统提出性善论的思想家。孟子的性善论揭示了人的本质属性和生命属性。《孟子·告子上》曰："人性之善也，犹水之就下也。人无有不善，水无有不下。"认为人性本善，生命本身应该得到尊重。《孟子·告子上》又说"恻隐之心，仁也；羞恶之心，义也；恭敬之心，礼也；是非之心，智也。仁义礼智，非由外铄我也，我固有之也，弗思耳矣。"孟子认为仁、义、礼、智也是人的本性，是"善"的重要体现，应该守护和尊重。孟子的性善论对人生命特性的揭示非常深刻，是儒家宝贵的生命文化，不仅在历史上对中国文化和中国人的文化性格产生深远影响，今天对帮助学生认识生命本性，认识人与人之间应有关系，调整自身对己、对人的态度与方法，培育健全人性亦有启发和指导价值。

2. 儒家生命文化主体智慧认知与体验二：和谐现世人伦，追求利于生命健全的道德伦理

健全人性不仅指向个人本身，还指向人对环境应持的基本态度。儒家的生命价值观一方面强调要尊重天地"生"德，爱惜自然生命，另一方面更强调融入现世人伦，追求道德伦理，实现社会生命的价值。人的存在，不能仅仅基于个人的自然属性，还要把自己放入一个群体之中，具备与群体和谐、利他、有群体存在价值的基本素养，这对于当代进行健全人性的培育有重要启发：有和谐人伦、追求普遍道德伦理的意识、情感与行为倾向是健全人性的重要体现。

儒家文化把协调人际关系放在首位,特别注重伦理关系中应有的道德观和行为规范。儒家认为,人从出生那一天起,便进入君臣、父子、夫妇、兄弟、朋友这五伦构成的社会关系网络。在这样的关系中,为了个人生存和社会发展,个体应遵守基本的行为典范与道德模式——君仁臣忠、父慈子孝、夫教妇从、兄友弟恭、朋亲友信,求得关系的和谐。虽然这些规范过去用于维护封建专制统治和等级社会秩序,其精神实质包含了许多过时的、落后的封建内容,但其中也有宝贵的追求人类和谐发展的生命文化精华。比如,这些人伦关系的核心之一"和"便是中国文化的宝贵精华,为个人品格的提升和人类的长远和谐发展提供了宝贵的智慧,追求"和"也是健全人性的重要组成部分。

不仅如此,儒家还强调通过主体内在的道德自觉来约束自己、提升自我、完善自我,并通过自我完善来维系社会关系,实现生命健全。由外在的伦理道德约束到内在的个人生命价值追求,儒家思想以积极入世的态度为古今世人勾画出珍视生命,努力实现自我生命价值的基本路径。

注重人伦,遵守合理的社会规范,不断自我完善,发挥自己存在的价值,促进社会的和谐发展,至今依旧是人性健全的重要表现,对个人素养的提升和培育健全人性依然具有重要意义。

3. 儒家生命文化主体智慧认知与体验三:自强不息

儒家塑造了自己独有的、理想的生命观,以积极入世的态度安顿生命,一方面教育人们要尊重天地"生"德,爱惜自然生命;另一方面更加强调对社会生命的完善,以"济世利民,追求仁德"为生命目标,以生命社会价值的实现为最高教育目标。儒家主张以一种积极的人生态度,特别是道德实践精神来回应天地、父母的生生之德。基于这样的价值观,儒家塑造了三种理想生命人格:圣人、君子、大丈夫。

"圣人"是儒家最完整的人格思想,是尽善尽美的典范。"圣人"理想人格的总体特征,可以概括为"内圣外王"。"内圣"是指主体内在的道德修养,对善的领悟、对道德的把握达到尽善尽美的程度;"外王"是指圣人把内在的道德修养向外发散,把主体修养所得推广到齐家、治国、平天下的活动之中,使整个社会变成道德控制下的"王道之世"。孔子对"君子"人格的要求,体现为仁(仁爱慈悲)、义（正义守道）、礼（知礼守节）、智（明智聪慧）、信（诚实守信）、孝（孝顺敬亲）、恭（恭敬谦逊）、俭（节俭质朴）、让（谦逊礼让）、强（坚毅自强）。这十项要求，是理想中的君子所必须具备的品质。孟子以"大丈夫"学说发展了孔子的文质彬彬的"君子"人格思想，提出了成己成物、完成天下大任所应依托的另一种理想人格——"大丈夫"。孟子所推崇的"大丈夫"具有注重气节操守、胸怀博大、正气浩然、意志顽强、威武不屈、顶天立地、行天下大道的英雄气概。这是孟子对理想人格学说做出的重大贡献。

这三种理想人格体现了儒家自强不息的精神，也是儒家所倡导和弘扬的三种生命形态。

儒家认为人与天地万物均以"生"为本，天地的根本精神，在于不断创生生命，生生不已。与天同性的人亦应遵从天道，呈现出勃勃生机，"天行健，君子以自强不息"。自强不息是儒家生命教育的重要内容，其目标主要是实现儒家所倡导和弘扬的三种生命形态，并在这样的生命过程中，实现儒家所强调的"三不朽"——立德、立功、立言，以此来实现生命价值。自强不息是一种宝贵的生命存在状态，是中华民族生生不息的源动力，是一种健全人性的有力体现。

4. 儒家生命文化主体智慧的再认知、再体验、反思、个体性重建与写作表达课程及教学

即通过儒家生命文化的再分析，直接或间接的社会参与、现场实践课程以及自我觉醒与发展课程，对儒家生命文化以及自己的存在现状进行认知、体验、自我反思，从而完成个性化文化认知的陈述性、个性化、文学性表达，实现儒家生命文化个体性重建和写作育人功能，拓宽写作表达内容的文化深度和广度。

（1）儒家生命文化主体智慧的批判性认知、体验、个体性重建与写作表达课程及教学

①再认知、再体验、个性化重建与写作表达一：儒家从生命文化的角度是如何看待生命和人性健全形态的？怎样进行写作表达？

儒家生命文化对生命和人性的健全有什么指导意义？不足在哪里？当今社会上的生命形态是怎样的，有哪些现象与儒家生命文化特点相同、相似或相反，应

该怎样做批判性分析？我们在哪些方面还需要吸取儒家生命文化精华？请对这些进行写作表达。

②再认知、再体验、个性化重建与写作表达二：伦理规范对生命意义的批判性分析及写作表达

如何看待儒家行为典范与道德模式如"君仁臣忠、父慈子孝、夫教妇从、兄友弟恭、朋亲友信"？请结合当代价值观对儒家伦理规范与生命的意义做批判性分析及写作表达。

（2）儒家生命文化主体智慧的社会体验、社会实践与个体性写作表达课程及教学

①儒家生命文化的社会认知、体验和实践

听大儒或儒家学者讲解儒家的生命文化；参与儒家文化专题研讨会，观看儒家文化专题活动视频，游览儒家文化展览场所，切实感受儒家文化在中外文化中的体现及影响；给社会成员、学校同学讲解儒家文化。

②儒家生命文化社会体验和社会实践的个体性写作表达

在现实生活中看见了哪些儒家生命文化现象？哪些生命文化在社会中体现得很明显、很有价值？还有哪些儒家生命文化应该优化？你在社会服务的过程中，自己的心理及文化认识有什么变化？将这些文化性特征及感悟的具体内容表达出来。

（3）儒家生命文化主体智慧的自我觉醒、个体性重建与写作表达课程及教学

即自我认知与反思、觉醒、重建与写作表达。通过自身对儒家生命文化主体智慧的认知、体验、反思，重建生命智慧，并对这些具体内容进行写作表达。

①再认知、再体验、反思、个体性重建与写作表达一

是否尊生重仁？将自己的自我认知、觉醒与重建表达出来。

②再认知、再体验、反思、个体性重建与写作表达二

是否善意对待他人？是否追求现世人伦和谐，日常行为以"孝""爱"为核心，追求利于生命健全的道德伦理？是否自强不息？在这些儒家生命文化精华的自我认知与反思、觉醒、重建过程中，自己生活中的苦乐、荣辱、利欲观以及表现形

态是否健全？通过写作把这些生命文化现象的自我认知、感悟、评价、反思与重建表达出来。

（三）中国古代传统生命智慧的认知、体验、重建与写作表达主体课程及教学体系三：释家生命文化主体智慧的认知、体验、重建与写作表达

释家与儒家、道家构成了中国文化的三大支柱，是一种独特的生命文化智慧，对人具有很好的心理抚慰和生命保养价值。释家哲学思想是佛教的内核。公元前6世纪至前5世纪，释迦牟尼在古印度创建了佛教，以后佛教广泛传播于亚洲及世界各地，对许多国家的社会政治和文化生活产生了重大影响。约在公历纪元前后，佛教传入中国，教义得到发展与创新。

虽然学生的生活体验和经验缺乏，也正处于人生上升发展期，很多释家思想并不符合学生的生活和思想现实，也有虚幻色彩，但对学生了解仍在社会上传播的一种传统文化，对降低当代教育的重功利倾向和学习压力繁重带给学生的不利心理影响，塑造学生健康的心理、健全的生命观具有一定的价值。另一方面，正处于心智与学业上升期的学生，对这门宗教文化进行批判性分析与吸收，利于以后在生活和文本分析中正确认识和对待释家文化，增加写作时对生命现象发现、生命文化分析的厚度与思辨力。这里根据教师和学生生命教育的实际需要，选择部分释家生命文化精华进行学习和批判性分析、吸纳。

1. 释家生命文化主体智慧认知与体验：释家的生命观

（1）释家的生命本质观：苦和空

佛教的缘起在于寻求解脱生命之苦的方法。佛陀以苦为生命的根本特征，并着力寻找使生命摆脱痛苦的方法。作为佛教的思想内核，释家以缘起论阐释生命，认为人的生命缘于无明妄为，因因缘和合而生，随因缘消散而灭，本性为空。慧广法师说："世界与人生，以佛法的眼光看来，是虚幻的，并非实有；是以众缘——各种因缘、条件的配合而有。这众缘的本性可以想知是空的，因缘是没有实体的。"① 人性为空，这是中国释家对生命本质的根本观点。

对于生命本身和生命存在的文学形态来讲，"空"也可视为一种生命的诗意存

---

① 慧广法师：《生命的真相》，花城出版社，1995，第59页。

在。如无门慧开禅诗中描绘的："春有百花秋有月，夏有凉风冬有雪。若无闲事挂心头，便是人间好时节。"又如德诚禅师《拨棹歌》所吟唱的："乾坤为舸月为篷，一带云山一迳风。身放荡，性灵空，何妨南北与西东。"正是在这种"空"中，人的自由本质得以诗性生存，生命获得了某种审美的永恒。

（2）释家的生命价值观：生命的超越

①珍惜生命的存在

释家认为，好生是众生的自然秉性，好生谓之德，应该予以尊重。南朝沈约在《因缘义》中说："凡含灵之性，莫不乐生，求生之路，参差不一……好生之性，万品斯同，自然所禀，非由缘立。"释家认为，只要是有灵性的生物都对生命有积极的追求，只不过追求的方法、途径不同罢了；因缘际会不同，结果就不同，但对生命的热爱是相同的，这不是由缘而生的，而是生命的自然秉性。

不仅如此，"在佛教，个人的生命是同无尽的生命体联系在一起的，这里也是无尽缘起的意思"①。这启示人们，不仅要掌握自己的生命，更要关爱他人的生命，乃至关爱自然万物的生命。在释家文化中，"不杀生"被列入"八正道"中的正业，"十善业"之首就是"不杀生"，而"十恶业"中的第一恶业是"杀生"，可见释家思想中最大的善恶在于是否爱护和尊重人类自身及其他众生的生命。

释家珍惜一切生命，对于人的生命更加珍惜。虽然释家认为生命苦短无常，人生虚幻如梦，但并没有因此否定生命、厌恶人生。明代高僧紫柏真可说："故有志于养生者，生不可轻。如果重生，先养其主。主者谁？主乎生者也。"不轻视生命，注重养生，而养生重在养生之"主"，即养"心"，养生就是养心、尊心，而非追求世俗物质的享乐。

②追求生命的超越价值

虽然重生珍生，因为人性为"空"，释家认为生命最大的意义、最根本的价值不在守护生命的形体，而在于去除"无明"，明心见性，追求生命的自由解脱，悟道成佛，进入涅槃境界，到达真如世界。与儒家在生命与社会的关系中考察人生命的伦理价值、道家在生命与自然的关系中考察人生命的本然价值不同，释家对生命

---

① 立道：《戒律和佛教生命观》，《佛教文化》2005 第 3 期。

价值的考察是将生命放在此生与来世、此岸与彼岸的关系中，认为人虽然好生，但从根本上说，现实生命存在的根本价值不在于生命本身，而在于对生命的超越。这虽然有些虚幻或者玄妙，但是内心求得空与静，很多时候是需要的。

（3）释家生命教育思想的积极意义

①重视生命的本然价值

释家对于人的生命是非常珍惜的。释家基于其"生死性空"的生死观，认为生死皆空，是自然现象，没有必要过分执着于生死问题，为其所累。在此基础上禅宗主张"珍生重死"：若生，则安于生，珍惜生命，不虚度光阴，积极发挥生命的创造力，体悟生命大智慧；若死，则安于死，坦然面对死亡，不惊恐惧怕，积极迎接生命的性状形态变更。这种对生命价值的肯定一方面教育人们要珍惜自己得来不易的生命，另一方面教育人们坦然面对死亡，对于今天的生死教育具有一定的借鉴价值。

②主张生命平等

缘起说、因果论等释家理论的真谛在于平等性，释家最根本的理念就是主张众生平等，就是对一切生命价值的体认。世间所有的生命皆由一定的因缘和合而生，没有例外，所以众生是平等的、没有差别的。"人人皆有佛性"，现有的名利地位乃至文化上的差异都只是暂时的，人们须破除对自性的执着，获得无自性的生命观。释家以平等慈悲作为佛教伦理道德的基石，主张给苦海中的一切众生以真诚的关怀和同情。因此，在释家的教义中，"一切众生皆有如来藏"，所有人都有本体意义上的平等。① 很明显，释家理论中蕴含着促成人的尊严与独立的思想，这与现代文明是相通的。

同时，释家平等的生命观主张人们在对待自己以外的一切生命时，不应有任何优越感。人类不能鄙视、敌视其他生命，没有权利为满足自己的生活欲望而任意剥夺其他生灵的生命。这是对各种生命价值的深刻体认，富有深邃的生命伦理意义，对于完善现代生态理念具有实际借鉴意义。

---

① 张怀承：《无我与涅槃——佛家伦理道德精粹》，湖南大学出版社，1999，第362页。

③鼓励积极的生命态度

释家虽然以"空"为其宇宙本体论的观点，却能积极对待"空"的人生。释家认为，万法皆有因缘，现在的因缘又是过去已灭的某种因的果，因缘是要靠自己去积极创造的，现世人生是个体自己行为活动的结果。积极的善行即"因"，会引发、广结善"缘"，最终达成善"果"。因此佛教教育人们要持一种积极的生命态度，通过积极的修为去获得生命的智慧。在释家那里，缘起的生命观找到了生死的起因并从根本上予以破除，从而使生命获得了积极有为的态度。

2. 释家生命文化主体智慧再认知、再体验、反思、个体性重建与写作表达课程及教学

（1）释家生命文化主体智慧的批判性认知、体验、个体性重建与写作表达课程及教学

如何看待释家所谓的对现实生命和现实生活的绝对超越？如何平衡生命的完善与现实世俗的对立？如何全面认识客观的生命价值和世俗人生的价值？请结合当代生命价值观对释家生命思想进行批判性分析和写作表达。

（2）释家生命文化主体智慧的社会体验、社会实践与个体性写作表达课程及教学

即在释家生命文化主体智慧情景中去体验认知，进行个体性重建与写作表达。

①释家生命文化的社会认知、体验与实践

到寺庙听佛教名流讲解释家的生命文化；参访民间高龄佛教信徒，听其讲解释家生命文化和修持；参加佛教文化研讨会或观看释家文化研讨会视频，听专家们讲解释家生命文化；参加佛教有关生命文化活动，与佛教信徒及相关人士进行佛教生命文化精华交流；用释家生命文化精华去唤醒社会上需要帮助的人，鼓励他们积极投入世俗人生的价值实践。

②释家生命文化社会体验和社会实践的个体性写作表达

社会生活中哪些生命形态体现了释家生命文化精华？这些好的生命形态和价值是怎样的？有哪些不好的生命形态，危害是怎样的？你认为社会中的哪些不好的生命形态可以用释家文化来予以矫正？请用写作的方式记录你在文化体验中观察到的

人与事，表达你对释家生命文化智慧的认识与感悟，提出你对释家生命文化在当代背景下怎样推行的建议。

（3）释家生命文化主体智慧的自我觉醒、个体性重建与写作表达课程及教学

即通过对释家生命文化主体智慧进行的自我认知、反思、体验、觉醒、批判性认知，重建生命智慧，并对反思、认知、体验、个体性重建的具体内容进行个性化写作表达。

主要从以下几个方面进行自我认知、觉醒、重建以及正反向认知的写作表达：

①再认知、再体验、反思、重建与写作表达一：是否认识到生命的困苦？

你是否认识到生命的困苦以及困苦产生的原因？可否能从释家生命文化里获得对生活困苦的超脱、生命的审美存在以及对人生的积极进取？佛教生命文化里的这些观点是否还有不足，是否还可以从辩证的角度补充完善对这些思想的认识？请对以上认识进行写作表达。

②再认知、再体验、反思、重建与写作表达二：是否善待自己与万物？

你是否能正确认识人与万物的关联？是否善待自己及万物生命？是否还可以从辩证的角度对这些认识予以再思考？请用写作的方式把这些认识表达出来。

③再认知、再体验、反思、重建与写作表达三：是否准确理解了释家的因果论？

释家的因果论给你怎样的生命和人生启发？它与辩证分析有什么共同点？因果论对人们的人生观和价值观产生了什么影响？你日常的生命认知、态度和行为还应该注意些什么？请用写作的方式把这些表达出来。

二、人本位生命文化理解、传承、重建与写作表达课程及教学体系二：西方人本主义生命文化主体智慧的认知、体验、重建与表达的写作教育课程及教学主体体系

（一）西方人本主义生命文化主体智慧的认知与体验

人本主义的说法源自西方。人本主义是德文 Anthropologismus 的意译，又译"人本学"。《外国哲学大辞典》对"人本主义"的解释是：一般在与"科学主义"相对的意义上使用，指某些西方哲学理论、学说或流派。有时亦泛指一种以人为

本、以人为目的和以人为尺度的思潮。

从哲学的角度，人本主义指的就是从人出发、以人为最终根据和最高目的去考察、说明、处理一切问题。

从教育学的角度，人本主义就是指一种以人性的弘扬为主要目的的全面的教育。广义上，人本主义的教育思想是"以传统人本主义哲学为基础，并撷取人本主义心理学的观点，重视人的尊严、价值与情绪的发展，相信人能依其自身的努力，不假外力，寻求真理。"[①] 现代西方人本主义教育思想强调从"人的生存状况中的需求"出发来探求人性和人的本质，从发展整体的和健康的人格出发，主张把人的低级需要和高级需要都作为人的自然属性，培养"自我实现"的人。在教育观念上，主张把学生当作整体的人、未完成的人，对学生的自由、情感、理性和道德都予以充分尊重，体现的教育思想是向人性和个体的复归。

在文化学视野中，人本主义是用"人文主义"一词来表达的。人本主义与人文主义在含义上有更多的交叉和重叠。人文主义是指 14 世纪兴起于意大利的新兴资产阶级反封建的思想文化运动，其对立面是中世纪的禁欲主义。文艺复兴时期，人们开始重视人的思想，人文主义思潮兴起，强调人的地位、价值和尊严，要求以人为中心，解放人性、高扬人性，要求人的自由平等和个性解放。德国哲学家尼采认为"生命就是权力意志"，生命的本质在于发挥自己的权力，不断地创造价值，超越自身。德国哲学家狄尔泰认为只有通过自我的实践和体验才能真正认识到生命的意义，他将人类生活的整个范围用"生命"一词来形容[②]，德国哲学家康德从道德哲学的高度指出："不论是谁在任何时候都不应把自己和他人仅仅当作工具，应该永远看作自身就是目的。"[③] 这句话高度重视了人的自我生命、自我幸福以及自我价值，强调人本身才是目的。

西方文化强调生命的个人权利。西方文化的生命观根植于人文主义价值观，凸

---

① 段莎莎：《论西方人本主义教育思想对我国人性教育的启示》，载《中国教育学会基本理论专业委员会第 12 届学术年会论文集》。

② 穆尔：《有限性的悲剧——狄尔泰的生命释义学》，吕和应译，上海三联书店，2013，第 243 页。

③ 康德：《道德形而上学基础》，孙少伟译，九州出版社，2006，第 87 页。

显个人生命价值，强调"认识你自己"，认为生命是人自己的，强调生命的权利，强调认识个体生命本身，引导人关注自己的灵魂，确定人生目标，从而完善生命自身素养。

（二）西方人本主义生命文化主体智慧的再认知、再体验、反思、个体性重建与写作表达课程及教学

1. 西方人本主义生命文化主体智慧的批判性认知、体验

即对应前述知识体系，结合自己的价值标准，对西方人本主义生命文化主体智慧进行再认知，结合自己的现状予以探索、发现和完善，最后实现自我重建，并进行写作表达。

（1）西方人本主义生命文化智慧的批判性认知、体验、个体性重建与写作表达

从宏观层面，西方人本主义生命文化主体智慧是否适用于我们的社会现实，有哪些积极和不足的地方？其所强调的个人主义原则，在我们的社会现状中又有什么具体体现？如何用西方人本主义生命文化智慧精华健全我们的生命观？请用写作表达你的认知和思考。

（2）对"生命就是权力意志"观点的认知、体验、个体性重建与写作表达

围绕尼采"生命就是权力意志"这一观点，结合自身认识和体会，谈谈你对这句话的全面认识，以及对当前社会相关存在形态的再思考与文化建议，并把这些认识用写作表达出来。

2. 西方人本主义生命文化主体智慧的社会体验、社会实践与个体性写作表达课程及教学

（1）西方人本主义生命文化的社会认知、体验和实践

参观博物馆，观看专题片，请人文学者专门讲解，阅读书籍，参加西方人本主义专题研讨活动，等等。在这些文化情景中认知、体验、学习西方人本主义发展历程及特征、价值，建构西方人本主义知识体系。

（2）西方人本主义生命文化的社会体验、社会实践的个体性写作表达

在西方人本主义文化的社会体验与社会实践过程中，你看到了西方人本主义文化的哪些优点与不足？各自是怎样体现的？如何比较认识中西方生命文化的差异？

社会生活中如何更好地利用西方人本主义生命文化健全生命智慧？请用写作表达出来。

3. 西方人本主义生命文化主体智慧的自我觉醒、个体性重建与写作表达课程及教学

即通过对西方人本主义生命文化智慧在自身体现状况的反思、认知、体验，重建人本主义生命智慧，并对反思、认知、体验、重建的具体内容进行写作表达。

你是否有"以人为本、以人为目的"的认识？日常生活中是否重视和追求自身的尊严、权利、价值与情感，完成自我实现？有哪些正反现象？你认为怎样才能更好地实现个人权利，让自己健全和自由地发展？请这些内容进行写作表达。

第二节 主体课程与教学体系二：社会本位视角文化精华主体智慧培育与写作表达

写作教育课程与教学需从社会本位视角进行文化精华主体智慧的认知、体验、重建与写作表达，实现写作教育中社会本位人文素养整合性系统融通培育。

社会本位的素养是全人素养的重要组成部分，是每一个人在社会上生存的基本素养和社会责任。为了人类的健康、绿色可持续发展，每一个公民都应该具备这些素养，一切教育活动都应该重视这样的教育，把社会文化、思想道德以及社会价值观引领贯串于教育教学全过程和各环节。

"全人"视域下以社会本位为主体的写作教学以人类文明精华为载体。人类文明精华是人类生生不息、长久发展的人类文化基本精神和思维形态，是各民族文化不断前进、走向世界、走向未来的基本思想和民族品格的精粹。那么，应该如何立足于本国文化精华，吸纳世界优秀的文化，培育具有健全心灵、民族灵魂、世界视野、时代精神的学生？

要实现"全人"视域下这些人文素养培育目标，必须重点关注中华民族传统文化特质、新民主主义革命阶段革命文化及实质、当代国内外文化特质等几个宏观领域，并从中提炼出系统的人文精神与品格，构建以社会本位为主体的人文素养培育

核心体系，从而构建以社会本位为主体的文化认知、体验与重建课程。此外，还应开设社会体验和社会实践课程、自我觉醒和自我发展课程，并将这些课程与写作表达能力培育系统结合，形成立体的以实现社会本位为主体的文化认知、体验、重建与写作表达能力全面培养的写作教育综合学习课程体系。

一、社会本位视角中中国古代传统文化基本精神和人文精华的认知、体验、重建与表达的写作教育课程及教学主体体系

以社会本位为主体的中国传统文化基本精神和人文精华是培育学生人文及写作素养具有民族性的基本内容。中国传统文化历史悠久，博大精深，中国文化的基本思想是一个包括诸多要素的统一体系。根据中学段学生学习与发展的实际需要，提炼出如下以社会本位为主的传统文化中的关键人文精神与品格要素。

（一）以社会本位为主体的中国古代传统文化主体智慧的认知与体验的主体课程及教学体系

与以人为本、侧重于健全生命的传统人本主义文化不同，这里谈及的是以社会为本的中国文化主体智慧。与西方近代追求个人的自由与民主价值不同，以社会为本的中国传统文化始终围绕人是世间一切事物的根本，特别讲求服务于社会的人伦以及人与社会和谐的规范，形成了中华民族系统的伦理道德准则，对中国社会的发展起到了极为重要的推动作用。

《论语·述而》说"志于道，据于德"，这里的"道"指理想的人格或社会图景，"德"指个人的立身根据和行为准则。孔子强调"德"是实现宏图大志的基础。《周易》说："利用安身，以崇德也。""崇德"才能"安身"。可见，自古人们就充分认识到"德"对于人的生存与发展的重要意义。在漫长的封建社会里，中国传统文化形成并贯串着一整套伦理道德规范，具有悠久的文化历史。尽管曾长期服务于维护封建专制统治和等级社会秩序，但是这些规范对社会的存在与发展、个人人格的完善与提升，至今仍发挥着非常重要的作用。

这里根据现代社会生存与发展需要，以及中学段教学和学生发展需要的实际情况，选择部分传统美德中的伦理道德准则精髓，予以简述。

第一，仁、义、礼、智、信。亦即仁爱、道义、礼仪、睿智、诚信。孔子提出"仁、义、礼",孟子延伸为"仁、义、礼、智",西汉思想家、政治家、教育家董仲舒扩充为"仁、义、礼、智、信",后称儒家"五常"。这些规范被确定为一切社会成员做人的基本道德准则和伦理原则。在此基础上,古代社会确立了解决和处理各种复杂社会关系、满足封建社会伦理基本需求、完善个人人格的系列道德规范。

第二,温、良、恭、俭、让。亦即温和、善良、恭敬、节俭、谦让。这是儒家"五德",也是古代君子待人接物的行为准则。最初出于《论语·学而》里的一段话:"子禽问于子贡曰:'夫子至于是邦也,必闻其政,求之与?抑与之与?'子贡曰:'夫子温、良、恭、俭、让以得之。'"

第三,忠、孝、廉、耻、勇。亦即忠心、孝悌、廉洁、羞耻、勇敢。指的是人应信守、践行的五种高尚品格。

以上人伦体现,贯串于中华伦理道德的发展史中,成为中国价值体系中最核心的因素,是中华民族先民们对社会核心价值的共识。

(二) 以社会本位为主体的中国古代传统文化主体智慧的再认知、再体验、反思、个体性重建与写作表达课程及教学

1. 以社会本位为主体的中国古代传统文化主体智慧的批判性认知、体验、个体性重建与写作表达课程及教学

儒家伦理规范是以人伦为中心的人和主义价值观和行为追求,其强烈的和谐意识,使中华民族具有强大的民族凝聚力和民族向心力、发展力;强调通过主体内在的道德自觉来约束自我、提升自我、完善自我,来维系社会关系,对于个人素养的提升和社会发展具有重要意义,在中国文化形态中占据着重要的位置。

(1) 儒家伦理规范包含了一些落后的封建思想

儒家伦理规范服务于封建统治和等级社会秩序,很多内容有明显的阶级性,其精神实质包含了一些过时的、落后的封建思想。

如"五常"中的"义",西汉儒学家、思想家董仲舒认为提倡道义的重要目的,就是要"立义以明尊卑之序,强干弱枝以名大小之职"①。很明显,董仲舒认

---

① 出自西汉董仲舒《春秋繁露·盟会要》。

为"义"是一种合理的尊卑、强弱存在规则；他从义利关系上说明义，大多数情况下更主张重义轻利，并且大多数情况下都是从这个角度说明义。董仲舒的义利观没有辩证地对待义利关系，导致顾此失彼，过分拔高义的价值，轻视、忽视甚至蔑视利的作用，似乎谈论利益就是小人，这造成了中国历史长期以来片面地鄙视物质利益的清高、孤傲心理和不大讲究务实的做法，在社会上形成了"无商不奸"的普遍偏见，鄙视、贬低正当的经营行为，贻害无穷。①

（2）人的主体性缺失

儒家伦理规范以人伦为中心，重视个人对于群体的义务和责任，从人本主义角度去分析，这些规范并不十分重视个体精神的自由与独立，忽视每一个个体自身的权利，并不利于个人智能的发挥。

人是创新的主体。主体性是人本质系统的最高层次，也是人本质的最高规定。人只有在其主体性得到充分尊重的前提下，才有可能真正发挥主动性与创造性。西方理性尊重人的个性，鼓励人的自由发展，强调个人的社会地位和作用。旧中国由于过分强调"大一统"的思想，强调个人在国家和家庭中的责任，忽略了个人的自由和主体性。在知识经济社会，创新成为国家和社会发展的动力，而确保人的主体地位则是社会创新体系的源动力。② 历史告诉人们，只有提高人的主体性，重视人的创新意识和创新能力，国家和社会才会有可持续的发展力。

（3）社会本位文化倡导的理性和批判思维缺乏导致科学精神缺乏

科学精神是创新的基本原则。科学精神的产生来自理性和批判思维。作为理性体现之一的批判精神是创新的重要武器和前提。"不破不立"，没有批判的勇气和精神，何以有科学精神进行理论创新、实践创新？对待传统和他人的理论、实践经验，在承认其在当时条件下的客观性、合理性的同时，更要看到在现时条件下的局限性、落后性，本着科学精神，运用批判的眼光审视传统、他人的理论和实践，敢于向国内外传统思想、他人智慧挑战。而古代中国是一个"重礼"和"求和"的国家，批判向来被视为文化逆流，难登大雅之堂。中国古代社会本位文化以人伦文

① 孙君恒：《儒家君子"五常"的当今价值审视》，《衡水学院学报》，2018 年第 12 期。
② 胡利民、杜贵元：《西方理性与创新思维》，《四川师范学院学报》（哲学社会科学版），
　 2003 年第 4 期。

化为主导，理性和批判思维缺乏，导致科学精神严重缺乏，影响了社会的发展。

2. 以社会本位为主体的中国古代传统文化主体智慧的社会体验、社会实践与个体性写作表达课程及教学

即进入文化性情景进行社会本位为主体的中国古代传统文化的认知体验、个体性重建与写作表达。

（1）以社会本位为主体的中国古代传统文化的社会认知、体验和实践

进入社会情境对社会百态进行社会本位的中国古代传统文化主体智慧文化形态的观察与分析；听学者讲解中国古代传统文化主体智慧的存在形态；通过阅读反映社会现实、人生百态的文艺作品、影像视频认识与分析中国古代传统文化社会本位主体智慧的存在形态及应有的人格品质。把自己看见的、想到的用写作表达出来。

（2）以社会本位为主体的中国古代传统文化的社会体验和社会实践的个体性写作表达

在具体情境中，你认为以社会本位为主体的中国古代传统文化优点与不足各是什么？你看见了哪些以社会本位为主体的中国古代传统文化现象？哪些文化要素在社会中体现得很明显、很有价值？还有哪些文化精华体现不足？结合当前社会现状及时代需要，你认为当代社会应该吸取哪些社会本位为主体的中国古代传统文化精华？你在情景体验过程中，自己的文化认识有什么变化？请将你的观察与思考的具体内容表达出来。

3. 以社会本位为主体的中国古代传统文化主体智慧的自我觉醒、个体性重建与写作表达课程及教学

即通过对自身拥有的以社会本位为主体的中国古代传统文化主体智慧的认知、体验、反思，重建社会本位传统文化主体智慧，并对再认知、体验、反思、重建的具体内容进行写作表达。

（1）再认知、反思、重建与写作表达一：对"五常""五德"是否有一些认识？

"五常""五德"儒家这些传统伦理规范你自身具备多少，还有哪些不具备？你是否能正确认识"五常""五德"？你对当前社会"五常""五德"相关存在形态有什么再思考和文化建议？请用写作表达出来。

（2）再认知、反思、重建与写作表达二：如何理解"忠、孝、廉、耻、勇"五伦常的现实意义？

"忠、孝、廉、耻、勇"这五个伦理规范你自身具备多少，还有哪些不具备？其各自形态是怎样的？你对这五个伦理规范是否有全面认识？围绕这五个伦理规范中的精华，你对当前社会相关存在形态有什么新的思考和文化建议？请用写作表达出来。

二、社会本位视角中现代新民主主义革命阶段革命文化精华主体智慧的认知、体验、重建与表达的写作教育课程及教学主体体系

（一）以社会本位为主体的新民主主义革命文化主体智慧的认知与体验的主体课程及教学体系

第一次世界大战后，世界帝国主义格局发生巨大变化，当时的中国正深受帝国主义、封建主义、官僚资本主义三座大山的压迫，处在水深火热之中，人民迫切需要寻找一个解救国家的途径，通过革命，实现独立、平等、民主、自由。

毛泽东在《新民主主义论》中指出：新民主主义文化，就是无产阶级领导的人民大众的反帝反封建的文化，是民族的、科学的、大众的文化。无产阶级领导，指的是新民主主义文化要坚持马克思主义在文化建设中的指导地位，这是区分新民主主义文化和旧民主主义文化的根本标志。新民主主义文化的基本思想是坚持马克思主义的唯物史观，为实现社会主义和共产主义而努力。

1. 以社会本位为主体的新民主主义革命文化主体智慧认知与体验一：民族性（民族的觉醒与解放）

民族性是新民主主义文化的首要属性，其文化的主要特征是民族的觉醒与解放。新民主主义文化是民族的，追求民族的觉醒与解放，其本质是革命的民族文化，其内容是反对帝国主义压迫，主张中华民族的尊严和独立，反对封建主义和官僚资本主义，追求民族走向社会主义和共产主义。这种"革命的民族文化"始终以"民族的觉醒与解放"为主题。

2. 以社会本位为主体的新民主主义革命文化主体智慧认知与体验二：科学性（追求科学）

新民主主义文化以马克思主义科学世界观和方法论为指导，坚持科学的原则，继承和发扬了"五四"以来民主、科学的思想旗帜。

科学的新民主主义革命文化反对一切封建迷信思想，主张实事求是、客观真理的理论和实践的一致性。主张对于封建时代创造的文化剔除其糟粕，吸收其精华，主张尊重中国历史，反对民族虚无主义，以历史唯物主义的态度对待古今中外文化，发展民族新文化和提高民族自信心。讲求科学是新民主主义革命文化的主体智慧。

3. 以社会本位为主体的新民主主义革命主体智慧认知与体验三：大众性

毛泽东在《新民主主义论》中指出：新民主主义文化是广大人民群众的思想文化，应该为无产阶级和广大人民群众服务。只有获得群众认可的文化才有普及的价值，只有体现出大众性特点的文化才具有存在的意义。

新民主主义革命为全民族中百分之九十以上的劳苦工农民众服务，并逐渐成为他们的文化。新民主主义的文化是大众的，因而是民主的。中国共产党一直是无产阶级领导革命，依靠广大人民群众，从群众中来，到群众中去。

新民主主义文化的大众性包含了两方面内容。一是坚持无产阶级的领导，以人民群众的根本利益为中心。二是尊重、依靠、服务大众。首先，要把尊重和依靠人民群众的创造性作为文化发展的根本动力，强调"民众就是革命文化的无限丰富的源泉"；其次，文艺作品创作的内容必须以人民群众喜闻乐见的语言和形式表现出来，为人民群众所接受。

大众性是新民主主义革命文化的主体智慧之一，也是现代新民主主义阶段人民文化性思维特征的体现之一。

（二）以社会本位为主体的新民主主义革命文化主体智慧的社会体验、社会实践与个体性写作表达课程及教学

即进入文化性情景进行现实社会性的新民主主义革命文化主体智慧的认知体验、个体性重建与个性化写作表达。

（1）新民主主义革命文化的社会认知、体验和实践

进入各类新民主主义革命文化展馆、遗迹进行新民主主义革命文化情境的再认

知；听学者讲解新民主主义革命文化主体智慧的存在形态；通过反映新民主主义革命文化主体智慧的文艺作品、影像视频认识与分析新民主主义革命文化主体智慧的存在形态及应有的人格品质。

（2）新民主主义革命文化的社会体验和社会实践的个体性写作表达

在具体情境中，你认为以社会本位为主体的新民主主义革命文化还有些什么特征？其价值是什么？新民主主义革命文化对历史的发展起了什么作用？新民主主义革命文化若再具备些什么要素，社会会发展得更好？哪些新民主主义文化要素在当代社会中体现得最为明显、最有价值？还有哪些文化要素体现不足？结合当前社会现状及时代需要，你认为当代社会应该汲取哪些社会本位主体的新民主主义革命文化？请将情境中的这些认识与感悟表达出来。

（三）以社会本位为主体的新民主主义革命文化主体智慧的自我觉醒、个体性重建与写作表达课程及教学

即通过自身拥有的新民主主义革命文化主体智慧的自我认知、体验、反思、重建新民主主义革命文化主体智慧，并对认知、反思、体验、重建的具体内容进行个性化写作表达。

你对新民主主义革命文化主体智慧及价值意义了解多少？你是否传承了这些主体智慧？你是否愿意去向人们宣传新民主主义革命的主体文化智慧？在新的时代里，你及社会上的人们还应该汲取新民主主义革命文化的哪些主体智慧？请将你的认识与感悟表达出来。

三、社会本位视角中当代中国文化主体智慧的认知、体验、个体性重建与写作表达的主体课程及教学体系

（一）以社会本位为主体的当代中国文化主体智慧认知与体验的主体课程与教学体系

1. 以社会本位为主体的当代中国文化主体智慧认知与体验一：改革开放文化主体智慧认知与体验的主体课程及教学体系

改革开放从小岗破冰到深圳试水，从浦东开发到滨海建设，从海南弄潮到雄安启航……40多年来，改革开放的脚步坚定向前，中国共产党领导全国人民极大地改变了中国面貌。改革开放是当代中国最显著的特征、最壮丽的气象，是当代中国人民最鲜明的精神和文化标识。

（1）文化特征一：改革开放的传统性——改革开放，是对中华优秀传统文化的大力传承

早在中国儒家经典《礼记·大学》中就有关于创新的表述。"汤之《盘铭》曰：'苟日新，日日新，又日新。'《康诰》曰：'作新民。'《诗》曰：'周虽旧邦，其命维新。'是故君子无所不用其极。"这里的"新"即创新、推陈出新，说的是在传统基础上求发展、自强不息、创新不已。这是中国古人所认识到的人类社会历史发展的科学规律，体现了中华文化的开放性内涵。

改革开放也是对中国革命文化传统的发扬光大。在为中国人民谋幸福、为中华民族谋复兴的征程中，中国共产党领导的改革开放与新民主主义革命、社会主义革命是一脉相承的，其目的是要如习近平总书记所说"顺应中国人民要发展、要创新、要美好生活的历史要求"。

改革不是另起炉灶，创新也不是全盘异化。中国的改革开放以传统的人文品质为基础，以马克思主义为指导，以传统的社会体制为根基，从社会实际和社会发展需要出发，借鉴国际科技、经济文明的优秀成果，发挥人民的创造力和发展力，开放科技、经济的发展空间，形成了独具特色的中国发展模式和文化特色。

在传统基础上改革，既是中国改革开放的基本文化特征，也是中国人民在改革开放进程中形成的文化心理特征。

（2）文化特征二：改革开放的务实性——解放思想、实事求是，是改革开放精神内涵的一个重要体现

解放思想、实事求是是在马克思主义思想指导和世界发展经验启发下，打破习惯思维和主观偏见束缚，客观面对和研究实际情况，寻求真发展，解决真问题，使思想、做法与实际相符合，与人类及世界发展方向相一致。解放思想、实事求是一个辩证统一体，解放思想是实事求是的前提，实事求是是解放思想的内在要求、行为目的，二者相互促进、相互依存。

改革开放在促进生产力发展的同时，引起了人们精神状态的一系列深刻变化。人们不再拘泥于旧有的观念、做法和体制，而是敢为人先、大胆探索、善于创造，

勇于第一个"吃螃蟹"。亿万人民从小农经济和小商品生产的狭隘思维中解放出来，勇敢地走出家门、走进市场、走向世界，在激烈的市场竞争中追求经济效率和社会效益。各地政府也积极投入生产总值、增长率、营商环境、创新政策、生态环境、社会治理的竞争。经济发达地区更是主动求新求变，直接对标国际最高标准。正是这种空前开阔的视野、空前广泛的竞争意识、空前强烈的效率追求，成为当代中国大踏步赶上国际先进并且日渐领风气之先的原动力。

40多年来，中国共产党始终坚持解放思想、求真务实的改革开放精神，带领全国人民以勇于自我革命的气魄，不断打破保守僵化的樊篱，既敢为人先、敢闯敢试，又步步为营、蹄疾步稳。改革开放的每一次突破和跨越，都是思想解放的成果，都是与时俱进的谋划，都是实事求是的写照。解放思想、实事求是是当代中国人民改革开放精神风貌的集中体现，是激发社会活力的强大精神力量，充分体现了中国人民的务实性这一改革开放的文化特征。

（3）文化特征三：改革开放的探索性——破旧立新、勇于探索，在尝试中发展与进步

习近平总书记指出："当代中国的伟大社会变革，不是简单延续我国历史文化的母版，不是简单套用马克思主义经典作家设想的模板，不是其他国家社会主义实践的再版，也不是国外现代化发展的翻版。"这个"四版论"充满高度智慧，集中而艺术地概括了破旧立新、创新探索这一改革开放的文化特征。

改革开放是"新的伟大革命"，就意味着对于现状中不合时宜的旧事物采取否定性态度和行动，大幅除旧布新。在中国特有的社会环境里，改革开放是创造性的，世界上没有先例可循，只能"摸着石头过河"，在尝试中发展与进步。

与国际上激进的"休克疗法"式改革不同，中国是在尊重本国国情和经济社会发展规律的基础上，采取了先试点后推广、先局部后整体的渐进式改革模式。

1978年安徽凤阳小岗村18位农民签下"包产到户"的生死契约，开创了"大包干"的先河，大大推动了中国农村经济体制改革的步伐；从1980年深圳、珠海、汕头和厦门四个经济特区的设立，到沿海开放城市、综合保税区、自由贸易区（港）等各种形式的特区的设立，我国对外开放的道路越走越宽阔；"一国两制"的伟大构想冲破了姓"资"姓"社"的二元对立，不仅在香港和澳门回归祖国的

过程中发挥了重要作用,对于进一步解决台湾问题,推动祖国完全统一,也具有重大意义。

大胆探索、克难攻坚、砥砺奋进,可以说是改革开放精神的精髓。在整个人类文明史上,没有哪个国家的人民像中国人民一样在很短的时间内经历如此巨大的心灵冲击与精神变革,也没有哪个民族像中华民族一样在不断挫折和磨砺中锻造属于自己的价值理念与社会、精神图景。因此,中国的改革开放是在前行的进程中探索,在探索中前行,最终走出了一条属于自己的道路。

2. 以社会本位为主体的当代中国文化主体智慧认知与体验二:社会主义核心价值观的主体智慧认知与体验的主体课程及教学体系

这是学生素养具有时代性的重要方面。面对改革开放和发展社会主义市场经济条件下思想意识多元、多样、多变的新特点,党的十八大从三个层面高度凝练地提出了社会主义核心价值观:富强、民主、文明、和谐——国家层面;自由、平等、公正、法治——社会层面;爱国、敬业、诚信、友善——公民个人层面。社会主义核心价值观既继承了中华优秀传统道德文化,也充分借鉴吸收了改革开放进程中所借鉴的世界文明成果,是中国特色社会主义的发展要求,是中国共产党凝聚全党、全社会的价值共识做出的重要价值观以及文化性论断,也是改革开放进程中党和国家、人民文化智慧特征的体现与文化追求。积极培育和践行社会主义核心价值观,对于继续提高整合社会思想文化和价值观念的能力,促进人的全面发展、引领社会全面进步,铸就自立于世界民族之林的中国精神具有重要意义。所以,社会主义核心价值观是当前社会人文教育民族性、时代性的重要体现,对于学生的教育显得尤为重要。

"富强、民主、文明、和谐"是从价值目标层面对社会主义核心价值观基本理念以及主体文化智慧、文化核心的凝练,是国家文化主体智慧的体现和国家建设目标。这一层面的价值观追求国富民强,人民当家做主;追求面向现代化、面向世界、面向未来的民族的、科学的、大众的社会主义文化与文明,实现中华民族伟大复兴;追求人民生活幸福,经济社会和谐稳定、持续健康发展。

"自由、平等、公正、法治"是从社会层面对社会主义核心价值观基本理念的凝练,是对美好社会的生动表述,是党和政府矢志不渝、长期实践的核心价值理念。"自由"是指人的意志自由、存在和发展自由，是人类社会的美好向往。"平等"指公民在法律面前一律平等，要求尊重和保障人权，人人依法享有平等参与、平等发展的权利。"公正"即社会公平和正义，以人的解放、人的自由平等权利的获得为前提，是国家、社会应然的根本价值理念。"法治"是治国理政的基本方式，社会主义民主政治要求依法治国，通过法治建设来维护和保障公民的根本利益。

"爱国、敬业、诚信、友善"是从个人行为层面对社会主义核心价值观基本理念以及主体文化智慧的凝练，是公民的基本道德规范和社会发展中人民主体文化智慧的体现和追求。这一层面的价值观追求以振兴中华为己任，促进民族团结，维护祖国统一，自觉报效祖国；追求忠于职守，克己奉公，服务人民和社会，充分体现职业精神；追求诚实守信，诚恳待人；追求互相尊重，互相关心，互相帮助，和睦友好。

社会主义核心价值观是社会主义核心价值体系的内核，体现社会主义核心价值体系的根本性质和基本特征，也是改革开放进程中党和国家、人民的文化特征。

（二）以社会本位为主体的当代中国文化主体智慧的社会体验、社会实践与个体性写作表达课程及教学

即进入文化性情景进行现实社会性的当代中国文化主体智慧的认知、体验、个体性重建与个性化写作表达。

（1）以社会本位为主体的当代中国文化的社会认知、体验和实践

进入各类当代中国文化主体智慧展馆、改革试验区、改革开放成果展示场所进行当代中国文化主体智慧情境的认知；听学者讲解当代中国文化主体智慧的存在形态；通过反映当代中国文化主体智慧的文艺作品认识与分析当代中国文化主体智慧的存在形态及应有的人格品质。

（2）以社会本位为主体的当代中国文化的社会体验和社会实践的个体性写作表达

在具体情境中，你认为以社会本位为主体的当代中国文化对社会发展起到了什么作用？当代中国文化要素在当代社会中体现得怎样？还有哪些文化要素体现不足？结合当前社会现状及时代需要，你认为当代社会还应该积极践行哪些社会本位为主体的当代中国文化要素？以社会本位为主体的当代中国文化还应该有些什么要

素，才能更好地促进社会发展？请将情境中的这些认识与感悟进行写作表达。

（三）以社会本位为主体的当代中国文化主体智慧的自我觉醒、个体性重建与写作表达课程及教学

即通过自身拥有的当代中国文化主体智慧的自我认知、反思、体验，重建当代中国文化主体智慧，并对认知、体验、反思、重建的具体内容进行个性化写作表达。

（1）再认知、再反思、重建与写作表达一：如何从"改革开放"的文化特征中汲取精神养分？

你是否了解"改革开放"的文化精神？改革开放的文化精神对你有何启发？你应该如何借助改革开放带来的契机完善自身能力、提升自我素养？请用写作表达你的认知和思考。

（2）再认知、再反思、重建与写作表达二：社会主义核心价值观的精神引领意义？

你是否了解社会主义核心价值观蕴含的文化精神？你是否能从个人、社会、国家的层面思考社会主义核心价值观的引领意义？你是如何践行社会主义核心价值观的？你认为社会主义核心价值观的内容是否还有可以补充和完善的地方？请用写作表达你的认知与思考。

四、社会本位视角中现当代国外优秀文明主体智慧的认知、体验、个体性重建与写作表达的主体课程及教学体系

（一）以社会本位为主体的现当代国外优秀文明主体智慧认知与体验的主体课程及教学体系

国外优秀文明是培养学生具有世界性素养的重要方面。国外的文明精华概括起来就是博爱、自由、平等、法治、民主、科学、思辨、批判性、竞争、个性与尊严，还有部分国家在世界情怀与世界担当、环保素养方面很突出。自由、平等、法治已被纳入社会主义核心价值观。民主、科学、竞争、个性与尊严、世界情怀与世界担当、环保都是简单易懂的文化要义，以下侧重学习博爱、法治、思辨三个文化主体要素。

1. 以社会本位为主体的现当代国外优秀文明主体智慧的认知与体验一：博爱

博爱作为基督教教义的核心，是西方道德伦理的支柱，博爱思想渗透到西方文化的点点滴滴之中。博爱没有空间性与时间性，强调不管所处的位置，不管肤色、身份、种族、国别，都应该爱。博爱强调人与人之间广泛的爱，有着积极的意义。

2. 以社会本位为主体的现当代国外优秀文明主体智慧的认知与体验二：法治

法治也称"法的统治"，是指按照民主要求把国家事务法律化、制度化，并严格依法进行管理的一种国家组织原则，是一个文明国家存在的基本形态。西方走过了近千年的法治道路，已经完成了一些法治社会应该完成的任务。法治理念及体系的流入，对中国的政治、经济、文化和社会生活产生了巨大影响，我国行政法制的启动、发展、变迁都和西方的法治理念有着密切联系。

西方法治理念的起源可以追溯到亚里士多德"法治"思想的提出。亚里士多德认为，法治应该包括两重含义：已成立的法律获得普遍的服从；民众服从的法律本身是良好的法律。这是历史上首次明确提出此观念，也是对柏拉图"贤人政治"思想的进一步发展。近代以来，资产阶级民主思想与"法治"理念结合，催动了法治社会的正式形成。在西方法治国家，民主与法治密不可分，民主是法治的前提。首先，民主是多数人做主，是大多数人意志的体现。没有民主，法就不能体现大多数人的意志。其次，法治必须在民主的基础上又以民主为目的，不以民主为目的的法治必将演化成人治，甚至专制。

西方国家法治原则包含以下主要内容：

第一，法律必须是普遍的和公开的。美国法学家富勒认为，法律应该具有普遍的、公开的、可预见、能够被遵守和执行等特征要素。法律的普遍性含有两个内容，一是法律的适用不是针对某些特定人群，而是所有的人和一系列相同的事物；二是法律的规范应具有普遍意义，不因时间、地点而变化。法律的公开性就是一切法律都必须公布于众，因为法律旨在为所有人提供一般性的行为准则，国家有义务公布法律，公民有权了解国家所制定的法律。

第二，法治的最终目的是维护人的公民权利和政治权利。西方法治精神认为人生而平等，维护人的公民权利和政治权利，不仅是法治的目的，也是法治的价值所在。从根本上讲，任何法律都以一种权利为前提，只有以相应的权利为依据的法律才是正义的。权利是人们交往的准则，一个违反权利的政权不能依法办事。宪法的任务就是确定人民的权利。法治就是依法治国，一切人服从法律，一切人的正当权利受法律保护。执政者的一切行为都必须是法律授权的行为。任何超出法律授权范围、侵犯公民正当权利的政府行为都属非法。

第三，法律面前人人平等。这在自由资本主义时期就已成为法治的一个极端重要的原则。古希腊哲学家柏拉图指出，法律是基于全体社会成员的共同利益来制定的。富勒也指出，法治社会里的政府不是人们的老爷，而只是法律规则的维护者。法治的本质要求人格平等，法律面前人人平等。任何人都必须服从法律，没有任何特权，没有法律上的平等，便没有法治。

第四，权力制衡。在西方政治法律文化传统中，从古希腊到近现代，法治观始终是排斥专制、与民主思想密切相关的。法律是绝对的至高无上，压倒一切，与专制权力相对立。法治就是排斥专制，排斥特权。法治的核心是确信法律能提供可靠的手段保障每个公民免受任何其他人专横意志的摆布。

英国哲学家约翰·洛克认为，人们参加政治生活就是为了保障生命、自由和财产权，而为了保障这个目的的实现，应该防止执法者或执政者滥用权力，国家权力应该进行分立，形成能相互制衡的状态。后来，法国启蒙思想家、法学家孟德斯鸠在洛克的分权制衡思想上提出立法、行政和司法的三权制衡理论。

第五，程序正义。西方国家在行政执法问题上，十分重视行政程序。英美法系通常把行政法的功能限制在行政程序法上，强调程序在行政活动中的重要性。英国的自然公正原则、美国的正当法律程序原则就是关于程序的典型法律原则。其中自然公正原则有两项内容：1）听取对方意见，即任何个人或组织、团体在行使其有关权利可能使他人受到影响时，必须听取对方的意见，对方有权为自己进行辩护；2）不能自己做自己的法官，即任何个人或组织、团体都不能做自己案件的法官，遇到与自己有关的案件必须回避。行政程序是一种有效防止行政权滥用的新的监督形式，不仅能进行事前监控，而且能进行事中监控以弥补司法事后监控之不足，其实质是把控制行政权力的着眼点由对行政行为结果的审查转向了对行政行为过程的审查。行政程序的重要性正如法国哲学家戴维斯所说："正义的本质最大程度上是程序。"法兰克福特大法官有句名言："自由的历史很大程度上是遵循程序保障的历史"。①

3. 以社会本位为主体的现当代国外优秀文明的主体智慧的认知与体验

三：思辨

西方思维方式的主要特征是思辨。一般认为，思辨包括理性和批判精神两个方面。

第一，理性。在英语中，"理性"一词为 reason，其本义是"原因、理由"。从古希腊时期开始，西方哲学的理性思想就是这一本义的体现。与中国顿悟、经验式的传统思维方式不同，直观的本原探索是古代西方哲学的典型特征，主张从事物本身去认识和改造事物。西方理性思维方式始终根植于西方文化传统中，成为西方哲学追求真理的主要思维方式。

苏格拉底和柏拉图将理性视为最高统治。在康德看来，理性思维是人之所以为人的重要基础。西方理性思想的主流精神是求真，对于有志于理论创新和制度探索、着力于推动社会发展的人来说，具备追求和捍卫真理的精神是第一位的。随着近代资本主义社会的发展和科学技术的进步，传统的西方理性思维得到进一步发展，出现了诸如工具理性和价值理性，政治理性、经济理性和文化理性，认知理性和实践理性等多样类型②，但仍具备传统西方理性的基本元素和特征。

西方理性在不同的发展阶段表现为不同形式，但其关注自然、社会以及人自身并对其进行理性思维的科学精神却从未间断，启迪并引领了一代又一代的思考者，成为科学发展与社会革命的思想先导和指导原则。

第二，批判精神。批判精神是和西方理性思维紧密结合的，和理性思维一并推

---

① 李娟：《行政法控权理论研究》，北京大学出版社，2000，第96页。
② 展立新、陈学飞：《理性的视角：走出高等教育"适应论"的历史误区》，《北京大学教育评论》2013年第1期。

进着西方文化与社会的发展。批判精神是依据一定的价值标准对对象的分析、解剖、扬弃，提出自己的观点和证据。康德说"批判便是理性的正确运用"，批判精神就是理性思辨的张扬。批判精神不仅是人类发展的重要素养，也是写作素养的重要来源。

（二）以社会本位为主体的现当代国外优秀文明主体智慧的再认知、再体验、个体性重建与写作表达课程及教学

1. "博爱"的批判性认知

"博爱"与中国传统文化价值里的"仁爱"近似。博爱作为基督教之爱，在上帝的国里，无所谓种族国家的分际。博爱是一种信仰之爱，初始的内涵与基督教教义直接相关，以信、望、爱一体而著称，与神教的信仰结合在一起。爱作为上帝的恩赐，其中包含三层次的爱：上帝爱世人；基督徒之间的爱，主要指教友之间的爱；爱上帝，也就是回应上帝的恩赐。三种爱有机融为一体。① 随着文化的发展，博爱逐渐从教义中摆脱出来，成为一种泛义，并在世界广泛传播。在当代，如果将博爱的含义还限制在基督教之爱义内，那是不可取的。如果是基于对一个人生命权利的基本尊重，在对方的生命品质于人类无害的情况下，博爱是应该的，所以博爱的情怀与行为还应该依据对方的品质而选择。

2. 西方"法治"的批判性认知和中西法治比较

（1）西方"法治"的批判性认知

西方的法学家大都在一定程度上强调法律作为社会治理方式的一种近乎神话的地位。美国法学家哈罗德·伯尔曼认为，人们需要在一个信仰的高度上去理解和尊重法律，"法律必须被信仰，否则它将形同虚设"②。伯尔曼认为，西方社会存在一种"对法律能够解决同一地域内互相竞争的政治权威之间的冲突以及法律最终优于政治权威的至上地位的确信"③。总体来看，西方关于法治神话地位的论述可总结

---

① 张少恩、孙秀芳、田会轻：《仁爱、兼爱与博爱——儒、墨伦理文化与基督教伦理文化比较》，《贵州社会科学》2014年第5期。
② 伯尔曼：《法律与宗教》，梁治平译，商务印书馆，2012，第1页。
③ 同上书，第167页。

为三点：1）法律是明确的，法与不法的界分是清晰的。2）即便存在法与不法的中间状态，那这种状态的存在也是暂时的，它总是要被法律的治理所取代。3）法律的治理是社会治理的主导形式。这三点可以分别总结为"法律确定论""例外暂时论"和"法治主导论"。①

对这种法治神话其实早有质疑，以当代意大利最有影响的政治哲学家、法学家和美学家吉奥乔·阿甘本的批判最有代表性。他创造性地发展了一整套新的概念体系来支撑其对西方法治神话的批判。阿甘本使用的理论主要是例外状态理论。他将例外状态概念引入其分析框架之中，用来挑战西方法治神话的第一个核心观点"法律确定论"。阿甘本认为，例外状态概念反映出的一个核心内涵是法律的边界并不是那么清晰的，在实际运行中，法与不法之间存在着一个无法区分的例外状态。

阿甘本还在德国哲学家瓦尔特·本雅明的启发下将例外状态理论进一步丰富，认为在法的秩序与不法的失序之间，存在着一种越来越常态化的例外状态。阿甘本的这一发展实际上是在批驳西方法治神话的第二个观点"例外暂时论"。例外状态原本是主权者在面对紧急事件时对常态规则的暂时悬置，但是，目前这类悬置越来越倾向一种长期化和例行化。比如，"现代极权主义可以被定义为一种以例外手段进行合法内战的制度。"在阿甘本看来，这种例外状态常态化已经成为当代西方国家政治发展的一个重要趋势。

阿甘本用例外状态理论对西方法治神话的第三个观点"法治主导论"也展开了有力的批判。阿甘本认为，这种例外状态所展示的并不是法治的逻辑，而是政治决断和政治统治的逻辑。德国《南德日报》文化主编乌尔利希·豪尔夫班对阿甘本有一次重要的访谈。在这次访谈中，阿甘本回答道："通过行政和管理来治理已经处于支配地位，而法律的治理则看似处在衰落之中。我们正在目睹一种行政管制的胜利。"②

阿甘本在使用例外状态这一概念时，主要从一种批判的视角出发。阿甘本用日益常态化的例外状态来批判西方的政治现实。阿甘本认为，"例外状态"已经

---

① 高奇琦：《阿甘本对西方法治与民主神话的批判及其限度》，《政治学研究》2012 年第 3 期。
② 同上。

成为西方政府的一种"治理术"。阿甘本批判所指出的一个现实是，从形式上看，西方社会处在一种法律治理的井然秩序之中，但实际上例外状态总是会突破法律，并成为一种社会治理的常态。这种例外状态背后所反映的是一种国家直接干预社会的行政权力。在阿甘本看来，西方社会的治理实际上一直处在法治与法外治理的紧张关系之中。一方面法治是描述西方社会运行的一个规范性词汇；另一方面，实际的社会运作又总是大大地超出法律规范的范围。例外状态所描述的是一个在法律状态与非法状态之间的无区分地带。在这一状态中僭越法律和维护法律是无法区分的。而且在例外状态中最常见的特征就是主权者的决断成为社会治理的主导性力量。①

由此看来，西方的法治不是绝对的，也不是神话。

（2）中西法治比较

法治精神是人类法治实践的产物，是人们对法治所蕴含的被实践证明有益于人类社会健康发展的本质、价值等主观把握成果，具有普遍适用性、民族性和时代性。当代中国法治精神的要素主要包括法律至上、理性、平等、自由、权利、权力制约、民主、共和、公正、和谐、人权等，与西方法治有很多共同点。法治精神的要素不是一成不变的。新中国成立后很长时期，在阶级斗争思想的支配下，我国法治观念淡薄。党的十一届三中全会以后，总结法治建设经验和教训，我国的法治建设逐渐步入正轨，依法治国观念逐步形成，并初步树立了社会主义法治理念。法治精神是法治的灵魂，新中国成立以来法治建设的经验和教训以及我国法治精神的缺乏现状决定了弘扬和培育法治精神已经成为我国法治建设的首要任务。党的十八届四中全会在党的历史上第一次将"依法治国"提到了前所未有的高度。会议审议通过的《中共中央关于全面推进依法治国若干重大问题的决定》明确回应了目前中国依法治国进程中所存在的重大理论和实践问题，这是中国共产党全面推进依法治国的宣言。我国弘扬和培育法治精神的目标是将时代精神里的法治精神升华为民族精神，最终生成中国特色社会主义法治精神。中国的人文传统和政治体制与西方不同，法治建设必须基于本国土壤，不可能与西方法治体系完全一样。

---

① 高奇琦：《阿甘本对西方法治与民主神话的批判及其限度》，《政治学研究》2012 年第 3 期。

（三）以社会本位为主体的中国传统思维方式与西方理性、批判性思维方式的比较认知

哲学家蒙培元对中国传统思维做过深入的剖析与阐释："我这里所说的传统思维方式，主要是针对古代而言。如果说，传统思维方式有一个最基本的特征，那么在我看来，这就是经验综合型的主体意向性思维。就其基本模式及其方法而言，它是经验综合型的整体思维和辩证思维，就其基本程序和定势而言，则是意向性的直觉、意象思维和主体内向思维，二者结合起来，就是传统思维方式的基本特征。其他种种特点，都是在这一基本特征的基础上形成的。就经验综合性特征而言，它和西方的所谓理性分析思维是对立的，它倾向于对感性经验作抽象的整体把握，而不是对经验事实作具体的概念分析；它重视对感性经验的直接超越，却又同经验保持着直接联系，即缺乏必要的中间环节和中介；它主张在主客体的统一中把握整体系统及其动态平衡，却忽视了主客体的对立以及概念系统的逻辑化和形式化，因而缺乏概念的确定性和明晰性。就意向性特征而言，它突出了思维的主体因素，而不是它的对象因素，但这种主体因素主要是指主体的意向活动及其价值判断，而不是认识主体对客观实体的定向把握，从这个意义上说，它确乎有点像西方的现象学，但它并没有现象学那样的意识'还原'和'悬搁'，它不仅承认对象客体和本质、本体是存在的，而且把自我和自然本体合而为一，构成了一个整体系统。我们说传统思维是意向性思维，只因为它从根本上是价值论的或意义论的，而不是认知型的或实证论的。"①

中国传统思维方式中理性、批判性的缺失导致国民科学思维能力、科学精神的缺乏，严重影响了中华民族的思维素质、精神品位与社会发展。而批判性思维的缺失与中华民族漫长的皇权专制有关。在专制集权时代，"批判"属于统治者所禁止的造反的范畴。但在现代文明社会里，批判性思维是公民的基本素质和基本技能之一，也是教育的目标之一。一个人如果真的养成了独立、自主、理性和思辨的思维习惯，那他已经是个现代公民了。

从人的认知方式和思维特点看，中学阶段，尤其是高中阶段是理性精神与批判

---

① 蒙培元：《论中国传统思维方式的基本特征》，《哲学研究》1988 年第 7 期。

性思维、抽象思维和逻辑判断力形成的关键时期，所以中学阶段尤其是中学后期应该注重理性精神与批判性思维的培育。

（四）以社会本位为主体的现当代国外优秀文明主体智慧的社会体验和社会实践与个体性写作表达课程及教学

即进入文化性情景进行现实社会性的现当代国外优秀文明主体智慧的认知体验、个体性重建与个性化写作表达。

（1）现当代国外优秀文明主体智慧的社会认知、体验和实践

进入各类现当代国外优秀文明主体智慧展馆进行现当代国外优秀文明的主要文化特质的再认知；听学者讲解现当代国外优秀文明主体智慧的存在形态；通过反映现当代国外优秀文明主体智慧的文艺作品认识与分析现当代国外优秀文明的主要文化特质的存在形态及应有的人格品质。

（2）现当代国外优秀文明主体智慧的社会体验和实践的个性化写作表达

在具体情境中，你认为以社会本位为主体的国外优秀文明对国外社会的发展起到了什么作用？国外优秀文明在当代中国社会体现得怎样？还有哪些文化要素体现不足？结合当前社会现状及时代需要，你认为当代中国社会还应该积极践行哪些社会本位为主体的国外优秀文明要素？以社会本位为主体的国外优秀文明还应该有些什么要素，才能更好地促进社会发展？请将以上认识与感悟进行写作表达。

（五）以社会本位为主体的现当代国外优秀文明的主体智慧的自我觉醒、个体性重建与写作表达课程及教学

即通过自身拥有的现当代国外优秀文明主体智慧的自我认知、体验、反思、重建现当代国外优秀文明的主要文化特质主体智慧，并对认知、体验、反思、重建的具体内容进行个性化写作表达。

（1）再认知、反思、重建与写作表达一：如何辩证借鉴"博爱"中的积极意义？

你是否认为中国本土文化中也存在类似"博爱"的思想传统？"博爱"对你的思想有何启示意义？在借鉴西方文化中的"博爱"精神时应该如何把握取舍？你的认识与行为中有"博爱"精神的体现吗？你在这方面还存在哪些不足？请用写作表达你的观察、认识和思考。

（2）再认知、反思、重建与写作表达二：如何借助思辨思维提升自我认知？

你是否知道"思辨"思维的相关知识，认识到它的价值？思辨思维对你认识人类及人类社会有什么启发？思辨思维对你提升自我素养和能力，走向未来有何积极意义？请用写作表达你的认知和思考。

第 三 章

"全人·融通·系统"视域下思维方式与写作技能
融通培育的主体路径

动作思维、形象思维、抽象思维素养是全人素养的重要组成。在实际写作中，各类文体的写作技能与思维方式直接相关。在"全人·融通·系统"视域下，写作教育课程及教学法体系构建应开掘出思维、不同文体写作技能的发展体系，创构思维方式与写作技能深度、系统融通培育的宏观体系；基于思维发展规律、写作教学需要，创构各学段思维方式与写作技能深度、系统融通培育的宏观体系，全面、系统实现思维方式与写作技能的深度、创新培育以及学生审美能力的发展。

第一节 思维概念、类型与写作

一、思维的概念、分类

思维是脑对信息进行分析、综合、比较、抽象和概括的过程。[①] 人通过思维，借助于已有的知识、经验和已知的条件推测、认识客观事物。思维是人脑的高级活动，是一种主观的、理性的认识。通常意义上的思维，涉及所有的认知或智力活动。

根据思维方式，可以将思维分为动作思维、形象思维和抽象思维。[②] 这三种思

---

① 唐孝威、何洁等编著《思维研究》，浙江大学出版社，2014，第 2 页。
② 同上书，第 3 页。

维的先后顺序也是思维发展的主体进阶路径。下文使用的"思维方式"特指这三种思维方式。

二、思维方式的内涵特征及价值

动作思维，即直观动作思维，又称实践思维，是通过实际操作的方式解决直观具体问题的思维活动，其思维过程与某项行为和动作相联系。比如幼儿将玩具拆开，又重新组合起来。动作停止，幼儿的思维也就停止了。3岁前的幼儿只能在动作中思考，他们的思维基本上属于直观动作思维。成人有时也要运用表象和动作进行思维，但这种直观动作思维要比幼儿的直观动作思维水平高。

这里重点阐述比一般动作思维高级的写作教学常用的形象思维和抽象思维的内涵特征及价值。这两种思维方式是本节构建中学段写作学习内容体系的重要思维方式和基本依据。

（一）形象思维核心概念的内涵特征及价值

形象思维指用直观形象或表象来进行分析、综合、抽象、概括等以解决问题的思维方式。当利用已有的表象解决问题时，或借助于表象进行联想、想象，通过抽象概括构成一幅新形象时，这种思维过程就是形象思维。[①]

联想和想象是形象思维的两种核心方式，分别是形象思维的初级形态和高级形态。联想是突破时空限制，由一事物想到其相关的具体情景以及与之在外部特征或意义上相似、相关或相反的另一个或一些事物的心理过程。人们在日常生活和学习中，总会有不少表象留存在大脑中，由当前感知的事物回忆起不在当前的有关事物，或由回忆中的某一事物想到另一事物等，是联想功能的具体体现。这种具体形象思维，主要凭借事物形象或表象的再现和联想来进行思维，具有形象思维的再现性、联想性特征，是形象思维的基础方式和初级形态。其美学特征是"实"。

想象活动建立在联想内容基础之上，是人在头脑里对已储存的表象突破时间、空间、类别的束缚，进行加工改造，形成新形象的方法和心理过程，是一种特殊的思维形式。想象是对联想内容的升华，产生的内容是新形象，与生活现场的完全事

---

① 李枫、舒静庐编著《科学思维》，国家行政学院出版社，2011，第82页。

实有距离，在写作活动中是艺术性的体现，其美学特征是"虚"。

形象思维的高级形态是言语形象思维，是在联想基础上借助生动鲜明的语言，主要运用想象进行艺术性创造，以形成具体的形象来解决问题的思维过程。言语形象思维的典型表现是艺术思维。艺术思维建立在大量表象的基础上，进行高度分析、综合、抽象、概括，创造新形象，其思维过程往往带有强烈的情绪色彩。艺术思维包含了情感、联想、表象、想象等心理机制，具有形象思维的再现性、联想性、抽象性、概括性、艺术性等特点。

形象思维有三个特点：①形象性。形象思维始终伴随着事物形象，通过"象"来构成思维流程，文艺理论家常将此形象地表述为"神与物游"。离开了形象，形象思维就无法进行。②情感性。形象思维过程中，主体总是把自己的情感倾注于形象之中。有了情感，才有对事物特征及价值的认识和选择，才有对事物特征的关联性思考。形象思维的情感性特征在文学艺术创作中反映得尤为突出。创作者是依据自己对事物特征的认知与情感创造作品，因此作品蕴含和表达的情感才真切、丰富，表现出情感美的特征。③创造性。形象思维是运用形象进行联想和再创造的思维方式。无数艺术形象的产生都是形象思维的创造性产物。即使在科学研究中，要有所突破，也离不开形象思维的创造性作用的发挥。

（二）抽象思维核心概念的内涵特征及价值

要正确认识客观世界，探寻事物发展规律，必须借助抽象思维。抽象思维指在思维过程中，以概念、判断、推理的形式反映事物本质特性与内部联系的思维方式。抽象思维又称逻辑思维或抽象逻辑思维。抽象逻辑思维一般分为形式逻辑思维和辩证逻辑思维。这个分类没有考虑从国外引入的批判性思维，批判性思维也属于抽象思维范畴，在写作学习中属于高品质思维。

1. 形式逻辑思维

形式逻辑是一门以思维形式及其规律为主要研究对象，同时涉及一些简单逻辑方法的科学。形式逻辑思维包括概念、判断、推理等基本形式。概念是对思维对象本质属性的反映，是思维形式最基本的组成单位；判断是建立在概念基础上的对客观事物情况的断定；推理是建立在概念、判断基础上，由一个或几个判断得出另一个判断的思维方式，主要包括演绎、归纳、类比三种基本的推理思维形式。形式逻辑基本规律是指运用逻辑思维形式时基本的逻辑结构组成规律，包括同一律、矛盾律、排中律、充足理由律。这些逻辑结构规律，其主要特点在于撇开对象的内在矛盾及运动发展，用确定性、不矛盾性、明确性原则来呈现思维形式，近似于汉语的语法学习，有人称它为"思维的语法"①。

思维要正确地反映客观世界，就必须通过丰富的实践得到真实可靠的感性材料，并对这些感性材料进行科学的抽象和概括，从而形成概念，在符合基本逻辑规律的情况下进行判断与推理，上升到理性认识。形式逻辑思维能帮助人们准确地确定概念，正确地判断，合理地推理和表达，正确地反映客观世界、表达思想。形式逻辑思维是抽象思维的组成部分，是抽象思维发展的重要基础，是思维发展走向高级阶段过程中的必经环节。当前，不少学生的抽象思维与表达存在概念模糊、推理错误与条理混乱等不足，与缺乏形式逻辑知识和训练直接相关。

2. 辩证逻辑思维

辩证逻辑思维是以相互联系、变化发展、对立统一的视角认识事物的思维方式，它从哲学的高度为人们提供了世界观和方法论，是人类思维的高级形态。

辩证思维从事物内在矛盾的运动变化中，对事物各个方面的相互联系和发展变化进行考察，用全面的观点认知事物本质，从而从整体上、本质上完整地认识事物。辩证思维的基本观点是事物是普遍联系、发展变化和对立统一的。辩证思维具有思维的全面性、灵活性、系统性、实践性等特点。

3. 批判性思维

"批判"一词并不是一般人们通常所认为的"否定"之意。批判性思维（critical thinking）是一个外来概念，也译作"审辩式思维"。"批判的"（critical）源于希腊文 kriticos（提问、理解某物的意义和有能力分析，即"辨明或判断的能力"）和 kriterion（标准）。该词的语源学意义大致是：发展"基于标准的有辨识力的判断"。②

---

① 于惠棠：《辩证思维逻辑学》，齐鲁书社，2007，第 14 页。
② 武宏志：《批判性思维》，高等教育出版社，2016，第 2 页。

　　批判性思维是依据标准、规则、方法、程序、认知力对事物现象基于证据和推理的思考，是"为决定相信什么或做什么而进行的合理的、反省的思维"。[①] 批判性思维能力包括六种基本能力：解释、分析、评估、推论、说明、自校准。[②] 它是对所涉及的信息，特别是人们所信以为真或习以为常的命题或陈述进行分析与评估，提出新见解，以分析问题、提出更有理据的建设性意见为目的的思维方式。质疑、寻问为什么以及勇敢且公正地去寻找每个问题可能的最佳答案，这种一贯的态度是批判性思维的核心。[③] 批判性思维的对象不仅指向外物，也指向思维者自己。所以，批判性思维本质上是有目的的、校正式的判断与分析，是一种探究与完善或优化的工具，是对事物矛盾的分析、综合与再探寻。批判性思维的结果是诠释、分析、评估和推论，以及对这些结果所基于的证据、概念、方法、标准、语境、过程等问题的说明[④]，呈现决定知识和行动、合理性、反思性、建设性四个方面的特点[⑤]。

　　就大的分类来看，批判性思维虽然与形式逻辑思维、辩证逻辑思维同属于抽象思维，但与这两种抽象逻辑思维方式不能并列。批判性思维含在这两种思维形式的深入进行之中，同时，形式逻辑和辩证逻辑思维是批判性思维运用的两种凭借工具。批判性思维运用概念、判断、推理与哲学观、方法论对事物本质、发展规律、发展途径进行再分析和综合，实现新的探索，是认识事物、促进事物改变与提升的重要思维方式，是形式逻辑思维和辩证逻辑思维运用和发展的终极形态。所以，就思维品质而言，批判性思维是人类发展最重要的抽象思维方式，是思维发展的高品质阶段，也是终极阶段。从宏观的层面，批判性思维是人类社会生存与发展的基本工具，是社会各领域持续发展的助推剂，是现代公民必备的素质，也是教育的目标之一。

---

① 武宏志：《批判性思维》，高等教育出版社，2016，第 2 页。
② 同上书，第 4 页。
③ 武宏志、周建武主编《批判性思维——论证逻辑角度》，中国人民大学出版社，2010，第 3 页。
④ 同上。
⑤ 董毓：《批判性思维原理和方法——走向新的认知和实践》，高等教育出版社，2017，第 3-5页。

批判性思维对于写作一样具有重要意义。没有批判性思维就不可能发现个人及社会现象的本质特征，就不可能提出问题解决的事理及途径，文章就会苍白无力。所以，批判性思维所涉及的全部能力要素以及在思维运用时所指向的现象分析与问题解决途径，都是写作活动必须涉及的基本能力和内容。

第二节　思维发展的基本路径

一、思维阶段性发展的主体路径

思维是智力、认知的核心，思维能力的高低在很大程度上反映了认知发展水平。思维在人的生存与发展中有着重要的基础性意义。

思维发展都要经过从最初的直观行动思维，到具体形象思维，再到抽象逻辑思维的过程，也就是思维阶段性发展的主体路径是：行动思维→形象思维→抽象逻辑思维。

"从思维心理学的角度来分析，形式逻辑思维和辩证逻辑思维是人的理性认识发展的两个阶段，即抽象逻辑思维发展的两个阶段。形式逻辑思维是完整的表象过渡为抽象的规定阶段，其基本特征是在反映客观现实的基础上，以感性认识为前提，建立上升式的抽象。"形式逻辑思维是从概念、判断、基本推理方式等思维形式的角度去思考，辩证思维紧密结合思维的具体内容，用哲学观和方法论去深入思考、分析事物，正确地反映客观事物的本质及发展规律，是抽象思维发展的高级形态。所以，辩证逻辑思维以形式逻辑思维为基础，形式逻辑思维是走向辩证逻辑思维的必经之路，辩证逻辑思维是形式逻辑思维发展的高级阶段。① 辩证逻辑思维的成熟标志着思维整体结构的形成。

批判性思维是借助于形式逻辑和辩证逻辑思维进行深入、创新分析得出更有理据的新见解的一种高级思维形态，它是两种思维方式发展的终极目标，是人类发展的最重要的思维方式。所以，适应于思维阶段性发展规律的抽象思维培育的基本路

---

① 林崇德：《中学生心理学》，中国轻工业出版社，2013，第 183 页。

径应为：形式逻辑推理思维→辩证逻辑思维→批判性思维。

二、思维发展的全面性和关联融通性

如在第一章第二节所阐述，形象思维和抽象思维作为思维的两种基本类型，涵盖了人脑中的所有表征，具有全面性特点，也就是人类是用全脑来思维的。思维不仅具有全面性，还具有关联融通性，在形象思维发展过程中抽象思维在随之产生和发展，在抽象思维发展的同时形象思维也在丰富和提升；并且，思维的后期习得与前期学习会自然融通、综合发展。

三、各学段思维发展的主体路径

基于前面关于思维发展规律的分析，思维发展应该是抽象思维和形象思维的重点阶段性发展与全面、协调发展。构建写作教学内容，就应基于学生思维发展特征，遵循思维发展规律和思维发展路径，重视抽象思维的重点发展和与形象思维关联融通性发展，促进思维的全面、综合、深入发展。

初中阶段学生思维开始由形象思维向抽象思维发展，以形象思维为主，形象思维与抽象思维综合发展；高中阶段学生思维以抽象思维为主，形象思维也在发展。根据学生的心理特征和思维发展的基本规律，各阶段学生思维培育的基本路径具体如下：

（一）初中生思维培育的基本路径

形象思维+初级抽象逻辑思维（浅易形式逻辑推理思维）→形象思维+初级抽象逻辑思维（浅易辩证逻辑思维、批判性逻辑思维）。

（二）高中生思维培育的基本路径

形象思维+形式逻辑思维→辩证逻辑思维+形象思维→批判性思维+形式逻辑思维+辩证逻辑思维→批判性思维+形象思维。

第三节 学科视域内写作技能融通培育主体路径

写作技能是让写作内容得以呈现的基本手段，写作技能体系的建构必须符合写作技能形成与发展规律。

一、学科视域内写作技能发展的一般特征及基本路径创构

写作技能涉及思维、人文素养等相关因素，这里就学科视域内文体写作技能发展的一般特征及基本路径做一些阐述。

（一）文体写作一般技能的主体知识结构及文章功能

就表达方式角度，文体类型一般分为记叙抒情类、说明类、思辨类三类。

1. 一般知识背景下的记叙抒情类文体的基本特征、类型、基本写作技能体系及文章功能

记叙抒情类文章是以叙述和描写为主要表达方式，灵活运用议论和抒情等多种表达方式，以写人、叙事、写景、状物等为主要功能的一种文体。其文体类型分为纪实类、文学类两大类。纪实类写人叙事文体以真实地写人记事为主，通过对人物经历、言行与事件发展变化的真实描述及对场面、环境变化的摹写来传情达意。根据内容侧重点不同，可将纪实类记叙抒情类文体进一步区分为以记事为主的记叙抒情类文章和以写人为主的记叙抒情类文章。像通讯、人物传记都属于纪实类记叙抒情类文体。文学类记叙抒情类文体包括小说、剧本、寓言、神话故事、报告文学、诗歌等。报告文学是介于新闻报道和小说之间、兼有新闻和文学特点的一种记叙抒情类文体。

描写是记叙抒情类文体写作常用的表达方式，其运用旨在揭示所写对象的特征，使对象特征突出、形象、感人。从描写对象的角度，描写可分为人物描写、环境描写、活动场面描写等，人物、环境、活动场面的具体特征在详细的描写中形象地呈现出来。人物描写具体又分为语言描写、动作描写、外貌描写、心理描写、神态描写等，通过描写，使人物特征得以形象再现。从描写的角度看，描写又分为正面描写和侧面描写。

叙述的功能是概略呈现事物的特征及过程。常用的叙述方法有顺叙、倒叙、插叙，此外还有补叙、分叙和合叙。叙述有四种叙述视角：第三人称视角，又称全知型视角，其特点是叙述者从与叙述内容无关的旁观者角度叙述，无视角限制，即叙述者对所叙之事无所不知，获得了充分的叙述表达自由；第一人称视角，又称"内在式焦点叙述"，文中的"我"既是叙述者，又是故事中的一个角色，具有双重身

份,叙述显得更真实,这种视角可产生身临其境的逼真感;第二人称视角,实质是第三人称叙述的变体,这类作品极少。叙述视角与人称变换,比如作品本来用第三人称叙述,可是突然有一节转为作品中人物的第一人称视角,这样的叙述角度可以引起故事氛围与情绪的变化。

描写与叙述的文章功能就意义表达的角度,共同点在于呈现描述对象的特征是什么样的、具体内容是怎样的。两者的区别在于描写着重于细腻、形象地揭示事物特征,叙述呈现事物特征及过程具有概略性。

记叙抒情类文章中的抒情,是作者在文章内容铺陈中,用饱含感情的语言,把自己内心或喜或悲、或热爱或厌恶、或赞美或批评的情感抒发和表达出来,便于突出表达作者的情感,增强文章感染力。抒情方式有直接抒情和间接抒情两类。直接抒情即在记叙的基础上直接抒发自己对事物的思想感情,直截了当地把内心强烈的感情倾吐出来。间接抒情须借助其他表达方式(如叙述、描写等)和内容间接抒发感情,包括借事抒情、借景抒情两种。

记叙抒情类文章中的议论,是作者在文章中对所描述事物发表的意见、主张或看法。在记叙抒情类文章中恰当地使用议论,可以揭示客观事物的本质,使感性的知识上升到理性认识,使文章的主题更加鲜明、深刻。

记叙文的结构技能常以线索为主。线索是指自始至终贯串全文的一条主线,由于题材的多样性和作者思路上的差异,文章线索呈现出多种形态。有的以时空转移为线索;有的以人物活动、时间、事件发展、景物变化为线索;有的以某一人、事或物为线索。有的记叙文存在两条或两条以上的线索。文章结构的价值是串联前述对象描述的特征断面,完成对象特征呈现的过程,形成作者所表达的完整的文章意义结构,实现艺术表达价值。

2. 一般知识背景下的说明类文体的基本特征、类型、基本写作技能体系及文章功能

说明文是对事物特征以说明为主要表达方式进行说明的一种文休,主要是对事物的性质、特点、成因、功用等特征和事理做客观的说明与呈现。内容的科学性、说明的条理性、语言的严密性是说明文的三要素。

按照说明对象分类，说明类文体分为主要介绍事物形状、构造、功能等为主的事物说明文，主要解释事物的原理、成因、演变等的事理说明文两类。按照学科领域分类，分为涉及自然科学领域的现象和原理的自然科学说明文、涉及社会科学领域的现象和原理的社会科学说明文。

常用的说明方法有下定义、分类别、举例子、作比较、列数字、打比方、画图表、作诠释等。一般说明文结构有时间顺序、空间顺序、逻辑顺序三种形态。说明文的写作是借助说明方式、说明结构及语言技能，完成对说明对象特征的介绍和呈现。

3. 一般知识背景下的思辨类文体的基本特征、类型、基本写作技能体系及文章功能

思辨类文体是以议论为主要表达方式，围绕论点，通过摆事实、讲道理，直接表达观点和主张的文体。思辨文的三要素是论点、论据、论证。常见的论证方法有举例论证、道理论证、对比论证、比喻论证。

根据抽象思维方式和写作表达方式的区别，思辨类文体类型包括一般思辨文、散文式思辨文和短评。

常见的思辨文结构有三大类：逐层深入的纵式论述结构、并列展开的横式论述结构、纵横交错的复杂结构。最基本的结构形态或内容思路是提出问题（引论）、分析问题（本论）、解决问题（结论）。论证把观点、论据和表达方式整合起来，论证结构把论证过程整合起来。

（二）一般写作技能发展的知识结构及路径创构

1. 就一般表达方式而言写作技能发展的知识结构及路径创构

写作能力的技能知识结构应该是怎样的，前后序列应该怎样安排，是写作技能学习课程构建和教学的基本需要。

基于记叙抒情类、说明类、思辨类三类文体写作的基本要求，文体写作技能知识学习的基本路径是：文体类型特征学习→文体技能知识学习。也就是先进行必要的文体类型及主体特征的学习，掌握文体特征，再进行文体写作技能学习。这是写作学习内容设置的基本逻辑。

记叙抒情类文体以写人、叙事、写景、状物为主要功能,写法中描写是对事物特征的揭示,是记叙抒情类文体写作的基础手法,有了这个基础才谈得上有叙述事件的能力,然后描写与叙述结合才能呈现有长度的、较为复杂的人物和事件。记叙文中的抒情、议论常常相伴出现,使记叙抒情类文体写作多了情感和认知的明朗与厚重。所以记叙抒情类文体的写作能力生长路径一般是:描写→叙述→描写、叙述→描写、叙述、抒情、议论融合。

说明文写作也是建立在对事物特征认识的基础上,有了描写、叙述的能力,事物的特征才能说得明白、生动,所以学习写说明文也要以描写、叙述技能为基础。基于对事物特征的认识与情感态度,说明文中有时也会常常相伴出现抒情、议论,所以说明文写作能力的生长和培育路径一般是:文体类型特征→说明对象特征的呈现顺序(针对具体的说明对象)→描写、叙述→说明方式(主体内容)→说明+描写、叙述技能(辅助性学习)→说明+抒情、议论(辅助性学习)。

思辨类文体写作是以议论表达方式为主,围绕主题运用议论分析与论证方式、结构的融合体现文体写作特征,表达观点、态度与主张。议论的一般理性表达与理性认知的生动表达是思辨文写作表达的不同境界。思辨文的能力生长和培育路径是:文体类型特征→观点的确立→论点、论据及论证方式有机运用阐述观点→议论的深刻性、形象性。

2. 就一般结构技能而言不同文体结构形态的学习路径

由纵向式结构到复杂的纵向式结构,是一般记叙类文体写作结构发展的特点和文体结构形态的主要学习路径。横式结构在散文中运用较多,由作者的情意贯串。

说明文时间顺序、空间顺序、逻辑顺序这三种基本说明结构中,前两种是基础,逻辑顺序结构较为复杂,所以说明文文体结构形态的学习路径是:时间顺序、空间顺序→逻辑顺序。

思辨类文体写作结构通常由提出问题、分析问题、解决问题的逻辑顺序组成,一般称之为"三段式结构"。思辨类文体结构形态的学习路径是:一般三段式结构→复杂的横式结构→复杂的纵式结构→复杂的纵横交错综合性结构。

二、学科视域内写作技能融通培育发展的主体路径创构

（一）学科视域内文体写作技能融通培育的主体路径创构

在写作学科知识视域内，就一般表达方式而言，写作技能发展的基本知识及教学结构是：描写—叙述—描写、叙述技能综合（描述）—说明—描写、叙述、说明技能综合—议论、抒情—描写、叙述、说明、议论、抒情的综合运用。

本书在第一章第二节阐述了写作学习内容融通构建应该考虑四个结合：读写结合、阶段性和综合性结合、文体写作与技能交叉互补结合、指定任务和自选结合。学科视域内写作技能融通培育的主体思路尤其要注意设计阶段性和综合性结合、文体写作与技能交叉互补结合、指定任务和自选结合，以促进学生写作技能的全面、有效、灵活性发展。写作技能学习的主体教学结构应为：在描写的技能点学习完后进行描写技能综合学习，在叙述点学完后进行叙述技能综合学习，在描写、叙述系列能力点学习完后进行描述能力综合学习和综合性技能个体选择性自由运用；在说明能力点的阶段性和综合性学习之后，进行说明系列能力点以及描述技能的综合性运用、综合性技能个体选择性自由运用；在抒情方式能力点的阶段学习与综合性运用之后，进行描写、叙述、说明、抒情方式的综合运用、综合性技能个体选择性自由运用；在议论表达方式能力点的阶段学习与综合性运用之后，进行描写、叙述、说明、抒情、议论方式的综合运用、综合性技能个体选择性自由运用。不仅技能间如此，文体间，比如记叙抒情类、说明类、思辨类文体写作学习交错进行，产生文体写作技能间灵活性综合影响，实现技能的阶段性、综合性、自由性发展。

根据一般写作技能发展的知识结构、路径以及融通发展原则，各类文体的写作技能融通生长路径创构如下：

记叙抒情类文体写作技能融通生长路径：记叙抒情类文体特征→描写（技能点的阶段性和综合性学习）→叙述（技能点的阶段性和综合性学习）→记叙抒情类文体基础结构技能→描写、叙述技能融合+记叙抒情类文体基础结构技能+综合性技能个体选择性自由运用→抒情、议论（技能点的阶段性和综合性学习）+记叙抒情类文体结构技能+综合性技能个体选择性自由运用→四种表达方式综合运用+复杂的记叙抒情类文体结构技能+综合性技能个体选择性自由运用。

说明类文体写作技能融通生长路径：说明类文体特征（含基本结构）→说明对象特征的呈现顺序（针对具体的说明对象）→描写、叙述（辅助性学习）→说明方式（技能点的阶段性和综合性学习）→说明类文体结构（时间结构、空间结构等）+综合性技能个体选择性自由运用→抒情、议论（辅助性学习）+综合性技能个体选择性自由运用→复杂的说明类文体结构（时间结构、空间结构、逻辑顺序等）→说明的生动性+综合性技能个体选择性自由运用。

思辨类文体写作技能融通生长路径：思辨类文体特征及观点（体系）的确立→议论方式的基础运用（技能点的阶段性和综合性学习）→论点、论据及论证方式有机运用阐述观点（技能点的阶段性和综合性学习）+思辨类文体基础结构技能+综合性技能个体选择性自由运用→议论的深刻性、形象性（技能点的阶段性和综合性学习）+综合性技能个体选择性自由运用→思辨类文体的复杂结构+综合性技能个体选择性自由运用。

（二）学科视域内文体间写作技能融通培育的主体路径创构

各文体交叉融会的写作学习路径：记叙抒情类文体写作→说明类文体写作→记叙抒情类文体写作+说明类文体写作→思辨类文体写作→记叙抒情类文体写作类文体写作。

第四节 "全人·融通·系统" 视域下思维方式与写作技能融通培育主体路径与写作

一、思维培育与写作教学的创新关联

思维是人类一切智能体现的基础，是人类发展的原动力，思维方式及能力决定了人类的存在形态及质量。对于写作者来讲，没有思维就没有对外部世界的认识，就没有对写作内涵、表达方式运用、艺术水平、文本价值的认知，所以对于学生写作能力的培养，思维能力有着非常重要的意义。

（一）形象思维与写作教学的宏观关联

形象思维的初级形态为具体形象思维，主要借助联想对事物形象或表象进行再

现。著名的文学理论家，南北朝时期的刘勰在《文心雕龙》中说："文之思也，其神远矣。故寂然凝虑，思接千载；悄焉动容，视通万里；吟咏之间，吐纳珠玉之声；眉睫之前，卷舒风云之色：其思理之致乎。故思理为妙，神与物游……此盖驭文之首术，谋篇之大端。"这就是形象思维中具体形象思维在写作中运用的具体体现。可见，在写作中，联想可以产生丰富的形象内容，可以串联、组构一系列具体的情景和断面。言语形象思维是高级形态，是在联想产生大量表象的基础上，运用想象创造新形象。

可见，联想是产生写作的局部内容和内容链条的主要方式，想象是进行典型化和艺术美创造的主要途径，联想和想象是形象思维在写作中运用的主要方式和具体体现，是写作思维的一对翅膀。所以，形象思维是写作及写作教学中一种重要、复杂的思维形式，在文体写作内容产生中起着非常重要的作用。尤其在记叙抒情类文体写作中是最重要的思维方式，对议论内容的产生、表达形象性也有很大帮助。

二、抽象思维与写作教学的宏观关联

……维是产生记叙抒情类文体的人物、事件、景物特征、主题及说明文体写……对象特征的基础。记叙抒情类文章中抒情、议论也常与抽象思维方式关联融合。

思辨文写作中抽象思维运用是主体。不管是写作对象的概念、事理判断、推理以及哲学思维方式运用，都与抽象思维直接相关。

（三）思维培育路径与写作教学的创新关联

在写作教学内容主体体系设置及教学法实施上，从初中到高中，如果依次按形象思维、抽象思维的内容体系以及思维方式交融的顺序学习，培养学生的写作思维方式与能力，写作教学就变成了单一的思维教学，内容繁多，表面上容易与写作教学隔离，在写作实践中难以高效、具体、充分体现，也会让师生认为学习内容游离、枯燥。

表达技能总是与思维方式连在一起。基于写作技能学习与思维发展需要，结合写作教学实际，依据写作学习技能、思维方式的知识结构与发展规律，并考虑创新结合的可能性和实用性来建构写作学习内容。只有将思维方式与写作技能培育的主体路径、主要方式系统融合，才符合写作内容思维方式、写作技能融合体现的特征，利于写作技能和思维方式的培养；只有在思维科学启发下，开发出符合写作水平提升规律的写作技能发展途径，实现思维方式与写作技能的系统创新融合，才能开辟写作教育的新视野和新空间，这样的写作教育才能完全避免日常写作技能教学的零碎和单一，利于写作思维素养与能力的合理、全面、高效生长，实现思维方式与写作技能发展的双丰收。

二、思维方式与写作技能融通发展的主体路径或基本路径创构

就写作技能及写作能力发展与思维方式紧密结合的角度，描写和叙述是对事物特征的揭示，主要是形象思维方式的直接运用和体现。描写是最基础的写作手法，在具体的文章情境中呈现事物特征，是事物存在的一种情景再现方式，是形象思维在写作中的基础体现；叙述是形象思维的一些概括性特征的体现；议论是抽象思维与形象思维的融合体现；说明以形象思维为主，抽象思维为辅，简明呈现事物特征是什么。

结合不同文体写作技能融通生长的基础路径，思维方式与写作技能融通培育的主体路径可创设如下：

记叙抒情类文体写作以形象思维为主、抽象思维为辅。记叙抒情类文体写作思维方式及写作技能融通发展的主体路径或基本路径可创构为：记叙抒情类文体特征+形象思维兼及抽象思维→描写、叙述+形象思维兼及抽象思维→一般结构技能+形象思维→抒情、议论表达方式+抽象思维兼及形象思维→描写、叙述、抒情、议论四种表达方式综合运用+形象思维兼及抽象思维→复杂的结构技能+形象思维兼及抽象思维。

说明文文体内容的呈现过程是针对说明对象特征的形象思维、抽象思维或形象思维和抽象思维与表达方式融合的展开过程。说明类文体写作思维方式及写作技能融通发展的主体路径或基本路径可创构为：说明类文体特征+形象思维兼及抽象思维（写作学习基础）→针对具体说明对象的说明类文本内容顺序+形象性结构思维兼及抽象性结构思维（事物特征的主体呈现顺序）→说明方式+形象思维兼及抽象思维（事物主体说明任务引领下的事物一般特征或兼及评价性特征说明）或**两种思**

维方式融通（事理性、评价性特征的综合说明）→辅助手法描写、叙述技能+形象思维兼及抽象思维（完整、生动地呈现事物特征）→辅助手法抒情、议论+形象思维及抽象思维（说明的情感性与深刻性）。

形式逻辑思维是抽象思维的基础，辩证思维、批判思维是抽象思维的进阶发展。抽象思维方式与思辨文写作的融合运用，对形成思辨文写作学习内容体系、提升思辨文写作水平、培育抽象思维能力有很大帮助。思辨文的具体内容、结构形态不仅与抽象思维直接相关，还与形象思维有关。所以，思辨类文体写作思维方式及写作技能融通发展的主体路径或基本路径可创构为：思辨类文体特征+抽象思维→观点体系建构+抽象思维（形式逻辑思维及辩证逻辑思维）→议论分析推理思维的基础运用+抽象思维基础（形式逻辑的概念、判断以及演绎、归纳、类比推理分析方式运用）→分析论证逻辑思维进阶方式+抽象思维（辩证思维之联系的、发展的、对立统一的辩证思维方式）→分析论证的结构性逻辑思维+抽象思维的结构性逻辑→议论的形象性、深刻性+形象思维兼及抽象思维→复杂的思辨文分析内容及结构+抽象思维。从宏观上讲，这个过程也是论点产生，论点、论据和论证结合的过程。

在三类文体上述思维方式与文体技能融通学习过程创设中加进阶段性和综合性结合、文体写作与技能交叉互补结合、指定任务和自选结合，以促进学生思维与技能的融通性、个体性的深入发展。

三、各学段思维方式与写作技能融通运用及培育的宏观构思和主体结构创构

（一）初中阶段思维方式与写作技能融合发展培育的宏观创构和主体结构

依据初中生以形象思维为主、抽象思维初步发展的思维发展特征，思维关联性特征，写作技能发展的需要，初中阶段思维方式与写作技能融合发展培育的主体任务创构以形象思维与写作技能融通的情景再现的记叙抒情类文体写作为主，兼及说明文、简单的思辨类文体写作。

初中阶段融通培育课程及教学的宏观创构和主体结构：记叙抒情类文体特征+形象思维→对人、事、景特征"点"的情景式形象思维联想（描写、叙述）→联

想产生人、事、景特征呈现的情景式断面（描写、叙述）→结构技能与形象思维联想过程性融合，呈现人、事、景特征的表现过程（描写、叙述）→事物特征说明与形象思维、评价性抽象思维融合（说明事物特征与结构）→对人、事、景特征的"点"进行想象，增加艺术性（描写、叙述、抒情、议论）→联想加想象性锤炼，构建艺术化的对象特征、呈现过程及艺术表达价值（描写、叙述、抒情、议论）→简易的形式逻辑思维的概念、判断、推理以及辩证思维的基本思维方式，写简易的思辨类文本。

（二）高中阶段思维方式与写作技能融合发展培育的宏观创构和主体结构

根据高中生以抽象思维方式为主的思维发展特征，高中阶段思维方式与写作技能融合发展培育的主体任务创构以抽象思维方式与写作技能融通的思辨类文体写作为主，兼及形象思维与抽象思维融通的复杂记叙抒情类文体写作，以及少量形象思维、抽象思维融通的复杂说明文写作。

高中阶段融通培育课程及教学的宏观创构和主体结构：温习和发展初中阶段的记叙抒情类文体写作能力（以形象思维为主）→思辨类文体特征+抽象思维→思辨类文体写作能力（以抽象思维为主，兼及形象思维）+少量复杂的记叙抒情类文体写作（形象思维和抽象思维复杂结合）→形象思维和抽象思维融通的少量复杂说明文写作。

这个结构体现高中段思维发展由形象思维到抽象思维，以抽象思维为主的特征，以及文体写作思维与技能交叉互补结合的特征，实现文体技能与思维发展方式的融通、互补、全面综合发展。

（三）文体写作学习课程与写作素养、技能个体性生长培育基本途径的融通构建

在三类文体写作专题学习内容的具体构建中，写作技能与思维发展融通培育的基本路径应与写作素养发展、个体性写作能力生长的四种方式（即写作内容构建的四个结合：读写结合、阶段性和综合性结合、文体写作思维与技能交叉互补结合、指定任务和自选结合）全面融合。

以高中段融通培育课程及教学的宏观构建为例：温习和发展初中阶段的记叙抒

情类文体写作能力（以形象思维为主，叙述、描写、议论表达方式综合运用）+文体写作综合性技能个体选择性自由运用（方式：指定任务和自选结合）→思辨类文体写作技能的专题能力培养及技能的综合性运用（以抽象思维为主。方式：阶段性和综合性结合。综合性运用即章节内技能点、后章节对前章节技能点的综合）+综合性技能个体选择性自由运用（方式：指定任务和自选结合），间插复杂记叙抒情类文体写作学习及综合性技能个体选择性自由运用（形象思维与抽象思维融合。方式：文体写作思维与技能交叉互补结合），少量间插复杂说明文写作（形象思维与抽象思维结合）。在整个课程结构中，读写、写读与写作素养个体性发展结合贯串始终。

第 四 章

"全人·融通·系统" 视域下思维方式与记叙
抒情类文体写作技能系统融通培育

　　思维方式与文体写作技能是直接联系、融合在一起的，但是当前写作教学体系在两者的系统关联及系统融通培育方面做得并不彻底。这个体系如何开发，需要深入的创新研究和全面的创新建构。

　　良好的形象思维结构和能力是健全思维的重要方面。形象思维是写作学习中重要的思维方式，也是写作内容产生的重要基础。由于形象思维始终伴随着形象，始终是情与"象"伴、神与物（"象"）游，记叙抒情类作品的完成，始终伴随着具体形象思维和言语形象思维，所以形象思维与记叙抒情类文本写作密切相关。例如，作家完成一部作品，在塑造一个典型文学人物形象时，会联想到储存在头脑里的众多人物的形象素材，再运用联想和想象创构出具有艺术美的人物形象或场景画面；在组构作品系列内容时会借助形象思维去全面、系列营构，进行审美锤炼，这是形象思维在创造中的具体运用。学生记叙抒情类习作写作时的形象思维运用也与此相同。

　　记叙抒情类文体写作与抽象思维一样紧密相连。一方面记叙抒情类文体写作的具体内容是抽象思维理性认知的具体体现，另一方面，就一般表达方式而言，议论在记叙抒情类文体写作中也是直接体现作者理性认识的重要方式。所以，在创构记叙抒情类文体写作技能与思维方式深度、系统融通培育体系时，必须以写作技能与形象思维方式融通为主，与抽象思维方式融通为辅。

思维方式与记叙抒情类文体写作技能的融合，是写作思维及内容体现的基本特征。在这个认识基础上，思维方式对于写作技能及教学体系的开发很有启发意义。如何借助思维方式培养记叙抒情类文体写作技能，形成更好的写作技能学习体系，实现思维方式与记叙抒情类文体写作技能全面深度融通、系统创构和培育？

这里将思维方式与记叙抒情类文体写作技能深度融通发展的宏观途径，创造性地按写作内容由具有艺术美的点到断面到篇的产生和组成路径，构建具体的教学内容，形成符合思维与写作能力发展规律、艺术美特征，促进写作素养、思维深度融通发展的教学内容和教学法体系，可算是写作教学和思维培育体系构建走向科学的一次重要的创新探索。

就宏观的角度，这个课程的主体内容构建路径及教学体系可构建如下：形象思维与记叙抒情类文体主体特征、类型融通学习及运用（写作基础）→形象思维的联想思维与记叙抒情类文章描述技能的融通运用及培育一（具有艺术美的点与断面、过程情景内容的产生）→形象思维的联想思维与记叙抒情类文章描述技能的融通运用及培育二（内容具有艺术美的纵横扩展，增加丰厚度）→形象思维的想象思维与描述技能的融通运用及培育（内容的艺术扩展和典型性艺术升华）→形象思维、抽象思维与记叙抒情类文章写作中抒情、议论表达方式的融通运用及培育（具有艺术美的情与志表达升华）→形象思维的联想、想象与记叙抒情类文章结构技能的融通运用及培育（具有艺术美的篇章产生）。

第一节　基础课程与教学体系一：　形象思维与记叙抒情类
文体主体特征及类型运用的融通培育

一、思维方式与记叙抒情类文体主体特征及类型运用的融通培育

记叙抒情类文章以写人、叙事、写景、状物等为主要内容，写作时，在思维方式上以形象思维为主、抽象思维为辅。

各类记叙抒情类文章写作都是在对一些现象和事物初步评价基础上，以抽象思

维产生对事物特征的具体评价，以此为核心基础，运用形象思维联想人物、事件、景物的众多特征和场景，在文体特征的导引下，具体形象的联想与想象思维的艺术锤炼结合，将具有典型性的特征和点、面提炼创构出来，然后围绕文体特征、内容的典型特征和主体内容，借助描述这一主要表达手段，辅以抒情、议论手法，通过结构性形象思维把这些点面串联成内容链条，把事物的具体特征、文章主题和作者的情感态度形象地呈现出来，从而表达作者对人、社会、景物的认识和感情，具有较强的艺术感染力。通过思维方式与记叙抒情类文体主体特征的融通运用，可以在思维方式的引领下更好地把握记叙抒情类文体的主体特征、写作的基本技能，并在这个学习过程中促进思维能力的发展，实现思维方式与记叙抒情类文体主体特征的基础性融通培育。

文体不同，思维方式与记叙抒情类文体特征的融通运用也有区别。

（一）纪实类写人叙事文章思维方式与记叙抒情类文体特征的融通运用

纪实类写人叙事文章写作，其形象思维的运用建立在事实的基础上，与纪实类记叙抒情类文体一般特征融合，形成纪实类写人叙事文本，以表达真实为目的。在写作及写作教学中，要注重思维方式与文体特征的融合，通过思维方式促进文体特征在文本内容中的体现。

偏重写人的记叙抒情类文章以表现人物性格特征为中心，侧重人物形象、活动场景、人物经历的联想、想象与创构。大多通过人物特征、场景描写以及事件的形象性概述来表现人物，详写能突出表现人物性格特征的典型细节，偏重表现人物的气质、性格和精神面貌。在人物特征选择、个性化锤炼、篇章组合的写作过程中，形象思维的情境性、联想与想象的过程性以及个性化形象的艺术锤炼贯串始终。如鲁迅的《藤野先生》。

偏重记事的记叙抒情类文章以某件事或几件事组成全文，完成写作主题。以运用形象思维提炼出的典型事件发展为顺序，偏重对典型事件的描述。这类侧重叙事的记叙抒情类文章侧重活动场景、人物活动、事件的过程性联想与想象创构。它可以是一个有头有尾的典型故事。描述时，必须掌握时间、地点、人物、事件（起因、经过、结果）四个要素。如许地山的《落花生》。也可以是运用形象思维提炼出的几个内容片段的组合，运用联想思维将这些片段组合起来构成文章，表达作者的情意。如鲁迅的《从百草园到三味书屋》。

（二）文学类写人叙事文章思维方式与记叙抒情类文体特征的融通运用

文学类记叙抒情类文体写作思维方式与文体特征的融通运用，和上述纪实类写人叙事文章在形象思维方式上是相同的，但文学类记叙抒情类文体写作更强调艺术创造、艺术真实。其形象思维的运用建立在相关材料联想的基础上，通过想象进行艺术锤炼，在联想、想象思维和文体特征的导引下，形成文学类记叙抒情类文本，以文学性表达为目的。比如鲁迅的小说《祝福》、曹禺的剧本《雷雨》、徐迟的报告文学《哥德巴赫猜想》。

其中，诗歌具有文体特征的特殊性，其意象与意境的构成形态、内容联系跨度、描写与叙述结合、抒情与议论集合与呈现都高度凝练，与其他文学类记叙抒情类文体特征明显不同，但这类文体的写作教学途径主体上与记叙抒情类文体写作能力培育路径是一致的。

通过思维方式与记叙抒情类文体一般特征的融通学习和运用，与一般的写作知识教学相比，既能让学生更好地掌握文体特征，也强化形象思维的情境性、联想与想象的过程性和创造性，强化抽象思维方式，为随后的文体写作、个性化艺术内容锤炼奠定了更好的基础。

二、思维方式与记叙抒情类文体主要表达方式的基础融通培育

即在思维方式与记叙抒情类文体主要表达方式的基础融通运用中，实现运用记叙抒情类文体主要表达方式的能力培育，提升思维能力。

（一）形象思维与描写的基础融通运用

描写是对事物特征的揭示，是记叙抒情类文体写作最基本的表达方式，旨在细腻地揭示对象特征。不管是人物形象描写，还是环境描写、场景描写，都是对事物特征多角度的形象再现，是形象思维方式在具体情境中展现事物特征的写作运用，多种描写方式通常在形象思维的统整下综合运用。比如《阿Q正传》在形象思维的辅助下，采用了众多人物描写方式，刻画出了极具艺术性和感染力的人物群体。《林教头风雪山神庙》里综合运用多种景物描写方式描写风雪，很好地体现了环境描写的特征和在情节发展中的作用。《林黛玉进贾府》中采用多种环境描写方式呈现的居室小院，展示了社会生活情景、人物活动环境的陈设、格局、气度、色调，

既形象显示了环境特征，也烘托了人物的志趣、气质和情操等。形象思维与描写的融通运用，以形象思维促进描写技能的学习和实践，既利于写作技能提升，也利于形象思维的发展。

（二）形象思维与叙述的基础融通运用

叙述的主要功能在于概略呈现事物特征及内容过程，如人物的经历、事件的进行、空间的转换等，具有概略性、过程性，是运用形象思维由具体到概略的内容表达的具体体现。比如优秀学生习作《品茶》中的一段文字叙述了"我"在茶馆喝茶的情况：

晌午，我和父母拣了一家较清静的茶馆，一落座，跑堂的便热情地送上茶来。我好奇地揭开壶盖儿，一股浓郁的茶香顿时扑鼻而来。斟上一杯，抿一口，却是满口的苦味。母亲笑着说："要的就是这份苦，苦后才有甜，不信，你细细品味一下。"我不以为然，放下茶盅，环顾着整个茶馆，映入我眼帘的是三五成群的老人围坐品茗的景象。那些老人肤似古铜，纹如刀刻，不禁使我想起庐山崖顶历经风霜、风骨遒劲的苍松。而此时此刻，他们把茶持盅，淡饮浅尝，神情是那样悠闲自得，怡然自乐。

这段文字通过叙述"我"的一段生活经历和感受，将茶馆中的情景、事件过程和所蕴含的生活理趣形象地呈现在读者面前。

（三）思维方式与抒情、议论的基础融通运用

抒情，是记叙抒情类文章写作中常见的表达方式。比如写人叙事文中直接抒情手法的运用：

可我能感觉妈妈并没有出去，反而好像到了我的床前。我将眼睛微微睁开一条缝，妈妈果然站在我的床边，愣愣地看着我，（描述）那是什么样的眼神啊！那是第一缕晨曦对娇花的抚弄，那是三月里的春风对碧水的温柔，那是夏日晚霞对嫩柳的辉映，那是秋夜月光对修竹的依恋，那是冬日里的朝阳与小草的交谈！（直接抒情）

这里的抒情，作者运用抽象思维中的联系思维，将妈妈的眼神与五个情景进行联系比较，评价和揭示妈妈眼神的感人特征，是形象思维、抽象思维与抒情方式的融通运用。

记叙抒情类文章中的议论，是一种辅助表达方式，是抽象思维方式的直接运

用，并辅以形象思维方式。比如：

这个枕头刚做好的时候，我总觉得它不好，还觉得有点硬，所以就置之不用了。有一次吃晚饭时，我问妈妈："这个枕头里装的是什么？"妈妈说是柏树子。我又问："怎么才装那么一点？"妈妈有点不高兴地说："那么一点儿？让你爸爸走了多少路，流了多少汗。那么一点儿？都是为了你，为了让你头脑清醒些，去去火。这一切的一切，都是为了你。"我明白了，一切都明白了。这小小的枕头，系着爸爸对我的爱，系着深深的父子情。

全段主要是具体情景铺陈的形象思维方式运用，最后一句是议论。这里的议论是作者运用抽象思维中的联系思维，是由表及里的思维方式的具体运用。

三、结构性形象思维与记叙抒情类文体基本结构的融通培育

记叙抒情类文章的基本结构有纵向式描述结构、横向式描述结构、线索式描述结构三大类，是运用联想思维串联推进的方式进行文章组合的三种基本结构形态。其文体结构技能与形象思维方式的深度融通，是形象思维的情境性、联想与想象的过程性以及个性化艺术锤炼的具体体现，也是作者宏观架构的审美能力的体现。结构性形象思维与记叙述情类文体基本结构的融通运用，可以更好地形成记叙述情类文体的基本结构能力，同时提升结构性形象思维能力。

（一）结构性形象思维与纵向式描述结构的融通运用

比如朱德的《回忆我的母亲》第二部分以时间推移为线索记叙了母亲勤劳而伟大的一生；鲁迅的《社戏》以"看社戏"这一中心事件的发生、发展、结局为序组织材料。这种纵向式结构形态是对运用形象思维产生并选择在文中运用的板块内容进行纵向联想推动、结构形成的。

（二）结构性形象思维与横向式描述结构的融通运用

即在文章中围绕一个主题将几个生活片段、情节和小故事等，按照一定的顺序组合成一篇完整的文章。它特点是，用板块并列结构，多角度、充分地描述和凸显人物、事件和景物等。这种结构形态是对运用形象思维产生并选择在文中运用的板块内容，在表达主题和表现需要的情况下进行横向联想推动、结构形成的。

写人叙述的横向板块并列。如臧克家的《说和做——记闻一多先生言行片段》一文，为了凸显闻一多先生作为学者、革命家的不同特点，突出闻一多先生是"口

的巨人""行的高标"这一主题，作者从大量的材料中选取了能够突出文章表达主题的六件事，采用板块式描述，运用横向联想推动，将之缀连成文，达到了使人物形象更加立体、丰满的目的。

写景状物的横向板块并列。如朱自清的《春》，运用横向联想思维将"春草""春花""春风""春雨""迎春"等五幅画面连缀成文，全面突出了春的特点，表达了作者对春天的喜爱和赞美。

（三）结构性形象思维与线索式描述结构的融通运用

即运用线索将形象性的断面串联起来。线索既有单线也有复线。单线索如《孔乙己》中以人物"我"为线索，通过"我"的所见所闻，把孔乙己这个人物的悲剧命运展示出来；《从百草园到三味书屋》《雨中登泰山》以空间的变换为线索；《我的老师》以人物思想感情的变化为线索。

四、形象思维与记叙抒情类文体特征、类型的融通运用

拟定一两个题目，按记叙抒情类纪实性、文学性两大类文体的文体特征，至少各完成一篇文体写作初稿，要求大致具备该类文体的特征。

第二节　基础课程与教学体系二：　形象思维与描述技能融通的基础培育

即通过形象思维与描述技能融通的基础运用，实现基础描述技能的形成，同时提升形象思维能力。包括形象思维与描述技能融通运用的基础进阶路径和基本规律两个方面。

描述是描写与叙述的合称，是记叙抒情类文体写作的基本方式和文章形态。不管是直接描写、间接描写，还是顺叙、倒叙、插叙，都是对人物、事件、环境的描述，都是对事物的形象展现，都与形象思维方式、能力有直接的联系。所以，从本质上说，描述是写作技能与形象思维融通的写作运用，对描写、叙述技能的强化就是对形象思维能力的强化，形象思维与描述技能融通运用与强化，能够使两者相互促进、能力共生。

我们知道形象思维分为初级思维和高级思维两种形态，形象思维的初级形态为

具体形象思维，主要借助联想对事物形象或表象进行再现。在写作中，联想可以产生丰富的形象内容，联想可以串联、组构一系列具体的情景和断面，具体形象的联想思维是产生写作局部内容和内容链条的主要方式。

言语形象思维是形象思维的高级形态，是在联想产生大量表象的基础上，运用想象，进行新形象的创造的思维方式。它是对联想内容的升华，具有形象思维的再现性、联想性、抽象性、概括性和艺术性的特点。

从创作的角度分析，文学创作是一种言语形象思维活动，形象思维在创作中的运用体现为创作过程始终伴随着形象、情感、联想和想象；通过事物的系列个别特征去把握一般特征、艺术表现内容，通过典型化想象营构塑造艺术形象，反映社会生活，表达作者思想感情。形象思维能力的强弱往往决定了作者审美水平的高低。

可见，通过联想和想象再现与事物相关的具体情景、创构写作内容，是写作内容产生的基本途径，也是形象思维在写作中运用的主要方式和具体体现。这两种形象思维方式是写作思维的一对翅膀，在文体写作内容产生中起着非常重要的作用，尤其是在记叙抒情类文体写作中是最重要的思维方式，对于议论内容的产生和表达的形象性也会有很大的帮助。描述技能与形象思维融通学习，利于描述技能的提升和形象思维能力的培育。

形象思维与描述技能融通运用的基础进阶路径和基本规律，是贯串形象思维与记叙抒情类文体写作系列融通学习点始终的基础运用。

一、形象思维与描述技能融通运用的基础进阶路径

（一）形象思维与描写融通进阶的基础运用

描写是写作的第一技能，是记叙文最基础的表达能力。通过对人物外貌、心理、语言、动作以及人物活动场景及变化过程的描写，展现人物特征及价值；通过对景、物的形、色、声等以及景、象组成的描写，展现景、物、场景的特征及价值，都是形象思维的具体体现。

形象思维与描写融通进阶的基础运用途径是联想→想象。这里主要以马致远《天净沙·秋思》的写作产生思路为例，揭示形象思维对写作内容及表达的基础性意义。

1. 联想与描写融通的基础运用

原始特征的联想升级：由原初特征性到过程性。对事物特征的第一感知是表述者对事物的第一认识，对事物特征的直接呈现是形象思维的初级反映。处于形象思维初级形态的具体形象思维，主要凭借事物形象或表象的再现和联想来进行思维和描写。联想与描写的融通运用以具体形象为基本单位，通过联想把握和呈现具体事物的状态、性质、发展、变化等，旨在呈现事物本来是什么样以及对事物性质是怎样的大略感受。

这首先需要确定形象名称及特征。像概念是抽象思维的基本形式与起点一样，形象名称及特征是描写的基础。形象特征具有概括性和形象性，形象思维以形象及其特征为起点。《天净沙·秋思》的创作中，在进行高级形态的言语形象思维之前，作者必须了解藤、树、鸦、桥、流水、人家、道路、风、马、夕阳、天边这些形象对象的丰富特征。这一阶段是初级形态的具体形象思维阶段。对具体事物原始特征的揭示，是对事物的直接描写和呈现，是形象思维的初级反映。

再是要注意联想事物的发展、变化过程。马致远在确定形象名称及特征之后，还需联想秋天里藤、树、鸦、桥、流水、人家、道路、风、马、夕阳、天边的特征与其他季节的不同，也就是特征的变化，以及景物对象之间在不同季节的关联形态，为后面的想象创造奠基。

2. 想象与描写融通的基础运用

对事物的描写不仅要能够传神显意，还要体现对客观事物的本质性和规律性的认识，使思维逐步由初级形态的具体形象思维向高级形态的言语形象思维过渡，从而在大量表象的基础上，进行分析、综合、抽象、概括，选择性地进行事物特征的组合，创造新的形象。由于对事物的认知、写作表达、思维发展存在层级区别，所以需要进行有梯度的写作学习。

历经人世沧桑和无数审美表达历练的元曲作家马致远，在对人世丰富表象、事物本质的认识的基础上，以丰富的审美积淀、高强的审美创作能力，通过联想、想象，构建了一幅秋郊夕照图的画面和意境，天涯游子骑一匹瘦马静默于这片凄清之中，由此抒发游子在秋天思念故乡、倦于漂泊的凄苦愁楚之情。

为了让景物能够集中协调地反映意境，具有深厚的意蕴和艺术美感，作者在对事物及事物特征丰富表象的积累基础上，通过艺术想象，对事物及事物特征进行分析、综合、抽象、概括，经过选择、组合，创造了新的形象，构建了一个新的意境：凄凉的黄昏，一个游子骑一匹瘦马在天边缓行。景物意象由西下夕阳、枯藤、老树、昏鸦、小桥、流水、人家、古道、西风、瘦马、断肠人组成。这里形象有大小，物象及特征丰富，"枯""老""昏""小"等形容词代表着事物静态的形象特征，"流""下"等动词代表着事物动态的形象特征，根据表达的需要，在表象特征积累的基础上，这里全部的意象已经具有了选择性、个体性、概括性和特殊的艺术构成形态。这里的形象特征再现了事物的某方面，比原始的形象特征更具体、更生动，更具艺术美感，具有独特的相互协和的美学价值。"断肠人"这一特殊的核心意象统摄了夕阳西下，枯藤、老树、昏鸦，小桥、流水、人家，古道、西风、瘦马，构成了一个意象特征独特、意境宏大丰厚、意象多角度相互支撑、审美构建层次多元，具有很强艺术整体性的场景。这就是形象思维里的言语形象思维的运用及成效。

由此可见，通过联想→想象的形象思维路径产生了描写的艺术内容由普通到个体特定性、艺术性的升华，实现了艺术创作与表达。形象特征创造与揭示必须经过两个主要途径：原始特征揭示，即观察和联想产生的原始形态，是初级形态的具体形象思维的体现；特定的情景性，即表象积累后根据表达主题需要，通过想象选择、集合、创造对象的个体性、概括性、丰富性、生动性特征，实现特定的复杂的情景性呈现与表达，具有复杂的复合性和再生性特征，是高级形态的言语形象思维的体现。

（二）形象思维与叙述融通进阶的基础运用

1. 形象性原始叙述到概括性、形象性叙述

叙述是建立在对事物特征把握的基础之上，是对人物、事件的前后经过、事物特征的概括化呈现，是运用形象思维对事件特征一定程度的概括化反映，也含有一定的抽象性评价。描写能力是叙述能力的基础，虽然叙述的形象性不及描写强，但是事物特征的概括性和过程性突出，并且叙述常与描写结合，艺术性地呈现丰富的表达内容。

叙述内容的产生也有一个由低级到高级的过程。在写作过程中要经历形象性原始叙述到概括性、形象性叙述的过程，最后成为表达需要。叙述与形象思维的融通运用及培育，与上述描写的形象思维进阶发展相同。因较为简单，这里不举例说明。

2. 叙述宏观途径的进阶

叙述宏观思路的一般方式是顺叙，是具体情境的纵向式呈现过程，是叙述的基础途径，是形象思维在叙述情景再现的整体形态上的直接、简单运用。比如《芦花荡》中按事件发展的先后顺序写作。其整体叙述思路或路径学习的进阶升级，还应有倒叙、插叙、补叙、分叙和合叙，以呈现丰富的、艺术性更强的内容情境，是形象思维的丰富性和难度级呈现。比如《祝福》中先写祥林嫂的死，是倒叙方式的运用；《林教头风雪山神庙》中林冲遇到店小二时，插叙了店小二在东京的事，是插叙方式的运用。

（三）形象思维与描述视角融通进阶的基础运用

描述视角是指描述语言中对故事内容进行观察和描述的特定角度。同样的事件从不同的角度去看就可能呈现出不同的面貌和不同的艺术表现价值。不同的叙述视角决定了作品不同的构成方式，同时也决定了接受者不同的感受方式。其整体的视角创想与形象思维的联想、想象以及审美创构能力直接相关。

描述视角主要有三种：第一人称视角、第二人称视角、第三人称视角。不同的描述视角反映了作者形象思维的角度，也一定程度上反映了作者的写作技能。第一人称是常用的、基础性的描述角度层级，第二人称、第三人称视角以及它们的综合运用是描述角度的进阶运用，是形象思维在描述视角融合运用的进阶。

1. 形象思维与第一人称描述视角的融通运用

第一人称视角，即以"我"的叙述角度展开描述。第一人称"我"既可以是真"我"，也可以是经过艺术加工的"我"。"我"是文章内容的叙述者、见证者、参与者、感受者，是文章内容发展的串联者，所描述的都好像是作者亲身的经历。这个视角，使文章更具真实性，叙述自然、亲切，也便于作者直接表达认知与情感。比如《孔乙己》一文，以酒店伙计"我"的视角来描述，通过"我"的耳闻目睹，客观地叙述了孔乙己的性格和不幸遭遇，增强了故事的可信度，使故事情节显得真实自然。

2. 形象思维与第二人称描述视角的融通运用

第二人称视角，即以"你""你们"的叙述视角展开描述。这种视角如同和读者贴近对话，易于拉近与读者的距离，增加亲切感，便于情感交流和抒发，引起读者共鸣，使文章更富有感染力。比如《一棵小桃树》中"我该怎么感激你……我还叫你是我的梦的精灵"用第二人称"你"，很充分地表现了作者的认知与感情，富有感染力地表达了对小桃树坚强不屈地与命运抗争的精神的赞颂。

3. 形象思维与第三人称描述视角的融通运用

第三人称视角是一种全知叙述视角，作者站在第三者的描述角度，以"他（她）、他（她）们"的视角将人物经历、事件经过描述给读者。这个视角，给人直接、客观的印象，描述时不受时间、空间的限制，叙述自由灵活。用于描述物体时有拟人效果，叙述亲切自然。如《皇帝的新装》采用第三人称这个全知叙述视角，对皇帝的穷奢极欲进行大力描述、渲染和充分的讽刺。

4. 形象思维与视角转换的融通运用

在叙述过程中突然改变视角，从不同人物的角度讲述同一事件，以展现事件的复杂性和多面性，是形象思维与叙述视角融通的综合运用，增加了文章内容的丰富性和深刻性。比如，美国作家威廉·福克纳创作的长篇小说《喧哗与骚动》，小说以南方种植园主康普生一家的衰落为背景，采用多视角叙述手法，故事分别从康普生家的大儿子昆丁、二儿子杰生、小儿子班吉以及黑人女佣迪尔西的视角展开：昆丁的叙述充满了对家族衰落的绝望和对妹妹凯蒂失贞的痛苦，他的精神世界濒临崩溃；杰生则是一个自私、贪婪、冷酷的人，他的叙述以对家族财产的算计和对妹妹凯蒂的怨恨为中心；班吉是个智力低下的人，他的叙述充满了混乱的回忆和对过去美好时光的模糊印象；迪尔西作为家中的仆人，她见证了这个家族的兴衰，她的叙述相对客观、冷静，却也流露出对这个家庭的无奈和同情。通过这四个不同人物的视角，读者从不同角度了解了康普生家族的故事，看到了家族成员之间复杂的关系、各自的性格特点和内心世界，展现了美国南方旧贵族家庭在社会变革中的衰败以及人性的复杂多样。

二、形象思维与描述技能融通运用必须遵循的基本规律

（一）同一律

就是要求在描述同一事物时，形象特征的选择运用和展开、特征体系的构成保持描述主体的同一性和确定性。比如《钱塘湖春行》中所有描写要扣住春景，从形象特征到意象体系不混乱、不转移。《药》中的康大叔，"突然闯进了一个满脸横肉的人，披一件玄色布衫，散着纽扣，用很宽的玄色腰带，胡乱捆在腰间""横肉的人只是嚷""横肉块块饱绽，越发大声说"……康大叔形象具有同一性、确定性，随着前后一致、相互补充的特征铺衍、一步步展开，这形象不仅集中、突出，而且形象特征更确定、更鲜明。

在描述中观察不细，形象特征不清晰准确、前后不协调，玩弄辞藻恣意修饰，粗心大意，都可能会让对象及其特征前后抵牾，令人捉摸不透。例如"阴霾满天，万里长空"的描述就明显地违背了形象思维的同一律。某些小说、散文、诗歌之所以艺术境界混乱、人物形象分崩，就是因为事先没有确切地把握住其形象体系的特征。

（二）典型律

就是要求描写过程中抓住描写对象的具体特征，锤炼出反映客观事物普遍性、本质性、意义特征性内容。对事物的描述不能大小不遗地写上去，必须抓住一个或几个特征或构建具体的具有典型意义的活动场景，以体现事物的本质性、个体性、代表性、普遍性的特征，也就是事物的典型性特征。钱塘湖的春色充满每一个角落，体现在万物之中。诗人白居易抓住"早莺争暖树"等几个镜头就生动地概括、高度艺术地反映了钱塘湖春色的典型特征。比如《药》中"老栓慌忙摸出洋钱，抖抖的想交给他，他又不敢去接他的东西。那人便焦急起来，嚷道：'怕什么？怎的不拿！'老栓还踌躇着，黑的人便抢过灯笼，一把扯下纸罩，裹了馒头，塞与老栓；一手抓过洋钱，捏一捏，转身去了。嘴里哼着说：'这老东西……'"，这里老栓的急切、畏惧、紧张、犹豫，"黑的人"的蛮横、粗野、贪婪、掠夺、冷酷的性格特征极具本质性、个体性、代表性，也反映了下层无知、无奈的农民和寄生于腐朽统治的刽子手这两类人的共性特征，具有极强的典型性。如果不抓住典型特征，没有概括，描写就会落入琐碎、平庸，成为没有美学价值的无意义的内容。

（三）结构律

亦即内容的结构化，要求在描述和形象思维的融通运用过程中前后贯通、内容序列得当、前后关联，具有严密的内容结构，达到集中、高效地体现某种表达目的的效果。如《钱塘湖春行》以诗人行程感受为序，层次分明，井井有条，其大景与小景、莺与燕、花与草、寺与山、山与湖、湖与堤、堤与柳以及景与我互相呼应，交织组合，和谐地统一在早春的色彩之中，构成了一幅春到人间、生机盎然的完整图画。

如果在描述和形象思维的融通运用中东拉西扯、无次序、无中心，或者恣意渲染、臃肿累赘，或因人牵事或因事牵人而造成内容不合情理，或前后情调不一造成基调不和，等等，都是违反了结构律。

人们对生动逼真而又含义深刻、具有艺术表现力的描述常用"穷形""入微""传神""精彩"来形容，就是因为这种描述和形象思维的融通运用遵循了上述三项基本规律，达到了描述和形象思维的真实性、结构性、完整性、典型性的统一。

三、形象思维与记叙抒情类文体描述融通培育的宏观途径

形象思维分具有由初级思维到高级思维的递进途径，写作中形象思维和记叙抒情类文体写作描述技能的融通运用及培育的层级途径也应该是：联想与记叙抒情类文体写作描述技能的融通运用及培育→想象与记叙抒情类文体写作描述技能的融通运用及培育，实现艺术表达时写作对象的个体性和特定性的统一。

第三节 基础课程与教学体系三：联想思维与描述技能融通培育

即联想思维与描述技能深度融通产生和优化局部内容的主体内容体系学习。通过联想思维与描述技能的融通运用，实现描述技能更好地形成，同时提升联想思维能力。

一、联想追思一：写作描述技能与写作对象现实形象特征和事件相关追思深度融通产生写作内容现实情境的点、断面与过程情景

联想是一种有目的的、创造性的思维活动，是形象思维的基础方式和核心方式，其美学特征是"实"。

亚里士多德提出，一种观念的产生必伴以另一种与之相似的或相反的，或在过去经验中曾与之同时出现的观念的产生。可见联想是建立在人们的现实生活和文化积淀之上，是一种自然的心理机能。对于写作，因为联想，写作思路得以打开，文章得以纵横捭阖、文采飞扬。

很明显，写作内容的产生与联想思维直接相关，在写作中呈现的事物特征及内容关联，是联想思维的直接运用。所以，联想是文章描述内容产生、拓展和铺陈的基本思维方式和写作技能。

联想在记叙抒情类文体写作中的基础运用，是通过对写作对象现实形象特征的相关追思产生写作对象具体内容和现实情境的点、断面、过程情景，是形象思维方式在记叙抒情类文体写作描述运用中的基础方式，也是形象思维与写作技能融通运用及培育的基础途径。

通过确定写作对象及相关对象，对现实形象的相关特征进行联想追思，将对象特征、相关对象特征以及事件过程结合，以寻求对象特征是怎样的，事物特征的相关情景及过程是怎样的，实现寻求具有真实性和完整性的体现事物特征及本质的写作内容。

那么形象思维与写作技能融通如何由点到面、由点到过程地寻找和组构内容，产生艺术美？不同的文体又如何运用？这里予以简略的例析。主要分为三类：

（一）写作对象现实形象特征的相关追思与写作描述技能融通产生写作内容现实情境的具有艺术美的点与断面、过程情景

形象思维作为记叙文写作的重要思维形式，在写作对象现实形象特征的相关追思以及形象的系列特征确定方面有着重要作用。它分为形象定位、形象情景特征的系统联想、形象加工与形象再现三个阶段，是写作对象现实形象特征素材的寻找与加工。

1. 形象体系定位

即写作对象、相关对象及再现层级的系统确定。在某种写作主题的要求之下，选择什么样的写作对象作为主要对象，确定相关的形象体系及协同关系，构建形象体系，是形象定位的前提。符合文章主题要求，构建典型形象体系，是写作形象定位的进一步需要，要求作者充分发挥想象和联想，在脑海丰富的形象储备中提取素材进行加工和创造。比如，写谁？相关人物有哪些？是否选择相关人物，选择哪些相关人物？这些对象主次怎样协调？关系怎样确定？这些在服务主题的任务引领下，是写作需要确定的重要对象体系。比如人物类写作，司马迁写作《鸿门宴》，需要确定哪些人物、主次怎样，才能构成一个很好的人物、情节链条。比如写景抒情类，朱自清写《荷塘月色》，需要确定写哪些景物、景物呈现如何组构才能表达景物的特征以及自己的景物评价和心绪。

2. 形象情景特征的系统联想

也就是在具体情境中形象的具体特征和系统表现的联想。这是通过联想进一步确定形象系列情景特征的基本方法。比如写人叙事类，司马迁在写作《鸿门宴》时，确定了事件的主要参与者：项羽、刘邦、曹无伤、范增、项伯、张良、樊哙等，这些人物主次怎样确定，在各情境中各自性格特征是怎样的，各自的言、行、貌、心理怎样体现性格特征，才能更好地服务于情节的和谐、艺术表现的需要，是作者必须思考的问题和采用的思维与表达方法。比如写景抒情类，朱自清在《荷塘月色》中要写哪些景物，这些景物在特定的背景下各有什么特征，这些特征怎样有先有后、有主有次地呈现才能和谐地构成一个艺术情景，成为表达作者心意的特殊载体，是作者写作时必须高度注意的基础环节。

3. 形象及形象体系特征的选择、加工与再现

在基本确定了表现对象及对象体系之后，为了更艺术化地呈现表达主体，使之具有艺术美，需要对联想、感知的表象进行系统的特征选择和艺术加工，以构成一个有用的形象系列。

（1）人物特征及体系关系的确定

如果一篇文章涉及一个或多个人物，在通过联想获得大量对象表象的基础上，需要对一个或多个人物及人物体系的特征进行选择、加工、确定、再现，以利于作品主体内容的构建。

比如鲁迅在写作《祝福》前，在进行人物及人物体系的确定及相关特征的联想之后，必须对形象及形象体系的特征进行选择、加工、再现，并确定各类人物的形象特征。

祥林嫂形象特征确定依据：祥林嫂是旧中国劳动妇女的典型形象，勤劳善良，

朴实顽强，在封建礼教和封建思想占统治地位的旧社会被践踏、被迫害、被摧残，以至被旧社会所吞噬。祥林嫂的悲剧深刻揭示了旧社会封建礼教对劳动妇女的摧残和迫害，控诉了封建礼教吃人的本质。

鲁四老爷形象特征确定依据：地主阶级知识分子的典型。他迂腐，保守，顽固，坚决捍卫封建思想，反对一切改革和革命，尊崇理学和孔孟之道，自觉维护封建制度和封建礼教。他自私伪善，冷酷无情，在精神上迫害祥林嫂，才让她生存信心彻底毁灭，是导致祥林嫂惨死的主要人物。

鲁四婶形象特征确定依据："大户人家的太太"，能干而又势利。四婶把祥林嫂当作一件工具看待。

祥林嫂的婆婆形象特征确定依据：精明强干、有心计，残酷地把祥林嫂当成工具，是封建社会中不顾一切自私自利的典型形象。

柳妈形象特征确定依据：柳妈和祥林嫂一样都是旧社会的受害者，受压迫，迷信无知，把祥林嫂推向更恐怖的深渊。

"我"形象特征确定依据：具有进步思想的小资产阶级知识分子。对鲁四老爷充满憎恨，对鲁镇保守、冷漠的社会气氛感到愤懑，深刻同情祥林嫂的悲剧命运。

（2）形象特征的典型性选择与加工

在基本确定了表现对象体系及主体特征之后，为了更艺术化地呈现主题，作者还须在联想感知对象的形象特征上进行重点打造和加工，增强其典型性，让人物形象更好地服务于主题的表达。鲁迅在创作《记念刘和珍君》一文时，在确定刘和珍正义、坚定、勇敢的形象特征之后，为了增强人物表现力，在表现坚定、勇敢的形象方面，选取了她反抗广有羽翼的校长杨荫榆，被刘百昭率领男女武将强拖出校这一细节，以及向执政府请愿时被卫队开枪打死的情景，这些都典型地反映了刘和珍追求正义的坚定与勇敢。另一方面，又特意选取和塑造了刘和珍的可爱形象特征，从对比的角度，突出人物形象的特征及价值，产生了极强的艺术表现力。

在表现人物可爱形象时，作者特意选取了刘和珍的五次微笑，由点辐射到面，一步步由表及里、层层递进地塑造和强化人物形象。这里形象思维的联想思维方式与人物形象的细节描写融通合一，对于表现人物起到了重要作用。"常常微笑着，态度很温和"，这是第一次描写微笑，用来回顾"我"初见刘和珍时发现其与"我"想象中桀骜不驯的形象有所区别，提示"我"与刘和珍君的初遇。第二处微笑出现于"于是见面的回数就较多了，也还是始终微笑着"，推进叙述进程，揭示"我"与刘和珍更加熟识。第三次出现于"况且始终微笑着的和蔼的刘和珍君，更何至于无端在府门前喋血呢？"刘和珍向政府请愿却被认作乱党无故被残忍虐杀，既表达了对执政府的愤恨之情，也抒发了对刘和珍不畏强权、视死如归的敬佩之情。第四次关于刘和珍微笑的描述是在其遭遇执政府杀害之后——"始终微笑的和蔼的刘和珍君确是死掉了，这是真的，有她自己的尸骸为证"，这一处在写到刘和珍去世事实的同时，以反讽的写作手法揭示了段祺瑞政府的残暴。最后一处关于微笑的描写是"纵使时光流驶，洗成绯红，也会在微漠的悲哀中永存微笑的和蔼的旧影"，这一处微笑给作者留下了最为深刻的印象，折射出了刘和珍的善良、无恶意闲人的麻木、文人的无耻、革命的失败与作者的痛惜，是对全文的总结与升华。总体来看，文章紧抓刘和珍形象中"微笑"这一特点，从点辐射至面，一步步由表及里，层层递进，将对刘和珍的生平事迹及遇难经过的叙述与对军阀卑劣行径、文人走狗阴险无耻的反讽紧密联系了起来，使得人物形象更具深刻性，主题表达更富感染力。

（二）事件行动过程的情境性联想与再现

主要是对于行动事件过程的关联性联想，构成活动情景和过程，为记叙抒情类文章写作奠基。这在写人叙事、写景状物的文章写作中是基础思维活动和写作技能。

写人叙事的文章通过人物、事件活动的过程性联想产生写作的基础内容。比如司马迁的《鸿门宴》，文章场景生动，情节跌宕起伏、撼人心魄，是史传文写作的经典篇章。从文章内容来看，作者写作前的情境性联想与再现的主体路径是鸿门宴的由来→鸿门宴→鸿门宴后余事。作者以这三个基本过程为思路展开场景联想，构成文章的主体事件和环节思路。

"鸿门宴由来"这个场景的过程联想由起因到参与鸿门宴这一事件段组成。鸿门宴的起因是刘邦、项羽之争中项羽占绝对优势，曹无伤告密"沛公欲王关中"，项羽认为刘邦冒犯了他，当即决定进攻刘邦；主要谋士范增乘机也揭露刘邦的野心，力主进攻，战争已经迫在眉睫。项伯为报私恩夜访张良，劝他逃走，而张良反以"为韩王送沛公"为借口，将消息通知了刘邦。刘邦于是拉拢项伯，为自己辩护。项伯同意调停，并嘱咐刘邦"且日不可不蚤自来谢项王"，于是有了"鸿门宴"一事。

"鸿门宴"场景由一系列事件过程组成：开始场景平和，刘邦谢罪，项羽说出告密人，可见怒气全消，有和解意，且设宴招待刘邦。但范增蓄意借机杀死刘邦，"数目项王，举所佩玉玦以示之者三"，继而命项庄舞剑，"因击沛公于坐，杀之"。于是张良见势招刘邦的参乘樊哙进来，项羽得知樊哙的身份后，知其来意，赐酒缓和气氛。樊哙为了将众人注意力集中到自己身上来，不仅一切做得合乎礼法，而且忍辱吃了生彘肩，然后借项王"能复饮乎"之问慷慨陈词："王关中"一事，虽有怀王之约，犹不敢自专，必待大王来。又就席间舞剑一事指责项王"欲诛有功之人"。项王"未有以应"，反而赐座。这是宴会斗争中的高潮。

"鸿门宴后余事"按事件过程铺开：刘邦逃席，"间至军中"；张良留谢，项王受璧而范增破斗；刘邦诛杀曹无伤。

写人叙事的文章写作通过人物事件活动展开的过程性联想才能产生写作的主体内容，这也是写人叙事类文体写作中形象思维和场景再现、过程铺衍这些写作技能结合的具体体现。

游记通过人物活动的过程性联想产生写作的基础内容。游记里的过程性联想主要体现在行动过程上，观察点确定后观景的顺序是否有前后关联的过程性是不一定的，在写作中的表达常与艺术表现需要有关。比如《荷塘月色》里作者的行动过程性联想思路是：最初的游览动机（心里不宁静，在院子里乘凉，想起日日走过的荷塘在这满月的光里总该另有一番样子）→在小煤屑路的游走与观景（看见荷塘的荷叶、荷塘与月光、荷塘四面的树）→想起采莲事与采莲人→自己回家。作者的这个行动事件的过程关联性联想，成了作者在写作铺衍文章内容前期准备时的基础思维途径和基础内容选择，是写作的基础活动。

（三）围绕情感活动的断面、过程性联想与过程性再现

主要是由作者的情感出发，有序地联想相关的事和情感活动，构成情境性的活动内容以及文章的主体内容顺序。这是抒情类散文写作常见的形象思维方式与表达技能的融合体现，也是写作学习的实际需要。事与情总是联系在一起的，记叙抒情类散文的写作，事与情融合是一大教学难点，围绕感情基点，从事的顺序以及相关事件、情感结合的角度展开过程性联想，是记叙抒情类散文写作有序、内容丰厚的重要途径和基础策略。

比如鲁迅在《记念刘和珍君》中围绕对刘和珍等年青烈士的尊敬和悲痛、对执政府及社会的愤怒之情，作者以对刘和珍的感情为主体，有序地联想到相关的主体事件和情感态度：追悼会上，作者悲痛，程君正告为刘和珍写点什么→刘和珍在艰难的生活中依然预订了鲁迅所编期刊《莽原》的全年刊，联想到她及四十个青年的死，作者对学者文人的阴险论调的悲哀和对非人间社会的愤怒，以及时间产生的对烈士的淡忘、非人世间的持续，于是要写文章表达对当时社会和刘和珍的认识及态度→联想到之前刘和珍与校长杨荫榆的斗争以及作为老师的鲁迅对刘和珍的美好印象→群众到执政府请愿，死伤数百人，刘和珍在列；再联想到时局环境——政府说是"暴徒"、流言说被利用，表达愤怒→刘和珍等被枪杀的具体情景以及作者对刘和珍等烈士及社会的感情态度→刘和珍等死后的影响，号召"真的猛士，将更奋然而前行"。作者由刘和珍在校是学生、与校长斗争，联想到参与大规模的社会反抗活动，联想到以后的牺牲以及产生的价值意义，联想活动由点到面，由浅入深，由事到情，借助事、情的联想与写作技能的融合，寻求活动与情感的断面、过程性联想，构建事与情融合的情境性、过程性内容再现和文章的主体内容顺序。这是抒情类散文常用的思维和写作活动基础方式。

二、联想追思二：联想思维的纵横升级，扩展记叙抒情类文体写作描述内容的宽度、厚度和深度

运用联想的基础方式产生写作内容的点与断面、过程情景，这是一般性内容产生的方式和途径。要进一步扩展记叙抒情类文体写作描述内容的宽度、厚度和深度，还需要进行联想思维的纵横扩展、升级。

联想分为横向联想和纵向联想两类。横向联想主要有相关联想、相似联想、对比联想三类，通过横向联想产生和拓展描述及写作内容；纵向联想主要是因果联想，通过纵向联想增加内容的纵深感和思辨理性。

（一）横向联想的逻辑思维与意义结构：产生记叙抒情类文体内容的局部及部分意义结构，增加内容的宽度和广度

1. 相关联想

又称"接近联想"，指由某一事物联想到另外一些与之在某一方面有关联的事物的联想。通过相关联想，可以让思维由此及彼、由浅入深、由近及远产生记叙抒情类文体内容的局部及部分意义结构，拓宽记叙抒情类文体写作描述内容的宽度、厚度和深度。比如在空间或时间上相近、相关的事物形成相关联想：提到西安就容易想到大雁塔、小雁塔，因为二者在空间上接近、相关；"桃花流水鳜鱼肥""海上生明月，天涯共此时"则是在时间上接近、相关。又如由一事物产生特点相似的另一事物的类似、相关联想：由狐狸想到狡猾，由幽怨想到琵琶再想到远嫁西域的王昭君。

2. 相似联想

由某一人或事物、现象想到与它相似的其他人、事物或现象的思维活动。比如由"灯"展开相似特点事物的辐射式想象——油灯、电灯、日光灯、彩灯、霓虹灯、红绿灯、车辆上的信号灯、指示航行的灯塔、人生路上的指路灯……又如冰心的小说《最后的安息》中有这样的句子："她觉得翠儿是一个最可爱最可怜的人。同时她又联想到世界上无数的苦人，便拿翠儿当作苦人的代表，去抚恤、安慰。"

相似联想包括形似与神似两个方面。李白的《古朗月行》中"小时不识月，呼作白玉盘。又疑瑶台镜，飞在青云端"，诗人写自己小时候对月亮稚气的认识，因为月亮在形象上与"白玉盘"类似，月亮的皎洁明亮又像镜子而联想为"瑶台镜"，使人感到十分新颖有趣。又如杜甫的《旅夜书怀》"飘飘何所似，天地一沙鸥"两句，作者认为自己在乱世之中的漂泊落魄状态和天地间的沙鸥类似，才生发出如此感慨。

类比性联想也是一种相似联想。在描写景物、刻画人物时，联想到与本体特征类似的事物，用这些类似的事物做比喻，使本体的特征更突出，语言生动形象。如，朱自清脍炙人口的佳作《荷塘月色》：荷塘里的月色，月光下的荷塘，氤氲着浓郁的诗意。作家写出水的"荷叶"，像"亭亭的舞女的裙"；打着朵儿的花苞，"像刚出浴的美人"；缕缕荷香，仿佛"远处高楼上渺茫的歌声似的"……都恰到好处地使用了联想。这些出神入化的艺术处理，将别样的情趣带给了读者。

3. 对比联想

是指由一事物联想到性质或特点相反的事物。在写作中，常运用对比联想把两个相对的或相反的事物组合在一起，常常可以产生某种特殊的效果，使所对比的事物本身的性质、特点更加突出，文章内容更加丰富；还可以从对比中使读者的认识达到一个新的高度。如鲁迅在杂文《拿来主义》中由"闭关主义"联想到"拿来主义"；托尔斯泰由战争想到和平；老舍在散文《想北平》中除了正面告诉读者北京是个什么样子，还写道："伦敦、巴黎、罗马、堪司坦丁堡，曾被称为欧洲的四大'历史的都城'……巴黎，据我看，还太热闹。自然，那里也有空旷静寂的地方，可是又未免太旷；不像北平那样既复杂而又有个边际……"老舍联系自己丰富的经历和感受，将北京和伦敦、巴黎、罗马与堪司坦丁堡相比较，历数北京的好处，道出了作者对北京的喜爱之情。

通过相关、相似、对比三类联想，产生和拓展记叙抒情类文体写作描述的内容，进一步扩展了记叙抒情类文体写作描述内容的宽度、厚度、深度与具有逻辑关联的意义结构，是记叙抒情类文体写作丰厚内容的第二个基本步骤。

（二）纵向联想的逻辑思维与意义结构：产生记叙抒情类文体内容的意义与逻辑结构，增加内容的深度和理性

因果联想是纵向联想的基本思维形式，是指对逻辑上有因果关系的事物产生由因求果或由果溯因的一种联想方法。如由风景优美之处想到将来可在这个地方开发旅游资源；早上看到地面潮湿，会想到可能是夜间下过了雨，或想到今天行路有些困难。在记叙抒情类文体写作中，因果联想利于写作内容由表及里、由浅入深、由近及远地拓展，增加写作内容的纵深感和思辨理性。蒲松龄的短篇小说《促织》写明代皇室尚斗促织，并征之于民间，给百姓带来了深重的苦难。主人公成名因为被迫缴纳促织而备受摧残，几乎家破人亡。文章结尾写道："天子一跬步，皆关人命，不可忽也。"因为皇帝喜欢玩蟋蟀，老百姓付出了惨痛的代价。作者运用因果联想分析思维，深刻地揭露了封建统治阶级生活的堕落、政治的腐败以及给人民带来的灾难。

通常提及的引申联想，也是因果联想的一种类别。《包身工》中提到《马关条约》的特殊优惠——允许日本人在中国开办工厂，在吸纳、压榨着大量廉价劳动力的情况下，相关资本主义产业迅速发展。这一介绍展现了包身工现象存在、滋长的历史与社会根源。作者随后又提到，美国一位支持奴隶解放的进步作家索洛的一句名言："美国铁路的每一根枕木下面，都横卧着一个爱尔兰工人的尸首。"这里更是将包身工与美国 19 世纪中期开发西部时，曾从别的国家大量雇用劳动力，导致当时爱尔兰人成千上万地流亡到美洲，很多人被美国低价雇用，在沉重的劳动中被折磨致死。这里将对包身工制度的批判升华至普遍人权的层次。随后作者说："那么，我也这样联想，东洋厂的每一个锭子上面都附托着一个中国奴隶的冤魂！"这一段议论，从内容上看，有总结前文、深化主题的作用；从结构上看，有承前启后，进一步揭露日本资本家对我国进行经济侵略的作用。

纵向联想所产生的逻辑思维与意义结构，是产生记叙抒情类文体内容的意义与逻辑结构的基本方式之一，增加内容的前后逻辑关联和内容深度、内容理性。

三、联想思维与描述技能深度融通产生和优化局部内容途径的运用

确定写作对象，通过联想与描述技能融通系列途径创构内容，完成一篇对象特征突出、场景生动，内容过程及描述形象、充分，内容纵向关联、主题突出的文章，可以是写人记事的文章，也可以是写景状物的记叙抒情类文章。

第四节　进阶课程与教学体系一：　想象和描述技能融通培育

通过想象和描述技能思维的融通运用学习，实现表达内容的美化、扩展和典型性艺术升华，培育描述技能，提升想象思维能力。

想象是人的大脑对表象进行加工改造，从而创造新形象的心理过程。这是从心理学角度出发的关于想象的一般定义。这新形象既包括作者尚未接触过的事物形象，也包括现实生活中不存在的事物形象。想象和联想的本质区别在于，联想的美学特征是"实"，想象的美学特征是"虚"。

一切创造都是从创造性想象开始的。想象能促使人的心理活动丰富和深化，并创造性地进行各种实践活动。爱因斯坦说："想象力比知识更重要，因为知识局限于已经知道和理解的事物，而想象力拥抱整个宇宙和未来希望知道和理解的所有事物。真正的智慧不是知识而是想象力。"可见，想象力在创造性活动中比知识更重要。

想象是智慧的翅膀，它对于写作有非常重要的意义。艺术想象，与心理学里想象的一般定义紧密关联，是想象中的一个类型。它是指创造主体在原有感性表象的基础上，创造出新的具有生命情趣的艺术形象的心理能力。黑格尔认为："最杰出的艺术本领就是想象。"别林斯基说："在文艺中起最积极和主导作用的是想象。"高尔基指出："想象是创造形象的文学技巧的最重要的手法之一。"这里的想象指的是艺术想象。

写作教学要切中能力生长本身的规律，富有创造性，就必须培育学生的创造性、艺术性想象。

这里介绍几种写作教学中最常用的想象思维方式与写作技能融通运用的写作技能，也是记叙抒情类文体写作最基本的思维方法。

一、想象和描述技能融通培育一（初级想象一）：内容的艺术性扩展、美化与表达

（一）描述性内容的艺术性空间扩展、内容美化与表达技能：修辞想象法，使内容表达呈现丰富性与生动性特点

1. 类比想象描述法

由此一类事物想象与之相似、相关的另一类事物。例如："鸦有反哺之义，羊有跪乳之恩。"由乌鸦反哺、羔羊跪乳想到母子情深。在报告文学中的运用，比如《包身工》中，由包身工的遭遇想象到船户养墨鸭捕鱼的故事，并进行比较，揭露资本家对包身工的残酷剥削和压榨。将小女孩称作"芦柴棒"，将起床的女工们描写成"蓬头、赤脚，一边扣着纽扣，几个睡眼惺忪的'懒虫'"，将住宿地称作"鸽子笼"，都是作者在表现包身工的悲惨处境时做出的艺术化类比想象，通过形象化的联系，让读者更加真切地体会到了包身工们被"圈养""饲养"的事实。在传记中的运用，如鸿门宴"如今人方为刀俎，我为鱼肉，何辞为"；在诗歌中的运用，如陶渊明《归园田居》"羁鸟恋旧林，池鱼思故渊"；等等。类比想象的加入让文意的表达更富有艺术化效果，更具感染力。

2. 对比想象描述法

由某一类事物想象与之相反或相对的另一类事物，并且形成鲜明对比，造成深刻印象。比如秦桧跪像背后岳飞墓阙上的楹联："青山有幸埋忠骨，白铁无辜铸佞臣。"《孟子·告子下》："生于忧患，死于安乐。"刘禹锡《酬乐天扬州初逢席上见赠》："沉舟侧畔千帆过，病树前头万木春。"杜牧《阿房宫赋》："歌台暖响，春光融融；舞殿冷袖，风雨凄凄。"对比想象在凸显对象特点的同时，也丰富和拓宽了语境，深化了主题，使描述更具深刻性。

3. 比喻想象描述法

著名文学理论家乔纳森·卡勒为比喻下定义说：比喻是认知的一种基本方式，通过把一种事物看成另一种事物而认识了它。也就是说找到甲事物和乙事物的共同点，发现甲事物暗含在乙事物中的不为人所熟知的特征，而对甲事物有一个不同于往常的重新的认识。比喻是一种常用的想象法。如朱自清的写景散文《荷塘月色》"叶子（本体）出水很高，像（喻词）亭亭的舞女的裙（喻体）"，鲁迅《故乡》"我们之间已经隔了一层可悲的厚障壁（喻体）了"。在一篇介绍极光的说明文中，"极光有时出现时间极短，犹如节日的焰火在空中闪现一下就消失得无影无踪；有时却可以在苍穹之中辉映几个小时；有时像一条彩带，有时像一团火焰，有时像一张五光十色的巨大银幕……""极光"是本体，"彩带""火焰""银幕"等都是它的喻体，属于一个本体带多个喻体的类型。比喻想象以生动形象的方式呈现出原本较为平板或抽象或生疏的事物，从而让描述更鲜明。

4. 比拟想象描述法

刘勰在《文心雕龙》一书中说：比拟就是"或喻于声，或方于貌，或拟于心，或譬于事"。比拟想象描述法是改换人、物的角色达到出人意料的创新效果的一种思维与表达方式。比拟中的拟人以物拟人，或以人拟物。前者如徐志摩的《再别康桥》："轻轻的我走了，/正如我轻轻的来；/我轻轻的招手，/作别西天的云彩。/那河畔的金柳，/是夕阳中的新娘；/波光里的艳影，/在我的心头荡漾。"把"云彩""金柳"都当作人来看待。后者如一学生习作《我是一只思索的蜗牛》中用对比手法彰显蜗牛的与众不同："不羡慕豹的狂奔和鹰的翱翔"，也"不羡慕天鹅的纯洁和黄鹂的婉转"；不愿成为"乖巧的猫、狗、鱼"，也不愿做"獠牙利爪的恐龙"。继之，又从正面揭示蜗牛的特立独行："愿宁静以致远"，维持"最本质实在的生存"。这里以人作物，想象奇特、优美、内蕴丰厚、机智而耐人寻味。

5. 夸张想象描述法

夸张描述法是运用丰富的想象改变客观事物的正常特征，使事物的某一部分或一种特性增大、缩小，数量加多、色彩加浓等，好像电影里的大写、特写镜头，以引起读者的重视和联想，使读者在头脑中产生新形象。夸张与描述结合会产生突出事物的本质特征、鲜明地表达作者的情感、引起人们丰富想象的奇特艺术效果。如李白的"桃花潭水深千尺，不及汪伦送我情"（《赠汪伦》）"飞流直下三千尺，疑是银河落九天"（《望庐山瀑布》），其中说到"深千尺""三千尺"，虽然并非事实真相，但诗句所塑造的形象却生动地显示了事物的特征，表达了诗人的激情，读者不但能够接受，而且能信服，很惊喜。当然这种夸张必须是艺术的、美的，不能过于荒诞，或太实、太俗。夸张法想象也包括变形法想象。变形就是改变原来的形态，如《变形记》中人变成大甲虫，《西游记》中孙悟空七十二变，等等。

无论是类比、对比、比喻，还是比拟、夸张，哪种想象法都有赖于诗人对客观事物进行敏锐的观察，融入自己的情感，加以大胆的想象，甚至幻想。可以这样说，无论是浪漫派也好，写实派也好，没有想象（幻想），便不成其为诗人。比如，以豪放著称的李白固然想象丰富，诗风雄奇，而以写实著称的杜甫，也写出了诸如"安得广厦千万间……何时眼前突兀见此屋……"（《茅屋为秋风所破歌》）和"香雾云鬟湿，清辉玉臂寒。何时倚虚幌，双照泪痕干"（《月夜》）等等令人浮想联翩的佳作。

（二）描述性内容的艺术性空间扩展、内容美化的表达技能：修辞想象法的写作运用

确定一个对象，分别运用前述五种修辞想象法，进行描述性内容的艺术性空间扩展、内容美化，并通过写作表达出来。

二、想象与描述技能深度融通培育二（初级想象二）：发展性思维想象法——内容的纵向扩展与表达

（一）发展性思维想象法

1. 因果想象描述法

由原因想象结果，或由结果想象原因，就是因果想象法。这也是一种推想法，它可以超越时空的限制。例如："在罪恶中游泳的人，必将在悲哀中沉没。"（英国谚语）超越时空，打破事物的界限，让不可能在想象中成为可能。

2. 逆向想象描述法

即对事物依存的条件逆向思考想象。如小孩掉进水里，把人从水中救起，是使人脱离水，而司马光救人是打破缸，使水脱离人，这就是逆向思维。就事物发展的过程逆向思考想象，如人上楼梯是人走路不动，而电梯是路走人不动；就事物的位置逆向思考想象，如开展"假如我是某某"活动；就事物的结果逆向思考想象，如寻找解河豚毒的药。

3. 纵向式时空转换创新想象描述法

即跨越时空限制，突破现实与环境的局限，上下五千年，纵横八万里。如李商隐《夜雨寄北》中"何当共剪西窗烛，却话巴山夜雨时"，超越时空，想象日后重逢时的情景。某学生的实用文习作《写给仲永和苏轼的一封信》，以"龙的传人"的身份，与方仲永、苏轼展开了一场穿越时空的精神对话：作者与方仲永对话，感怀他少年得志后便无心向学，最终"泯然众人"；与东坡对话，则是赞叹苏轼虽没有方仲永梦幻般的人生开局，中年又屡遭坎坷，但不屈的信念使他笑对磨难，最终在文学史上留下光辉的一页。

（二）发展性思维想象法的写作运用

确定一个对象，分别运用上述三种发展性思维想象法，进行描述性内容的纵向空间扩展，并通过写作表达出来。

三、想象与描述技能深度融通培育三：表达的对象主体和内容典型化想象的艺术升华与写作表达技能

（一）想象与描述技能深度融通运用：表达对象的主体和内容典型化想象的艺术升华

1. 自然环境和意境创构描述法

（1）自然环境创构描述法

人物的活动离不开自然环境，通过联想和想象给人物形象和事件描述中增加、创构自然情境，是人物和事件真实生动、增强艺术感染力的重要写法。比

如，鲁迅小说《药》的开头，作者运用想象创构了秋天后半夜的自然环境，以"秋天的后半夜""月亮下去了""只剩下一片乌蓝的天"……这些自然环境描写勾勒出黎明前的黑暗时刻突出的自然特征，另一方面也渲染了夏瑜就义时沉寂而肃杀的气氛。

（2）意境创构描述法

一般自然环境描写和意境是两种有区别的艺术境界。意境是指抒情性作品中呈现的情景交融、虚实相生、活跃着生命律动的含蕴丰厚的形象系统或诗意空间。它是作者把抽象的感情寄寓于形象，把主观情思与客观景物相交融而创造出来的浑然一体的艺术境界，是文学形象的高级形态之一，具有极强的感染力和艺术美感。意境的构成是以空间境象为基础，通过对境象中各意象的把握与经营达到"情与景会，意与象通"的效果。创作构思时意象的选择是第一步，组合意象创造出"意与境谐"的艺术境界是目的。意境不但是创作的目的，同时也是欣赏的对象。意境创构法是学习写作必须练就的功夫。

意境使作品充满艺术感染力和表现力。有一个人在路上遇到欧阳修，就马上拜他为师，并大吐倾慕之意。当时正值严冬，万木凋零，这个人以"枯"为题先吟了两句："远望一棵树，两个大丫杈。"欧阳修随即续道："春来苔是叶，冬至雪作花。"同样是对枯树的描述，两者的意境却相去甚远。前者平俗无奇，谈不上美感，而欧阳修却以绝妙的想象之力写出了化腐朽为神奇的绝句。

晚唐时期的唐王朝有大厦将倾之势，使诗人杜牧心里常有隐忧。他来到江南（江苏江阴），看见千里之中莺啼而绿映，水村山郭酒旗飘扬，无数寺庙楼台呈现在广袤的烟雨中，情思顿悟，将这丰富多彩、生机勃勃的江南春景与南朝大肆事佛导致天下倾颓相结合，于是就有了《江南春》："千里莺啼绿映红，水村山郭酒旗风。南朝四百八十寺，多少楼台烟雨中。"既赞美江南特有的广阔、美丽、深邃和迷离的景色，又表达对当世的隐忧以及对唐王朝统治者委婉的劝诫。诗歌即景抒情，借古讽今，意境表达上达到了情与景水乳交融的境界。

又如郁达夫在《江南的冬景》里写道："到得冬天，不时也会下着微雨，而这微雨寒村里的冬霖景象，又是一种说不出的悠闲境界。你试想想，秋收过后，河流边三五家人家会聚在一道的一个小村子里，门对长桥，窗临远阜，这中间又多是树枝槎桠的杂木树木；在这一幅冬日农村的图上，再洒上一层细得同粉也似的白雨，加上一层淡得几不成墨的背景……"作者借助于想象，泼墨挥毫，点染出一幅情调悠闲的水墨画，寄情于景，使"说不出的悠闲境界"这一抽象的境界以及"悠闲"之情得到了形象展示，引人入胜。

2. 人物典型化想象描述法

典型化就是根据一个事物的众多特征或一类事物的共同、典型特征创造新形象的过程。典型化是形象思维运用的高阶阶段，是作品内容的主体和艺术形象的升华。社会现象极为纷繁，无数表象积聚在作者大脑，简单再现自然不能成为文章。记叙抒情类文章创作不管是人物特征的真实再现，还是形象虚构，都应该有代表性地、艺术性地反映这个人物或这类人物，都必须是作者从大量的现实人物特征中进行反复的分析、比较、抽象、概括中获得。通过将最有代表性的特点分离和抽取出来，予以锤炼，聚众多特征于一体，从而形成一个具有代表性和创新性的典型化形象。这个过程是在联想基础上进行艺术想象和典型化提炼的结果。这种想象和典型化手段结合的创作思维方式是记叙抒情类文章创作中普遍采用的方式。例如：鲁迅笔下《阿Q正传》中的阿Q，就是作者经过多年来对中国各地农民的观察，再经过合理想象加工，进行典型抽取而塑造的一个具有广泛典型意义的形象；《西游记》中的孙悟空，是作者将人、猴、神的特点有机地结合在一起而创造出来的；《三国演义》中的诸葛亮作为智慧的化身，是作者集中了历朝历代许多智者的故事，通过想象创造出来的。

3. 典型活动场景想象构建描述法

记叙抒情类文章以记人、叙事、写景、状物为主要内容，以叙述和描写为主要表达方式。记叙文塑造人物形象、发展故事情节、表达主题，都离不开人物之间发生各种关系时形成的大大小小的生活画面，这些画面就是人物的活动场景。活动场景描写就是形象具体地描绘人物所处的场景及社会环境，以艺术地表现人物为目的，具有断面性、集中性、概括性和表现性的特点。活动场景的构建必须建立在联想的基础上，通过想象和典型化手段，对人物之间发生各种关系时的无数生活画面与表象进行分析、摘取与锤炼，使场景充满感染力和艺术表现力。

典型活动场景想象构建必须考虑人物的主次、活动情境中人物间言行关系的逻辑、心理的变化轨迹、细节的表现力、点与面的结合、动态和静态的结合、正面和侧面的结合、事件的发展性与集中性等。场景的描述也必须综合运用多种写作方法，比如写景、叙事、外貌、对话、心理、行动描写等。这些描写常常借助于对比、比喻、拟人、夸张等修辞手法，达到对场景的详细铺陈，对内容组成因素的渲染、烘托或衬托等目的。比如《记念刘和珍君》中"我没有亲见；听说，她，刘和珍君，那时是欣然前往的。自然，请愿而已，稍有人心者，谁也不会料到有这样的罗网。但竟在执政府前中弹了，从背部入，斜穿心肺，已是致命的创伤，只是没有便死。同去的张静淑君想扶起她，中了四弹，其一是手枪，立仆；同去的杨德群君又想去扶起她，也被击，弹从左肩入，穿胸偏右出，也立仆。但她还能坐起来，一个兵在她头部及胸部猛击两棍，于是死掉了"，此段描写作者聚焦于请愿现场惨烈画面这一典型场景，通过想象，复现了学生们在当时遭受暴力镇压的场景，为了让画面更富冲击力，作者呈现了诸多细节，刘和珍等人的英勇、无助，统治者的血腥、残暴，都生动地展现了出来。

典型活动场景想象构建描述法在日常教学中还有一种扩展教学法，即充分展开想象，将一个情景向外伸展、扩大，向内伸展、深化、细化。如把一首小诗词改写成散文或者记叙文，做扩展句子题，等等。

典型活动场景想象构建描述法既有现实情景的想象构建描述，也有艺术创作的典型活动场景想象构建，如运用多种创造性联想想象方法创作剧本、小说等。

（二）想象与描述技能深度融通：表达对象的主体和内容典型化想象的艺术升华途径运用

确定情景、人物、场景对象，通过上述的想象法，将对象典型化、艺术化，使表达的主体对象和内容得以艺术升华、价值提升，并通过写作表达出来。

第五节　进阶课程及教学体系二：思维方式与抒情、议论、描述技能融通培育

通过思维方式与抒情、议论、描述技能的融通运用，培育抒情、议论、描述技能，提升思维能力。

一、思维方式与记叙抒情类文体写作技能之抒情及议论、描述的融通进阶培育

记叙抒情类文章的抒情是作者感情在写作表达中的升华，但抒情的运用不是独立的，而是常和描述、议论融合。这种融合运用既有助于增强文章意脉，突出文章思想感情，也是增强文章感染力、帮助读者理解作品的重要表达方式。就思维方式而言，抒情是作者以抽象思维为主、形象思维为辅的思维方式在写作中的体现，是对事物进行的评价式情感抒写，其抽象思维方式常体现在由表及里、联系比较等辩证思维上。

抒情手法有直接抒情和间接抒情两种，直接抒情学习是间接抒情学习的基础。所以思维方式与记叙抒情类写作抒情手法融通的进阶路径是：直接抒情学习到间接抒情→抒情方式与多种表达方式的综合运用。

（一）进阶运用一：思维方式与直接抒情、描述、议论的融通进阶运用

直接抒情是记叙抒情类文章写作中常见的抒情方式，是基础性抒情方式，在写人叙事和写景状物文章的不同位置与叙述、议论都有融通使用，常和修辞手法运用结合，是主体抒情方式与丰富的表现手法的结合，也是思维方式与表达方式的融通体现。其进阶运用的途径是：文中不同位置出现，与描述、议论融合，常与修辞方式结合。

直接抒情常用在文章的开头、结尾，文中也有运用，与描述、议论结合在一起。如魏巍的报告文学《谁是最可爱的人》，开头就直接抒情："谁是我们最可爱的人呢？我们的战士，我感到他们是最可爱的人。"为全文奠定了情感基调，增强了文章的抒情性，帮助读者理解了文章内容。本段内容还结合使用了叙述与议论的表达方式和设问的修辞手法，通过设问这一修辞方式直接抒发感情，通过叙述交代抒写对象、对象特征和感情态度，通过议论确定战士的性质和"我"的态度。文章描述中的直接抒情如："他接着说：'你不要以为我是为他们而伤心，我是为他们而骄傲！我感觉我们的战士是太伟大了，太可爱了，我不能不被他们感动得掉下泪来。'""朋友们，当你听到这段英雄事迹的时候，你的感想如何呢？你不觉得我们的战士是可爱的吗？你不觉得我们的祖国有着这样的英雄而值得自豪吗？"通过"他"的语言描写来叙述、呈现人物的感情态度和理性认识，通过反问、反复等修辞手法和理性评价来直接抒情。文章末尾的直接抒情如："请再深深地爱我们的战士吧，他们确实是我们最可爱的人！"运用呼告的修辞手法直接表达感情态度，通过议论的理性确定和"他们"是什么的事实叙述直接抒情。

直接抒情在写作表达时，可以抒发强烈的思想感情，加强感染力，并引起读者强烈的情感共鸣。抒情和叙述、议论、修辞手法结合，增强了文章的抒情性、深刻性、感染力，帮助读者理解内容，理清作品意脉。在抽象思维方式运用上是由表及里、联系比较思维的运用，"我不能不被他们感动得掉下泪来"则是抒情中情境性形象思维的运用。

（二）进阶运用二：思维方式与间接抒情、描述、议论的融通进阶运用

间接抒情，即借助其他表达方式或内容来间接抒发感情。这种抒情方式与描写、叙述结合紧密，有时和修辞手法结合，辅以抽象思维议论的理性认识。

间接抒情包括借事抒情和借景抒情两类。

借事抒情如白居易《蓝桥驿见元九诗》："蓝桥春雪君归日，秦岭秋风我去时。每到驿亭先下马，循墙绕柱觅君诗。"这首绝句，初读只觉得是作者平淡的征途纪事叙述，似乎只是表现白居易与元九交谊甚笃，爱其人而及其诗而已。细读进去，这貌似平淡的二十八字，却暗含着诗人心底的万顷波涛。可贵的友情、可泣的共同遭际，诗中一句不说，只是让读者自己去寻觅包含在春雪秋风中的人事变化，去体会诗人那种沉痛凄怆的感情。这正是所谓"言浅而深，意微而显"。借事抒情还包括借历史典故的咏史抒怀，比如杜甫《蜀相》："丞相祠堂何处寻，锦官城外柏森森。映阶碧草自春色，隔叶黄鹂空好音。三顾频烦天下计，两朝开济老臣心。出师未捷身先死，长使英雄泪满襟。"借诸葛亮的故事，抒发了作者怀才不遇、壮志难酬的悲愤心情，抒情与描写、叙述、议论结合，叙述中用了用典修辞手法。

借景抒情如杜甫的《春望》："国破山河在，城春草木深。"叙述国亡山河在的情景，通过事实呈现和当前景象的描述，间接抒发和衬托了亡国之悲。抒情与描写、叙述结合，描述中用了对比的修辞手法。

间接抒情与描写、叙述结合紧密，有时和修辞手法结合，运用形象思维进行描写叙述，运用抽象思维形成理性评价和态度，使文章表达含蓄、深沉，具有深厚的艺术美。

二、思维方式与记叙抒情类文体写作技能之议论及描述、抒情的融通进阶培育

议论是记叙抒情类文本写作不可或缺的表达方式。在记叙抒情类文本写作过程中常穿插一些精要议论，直接表明观点态度，或者借文中人物之口品评其他人物或事件，阐述见解。

议论是一种评析、论理的表述法，是抽象思维的直接运用。议论的特点是用说理的办法，以概念、判断、推理以及由表及里、联系比较等抽象思维逻辑形式，直接对客观事物进行分析、评论，表达对事物的感情态度。记叙抒情类文本写作中的议论必须建立在对生活中的人与事的形象认知上，没有对生活中的人与事的特征与实质的认知，就没有议论，所以议论与描述、抒情时常融通运用，描述中有时和修辞手法结合。从与思维方式融合的角度，形象思维是议论产生的基础，议论是抽象思维方式的直接运用，并辅以形象思维方式。

（一）进阶运用一：文章开头抽象思维与议论、描述、抒情的融通进阶运用

在文章或段落开头用议论，表明或统领下文所记的人或事的实质和作者的感情态度，是记叙抒情类文本写作的常见形态，在文本写作中具有重要意义。议论的运用让文本的主体意义更加清晰地呈现，使读者易于把握。议论的运用和描述、抒情结合，更能让文本情、理融合，一开始就吸引、感染读者。这种融通运用有直明主题、引用名言、巧用多种修辞等方式。

直明主题：这是最简单的议论运用方式。这种开头简洁明快，直明文章主题。如郁达夫《故都的秋》开头写道："秋天，无论在什么地方的秋天，总是好的；可是啊，北国的秋，却特别地来得清，来得静，来得悲凉。"叙述和议论结合，通过对比的修辞手法，直接点出了北国的秋清、静、悲凉这一观点。

引用名言：如学生习作《李白：但愿长醉不复醒》开头引用《红楼梦》中的诗句："满纸荒唐言，一把辛酸泪；都云作者痴，谁解其中味。"不仅通过引用修辞表达了作者对李白相关事件的主体认识，引出了文本的主体内容的分析、抒写，还增加了文化底蕴。

巧用多种修辞：通过比喻、排比、拟人等修辞手法蕴含或表达议论，使文本开头的语言生动、富有情韵、理趣厚重，既吸引读者，又铺垫后文，是记叙抒情类文本写作议论表达的高级阶段。比如，一篇关于时间的记叙文开头这样写："是什么，来得悄无声息，走得不留痕迹，却激起所有色彩的轻舞飞扬？是什么，走得不留痕迹，来得悄无声息，却留下穿越一季的倾情歌唱？是什么，轻轻地来了，又悄悄地走了，在收获的季节留下飘垂的金黄？哲人说：'是梦！'诗人说：'是风。'我说：'是时间！'"这样的开头既富有文采，又能引起读者的兴趣。其中"时间是什么"的理性判断通过多种修辞表达，议论和描述、抒情、修辞结合，很有艺术感染力。

（二）进阶运用二：描述中抽象思维与议论、描述、抒情的融通进阶运用

文本描述中议论的运用与描述、抒情结合，是增加描述内容厚度和表现力的常用表达方式。比如，契诃夫小说《装在套子里的人》，写别里科夫看到他的同事柯瓦连科同妹妹一起在街上骑自行车，吓得脸色由青到白。他指责柯瓦连科"这种消遣，对青年的教育者来说，是绝对不合宜的"，其理由是"如果教师骑自行车，那还能希望学生做出什么好事来？他们所能做的就只有倒过来，用脑袋走路了！既然政府还没有发出通告，允许做这件事，那就做不得"。这里议论与描述、抒情结合，把别里科夫的内心世界充分地展示了出来。再比如《诗经》中"桃之夭夭，灼灼其华"，"夭夭""灼灼"既是形容桃花的红艳、美丽，抒发对桃花的喜爱之情，也是一种评价性描述，是形象思维与抽象思维的综合运用。描述中抽象思维与议论融通运用也常与修辞结合，这里不例述。

（三）进阶运用三：描述后抽象思维与议论、描述、抒情的融通进阶运用

即在文本描述内容之后，作者表达自己的议论，增强读者对描述内容的理性认识，是文本写作的重要表达方式。比如《记念刘和珍君》的结尾部分：

我已经说过：我向来是不惮以最坏的恶意来推测中国人的。但这回却很有几点出于我的意外。一是当局者竟会这样地凶残，一是流言家竟至如此之下劣，一是中国的女性临难竟能如是之从容。

我目睹中国女子的办事，是始于去年的，虽然是少数，但看那干练坚决，百折不回的气概，曾经屡次为之感叹。至于这一回在弹雨中互相救助，虽殒身不恤的事实，则更足为中国女子的勇毅，虽遭阴谋秘计，压抑至数千年，而终于没有消亡的明证了。倘要寻求这一次死伤者对于将来的意义，意义就在此罢。

苟活者在淡红的血色中，会依稀看见微茫的希望；真的猛士，将更奋然而前行。

呜呼，我说不出话，但以此记念刘和珍君！

此处的议论表达方式很丰富，是描述后的议论方式运用的典型案例。

排比中的议论表达。"一是当局者竟会这样地凶残，一是流言家竟至如此之下劣，一是中国的女性临难竟能如是之从容。"一组排比加对比的运用，酣畅地表达了对当局者、流言家特征的深刻分析和评价，对中国的女性特征起到衬托和揭示作用。

前后联系对比推理中的议论表达。作者将"我向来是不惮以最坏的恶意来推测中国人的"与"但这回却很有几点出于我的意外""我目睹中国女子的办事，是始于去年的，虽然是少数，但看那干练坚决，百折不回的气概，曾经屡次为之感叹""至于这一回在弹雨中互相救助，虽殒身不恤的事实，则更足为中国女子的勇毅，虽遭阴谋秘计，压抑至数千年，而终于没有消亡的明证了"，进行对比推理，在对比推理中揭示事物的深刻内涵和价值。

在现象与结果间的发展思维中表达议论。作者由现象联想发掘出背后的意义："苟活者在淡红的血色中，会依稀看见微茫的希望；真的猛士，将更奋然而前行。"这几句描述中的议论深刻地表达了作者对刘和珍等人事迹以及社会现状的深刻认识。

第六节 进阶课程与教学体系三：形象思维与记叙抒情类文章结构技能融通培育

通过结构性形象思维与记叙抒情类文章写作结构技能深度融通运用，结构思维引导局部内容的系统形成与优化，实现记叙抒情类文章结构技能的培育，提升形象思维能力。

形象思维和写作技能融通后产生的写作内容不限于写作表达所需要的点、断面或较短的过程情景，在这些基础内容之上，形象思维还具有在人文素养与艺术认知、一定表现力、审美经验带领下，通过联想、想象对断面内容进行串联与组合的过程性功能，也就是形象思维还具有结构性特点。这种对已初构的写作内容组合的结构性联想驱动与文体特征需要、内容的主体表达和整体的审美表达需要直接相关。但从整体和本质上看，文本内容结构由形象思维的联想、想象牵引，围绕文体特征、主题的意义表达逻辑和艺术美的表达需要进行组构，并且在过程中呈现个体性特征。结构性形象思维有纵向式、横向式、线索式、复合式四大类型。

记叙抒情类文章写作的文本结构看似由作者阐述文本主题所选择的意义结构和表现力决定，似乎与形象思维无关，实际上从本质上讲，这个意义结构的局部内容和内容链的产生与形象思维直接相关，在主题和主体写作范围的引领下，形象思维是产生和推动内容的根本。

可见，记叙抒情类文章写作结构技能与形象思维直接相关，结构性形象思维与记叙抒情类文章写作结构技能两者的融通运用，即运用结构性形象思维串起运用联想和想象产生的人物、景物、场景描写的点、面或局部过程性内容，通过写作呈现情景化的生动连贯的内容结构，体现作者的宏观思维能力和审美能力，实现文本内容完整的艺术化表达。这种融通运用，既是内容产生和推动的本质体现，揭示了文本外壳表达形式的存在本质，也利于运用结构思维、审美能力更生动形象地、个体性地结构文章，利于培养宏观的结构性形象思维、创造力。这个融通的结构性思维和以往一般写作知识性的结构技能学习、审美锤炼相比，就多了一个重要功能：培养结构性形象思维方式，实现了形象思维、写作技能、美育及个体性的融通培育。

记叙抒情类文章包括一般写人叙事状物的纪实性文章以及小说、诗歌等文学类记叙抒情文章。在写作时，形象思维方式与这些文类的文章结构技能也是直接关联、融通的，结构的产生原理和结构的表达呈现，与上述内容基本相同。

结构性形象思维与记叙抒情类文章写作结构技能深度融通的结构形态同结构性形象思维的四种方式一致，通过这四种融通结构模式的写作学习和实践，可以培养学生形象思维的结构性联想与想象、文体写作结构能力以及表达的个体性。

根据形象思维与文体结构技能融通特征和教学价值，建构如下形象思维与文体结构技能深度融通培育发展的主体学习内容体系。

一、结构性形象思维与记叙抒情类文章纵向式描述结构技能的深度融通培育

即运用形象思维的结构性联想、想象把之前运用联想、想象产生的人物活动、事件、环境的局部内容，根据对文体的审美认知与文本表达需要，进行纵向串联、铺排，形成文本。这个过程中运用形象思维进行纵向引领、贯串，是对内容片段的形象展现，是内容片段与形象思维的锤炼、纵向展开与再锤炼、再纵向展开的过程。这个纵向结构过程具有形象性、艺术结构的生成性和发展性以及作者的个体性。

通过深度融通运用，实现结构性形象思维与记叙抒情类文章纵向式描述结构技能的双项培育。虽然记叙抒情类文体内小的文体类别不同，但却有很多相同的特征，在写作教学中可以在一个特征之下分小文类进行学习。

这种融通的纵向式结构一般包括事态进程型、纵向式空间转换顺序两种主要结构和形象思维活动形式。

（一）结构性形象思维与记叙抒情类文章事态进程型描述结构技能融通培育

事态进程型是运用形象思维按事件发生发展过程形态的纵向顺序，产生和贯联事态进程内容的结构性思维和文本结构形态，是作者在形象思维方式的引领及参与下，依据文体的审美取向与表达要求，对已产生的局部内容进行的过程性和个体性的纵向串联和铺陈，是形象思维逐步推演和呈现的过程。按事态的进程联想、结构文章是记叙抒情类文章结构的常见形态，主要包括局部内容的时间推移、层进式推进两种事态进程结构方式，分为顺序式、倒叙式、逆叙式、插叙式等四种形式。这种融通运用，利于培育事态进程型的形象思维结构和文本结构技能。

1. 纵向结构式形象思维与时间推移式描述结构的融通运用

纪实类的一般写人叙事文章建立在对时间点局部内容审美选择与表达的基础上，按时间纵向结构式形象思维和局部内容的时间推移进程铺写、结构内容。老舍的《我的母亲》一文的描述结构是：母亲出嫁→"我"的出生→"我"一岁半（庚子闹"拳"那一年）→"我"小学毕业→"我"师范毕业→"我"廿三→"我"廿七→七七抗战后→去年→今年。这样的内容结构清晰、严密，审美表现逐层推进。

文学创意类文体中的小说，通过完整的故事情节来反映社会生活，刻画人物形

象。情节结构一般包括开端、发展、高潮、结局四部分，有的包括序幕、尾声，其文本结构具有时间纵向结构式形象思维与时间推移式描述结构、作者审美表达推进特征。这样的范例比比皆是。

2. 纵向结构式形象思维与层递式描述结构的融通运用

层递式形象结构、描述结构思维是在形象性断面内容的基础上，断面内容的形象性、审美表达的层层推进联结的思维形态，是按某种意义逻辑和审美表达逻辑的先后顺序进行内容纵向的形象展开。这种融通运用，利于培育层递式的形象思维结构和文本结构技能。

（1）纵向结构式形象思维与记叙抒情类文章层递式结构融通运用

层递式形象思维结构在记叙抒情类文体文本写作中常用。比如在散文结构中的运用。优秀高考作文《轻嗅紫罗兰》这篇散文具有典型的纵向结构式形象思维与记叙抒情类文章层递式结构融通特征：作者在第一段对"轻嗅紫罗兰"解释之后，在审美需要、形象思维的结构性驱动下，阐述了紫罗兰与宽容的关联。然后作者把主体内容分成"折下一朵紫罗兰……"和"轻嗅一朵紫罗兰……"两部分来展开，其中"轻嗅一朵紫罗兰……"又分为了两段，从"折下一朵紫罗兰，放在鼻前轻嗅，宽容别人，香满自己""轻嗅一朵紫罗兰，清香，耐心地等它在心中开放""轻嗅一朵紫罗兰，把香留给世间，如《秋歌》的暖暖"这三个方面进行抒写，既呼应了题目，内容结构上又用形象思维的联想与想象，把"香满自己""在心中开花""把香留给世间这三个片段层层递进、贯联，内容清晰、连贯，形象性、抒情性及艺术的个体性很强。这种纵向结构式形象思维与记叙抒情类文章层进式结构融通的复沓递进结构，配合翔实、优美的内容，具有很强的抒情味和艺术性。

（2）纵向结构式形象思维与记叙抒情类文章的起承转合式结构的融通运用

"起承转合"结构源自古诗，由元代范梈最先提出，后来也成为其他文类文章的常见结构。所谓"起"，即开头；"承"在"起"后，是承接上一层而展开，包括顺接、反接和以类连比，有承上启下的作用；"转"接"承"而来，在内容上推进一层，转出他意；"合"就是诗文的结尾，即收合结尾，使结构完整。"起承转合"，也就是如何开头、发展、承转和收尾的结构问题，很明显也是一种思维方式和内容审美展开相融合的模型。记叙抒情类文章的起承转合式写作表达结构，与运用形象思维的联想、想象对局部内容的产生、推动、串联、优化的形象思维展开过程是完全融通的。自古以来，不少写作者依据这个模型，进行结构化形象思维的联想、想象产生、推动、联结内容，形成诗文。

这个结构看似模型化，但由于作者个体不同，思维方式、审美与表现能力不同，内容表达的角度、方式及意义逻辑不同，结构及内容形态具有不同的丰富性、多样性和生动性。比如苏轼的《题西林壁》："横看成岭侧成峰，远近高低各不同。不识庐山真面目，只缘身在此山中。"其起承转合与思维融通体现为：第一句"横看成岭侧成峰"是全诗的"起"，运用形象思维从正面和侧面呈现庐山分别是"岭"和"峰"的两个不同特征，为诗人要表达的思想奠定基础。第二句"远近高低各不同"是"承"，是承"成岭""成峰"之后，进一步形象地铺写远近高低不同的景物呈现的特点不同，也揭示"成岭""成峰"不同的原因。这也是形象思维引导下的事物特征及产生原因的进一步呈现与探究。第三句"不识庐山真面目"是"转"，是诗人在前面内容的基础上突然宕开一笔，联想到人们对庐山的不同认识，引发对不识庐山真面目产生的根本原因的探究。最后一句"只缘身在此山中"，是通过情景再现与人的认识的关联来进行"合"，回答了上句"不识庐山真面目"的原因，使诗歌得到完整、奇异的收束。又如朱自清散文《荷塘月色》的起承转合与思维融通体现为：起（开头写"这几天心里颇不宁静""忽然想起日日走过的荷塘"，引发联想）——承（于是"我悄悄地披了大衫，带上门出去"，欣赏恬静幽美的荷塘月色。具体情景的形象呈现）——转（接下来笔锋一转，"忽然想起采莲的事情来了"，"这令我到底惦着江南了"。再次引发联想）——合（文章巧妙一合，"这样想着，猛一抬头，不觉已是自家的门前；轻轻地推门进去，什么声息也没有，妻已睡熟好久了"，回到原点，具体情景形象呈现）。

（二）结构性形象思维与记叙抒情类文章纵向式空间转换式描述结构技能的融通培育

记叙抒情类文章写作中，人物活动和事件的展开都要以一定的形象性空间为背景，并用形象思维将这些形象性断面串联与结构，这种形象性结构，其本质是形象思维的展开结构与断面构成的意义、审美表达逻辑的融合。这是记叙抒情类文章中写景状物小文类常见的结构化形象思维与断面逻辑组成的描述结构。

这里阐述纵向式空间转换式形象性描述结构。这种结构是按行踪或观察的形象性空间转移、审美展开为逻辑顺序结构文章，亦即采用一般性移步换景、时空变换的形象构建方式，将人或事物在不同时空下的形象性活动一步步展开，组成流动的、美的画面。

这是一种常见的形象性、情境性空间转换型结构形态。这种文本结构形态常用于写景的游记和访问记。如李健吾写景状物的记叙抒情类文章《雨中登泰山》，按移步换景的逻辑顺序及审美表达需要展开、串联，是这种结构的典型代表：文章开篇介绍泰山的地理位置与名称由来，奠定对泰山的整体认知，随后点明雨天登山，引发读者对雨中奇景的期待。随着游览踪迹的移动，作者的描述移步换景，有序展开。从山脚开始，雨雾中的泰山朦胧而神秘，呈现静谧的美。然后拾级而上，来到虎山水库，"七股大水，从水库的桥孔跃出，仿佛七幅闪光的黄锦"，展现出磅礴气势，带来强烈的视觉冲击。继续前行至七真祠，祠内的塑像形态各异。这里从自然景观转换到人文景观，丰富了审美层次。最后，作者登上泰山峰顶，俯瞰群山连绵、云海翻腾的壮丽景象，完成从山脚到山顶的空间转换，展现出壮阔的全景美。文章结尾写作者下山后对泰山的赞美，升华了情感，也让读者沉浸在对泰山美的回味之中，实现了移步换景与审美表达的完美融合。

纵向式空间转换式描述结构还包括时空纵向式跨越的形象串联与结构。比如宋末词人蒋捷的《虞美人·听雨》就是典型的形象性时空跨越、审美表达的展开式结构："少年听雨歌楼上，红烛昏罗帐。壮年听雨客舟中，江阔云低，断雁叫西风。而今听雨僧庐下，鬓已星星也。悲欢离合总无情，一任阶前，点滴到天明。"词作以"听雨"这一独特视角，按照时间和审美表达需要的逻辑顺序，运用形象思维截取并串联了词人一生中三个时间段里富有象征性和代表性的三幅画面，用"听雨"这一典型性、形象性动作和情景贯串，将词人一生的悲欢歌哭渗透其中，形象地表现了少年、壮年、晚年三个人生阶段的不同境遇、不同况味和不同感受，形象地概括了作者不同时期在环境、生活、心境各方面所发生的巨大变化，具有很强的艺术表现力。

这种融通运用，利于培育纵向式形象思维结构和文本纵向式空间转换式描述结构技能。

二、结构性形象思维与记叙抒情类文章横向式描述结构技能的深度融通培育

这种思维及表达结构主要指的是按照某种规律或特质，从景象或人事、社会的不同方面的角度，与形象思维充分、深入结合，组织文章材料，构成形象、审美的艺术内容空间。通过运用形象思维、审美表达逻辑对事物进行横向式思维特征的描述，多侧面、多层次地展示事物的本质，形象、充分、艺术地揭示主旨。在这种结构里，各个层次之间、各个段落之间所呈现的是一种形象的并列关系。包括空间转移式、特征类别型两种主要结构形式。这种思维及表达结构的融通运用，利于培育文本结构技能，同时提升横向式形象思维结构技能。

（一）结构性形象思维与记叙抒情类文章特征类别并列型横向式描述结构技能的融通

记叙抒情类文章结构的特征类别并列型是运用形象思维，根据表现主题的材料性质及特征分类，按审美表达需要构思组合文章的一种结构形式。每一事物都有它的本质属性，记叙抒情类文章旨在描述和表达某一事物的特征类别，运用形象思维，根据审美表现力的需要，产生和组构局部内容和内容逻辑，按特征类别并列型横向式结构性形象思维和描述结构技能去融通运用，是一种好的结构形态。这种结构形态的运用，能实现并列型横向式结构性形象思维与文本结构技能的融通培育。这种结构常体现在总分式结构这种谋篇布局的思维形态与写作技能上。

为了使材料布局合理，构架的文章结构得体，就要求在组合材料之前对写作对象的性质特征做认真的分析研究，运用形象思维，根据审美表达需要选择局部材料，然后对选用的材料分组归类，进行有序的、具有审美表现力的排列构思，运用横向式结构形象思维将材料串联起来。这种表达结构清晰，能很好地凸显事物的特征。特征类别型与层层递进型的区别在于组合的材料间并无层层加深的意义，呈横向并列的内容展开形式。但这并不意味着断面的形象性横向结构组合没有内在联系，依据审美表现力和主题表达逻辑需要，内容还是有先后之分的。

比如老舍《趵突泉的欣赏》是一篇写景类散文，文章按泉眼的大小特征先后组合，形象地分层描写了趵突泉的特征。先写大泉的形象特征，突出大泉"伟大"的

形态特点："翻滚""纯洁""活泼""鲜明""永不疲乏，永不退缩"；后写小泉的形象特征，突出"碎珠"般的形态特征。大泉与小泉的形象性特征之比较，使趵突泉的形态特征同中显异，各尽其妙，把趵突泉的风貌神采描述得优美逼真。优秀高考作文《那手，那人，那心》是篇抒情散文。文章在第二段运用形象思维的联想、想象形象生动地呈现全文的观点"暖暖的手，伸出的是慰藉，是依靠，是将心比心"，然后分别从"是慰藉""是依靠""是将心比心"三个角度运用形象思维与人、事的结合进行概括，与情景、细节结合的分层深入呈现与抒写。内容充实鲜活，阐述、说理全面、生动、深刻；文章主旨突出，发人深省，具有很强的感染力。

诗歌中特征类别型横向式描述结构是比较常见的。如顾城的诗《弧线》："鸟儿在疾风中/迅速转向/少年去捡拾/一枚分币/葡萄藤因幻想/而延伸的触丝/海浪因退缩/而耸起的背脊"。该诗运用形象思维的联想、想象，在意义逻辑及审美力的牵引下，通过并列呈现鸟、少年、葡萄、海浪等不同意象的运动轨迹，共同指向诗歌题目所揭示的"弧线"这一共同的运动形态特征，以形象的"异中求同"的特征比较和呈现的思维方式，提示人们关注看似毫不相干，实则有着千丝万缕关系的碎片化的生活，理解生活的美和理趣。并列式是诗歌常见的结构之一，也是诗歌初学者学习诗歌结构的练笔首选。

（二）结构性形象思维与记叙抒情类文章并列式空间转移式结构技能的融通培育

记叙抒情类文章的形象性并列式空间结构在抒情散文中很常见。这种结构与随游踪呈现景物的纵向式形象展示有明显不同，其形象特征的空间转换是并列式的。这种并列的局部内容由形象思维和审美力选择产生，其组合并不是没有断面内容的先后，而是断面的形象组合依据一定的内在联系，在一定审美表现力的牵引下，运用形象思维，通过不同空间事物特征的形象展示和结构，从不同角度形象地呈现和组成事物特征，使文本内容表达充分、情境性强，富有艺术感染力。

比如一考生的优秀作文《我梦中的小屋》中这样写道：

山上，飘逸的云朵，婆娑的树木，瑰丽的花朵，奇崛的岩石，每一处都是一幅美丽的风景。

屋前，几株梅，几枝兰幽幽地开花；屋后，挺直的松、苍翠的竹在风中摇曳，地上的青苔也仿佛跟着摇曳了起来。

远处，苍翠的青山蒙着一层淡淡的薄纱，极力想掩饰住自己的那份绿，可是怎么遮挡得住呢？连空气中都似乎可以嗅到绿色的味道，苍翠欲滴是它最好的写照啊！

这三段文字就采用了并列的空间转移式结构：作者通过不断地转移观察空间，分别写了"山上""屋前""远处"的优美景色，大大拓展了"我梦中的小屋"的内涵，而观察思路由上（山上）而下（山下）、由近（屋前）而远（远处），文章脉络分明，从不同空间生动地揭示了"我梦中的小屋"的特征。

这种并列式空间转移式结构性形象思维与记叙抒情类文章并列式空间转移式结构技能的融通运用，能实现两者的融通培育。

三、结构性形象思维与记叙抒情类文章线索式描述结构技能的深度融通培育

文章线索是指贯串文章始终的脉络，常常是某种具体或抽象的事物。作者通过线索将表现主题的情境性材料联珠缀玉般交织起来，使文章的各个层次贯通弥合、浑然一体，形成一个形象性、情感性与审美呈现紧密结合的结构严谨的整体。所以，线索的运用既是形象思维的体现，也对形象思维的情境性、艺术化锤炼、连贯性和结构性的展示有促进作用。这种融通运用，既能培育线索式描述结构技能，又能提升线索式结构性形象思维能力。

线索式结构与体现事件先后性相连的纵向式、事件并列相连的横向式结构时有交叉，这里单列为一种结构思维类型。

线索运用的结构类型，分为一般线索结构类型和复杂型线索结构类型两种。一般线索结构类型，包括一般明线线索描述结构、辐射式线索描述结构两类。复杂型线索结构类型指明暗线以及其他多线结合的复杂结构。

（一）结构性形象思维与记叙抒情类文章一般线索结构的深度融通培育

1. 一般明线线索描述结构及运用

比如朱自清的《背影》，全文以"背影"这一具体形象为明线线索结构前后文。"背影"在文中共出现四次：开头设疑——点出背影；望父买橘——刻画背影；

父子分手——惜别背影；结尾思念——照应背影。在写作构思过程中，作者通过个性化形象特征及情景的提炼，将"背影"这一具体形象作为线索物，运用形象思维将父子交往的主体片段串联了起来。运用这个创作过程和实践是形象思维的情境性、联想与想象的过程性以及个性化艺术锤炼的体现。

2. 辐射式线索描述结构及运用

这是文本内容线索式结构的特殊形态。围绕某一特征，以辐射式联想为基础呈现形态和结构方式描写人物、铺叙事件、展开情节。它以作者设置的能引起联想的事物为端点，发散开去，使文章构成一种辐射与凝聚谐和的文本形态，是一种形象思维、审美表现和写作技能的特殊融合。这种结构思维将形象思维中的联想特征和结构性联想思维组构体现得尤为突出。比如秦牧的散文《土地》，以土地为联想基点和核心，古今中外四散辐射，笼天地于形内，抚四海于一瞬，具有很强的艺术感染力。辐射式思维结构的运用关键在布设展开联想的基点和核心点，要有丰富的内涵、充分的辐射力，否则就会辐射不开、聚合不力。这种结构方式形象思维常受到一些散文家、小说家的喜爱。比如意识流小说常用这种结构方式，谌容小说《人到中年》中的复杂内容是从陆文婷躺在床上的朦胧追忆中散射出去的，是辐射式线索描述结构或意识流结构方式的典型示例。

（二）复杂的结构性形象思维与记叙抒情类文章写作复杂的多线索结构技能的融通培育

记叙抒情类文本写作的复杂型线索结构，是一种复杂的、高级的结构性形象思维和写作表达结构技能的融合运用，其所呈现的文本内容很丰厚，也是文本写作的一种高级表达形态。这种融通运用的结构包括记叙抒情类文本写作的双线结合型、多线交融型两大类。

1. 复杂的结构性形象思维与记叙抒情类文章写作双线结合型结构的融通培育

（1）复杂的结构性形象思维与记叙抒情类文章写作明暗线结合型结构融通运用

明暗线结合型是通过线索的明暗线综合运用构成全文的一种复杂结构。一般采用明暗两条线，然后汇合的结构，即分合式结构。这里的形象思维很复杂，运用形象思维的联想与想象要形成两个情节链所需要的断面内容和结构，形象思维的结构是两条线，是明暗线内容的形象性联想与串联，两线既要分还要合，是复杂的结构性形象思维的体现。这种复杂的结构性形象思维与记叙抒情类文章写作双线结合型结构的融通运用，利于两种思维结构的培育。

比如诗歌《琵琶行》，全诗以歌女身世为明线，诗人感受为暗线，明线从形象性的现象反映主题，暗线则从本质上揭示主题。一明一暗、一虚一实，明暗相衬、虚实相生，情感表现波澜起伏，过渡自然。

鲁迅的小说《药》也采用了明暗线结合型结构：

明线：华老栓买"药"→华小栓吃"药"→茶客议"药"→华大妈上坟（小栓吃药无效）

平叙　（丁字街头）　　　　（茶馆）　　　　　（茶馆）　　　　（坟场）

暗线：夏瑜被杀（血凝成"药"）→夏瑜的血被吃→夏瑜狱中的斗争情况→夏四奶奶上坟

明暗线交织：坟场，分合式线索结构。

《药》的结构性形象思维和表达结构的融通运用很复杂。在明暗线这个结构里，明线围绕华老栓一家展开，讲述了华老栓为了给儿子华小栓治病，听信迷信，购买人血馒头的故事，是纵向结构性形象思维运用。暗线围绕夏瑜的革命活动和牺牲展开。夏瑜在丁字街头被杀害，他的血被刽子手用来做成人血馒头卖给华老栓；通过茶馆里茶客们的谈论、夏四奶奶上坟等情节，逐渐展现出夏瑜的革命事迹和他的牺牲。小说还采用平叙手法，将明线和暗线并行叙述，两条线索在多个地方相互交织。例如，在刑场，华老栓去买人血馒头，而被处决的正是夏瑜，这是两条线索的第一次交汇；在茶馆里，茶客们对夏瑜的谈论，使华家的故事和夏瑜的故事进一步交织在一起；最后在坟场，华大妈和夏四奶奶同时上坟，两条线索在此完全融合。

（2）复杂的结构性形象思维与记叙抒情类文章写作双明线型结构的融通运用

这是运用形象思维，创构两条明线的全部形象断面及串联断面的明线链条，结构文章时安排两条线索，构成双明线型结构。这种文本结构形态在长篇、中篇小说的结构安排中很常见。比如长篇小说《安娜·卡列尼娜》的主要线索有两条：一条以渥伦斯基和安娜·卡列尼娜为主；一条以列文为主。中篇小说《被爱情遗忘的角落》的线索有两条：存妮一条，荒妹一条。前者为主，后者为辅。这种复线型双明线结构，两条线索同时展开，形象思维的断面产生及结构运用很复杂，这种结构思维使小说反映的生活内容得到充分展示，人物形象也刻画得更丰满、更充分。

2. 复杂的结构性形象思维与记叙抒情类文章写作多线交融型结构的融通培育

多线交融型文本结构，是几条结构性形象思维的主体联想路径的交错并进，是在对运用形象思维产生的丰富的断面内容进行主线的形象思维联想组构后几条主体线索的交织，是复杂的形象思维催生的多线交融的写作结构形式。通过这种复杂的结构性形象思维与记叙抒情类文本写作多线交融结构的融通运用，实现两者的融通培育。

这种结构在文本形态上，主要体现在三条以上线索互相交叉，呈现的文本内容丰富复杂。这在长篇小说中很常见。比如柳青的《创业史》有四条线索同时展开：一条是以梁生宝为代表的坚决走社会主义道路的贫下中农的活动线索；一条是以郭振山为代表的党内反对派的活动线索；一条是以姚士杰、郭世富为代表的坚决反对合作化、妄图恢复旧秩序的复辟势力的活动线索；一条是以梁三老汉为代表的"中间人物"的活动线索。这四条线索互相冲突，互相交叉，织成了一个有机的网，组成了这部长篇小说的巨大结构，其形象思维的运用极为复杂。这样的文本形态的锤炼与体现，对记叙抒情类文本写作的复杂结构能力提升以及形象思维结构的复杂性展示有很大的帮助。

四、复杂的结构性形象思维与记叙抒情类文章写作复合式结构的融通培育

记叙抒情类文章写作的复合式结构因文体不同，形象思维运用的复杂性有别，呈现的文本形态也有区别。这里重点介绍复杂的结构性形象思维与记叙抒情类文章写作复合式结构融通的时空交并型结构、纵横交错式结构两类复合式文章结构形态。这种融通运用，既能培育复杂的复合式结构技能，也能提升结构性形象思维能力。

（一）复杂的结构性形象思维与记叙抒情类文章写作的平叙式时空交并型结构融通培育

记叙抒情类文章写作的平叙式时空交并型结构就是用结构性形象思维产生的表现主题的材料主线贯串，用形象思维产生的断面内容的纵向式发展的时间经线向前推进，同时又贯串着在同一时间内不同形象空间位置横向式纬线的扩展，这样形成形象丰富、情景复杂的时空交并、经纬相织的综合式章法和复杂的形象思维结构形式。这种复杂的结构性形象思维与记叙抒情类文章写作的平叙式时空交并型结构融通的章法结构，既保证了时间主线的连续性，又照顾到空间副线内容并列式的扩展性，因此能把复杂的、众多的人、事、景、物的有关表现主题的材料编织在一起，形成一个主题鲜明、层次井然、丰富生动的紧凑结构，是较为复杂的形象思维的体现。

比如《为了六十一个阶级弟兄》一文就采用时间主线叙述为抢救六十一位中毒民工的生命急切寻找、运送特效药，同时又分头平叙同一时间内不同地点的多方人员急切相助的事。这样就便于把众多的人事聚集在"一方有难，八方支援"的主题旗帜之下。记叙抒情类文章写作的这种平叙式时空交并型结构，是在时间主线的推动下，将分别叙述在同一时空不同地点与主题紧密相关的事件和人物活动与形象思维融通的结构形式。

（二）复杂的形象思维与记叙抒情类文章写作纵横交错式结构的融通培育

纵横交错式结构的特点是，文章在总体上采用纵向式结构，但在局部采用横向式结构，或者总体上采用横式结构，局部采用纵向式结构，从而形成一种两种结构交错的文本结构形态，也是形象思维的纵横铺陈。这在文学作品和日常的记叙抒情类文体写作中都是常见的结构思维形式。

比如《水浒传》的结构思维形态就是纵横交错的复式结构。梁山起义的发生、发展和失败的全过程纵贯全篇，其间连缀着一个一个相对独立、自成整体的主要人物的故事，呈现横式形象思维展开的结构形态。这些故事自身在文本结构和形象思维运用上纵横开阖，各尽特色，形成了《水浒传》的结构思维特征。

在一般记叙抒情类文章中，纵横交错式结构也很常用。比如优秀学生习作《我爱母校》这一篇一般写人叙事文章，结构可以这样安排：到了一所新学校，刚开始自己不适应，老想转学；后来通过与老师、同学的相处，自己发现了学校的美丽，并深深被学校吸引；最后表达自己对母校的热爱。这样，文章整体所呈现的是一种纵式思维结构。在表现与老师、同学的相处时，就可以通过具体的事例列举怎样与老师相处，怎样与同学相处。这样，局部所呈现的便是一种横式思维结构。散文的这种形象思维与写作结构形式融通的纵横交错，可以增加文章的表达内涵。再比如学生习作《人生，丰富多彩！》，其结构思维形态是：以人的"儿时""青年""老年"为纵，以形象的生活状态为横向铺陈，形象地展示了"人生，丰富多彩！"这一中心话题。形象性的材料虽多，但浑然一体，读来并无支离破碎的感觉。散文的这种纵横交错式的结构思维，纵线一般是时间顺序，形象思维的贯串以时间段落为序，横线一般是一些可平行并列的事件或现象，运用形象思维的联想与想象思维进行横向展开。

五、结构性形象思维与记叙抒情类文章写作结构技能融通的写作运用

确定一个主题，构思写作写人叙事、写景状物两大类文体，选择或创构断面，用结构性形象思维与写作结构技能的融通贯串每类文体写作的主体内容。

选择上述每类文本结构中的一种或两种结构形式，借助文本结构思维法，触发、寻找写作内容，并将内容前后串联起来，完成两类文体两篇或四篇写作提纲。

第 五 章

"全人·融通·系统"视域下思维方式与思辨类
文体写作技能系统融通培育

　　思辨文写作与抽象思维全面相关，与形象思维也有一定联系，两种思维方式与思辨类文体写作技能的融通培育既利于思维结构与能力的发展，也利于写作能力的提升。其融通培育的写作教育课程主体内容设计及教学法体系创构基本思路如下：

　　通过抽象思维方式与思辨文写作基本规范及基础技能的融通学习，掌握文体的基本知识，为后面文体思维与思辨文写作技能的融通学习打下基础。根据思维发展和文本内容生成、写作技能发展融通学习的基本路径，首先学习抽象思维方式与思辨文写作分析思维融通运用的形式逻辑思维的写作运用体系，再先后学习辩证逻辑思维方式与思辨文写作分析论证逻辑思维融通进阶产生写作分析内容的学习体系、批评思维方式与思辨文写作分析论证逻辑思维融通进阶产生思辨文高阶写作内容学习体系、思辨文写作语言表达的艺术性融合进阶学习体系，最后学习结构性抽象思维方式与思辨文写作分析论证结构逻辑思维融通产生篇章的写作运用学习体系。

第一节　基础课程与教学体系一：思维方式与思辨类
文体特征及类型运用的融通培育

　　本节要建构的是思维方式与思辨文写作的基本规范及基础技能融通学习的课程与教学体系。

一、思维方式与思辨类文体基本特征运用的融通培育

思辨类文体是主要运用议论这一抽象思维表达方式，用对事理的抽象分析阐述、对某个问题或某件事进行有理据的分析评论表明自己的观点、态度的一种文体。这种文体的思维运用以抽象思维为主，辅以形象思维。思辨类文本一般具备论点、论据、论证三个基本要素。论点是运用抽象思维锤炼出的写作观点；论据是运用抽象思维引领、形象思维辅助产生的证明观点的依据，分为事实论据和理论论据；论证是运用抽象思维分析、论证、推理以证明观点的过程与方法。通过正确的论点、充分的论据、严密的论证来阐说、证明某种事理，以理、以据服人。思辨类文本内容的思辨性较强，是形式逻辑思维、辩证逻辑思维、批判思维的具体运用。抽象思维方式与思辨类文体特征的融通培育，可在抽象思维的引领下准确把握思辨类文体特征，掌握文体写作的基本知识和基本技能，并在这个学习过程中促进抽象思维能力的发展。

（一）思维方式与思辨类文体写作的基本表达方式之议论的融通运用

议论是一种通过抽象思维的概念、判断、推理等形式逻辑思维和联系、发展、对立统一思维以及批判性思维，对事物、事件、现象、观念等进行分析、评论，以表明自己主张、见解、态度的表达方式，是一种理性的分析，是抽象思维的具体体现。思辨文的议论和记叙抒情类文本的议论相同点是观点态度的表达常和描述、抒情等表达方式结合，不同点是前者的分析与评价抽象理性更突出。比如《实践是检验真理的唯一标准》一文中，"所有这些，都曾经被奉为神圣不可侵犯的所谓'理论'，谁反对，就会被扣上反对马列主义、反对毛泽东思想的大帽子。但是，这些五花八门的谬论，根本经不起革命实践的检验，它们连同'四人帮'另立的'真理标准'，一个个都像肥皂泡那样很快破灭了。这个事实雄辩地说明，他们自吹自擂证明不了真理，大规模的宣传证明不了真理，强权证明不了真理。他们以马列主义、毛泽东思想的'权威'自居，实践证明他们是反马列主义，反毛泽东思想的政治骗子"，这段文字主要是思辨文写作议论表达方式的运用。作者通过对"反马列主义，反毛泽东思想的政治骗子"的理性分析，揭示这些人的本质以及应该怎样去正确看待。抽象思维的联系分析思维中，表与里、发展分析思维运用很明显。

（二）抽象思维与思辨类文章三要素的融通培育

即在抽象思维与思辨类文章三要素的融通运用学习中培育思辨类文章三要素的写作实践能力，提升抽象思维能力。

1. 抽象思维与论点提取融通的基本特征及运用

抽象思维是思辨文写作产生观点的基本途径和方法，每一种抽象思维方式都可以产生观点。论点是作者对所论述内容的关键见解和主张，是思辨文内容的灵魂和统帅，是作者对众多事物、现象和道理进行思辨写作辨析后，运用抽象思维提炼出的理性产物。通常一篇思辨文只有一个论点，即中心论点。有的思辨文除了中心论点，还有运用抽象思维的联系分析、发展分析思维方式产生支撑主观点的若干分论点，这些分论点从属于中心论点，和中心论点一道构成思辨性文本结构性抽象思维方式的运用形态与分析结构。论点体系的提出和确立必须做到正确、鲜明，符合思维方式的发展逻辑和构成特征，这样思辨文写作的骨架内容才能立住脚。

比如优秀高考作文《谈意气》，文章主要用运用抽象思维对众多现象和道理进行思辨分析后锤炼产生"人要有意气，有自己的意志和气概，要意气风发"这个中心论点，为清晰、充分地证明观点，作者运用联系发展的思维方式分析产生了"人有意气，才能有豁达的胸襟""人有意气，才能千古留名，流芳百世，才能在国家危难之时挺身而出""人有意气，才能摧不垮，压不倒，追求不泯，意志不衰"三个分论点，形成了运用抽象思维方式进行思辨、阐述的篇章结构。

2. 思维方式与论据运用融通的基本特征及运用

论据是作者用来证明论点的事实论据和理论论据。思辨文的内容阐述，如果缺乏论据，论点就得不到证明；论据不可靠，或者带有偶然性，就没有说服力。事实论据是在抽象思维引领下，借助形象思维产生的证据，包括代表性的事例、确凿的数据、可靠的史实等。选用事实论据时，必须运用形象思维在阐述的核心内容引领下选择和运用具有典型性、新颖性、实证性的概述性材料，并且要求概述材料精练简要。理论论据，即人所共知的普遍道理或理论权威的经典论述，是与被证明的观点相一致的抽象思维的理性论述。有的理论论据表达时也带有形象性。比如吴晗的《谈骨气》一文，为了证明"中国人是有骨气的"这个观点，运用了孟子"富贵不能淫，贫贱不能移，威武不能屈"这一理论论据，表达既有思辨性也有形象性。

3. 抽象思维与论证运用融通的基本特征及运用

思辨文中的论点和论据是通过分析论证思维组织起来的。论证思维是思辨文中运用分析思维结合论据来证明论点的过程和方法，是运用抽象思维展开分析的过程，是抽象思维与思辨文分析论证思维融通运用的具体体现。融通论证思维的展开过程要求围绕中心，运用抽象思维方式，强化观点的合理性以及观点组成部分的内在联系，要求有严密的逻辑性，使所证明的论点为读者所信服和接受。融通论证语言通常以抽象理性思辨为主，形象性表达为辅。融通论证思维包括融通论证思维展开的结构和融通论证思维展开的主要角度两种类型。

（1）融通论证思维展开的结构：抽象思维和论证分析思维的结构性融通形态

抽象思维和论证分析思维的结构性融通展开文本主体内容的主体结构是每类思辨文本写作都具有的、共同的思维方式与思辨内容相结合呈现的宏观结构形态。

①抽象思维和文本论证分析思维结构性融通的论证思维基本结构：三段论式结构

即提出问题（引论。运用抽象思维提炼出思辨文写作要阐述的主要问题是什么）→分析问题（本论。抽象思维和文本论证分析思维融通，分析呈现为什么这个问题是成立的，是抽象思维中辩证思维纵向分析方式的运用）→解决问题（结论：抽象思维和文本论证分析思维融通运用，在前面的合理论证的基础上，运用辩证思维纵向分析方式提出该怎么办）。比如文言文《劝学》，先提出中心问题"学不可以已"；再分析学习的意义、作用，即分析问题；再指出学习的方法和态度，即解决问题。

②抽象思维和论证分析思维结构性融通的常见宏观论证思维主体结构：总分式结构、对照式结构、层进式结构

总分式结构，即把运用抽象思维锤炼出的中心论点运用联想思维分解成几个平行的、并列的、支撑中心论点的分论点，全文形成一个观点和几个平行分论点组成的阐述分析观点的主体思维框架，文末再运用抽象思维进行总结。

比如优秀高考作文《稳中求胜》一文，采用了总分式、并列式分析论证思维结构。文章在亮出运用抽象思维产生的中心论点"为人沉稳，稳中求胜"之后，便运用抽象思维的发展思维从"怎么办"的角度进行分析，然后运用抽象思维的联系分

析方式，从"沉稳从志而来""沉稳从难而来""沉稳从无欲而来"三个方面展开了充分的联系、论述，最后呼应开头，深化观点。这种抽象思维和文本写作的论证分析思维结构性融通的总分式结构使文本主体框架清晰、明朗。

层进式结构，即在文本的主体架构中，运用抽象思维的发展分析思维，从整体上对事理做纵深剖析，展示对主要观点逐步深入的分析与论证。首先运用抽象思维锤炼出中心论点，再运用抽象思维的发展分析思维将中心论点分解成几个分论点，分论点之间的关系是由浅入深、由简单到复杂，或者是由此及彼、由近及远、由易到难、由特殊到一般（或由一般到特殊）。层间可用诸如"不仅……而且……""……况且"等关联词语过渡，同时以此体现层次间的递进关系。这种融通结构，能使文本分析论证的主体框架逐步深入、思路清晰，呈现思维和表达的深刻性。

比如湖南一考生的优秀作文《诗意地生活》就运用层进式融通分析论证方式形成了思辨文写作典型的层进式分析论证结构。文章在开头运用抽象思维锤炼出中心观点"若说诗意的生活，在我看来并非海明威仰望乞力马扎罗之雪时的浪漫，不是梭罗独居瓦尔登湖畔的寂寞，而是在纷繁现世之中，留一方净土种理想，然后一刻不停去奋斗，直到收获人生一片金黄麦田"之后，围绕中心论点，运用发展思维从理想、奋斗、收获三级层层深入论证，论证分析思维逐步深入。

对照式结构，是运用矛盾分析观，从主体观点正反两个方面进行分析论证的一种思辨文结构模式。从主体观点的正面和反面去分析论证，即从"应该怎样""不应该怎样"两个对立方面去分析推理，各层次既独立又相互支撑，全方位地对问题进行论述。这种融通论证思维主体结构能使论述过程观点鲜明，更具说服力。

比如广东一考生的优秀作文《成败皆因常识》，作者运用对照式融通分析论证方式形成思辨文写作典型的对照式分析论证结构。开头运用抽象思维提炼出中心论点"成败皆因常识"。主体分析论证部分运用矛盾分析观，从正反两个方面运用对比的论证方法，提出了两个支撑主体观点的分论点：固守常识，不知变通，终将失败；深谙常识，为己所用，走向成功。分析论证过程中，在抽象思维引领下，运用形象思维对应选取了历史人物项羽这个反例，诸葛亮和今天的中国共产党人这两个正例，由古及今，由反到正，分析论证思路清晰，说理充分，观点鲜明。

③常用的论证方法

就局部运用来讲，在抽象思维引领下，辅助形象思维，在论证方法上有举例论证、道理论证、对比论证、比喻论证。后面章节还会阐述，和思维科学结合起来，就抽象思维逻辑推理思路来讲，有演绎、归纳、类比推理；就抽象思维逻辑思路展开方式来讲，有联系的、发展的、对立统一的辩证思维方式。这些论证方法在思辨文写作中往往是综合运用的。

（2）抽象思维和论证分析思维结构性融通论证的基本类型

思辨文从论证方式看，抽象思维和论证分析思维结构性融通论证的基本类型一般分为立论和驳论两种。立论是运用抽象思维对一定的事件或问题从正面阐述作者的见解和主张的论证方法。如文言文《劝学》，开篇就提出运用抽象思维产生的主体观点"学不可以已"，再运用抽象思维从学习的意义、作用、方法和态度加以论述证明。驳论是运用抽象思维就一定的事件或问题发表议论，揭露和驳斥错误的、反动的见解和主张的论证方法，是抽象思维中批判思维方式的直接运用。驳论文在论证分析时可以驳论点、驳论据、驳论证，均以驳对方论点为目的。如鲁迅的《拿来主义》中运用批判思维方式对当局的"送去主义"进行了反驳，然后提出自己的观点"拿来"。

二、思维方式与思辨类文体类型运用的融通培育

即通过思维方式与思辨类文体类型的融通运用，培育思想方式和思辨类文体类型的把握和运用能力。

根据抽象思维和思辨文写作表达方式融通运用的特征，思辨类文体包括一般思辨文、散文式思辨文和短评。

（一）抽象思维与一般思辨文文体类型特征运用的融通培育

一般思辨文就文体类型特征上讲，是与"形散神聚"的散文类思辨文相区别的，语言表达方式较为单一，内容缺少大开大合，语言表达风格较为平实，偏重理性和严谨的思辨性。这类思辨文在学生写作中最常见。这类文本和思辨文的基本特征一样，以抽象思维与议论融通为基本的思维和表达方式，在抽象思维引领下，辅以形象思维，用事实论据、理论论据和对事理的分析推理表达对一个问题的看法。其文本有论点、论据、论证三个思辨文文体的基本要素和前述思辨文的文体结构。

（二）思维方式与散文式思辨文的文体类型特征与结构运用的融通培育

1. 思维方式与散文式思辨文文体特征运用的融通培育

散文式思辨文，又称"议论性散文"，是以散文的内容与形式阐发道理的思辨性文章。这类文体，就思维方式来讲，是抽象思维和形象思维的融合运用。

从"议论"这一思辨文表达方式的角度，散文式思辨文运用抽象思维锤炼出主体观点及观点体系，全文围绕一个论点进行抽象思维分析论证；从文本内容呈现的"笔法"角度看，它有散文特征，具有"形散神聚"和表达生动的特点，不像一般思辨文那样过于偏重形式上的理性和逻辑；在思维方式的运用上，兼具抽象思维和形象思维的特点，抽象思维的纵横向联系、形象思维的联想与想象很突出。因为是散文的表达形式，所以思维与行文兼具形象性、抒情性和哲理性特征，并且其"形散"的特点便于作者在"神不散"的原则下展现博闻强志，发挥思维与表达才华，表现"厚积薄发"、艺术表达张合自如的修养。换句话说，它让读者在某些生动、丰富、灵活的形象和情感的体验中接受或感悟某种抽象哲理。所以，写作散文式思辨文，最重要的一点就是思维兼具抽象思维和形象思维的特点，内容既具有思辨文的理性和思想，又具有散文内容及表达的优美，理文并茂。它给读者一种富于理性的印象和情感体验，提供了一个充满生气的博大的思索和联想空间。

如广东考生作文，散文式思辨文《就这样，岁岁年年》，文章观点鲜明，表达生气勃勃，思辨性突出。就一般思辨文的特点而言，作者运用抽象思维产生主体观点及观点结构体系，运用抽象思维的联系思维、发展思维从生命的生生不息想到什么需要"传递"和"传递"什么的问题，由自然界的传递想到人类在发展过程中对孝道的传递、对爱心的传递，结尾自然总结出了主题。文章用"就这样，岁岁年年"做标题，思辨性较弱，但抒情意味浓厚，意味深长，很好地拈起了全文的散文化议论与抒情。思辨性散文的笔法，要求运用抽象思维进行理性挖掘，在抽象思维的引领下，充分融合形象思维，增强联想和情境性，语言灵活，富有文采，抒情性强。

《就这样，岁岁年年》的思维方式与散文式思辨文议论表达融通的思维与语言运用特点体现如下：

1）在抽象思维的引领下，运用形象思维，采用比拟，生动形象。

春天，吹响了万物生命的序曲，润物无声，随后春把生命传递给了夏天；狂风暴雨，汪洋中生命经历了抗争，于是夏又把生命传递给了秋天；百川灌河，天高地迥，生命逐渐呈现出了金黄，成熟地弯下了腰，带着一种不刺眼的光芒，生命被传递到了冬天；风雪中，生命在大地中涌动，即使到了最后，也要"化作春泥更护花"。这就是生命的传递，传递中的生命，在这里没有怨言，没有退缩，更没有悲伤，就这样，岁岁年年。

2）运用抽象思维发掘理性，运用设问和形象性的情景再现增强生动性，表达有节奏，启人深思。

传递是一种责任。是谁让九州动容？李密在《陈情表》里说："臣无祖母，无以至今日；祖母无臣，无以终余年。"读这些肺腑之语，总是感由心生。

传递更是一项崇高的使命。是谁搅动了一江春水？是屈原站在汨罗江畔，那是他在生命最后一刻，"亦余心之所善兮，虽九死其犹未悔"，他高呼"路曼曼其修远兮，吾将上下而求索"，抱石坠入汨罗江。

3）运用联系和形象思维，采用排比，增强气势。

风，把春的信息传递给了大地，于是有了万物复苏；爱，把情传递给了亲人，于是有了依依不舍；义，把道传给了生，于是有了舍生取义……就这样，岁岁年年。

4）运用抽象思维和形象思维的联想、形象性情景再现，引用名言警句较多，彰显底蕴，信手拈来，文采斐然。

生命沿江而下，传递了两千多年的辉煌，于是听到了文天祥"人生自古谁无死，留取丹心照汗青"的豪言，更看到了谭嗣同"我自横刀向天笑，去留肝胆两昆仑！"的壮语。鲁迅先生说过："惟有民魂是值得宝贵的，惟有他发扬起来，中国才有真进步。"显然，这种需要一代代人传递的民族魂就是"重大义，轻生死"的生死观，就是"国家兴亡，匹夫有责"的使命感，就是"我以我血荐轩辕"的大无畏精神。

5）依据语言张弛的生动性特征，运用联想和抽象思维，长短句结合，表达灵活，酣畅淋漓。

孝，这一个被追问了千年的问题，有责任把它传递下去，天下孝悌，匹夫有责。站在 21 世纪的每个人是否都做到了呢？孝要勇于承担，因为这是一种责任，一个儿子在用身体做出了自己的回答，他把生命的一部分回馈给病危的母亲。田世国，用身体传递着爱心，让天下所有的母亲收获到了慰藉。

2. 抽象思维与散文式思辨文结构运用的融通培育

散文式思辨文是用散文的笔法发议论，或者说是以散文的表达方式阐述某个观点。但它是思辨类文章，一样是运用抽象思维主体上从议论的角度去分析、阐明、证明一个主要论点，所以它的文章结构和前述思辨文的结构相同。

（三）抽象思维与短评文体特征运用融通培育

1. 抽象思维与短评文体特征运用的融通培育

短评即简短的抽象理性评说，是新闻评论中的一种常见文体。作为一种评论，短评的内容可以涉及政治思想、文艺学术、伦理道德、经济活动、文化教育等，其中最为常见的是关于政治思想问题和文学作品的时评。

抽象思维与短评融通的文体特点表现在三个方面：

1）由小见大。即在抽象思维的引领下，运用形象思维寻找现实材料，运用抽象思维的联系思维在众多的事实现象中选择一个小的切入点进行深入的抽象分析与论证，以反映对大的现象面的认知。不过，短评篇幅短小，难以对论题展开多方面、多层次的抽象分析与论述，因此，一般不宜对重大问题或事件做深入全面的抽象分析与论证。短评分析论证的论题范围比较小，常以一两件普通具体的事件作为评述对象，运用抽象思维深入剖析事件的本质，并在有限的篇幅内做全面、严密、深入的分析论证。

如果是分析评论重大的普遍性问题，可以只抓问题的某一个方面，选择好一个最佳角度，运用抽象思维进行深入剖析。不过需要站在全局的高度，照顾到问题的其他方面。而选择的角度，应是自己有深刻而独到见解的，这样才能见"微"而知"著"，由小见大，这样的短评才会发挥大的作用。

2）选材新鲜、典型，评论及时。短评篇幅短小，思辨分析由小见大。它好比鱼雷快艇，可以很快出动，发挥威力。所以，短评能够紧扣时代的脉搏，面对现实生活中出现的新动向、新问题、新典型，好比轻骑兵，及时地予以深刻的思辨评论。

3）思辨的内容与写作表达方式灵活。如前所述，从内容而言，短评的内容可以涉及各个方面：大到国际事件、外交关系，小到油盐酱醋、街巷琐事；所议问题的性质，可以大到世界观、人生观，也可以小到个人修养、生活习惯。从写作表达方式而论，短评活泼多样，可以先叙后议，也可以夹叙夹议，讲道理娓娓说来，是抽象思维和形象思维的融合运用。从论证方式看，可以正面立论，也可以集中反驳，还可以两者结合。此外，短评的内容偏于思辨，但也常常不乏形象性，所以语言常常通俗生动、丰富、深刻。

比如学生优秀短评习作《被出卖的孔子》，文章运用抽象思维中的联系思维、发展思维，通过分析"山东省发行了以孔子为主题的福利彩票"这一事件，深刻批驳了那些以弘扬传统文化为幌子，实则消费经典、借以敛财的行为。文章选取思辨和表达的角度以小见大，思辨分析、驳论深刻；内容和表达形式上，形象思维和抽象思维结合，夹叙夹议，集中反驳，力透纸背。

2. 抽象思维与短文本结构运用的融通培育

抽象思维与短评融通的文本结构，与一般思辨文的文本结构思维，实质上是一样的。

抽象思维与短评融通的文本结构基本模式：引（开篇概述所选择的评论内容）→提（运用抽象思维从引述的材料中提炼出中心论点）→议（运用抽象思维从多个角度分析短评对象的现象及实质）→联（引申，类比。即运用抽象思维和形象思维的融合，联系社会现实的类似现象，深刻挖掘现象背后的根源，实现从小到大、由个性到共性的认知深化）→结（从多个层面提出若干解决问题的合理化建议。可以借用名言，再做概括；或诗意点化，升华论点；或画龙点睛，意味深长；或总结全文，发出号召……其思维方式是抽象思维和形象思维的结合）

"引""提"是文章的引论部分，是运用形象思维和抽象思维的融合产生的文本的开头部分；"议""联"是文本运用形象思维和抽象思维融合进行的生动、深入的思辨分析，是本论部分；"结"是运用抽象思维，辅以形象思维的文本的结论部分。

比如短评《一盘大虾对一座城的毁灭》，文章开篇运用形象思维和抽象思维概括叙述了原材料中游客在青岛旅游时吃大虾遭遇欺诈，相关部门不管不问的新闻报道内容（引），接着运用抽象思维对这个新闻效应进行一些解析作为过渡（提），再运用抽象思维从科技进步对商家的监管角度详细分析了新闻的价值，阐释了现今手机维权的意义，并运用抽象思维的联系、发展分析法深刻剖析商家这种做法的根源以及行径的荒谬（议），又联系社会现实的类似现象，挖掘现象背后的根源，揭示基层行政部门的麻木和无能（联），最后从多个方面指出了解决问题的办法（结）。文章选准角度，以小见大，思辨分析的思路严密、层层深入。

三、抽象思维与思辨类文体特征、类型融通的写作运用

拟定一两个题目，按思辨类文体类型及特征要求，每大类完成一篇思辨类文体写作初稿，大致体现该类文体的特征。

第二节 基础课程与教学体系二：形式逻辑思维与思辨类文体写作技能融通培育

本节要建构的是抽象思维与思辨文写作分析推理技能思维融通运用的基础课程学习体系，即形式逻辑推理论证思维与思辨文写作分析论证技能思维深度融通培育的主体内容与教学体系。通过深度融通运用，培育思辨类文体写作技能，提升形式逻辑思维能力。

一、抽象思维分析推理与思辨文写作分析推理技能思维融通运用的基础方式及运用课程与教学体系创构：形式逻辑推理论证基础思维在写作中的运用

（一）抽象思维与思辨文写作分析推理技能思维融通的基础方式及写作运用一：概念的基础知识、思维方式与写作的融通运用

概念是反映思维对象本质属性的思维形式，也就是说概念是对思维对象本质属性的反映。所谓本质属性，就是决定此事物区别于其他事物的属性。内涵和外延是概念的逻辑结构组成。概念的内涵，是对思维对象本质属性的反映；概念的外延，是对思维对象范围的反映。

概念是思维的形态，概念、判断、推理与论证思维形态是密切联系的。人们必

须首先具有关于某事物的概念，然后才能做出关于某事物的判断、推理与论证。判断是由概念组成的，推理与论证又是由判断组成的。在这个意义上，概念是思维的起点，概念是判断、推理、论证的基础。

概念的种类很多，从不同的角度，可以分为以下几种类型：单独概念、普遍概念；集合概念、非集合概念；正概念、负概念；相对概念、绝对概念①；实体概念、抽象概念。概念间的关系分为全同关系、属种关系、交叉关系、全异关系（全异关系还可以进一步分为矛盾关系、反对关系)② 等几种关系。例如：

概念的确定与运用是写作实践中的基本问题。概念及概念间关系的正确确定是写作内容的基础部分。概念的偏移、混淆、交叉，概念间关系的混乱，导致写作内容的浅陋与混乱，是写作中的常见现象，是影响写作思维发展和写作实践的重要因素。例如：

个性是什么？是给头发变颜色，是给衣服破洞？是像某位名人那样处处谈吐散漫、行为出位？当然不是。个性是什么？在心理学中，个性有广义和狭义之分。广义的个性指个人的一些意识倾向和各种稳定而独特的心理特征的总和。狭义的个性通常指个人心理面貌中与共性相对的个别性，即个人独具的心理特征。综合起来，个性有两个独特的内涵特征：个别性、稳定性。"跟随潮流"或个人某特点的人为外在张扬，如果是一种稳定性的个性行为，应该是一种个性体现，但本段段首关于个性是什么的文字，揭示的个性内涵或认识只是某种外在形象的特殊性，而不是个性内涵的准确揭示。如某省高考作文题"学会做人：我看老实和聪明"，要理解这个题目，首先要清晰准确地理解"老实"和"聪明"这两个概念的内涵。"老实"不应该是懦弱、愚笨的体现，应该是奉献、诚信、勤奋、负责、有担当、讲原则、淡泊名利、坚守做人底线等精神品质；关于"聪明"，那些只顾眼前利益不做长远打算、急功近利、损人利己的做法，为一己之私而损害集体、国家利益的做法等都不能称之为聪明，反之是真聪明，是社会的正能量。如果把懦弱当老实，把奸猾当聪明，就是概念认识上的错误。其次，"老实"和"聪明"这两个概念间是什么关

---

① 金岳霖：《形式逻辑》，人民出版社，2006，第28-33页。
② 同上书，第39-41页。

系，也是完成这个作文题目必须要注意的问题。从长远来看，"老实"是一种"聪明"行为，从社会现实来看，"聪明"人也一定会有"老实"的一面。

如何明确和呈现概念？下定义是一种用简洁明确的语言对事物的本质特征做概括的说明方法，也是揭示概念内涵必须采用的逻辑方法。下定义由三部分构成：被定义的概念、定义概念、联结项（即将被定义概念同定义概念联结在一起的部分）。最常见的定义方法是属加种差定义法：首先，找出该定义概念所反映的对象属于哪一类；其次，把被定义概念所反映的对象同该属种中其他同级种概念所反映的对象进行比较，找出本质区别，确定种差；最后，选择"即""是""就是"等适当的联结项形成一句完整的话语体系。

在形式逻辑中，下定义要符合下面三条规则：

1）定义概念与被定义概念的外延必须完全相等。与此相反的逻辑错误叫作"定义过窄"和"定义过宽"。如"商品就是劳动产品"，犯了"定义过宽"的逻辑错误。"商品是通过货币进行交换的劳动产品"，犯了"定义过窄"的逻辑错误。再比如，在一次亚洲大专辩论会决赛围绕"儒家思想可以抵御西方歪风"的辩论中，一方陈说："所说的西方歪风是西方社会中一些造成影响的不好的风气与现象。"这个对"西方歪风"下的定义，概念的外延错误，引起此歪风是发生在西方的误解。这里"西方歪风"的真正意思：一些中国人向往西方否定国内文化和政治体制的歪风。

2）定义概念中不能直接或间接地包含被定义概念。与此相反的逻辑错误叫作"同语反复"和"循环定义"。如"形而上学是与辩证法对立的宇宙观，辩证法是与形而上学对立的宇宙观"，犯了"循环定义"的逻辑错误。"主观主义者就是主观主义地观察和处理问题的人"，犯了"同语反复"的逻辑错误。

3）定义概念一般不能用否定形式。与此相反的逻辑错误叫作"用否定形式定义"。比如：电笔不是写字绘图的笔。

在形式逻辑思维中，概念及下定义是浓缩了的判断，概念内涵的确定和定义是逻辑思维得以展开的基础，所以下定义需要科学、清晰、准确地揭示概念内涵。在写作运用中，下定义是确定思维对象特征的基本表达方式和内容表达得以正确铺衍的基础。

（二）抽象思维与思辨文写作分析推理技能思维融通的基础方式及写作运用二：判断的基础知识、思维方式与写作的融通运用

判断是建立在概念、概念关系基础之上的对事物情况予以断定的思维形态，是在概念基础上发展起来的一种更高级、更复杂的思维形式。

对事物性质、情况的判断既是思维的重要活动，也是写作必需的基本内容。没有对事物性质、关系、状态的判断，就没有推理与论证。写作中缺少逻辑，与概念、判断的思维能力的缺失直接相关。

判断的基本形式是"主词—系词—宾词"。例如在"办好在成都举办的大运会是全中国人民的共同愿望"这个判断中，主词是"大运会"，宾词是"愿望"，"是"为系词。表达概念的语言形式是词或短语，表达判断的语言形式，一般是陈述句。感叹句、祈使句、疑问句一般不表判断。但在某种特殊情境中，表达作者特殊的认识与情感时也可以用。例如："青城山的夜晚，多么幽静宜人！"反问句是用疑问语气表达更为确定的意义。例如："难道就被这点小小的成绩冲昏头脑了吗？"

判断可分为简单判断与复合判断。

1. 简单判断的思维与表达运用

简单判断又叫直言判断，是只包含一个主词、一个宾词和一个系词的判断。根据系词的性质，可分为肯定判断和否定判断。根据判断对象的数量范围，可分为单称判断、特称判断和全称判断。比如："那本书不是茅盾先生的。"单称否定判断。"这所学校的老师人人都是优秀的。"全称肯定判断。"不少运动员在北京召开的亚运会中获得优秀成绩。"特称肯定判断。"难道教室里是打牌的场所吗？"全称否定判断。

在语言运用中，简单判断的运用错误主要体现在以下几个方面：

1）结构不完整。一个完整的判断包括主词、系词和宾词三部分。在语言表达上，系词不一定出现，主词或宾词也可以根据前后文而省略一项，但如果无法根据前后文补出，结构就不完整。比如："小李昨天去了公园，小王昨天去了游乐场，玩得很开心。"第三个判断"玩得很开心"缺少主词，从前后文中无法确定"玩得很开心"的主体究竟是小李，还是小王，或是他们二人，应将判断对象补出来，如"小李"或"小王"或"他俩"。"这次评定困难补助金采取的是班主任和同学共同酝酿。"主词"这次评定困难补助金采取的"和系词"是"都很清楚,但宾词"班主任和同学共同酝酿"不完整。实际上这只是限制词,原来的属概念"方法"漏掉了,完整的宾词应该是"班主任和同学共同酝酿的方法"。

2)主词与宾词的关系不相应称。判断的主词与宾词应当相应称,在肯定判断中,如果宾词是名词或者是名词性短语,那么,主词属哪一领域的事物,宾词也应属同一领域的事物。若领域各异,则不相应称。例如:"成都的气候是四川较温暖的地方。"主词属于"气候",宾词属于"地方",不能相应称,删去"的气候",主词"成都"是一个地方,宾主就一致了。

3)主词的数量范围不当。判断因主词的数量范围而不同,有单称、特称和全称之别。应根据实际情况,分别使用不同量的判断。例如:"有些大学问家是靠勤奋起家的。"这是一个特称判断,实际上所有的大学问家都是靠勤奋起家的。

4)肯定与否定运用不当。判断因系词性质不同,分肯定与否定两类。乱用肯定与否定,就会把意思搞反。例如:"谁也不会否认中国女排所取得的成绩不是全体队员共同努力的结果。"连用三个否定词,"不会否认"就是一定承认"这些成绩的取得不是全体队员共同努力的结果",把意义弄反了。应将"不是"改为"是"。

5)表达断定的程度不当。有的判断是说明客观事物的实在性,有的判断说明事物发展的必然性,有的判断只指出事物发展的一种可能性。判断所表示的必然性、实在性和可能性,形式思维称为判断的模态。这三种不同的模态反映出人们对客观事物断定的不同程度。程度最高是必然性判断,第二是实在性判断,第三是可能性判断。例如:"小张的普通话讲得好,肯定是北京人。""普通话讲得好"有可能是北京人,但不能肯定是北京人。外地人久居北京,或外地人受过良好的普通话训练,也能讲好普通话。这里应将必然性判断改为可能性判断。"比赛不是为了荣誉。"应对系词加以限制,将"不是"改为"不仅仅是",才能避免绝对化的问题。

2. 复合判断的思维与表达运用

由两个或两个以上的简单判断组成的判断叫复合判断。复合判断有假言判断、选言判断、联言判断三种类型。

（1）假言判断思维与表达运用

假言判断是反映事物之间条件联系的复合判断，由两个支判断和联结词组成。在两个支判断中，前一个表示条件，叫作前件；后一个表示结果，叫作后件。假言判断的真假，并不取决于前件和后件本身的真假，而取决于前件和后件之间是否有条件关系。在汉语中，假言判断通常用假设复句或者条件复句来表达，常用的逻辑联结词是"如果……那么……""只有……才……"。包括三种：充分条件假言判断、必要条件假言判断、充分必要条件假言判断。

①充分条件假言判断

所谓充分条件，就是"有之必然，无之未必不然"的条件。一个假言判断的前件为后件的充分条件，就是充分假言判断。汉语中常用"只要……就""如果……那么"等关联词来表达这种关系。联结前件常用"假使、倘若、要是、当"，联结后件常用"则、便"等充分假言判断的联结词。例如："倘若明天不下雨，就攀登青城山。"

②必要条件假言判断

必要条件是指"无之必不然，有之未必然"的条件，即没有这个条件，就必然没有某种结果，但是有了这个条件时，却不一定有某种结果。例如："只有努力学习，才能取得好的成绩。"

③充要条件假言判断

充分必要条件，简称"充要条件"，是"有之必然，无之必不然"的条件。即有了这个条件必然有某种结果，没有这个条件就必然没有这一结果。"只要……就""如果……那么"是表示充要条件的典型联结词。在表达中，虽然有时关联词的运用并不完整，但只要意义联系相同，也是充要条件关系。例如："你珍惜时间，时间也珍惜你；你若浪费时间，时间也辜负你。"从条件关系上看，分号前的假言判断表示必要条件，分号后的假言判断表示充分条件，合起来表示，"你浪费时间"是"时间辜负你"的充分必要条件。

假言判断在写作中的运用，常见错误就是条件与结果关系不当，关联词运用不当。比如："只有从根本上解决了为什么人的问题，就能更好地为人民服务。"这个句子关联词搭配不当，应为必要条件，用"只有……才"。

（2）选言判断的思维与表达运用

选言判断是反映事物有多种可能性的判断。选言判断的支判断叫作选言肢。每个选言肢提出事物的一种可能性，选言判断中各种可能性之间有两种不同的关系：一种是相容关系。例如："他自幼喜爱拉提琴，可能是受了音乐教师的影响，也可能是受了在乐团工作的父亲的影响。"例句中各种可能性不互相排斥，两种可同时存在，属相容的选言判断。一种是不相容关系。不相容关系常用"要么……要么""不是……就是"等联结词。"你的沉默，要么是默许，要么是不予搭理，要么是引起你想起过去或以后的一些事，要么是在想其他办法或做其他事。"四种选择在一定的考查范围内，只允许有一种存在，不能有两种或多种同时存在。这是不相容的选言判断。

在写作中，选言判断的运用常会出现选言肢的交融和联结词不当的问题。比如："学习要么是学习知识，要么是为了人生过得更好一些，要么是为了国家的振兴。"在这个选言判断里，三个选言肢彼此有交融，"知识""人生过得更好一些""国家的振兴"有交叉，三者均有关联，不能截然分开。又如："儒家吸取其他诸家所长而使自己的学说得到发展，要么取之于道家，或取之于法家，并取之于墨家。"句中的"要么……或……并……"的用法既不合乎语法，也不合乎逻辑。从逻辑角度讲，"要么……要么……"是表达不相容选言判断的联结词；"或……或……"是表达相容选言判断的联结词；"……并……"是表达联言判断的联结词。三者各有各的逻辑要求，不能混为一谈。此例中所说的儒家学说对道家、法家、墨家都有所取，没有互相排斥的意思，可将"要么"和"并"都改成"或"。

（3）联言判断的思维与表达运用

联言判断是反映几种事物情况同时并存的判断，可由表并列、递进或转折关系的复句表达。例如："姐姐是排球运动员，妹妹也是排球运动员。"并列关系。"李刚不仅学习成绩好，而且业余美术创作得过奖。"递进关系。"星期日义务劳动是干重活，可是没有一个同学叫苦叫累的。"转折关系。

在写作中，联言判断的运用常出现以下问题：

1）并列不在同一个类别。例如："你到图书馆看看文艺方面的书，也看看美术鉴赏类的书，对你的写作内涵会有很大帮助。""文艺方面的书"和"美术鉴赏类的书"是交融的，美术鉴赏属于艺术鉴赏的范围。

2）递进关系不当，后面分句表达的意思不是比前面分句更进一层。递进关系一般是由小到大、由少到多、由浅到深、由轻到重、由易到难。例如："他不但闹得更厉害，反而不听劝告了。"这个句子应该调整为："他不但不听劝告，反而闹得更厉害了。"

3）转折关系不当。转折复句前一分句说了一个意思，后一分句不是顺着前一分句的意思说下去，而是做了一个转折，说出同前一分句相反、相对或部分相反的意思。运用时表达不能颠倒。例如："虽然他已不是我记忆上的闰土了，但我一见便知道是闰土。"此句应为："虽然我一见便知道是闰土，但又不是我记忆上的闰土了。"

（三）抽象思维与思辨文写作分析推理技能思维融通的基础方式及写作运用三：形式逻辑推理的逻辑思维规律在写作思维与表达中的运用

推理就是从一个或几个判断中得出另外一个判断的思维形式。推理由前提和结论两个部分组成，前提是推理所依据的判断，结论是由推理得出的另一个判断。

这里所指的逻辑规律即普通逻辑思维的基本规律。逻辑规律有四条：同一律、矛盾律、排中律、充足理由律。这四条逻辑规律集中表现了逻辑思维的特征，适用于在同一思维过程中，即在同一时间、同一关系（或同一方面）下对同一对象的思维的所有思维形式。

1. 同一律和思维与表达运用

同一律的基本内容是：在同一思维过程中，任何一个概念、判断都与其自身保持同一。从语义方面来说，在同一思维过程中，任何一个概念的运用不能更换它的内涵与外延，任何一个判断不能改变判断的质与量。不能有偷换概念或混淆概念、偷换论题或转移论题等逻辑错误。

同一律与思辨文写作的关系是：在同一个论证过程（即同一个思维过程）中，论点和概念自身具有同一性，同一概念的内涵与外延不偏移，判断与推理逻辑关系同一、协调一致。常见逻辑错误，有以下两类：

1）如果违反了概念同一的要求，就会犯偷换概念、混淆概念的错误。比如，作文题目要求谈科学精神，写作中转移为谈科技；作文题目要求谈学会学习，写作中转移为谈学习。

2）如果违反了判断必须同一的要求，就会犯偷换论题、转移论题的错误。比如，在一次亚洲大专辩论赛决赛关于"发展旅游业利多于弊还是弊多于利"的辩论中，反方北京大学队曾几次指出对方"你们跑题了。刚才你们的辩手大谈理性，说了在种种条件下发展旅游业利多于弊。可是，今晚的辩题是：在客观的现实世界里，发展旅游业是弊多还是利多"。这里指出对方的辩论跑题，实际上是要求在论证中运用判断要遵循同一律，防止转移论题。

2. 矛盾律的思维与表达运用

矛盾律的基本内容是：在同一思维过程中，互相否定的思想不能同时为真，必有一假。比如，"甲班所有学生都学英语"与"甲班有的学生不学英语"就是具有矛盾关系的一对命题。这组命题，由于互相矛盾，因而不可能同时都是真的，其中必有一个是假的。违反矛盾律基本要求的逻辑错误体现在以下两个方面：

1）一个概念或命题、判断或推理含有相互否定的内涵，或前后相矛盾。

2）两个判断之间自相矛盾或逻辑矛盾。即在同一个论证过程中将两个互相否定的判断都予以肯定。比如，在一次亚洲大专辩论赛决赛关于"儒家思想可以抵御西方歪风"的辩论中，反方曾这样发言："对方第一位同学说抵御西方歪风就是全盘禁止，而第三位同学又说，抵御西方歪风可以有一部分进来，只要削弱，那么题目恐怕要改了吧。"这是关于"抵御西方歪风"这个概念内涵阐释的矛盾。反方还说："并不否认艾滋病不只存在于西方，在盛行儒家文化的中国也有。"这个判断与观点"儒家思想可以抵御西方歪风"自相矛盾。违反了矛盾律。

3. 排中律的思维与表达运用

排中律的基本内容是：在同一思维过程中，互相否定的思想不能同时为假，必有一真。例如，"有的事物不包含矛盾"与"所有事物都包含矛盾"就是两个互相矛盾的命题。如前一命题假，则后一命题必真；如后一命题假，则前一命题必真。两个命题绝不可能同时为假，其中必然有一个是真的。

违反排中律基本要求的逻辑错误是模棱两可。比如："不能说这是一篇小说，也不能说这不是一篇小说。"又如鲁迅的《拿来主义》，文中的"送来"与"拿来"，或者说"送来主义"与"拿来主义"这两个概念，二者是怎样的关系？文中的"送来"是外国列强主动地把他们的东西送给我们，"拿来"是主动地从别人那里把他们的东西拿过来，很明显，"送来"和"拿来"是矛盾关系。根据排中律，两个互相矛盾的思想或概念不能同时被否定，其中有一个且只有一个为真。鲁迅先生在文章前半段已经否定了"送来"，根据排中律，自然可以推出"拿来"的观点和做法为真。

4. 充足理由律的思维与表达运用

充足理由律的基本内容是：在同一个思维过程中，任何一个思想，如果被认为是真实的，总是要有充足的理由。充足理由律要求人们的思维要有论证性，即人们提出论题、做出判断都必须有充足的根据，没有充足根据的判断是不可信的。康德认为，矛盾律与充足理由律都是真理的逻辑标准或形式标准。在他看来，矛盾律是反面的标准，因为遵守矛盾律的思想不一定真，而违反矛盾律的思想不可能真；充足理由律则是正面的标准，因为遵守充足理由律的思想一定是有根据的，是从一些原则得出而且不会导致假的结论的思想。

充足理由律要求在论证中需满足：第一，理由真实或可靠；第二，理由与论题之间有适当的逻辑联系。比如从充足理由律角度来谈谈鲁迅的《拿来主义》这篇文章，就有逻辑性弱的问题。文章的讽刺意味突出，读起来颇有声势，但文中观点缺少客观事实作为支撑，更多的是渗入了作者主观看法的夸张和漫画式的描写，导致文章的逻辑性尚有不足，不符合充足理由律。不仅如此，文章还有多处看法或判断不符合充足理由律：首段提到的"中国一向是所谓'闭关主义'"，第二段作者说"没有人根据了'礼尚往来'的仪节，说道：拿来！"，第九段的姨太太导致"拿来主义"危机，实际上都没有充分的理由。这些阐述不仅理由欠缺，而且表达还不太严谨。"中国一向是所谓'闭关主义'"，这是全称肯定判断，"一向"是主项"中国"的量项，指向所有时期的中国都是实行"闭关主义"，这个判断太绝对，很容易找到反例，比如明朝的开放。再比如另一判断："没有人根据了'礼尚往来'的仪节，说道：拿来！"这是个全称否定判断，也很容易找到反例。只要找到一个反例，这个判断就为假。

二、抽象思维分析推理与思辨文写作分析推理技能思维融通运用产生分析内容的基本方式及写作运用课程与教学体系创构：形式逻辑推理论证思维与思辨文写作分析推理技能思维的融通培育体系

推理是从一个或几个判断得出另外一个判断的思维形式。推理由前提和结论两个部分组成，前提是推理所依据的判断，结论是由推理得出的另一个判断。论证就是用一个（或一些）真实判断确定某一个或某些判断真实性的思维过程，是推理这一思维形式的实际运用和具体体现。

在写作学习中，逻辑思维与推理、论证思维总是密切相连。前者是后者的基础，所以要学习推理与论证，必须先学习和培养逻辑思维。将写作的分析推理与逻辑思维的推理、论证思维融通学习，既能提升写作的分析推理能力，也能提升逻辑思维与推理能力。

形式逻辑思维是抽象思维的重要内容，也是抽象思维发展的基础，主要包括归纳、演绎、类比分析三种思维形式。建立在三种逻辑思维基础之上，将这三种推理论证思维与写作思维融通学习，是提高写作分析与论证思维能力的基础。

（一）归纳推理逻辑思维与思辨文写作抽象思维的分析推理逻辑思维融通培育

归纳法是一种从个别的或特殊的经验事实出发而概括出一般性原理、原则的推理方法。毛泽东同志说："就人类认识运动的秩序来说，总是由认识个别和特殊的事物，逐步扩大到认识一般的事物。人们总是首先认识了许多不同事物的特殊本质，然后才有可能更进一步地进行概括工作，认识诸种事物的共同本质。"① 这段话明确指出了人类认识运动的过程，在由个别到一般的认识过程中，归纳思想起着积极的推动作用。在写作中，归纳推理思维广泛运用，在思辨文写作中主要用于形成论点、论证论点。归纳推理逻辑思维与思辨文写作抽象思维的分析推理逻辑思维的融通运用，既利于培育思辨文写作抽象思维的分析推理逻辑思维能力，也利于归纳推理逻辑思维的培育。

依据推理的全面性程度归纳推理可以分为完全归纳推理和不完全归纳推理两种。

---

① 毛泽东：《毛泽东选集》第一卷，人民出版社，1991，第309-310页。

1. **完全归纳推理思维基础知识与思辨文写作分析综合的融通培育**

(1) 完全归纳推理思维与表达运用

完全归纳法是根据某类中每一个对象都具有（或都不具有）某属性而推出某类对象都具有（或都不具有）该属性。完全归纳法的推理公式是：S_1 是（不是）P，S_2 是（不是）P，……Sn 是（不是）P（大前提），S_1……Sn 是全部 S（小前提），所以，所有 S 都是（不是）P（结论）。比如，大前提：《离骚》表现了屈原的高尚情操；《九歌》表现了屈原的高尚情操；《天问》表现了屈原的高尚情操；《九章》表现了屈原的高尚情操；《远游》表现了屈原的高尚情操；《卜居》表现了屈原的高尚情操；《渔父》表现了屈原的高尚情操。小前提：《离骚》《九歌》《天问》《九章》《远游》《卜居》《渔父》是屈原的全部作品。结论：屈原的全部作品表达了他的高尚情操。

(2) 思辨文写作中如何运用完全归纳法说理

①完全归纳推理的每一个个别前提都必须真实可靠，否则结论就是不真实的

②完全归纳推理的前提必须是对一类对象全体所做的无一遗漏的考察，否则结论也是不可靠的

例如，在南极洲发现以前，人们根据对亚洲、欧洲、非洲、大洋洲、北美洲、南美洲的考察，得出了一般性的结论：所有的大洲都有矿藏。这个完全归纳推理的结论是可靠的。但是，当南极洲被发现以后，上述结论就是待考察的了。只有当进一步探明南极洲也有矿藏以后，上述结论才是可靠的。

③完全归纳推理的考察对象的数量应当是有限的，而且用已有的手段可以逐一进行考察

例如，1852 年一位英国制图员提出了"四色定理"，这个定理内容是：在平面地图上，把所有的地区按照海洋和陆地上的不同国属，用种种颜色加以区别，使相邻的两个地区有不同的颜色，只需 4 种颜色就可满足要求。要证明这一定理，须穷举一切可能。由于当时研究手段的限制，进行这种完全归纳式的证明是不可能的。计算机发明以后，1976 年，美国数学家阿佩尔和哈肯用高速计算机运算了 1200 个

小时，做了100亿个判断，终于证明了这一定理。

④把主论点分成几个完备的分论点

即从一定的角度，根据一定标准，对论点从整体上进行分解、分类，让分论点系统组成主论点的成立框架。分解、分类时要穷尽主论点成立的分论点框架，注意在逻辑上排除其他可能性，并且要适当，亦即既要完全罗列各种情况，又不能过多，否则分析推理时可能会顾此失彼，致使分析推理不严密，出现明显漏洞。以苏洵的《六国论》为例，作者将六国灭亡的原因归结为"赂秦"，提出了"六国破灭，非兵不利，战不善，弊在赂秦"的中心论点。实际上六国的情况有很多不同之处，如果从六国这个整体上进行笼统的分析，分析论证就不可能做到严密准确。如果作者能采用二分法，将六国分为"赂秦"和"不赂者"两种情况，再从逻辑上仔细检查，确认没有第三种情况了，就可以放弃直接论证中心论点的方法，而是就六国的这两种情况，先提出两个分论点：其一为"赂秦而力亏，破灭之道也"；其二为"不赂者以赂者丧。盖失强援，不能独完"。论证了这两个分论点，中心论点"弊在赂秦"就自然确立了。这就是运用完全归纳法来论证中心论点的基本做法。由此可见，只有文章的整体构思逻辑严密，才能确保论证力度。

⑤全面分析、概括。对事理涉及的若干对象或事例逐一进行分析，再对所有对象的各种情况进行概括、总结、归纳

比如苏洵《六国论》第三段：

齐人未尝赂秦，终继五国迁灭，何哉？与嬴而不助五国也。五国既丧，齐亦不免矣。燕赵之君，始有远略，能守其土，义不赂秦。是故燕虽小国而后亡，斯用兵之效也。至丹以荆卿为计，始速祸焉。赵尝五战于秦，二败而三胜。后秦击赵者再，李牧连却之。洎牧以谗诛，邯郸为郡，惜其用武而不终也。且燕赵处秦革灭殆尽之际，可谓智力孤危，战败而亡，诚不得已。向使三国各爱其地，齐人勿附于秦，刺客不行，良将犹在，则胜负之数，存亡之理，当与秦相较，或未易量。

这一段，作者从不赂者方面论证"不赂者以赂者丧。盖失强援，不能独完"这个分论点。由于齐、燕、赵三国火亡的原因较复杂，所以作者运用了完全归纳推理的形式，对三国情况一一加以具体分析，从三国个别的、特殊的具体事例，概括出三国灭亡的共同原因，使得"不赂者以赂者丧。盖失强援，不能独完"这一分论点

无懈可击。此外，值得一提的是，这一段最后一句对齐燕赵三国的完全归纳，运用了假言判断。"向使"一句设想如果当初韩、楚、魏三国不赂秦，其他三国坚持用武，那么"胜负之数，存亡之理，当与秦相较，或未易量"。假言判断的真实性不决定于判断中所说的事实在现实中是否存在，而取决于是否有必然的因果联系。这里的因果联系已由作者在前面做了充分的论证，所以这一假言判断是真实的。从论证的作用看，这一假言判断既是对以上全部论证过程的概括，又在文意上进一步开拓，肯定了"不赂秦，坚持用武"，从而与"赂秦之弊"形成鲜明对照，使人对诸侯的失策惋惜不已，巧妙地完成了对中心论点的论证。

完全归纳法的优势是"完全"。完全归纳法的结论没有超出前提所提供的范围，但是它将个别性的结论上升为一般性的结论，避免了人们仅仅停留在对个别、局部事物的认识水平上。因为"完全"，因而结论带有必然性。但是完全归纳法的缺点也在于"完全"，因为它只能适用于那种对象不多的类，而不能运用于一个具有无穷分子的类。因此对现实生活中数量较多甚至无穷的事物，无法运用这种归类方法。

2. 不完全归纳思维基础知识与思辨文写作分析综合的融通培育

根据某类中部分对象具有（或不具有）某种属性而推出某类对象的一般性结论，这种归纳推理叫不完全归纳推理。因为它不完全，结论不必然可靠，也正因为它不要求完全，所以适用范围较广。在发现新规律、新知识的过程中作用很大。不完全归纳法可以分为简单枚举法、科学归纳法和典型事例法等几种类型。

（1）不完全归纳推理思维与表达运用

①简单枚举的思维与表达运用

根据观察到的某类事物中许多对象都具有某种属性且没有相反事实，从而得出某类事物都具有某种属性的结论，就是简单枚举法。比如，住在海边的人看到，每当月亮圆的时候，海上潮水最高。他们由此得出结论：月亮圆的时候潮水最高。

很明显，简单枚举法仅仅根据某些现象多次重复出现且没有遇到相异或相反的情况来推出结论，它的可靠性，与枚举事例的数量直接相关。但是即使枚举事例数量不断增大时，其可靠性有所增加，还是不具有绝对的可靠性。比如，欧洲人在发现澳大利亚之前，观察到千千万万只天鹅全都是白色，他们利用简单枚举法得出结论：天鹅是白色的。后来欧洲人在澳大利亚发现了黑天鹅，原来的结论就被推翻了。所以，简单枚举法是一种初步、简单的归纳推理方法。在这个思维过程中，若对对象数量、是否有相异或相反的事例关注不够，就可能犯轻率概括、以偏概全的错误。培根就曾对简单枚举法进行批判："那种以简单的枚举来进行的归纳法是很幼稚的，其结论是不稳定的，大有从相反事例遭到攻袭的危险；其论断一般是建立在为数过少的事实上面，而且是建立在仅仅近在手边的事实上面。"

简单枚举法的结论虽然是一个或然判断，甚至只是一个假定，但这种推理形式仍然有着重要的作用。在科学研究中，特别是在初始阶段，并不是随时都有充分根据的，必须在现有材料基础上，做出初步的概括。即使所得的结论带有或然性，但仍可以作为研究的出发点，给进一步的研究提供方向和线索，这就是胡适所谓的"大胆假设，小心求证"。

在写作中，简单枚举推理也是一种常见的推理方法。比如鲁迅的《拿来主义》：

中国一向是所谓"闭关主义"，自己不去，别人也不许来。自从给枪炮打破了大门之后，又碰了一串钉子，到现在，成了什么都是"送去主义"了。别的且不说罢，单是学艺上的东西，近来就先送一批古董到巴黎去展览，但终"不知后事如何"；还有几位"大师"们捧着几张古画和新画，在欧洲各国一路的挂过去，叫作"发扬国光"。听说不远还要送梅兰芳博士到苏联去，以催进"象征主义"，此后是顺便到欧洲传道。我在这里不想讨论梅博士演艺和象征主义的关系，总之，活人替代了古董，我敢说，也可以算得显出一点进步了。

这段文字用到了一种典型的不完全归纳推理。作者根据当时国民党政府的一系列"送去"的事例，推论出这样一个观点："总之，活人替代了古董，我敢说，也可以算得显出一点进步了。"显然上述推理过程属于简单枚举。在这个逻辑推理的前提中，鲁迅枚举了三个实例，从送古董到送古画、新画再到送梅兰芳，枚举的数量较多，考察从物到人、从古到今、从静态艺术到动态艺术，范围较广。从这个角度讲，这个简单枚举法结论具有较高的可靠性。但是简单枚举推理，必须注意事例及所含事理的准确性，如果前提错误，结论将失去逻辑性。上述枚举法推理案例的阐述过程中第三个实例存有异议：首先，据史料考证，梅兰芳去苏联，是应苏联政府之邀请，而非中国政府主动地"送去""以催进'象征主义'"。其次，梅兰芳到苏联之后，一个专门为此事组成的委员会负责接待他，他的几场京剧演出受到了苏联文化界人士如高尔基、阿·托尔斯泰等人的高度评价和民众的热烈欢迎，掀起了"中国京剧热"。就事例的实质考虑，梅兰芳出访苏联不仅提高了中国在苏联的形象，而且为京剧走向世界留下了浓墨重彩的一笔。如果将此等利国、利民、利艺术之事也归入卖国行径的"送去主义"之列，在事实与事理上都有偏误。从逻辑上讲，在运用归纳推理时，只有前提都是真实的，结论才必然为真，所以这个推论因为前提中的第三个实例为假，故而其结论也为假。

②科学归纳的思维与表达运用

要运用不完全归纳法探索更为可靠的结论，就要同时运用科学归纳法，即从对一类对象的许多个别事物的观察实验研究中，按照严格的循序渐进的逻辑顺序，分析并找出许多个别事物具有某种属性的原因，根据这些因果探寻和对现象与属性的归纳，推断出这一类对象的一般性结论，得到对事物本质和规律性的认识。科学归纳法是从许多个别事实中概括出一般原理，是从个别到一般的推理方法。一切科学发现，都是通过观察、研究个别事实并对它们进行分析、总结的结果。因此，科学归纳法是人们广泛使用的基本的思维方法。例如，人们在实践中接触瓜、豆这类个别事物，在反复实践中，逐步认识到种瓜得瓜、种豆得豆的本质特性，积累了大量的经验，再经过分析、推理，最后得出一个一般性的认识：一切生物都有遗传现象。这个过程就是一个归纳推理的过程。

科学归纳法不同于简单枚举法的根本之处，在于它是以科学分析为主要依据，由某类中部分对象与其属性之间所具有的因果联系，推出该类的全部对象都具有某种属性。例如，意大利那不勒斯城附近有个石灰岩洞，人们带着牛、马等大牲畜可以安全出入，但狗、猫、鼠、鸡等小动物走进洞中，就会倒地死去。有人对这一现象进行观察、实验和科学分析，了解到小动物所以死去，是因为它们的头部靠近地面，而岩洞的地面上浮动着比重较大的二氧化碳，缺少氧气。所以，是石灰岩洞的缺氧地面造成头部离地面较近的小动物死亡。由此得出小动物进入石灰岩洞必然会死亡的结论。可见，科学归纳就是从实验事实中寻找因果联系的方法。科学归纳推理不停留在事实的简单重复上，而是对事物与其属性之间的必然联系进行科学分析，推出的结论一般来说是可靠的。

科学归纳法是日常生活、科学实验学习中经常使用的重要的推理方法。思辨文写作中强调从特殊性中找出普遍性，透过现象抓住事物的本质，都是科学归纳法的运用。

③典型事例的思维与表达运用

科学归纳法中还有一种特殊形式——典型事例法。典型事例法是根据对某一类事物中的典型事例的分析、概括上升为关于这一类事物的一般性结论的推理方法。这种方法也就是经常说的"解剖麻雀"。"典型"指具有代表性的人和事。正所谓"麻雀虽小，五脏俱全"，要想了解麻雀的生理结构，用不着也不可能把天下的麻雀都拿来解剖，只要解剖几只就够了。例如，造纸技术是中国古代四大发明之一，在四大发明中更具有典型性，因为纸的发明比其他发明更为困难，更不易想象，它不像纺织技术那样是一种对自然物的加工编织技术，也不像制陶术、冶金术那样可以在人们使用火时偶然发现。纸是一种人造材料，是人类真正的创造。有人对造纸术的典型事例做了详尽分析，说明它为什么仅仅发明于中国汉代而不是更早或更晚，最后概括出一般性结论：每种技术产品都满足于一定的需求结构；有缺陷的或特殊的需求结构，形成了发明新技术持久的潜在动力。典型归纳推理所运用的典型事例虽然是少数、个别的，但却反映了事物的本质。典型事例法和枚举法不同，它所根据的事例不在于多，而在于其代表性、典型性。

（2）思辨文写作中如何运用科学归纳法进行分析论证

①搜集和积累一系列事物经验或知识素材

丰富全面的经验材料是科学归纳的基础和前提条件。不仅要搜集自然科学和社会科学各领域的素材，而且所搜集材料范围上要能涵盖古今中外。

比如要阐述"勤出成果"这个论题，就可以从自然科学、社会科学这两个大的学科范围以及古今中外的时间和地域范围，去寻找论证需要的材料。如马克思艰苦奋斗40年，阅读了数量惊人的书籍和刊物，其中做过笔记的就有1500种以上，写下了《资本论》；司马迁从20岁起就开始漫游生活，足迹遍及黄河长江流域，汇集了大量的社会素材和历史素材，写下了历史巨著《史记》；德国伟大诗人、小说家和戏剧家歌德前后花了58年的时间，搜集了大量的素材，写出了对世界文学界和思想界产生重大影响的诗歌《浮士德》；我国年轻的数学家陈景润，在攀登科学高峰的道路上翻阅了国内外上千本有关资料，通宵达旦地看书学习，取得了震惊世界的成就；等等。这些素材包括自然科学和社会科学各领域，也能涵盖古今中外。运用科学归纳法对这些材料进行分析以及总结归纳，能使结论显得合理、理由充分。

②分析所得材料的基本性质和特点，寻找出其共同遵从的基本规律或共同规律

这一步，是归纳概括过程中的难点，也是关键环节。

如司为迁《报任安书》中的一段思辨文字：

古者富贵而名摩灭，不可胜记，唯倜傥非常之人称焉。盖文王拘而演《周易》；仲尼厄而作《春秋》；屈原放逐，乃赋《离骚》；左丘失明，厥有《国语》；孙子膑脚，《兵法》修列；不韦迁蜀，世传《吕览》；韩非囚秦，《说难》、《孤愤》；《诗》三百篇，大底圣贤发愤之所为作也。此人皆意有郁结，不得通其道，故述往事，思来者。乃如左丘无目，孙子断足，终不可用，退而论书策，以舒其愤，思垂空文以自见。

司马迁对所列举的典型事例论据进行分析，这些圣贤所具有共同的、核心的本质特点"皆意有所郁结，不得通其道"，故发愤著述，意图"思垂空文"，舒吐郁结，表达心志。作者表明自己也要和他们一样，著书立说，成为一个"倜傥非常之人"。此外，从句式上看，这样运用短例列举的形式，高度概括事实，大大强化了语势，增强了论证效果。

再如鲁迅《流氓与文学》中的一段：

凡是一个时代，政治要是衰弱，流氓就乘机而起，闹得乱七八糟，一塌糊涂，甚至于将政府推翻，取而代之的时候也不少。像刘备，从前就是一个流氓，后来居然也称为先主；刘邦，出身也是一个流氓，后来伐秦灭楚，就当了汉高祖；还有朱洪武（明太祖）等等的，都是如此。

以三个例证为论据，归纳出这些事例的共同规律：政治要是衰弱，流氓就乘机而起。举出的事例只有三个，但都是推翻政府"取而代之"的例子，论证仍显出力度，给人以信服感。

③描述和概括所掌握材料的规律和特点，从而将这些规律作为预测同类其他事物的基本原理

这个环节，就是将特殊上升为一般的认识过程。

比如优秀学生作文片段：

我国古代名医孙思邈在行医时发现了一种奇特的现象，某一地区的穷人得雀盲眼的特别多，而富人却与这种病无缘；富人经常得脚气病，但穷人却没有。后来他不断留心观察，发现穷人只吃得起粗米、糠皮，而富人只吃精米细粮、大鱼大肉。于是他让两种人交换一下食物，过了一段时间，两种病都好了。

这种看似偶然所得的事例还有很多。画家莫尔斯在听演讲时大受启发，发明了莫尔斯电码；化学家道尔顿给妈妈买了一双袜子，结果发现了色盲症；化学家波义耳在养紫罗兰时发明了石蕊试剂；医生邓禄普浇花时受到启发，发明了自行车轮胎；化学家凯库勒做梦时发现了苯的分子结构；一个叫莫尼尔的花匠发明了钢筋混凝土……

这些人，他们都在某一时刻突然受到了启发，发现了某种意想不到的事情。事实上，他们为了这一天的成功已经潜心留意周围事物多年了。这正是他们本身素质的体现。要知道机会只留给那些为了寻找它而不断探索的人。只要专心致志于周围有趣的事物，成功就会降临。

文章在举出孙思邈行医时让贫富病人交换食物治病成功的例子之后，又联系了其他众多类似的事例，形成一组排比形式的论据，然后用一句较简洁的话对所有事例进行归纳，总结出它们的共同点："这些人，他们都在某一时刻突然受到了启发，发现了某种意想不到的事情。"再对这些人成功的原因进行分析挖掘："事实上，他们为了这一天的成功已经潜心留意周围事物多年了。这正是他们本身素质的体现。"最后紧扣论点做出结论："要知道机会只留给那些为了寻找它而不断探索的人。只要专心致志于周围有趣的事物，成功就会降临。"

总之，科学归纳推理就是从材料现象或实验事实中寻找因果联系的方法。基本流程是：详尽收集材料，认真分类整理材料，探索因果联系，归纳材料得出结论。

④把中心论点分解成一些其所涉及的全部方面，并加以科学分析、归纳与证明

比如优秀学生习作《做一个简单的人》一文，题目就是中心论点。作者为了论

证中心论点，寻求了它成立的一些主要方面，然后加以论证分析，完成对中心论点的论证：生活贵在简单、创造贵在简单、超越贵在简单、文章贵在简单、艺术贵在简单、快乐贵在简单、幸福贵在简单、成功贵在简单、伟大贵在简单、交际贵在简单。

（二）演绎推理思维与思辨文写作分析推理逻辑思维的融通培育

人类的认识过程，是一个从个别到一般，又从一般到个别的循环往复的螺旋式上升过程。人们总是首先认识许多不同事物的特性，在此基础上寻找出事物的共同特性，形成对一般性原理的认识；然后又以一般性原理为指导，去认识更多的个别的事物，从而不断加深对事物本质的认识。如此反复、无限地发展下去，才能使人类的认识由低级到高级、由简单到复杂不断向前发展。

演绎推理是由一般到特殊的推理方法，与归纳法相对。演绎推理是人类认识事物的一种重要的思维方法，可以由已知的一般原理推出具体的结论。这个逻辑关系中，推论前提与结论之间的联系是必然的，是一种确实性推理。例如，知道如果采用科学的管理方法，就能够提高劳动生产效率这个一般的规律，而且又了解到某个工厂已经采用了科学的管理方法，那么就可以推出这个工厂能够提高劳动生产率这个个别的结论。

正确运用演绎推理，首先必须掌握正确的前提。演绎的前提基本上是一般性原理，为此必须多掌握一些基本的理论知识，如哲学、心理学、美学等方面的基本常识。其次还必须掌握推理的规则，这样才能由正确的前提推出正确的结论。最后还要注意，我们在写文章、说话时常常不是运用完整的推理形式，而是运用其省略形式。

演绎推理思维与思辨文写作分析推理逻辑思维的融通运用，既能培育思辨文写作的分析推理逻辑思维，同时也能提升演绎推理思维能力。

演绎推理，一般包括简单判断推理和复合判断推理。

1. 简单判断推理思维与思辨文写作分析推理逻辑思维的融通培育

简单判断推理包括性质判断推理和关系判断推理。其中，性质判断推理就是前提与结论都是性质判断的推理，包括直接推理和间接推理。

（1）直接推理的思维与表达运用

只有一个前提的性质判断的推理叫作直接推理。直接推理包括换质法、换位法、换质位法、附性法。

①换质法推理的思维与表达运用

换质法推理通过改变前提判断的质（肯定改为否定；或否定改为判断），得出一个新的判断。比如由"唯心主义不是科学的世界观"这个判断推到"唯心主义是非科学的世界观"，由"有的社会现象是没有阶级性的"换质为"有的社会现象不是有阶级性的"，由"家大业大不是人生追求的唯一目标"判断推到"家大业大是人生追求的一种目标"。换质法推理必须遵守四个规则：一是只能改变前提判断的质，即肯定改为否定或否定改为判断；二是前提判断的主项和谓项位置没有变；三是前提判断的主项的量没有变；四是结论的谓项应该是前提判断谓项的矛盾概念。

②换位法推理的思维与表达运用

换位法推理就是通过改变前提判断中主项和谓项的位置得出一个新的判断。比如，由"所有人都是生物"，通过换位推出"有的生物是人"。换位法推理必须遵守两个规则：一是只能改变前提判断中主项和谓项的位置；二是在前提中不周延的概念在结论中不能周延。比如：由"所有行贿是违法的"推出"所有违法的是行贿"，这是错误的；推出"有些违法的是行贿"，是正确推断。为什么？主项"行贿"在前提中是周延的概念，谓项"违法的"是不周延的概念（理由是前提"所有行贿是违法的"判断并没有述及"违法的"这个类中的每一个分子，只述及其中的部分分子，在换位之后，根据规则二必须要将结论中的量项由原先的全称"所有的"改为特称"有些"。

③换质位法推理的思维与表达运用

换质位法推理就是通过改变前提判断的质，并且改变前提判断中主项和谓项的位置，得出一个新的判断。这种推理必须遵守两个规则：一是改变前提判断的质；二是改变前提判断中主项和谓项的位置。比如："所有人都是有智商的"，换质推断"是——不是；有智商——没有智商"，得出"所有的人都不是没有智商的"。换位推断"人——没有智商的；没有智商的——人"，得出"所有的没有智商的事物都不是人"。

④附性法推理的思维与表达运用

这种直接推理的前提是"所有 S 都是 P",结论是"所有 QS 都是 QP"。比如，由"劳动模范是先进生产者"推出"农业劳动模范是农业先进生产者"。附性法推理要求结论的主项上所附加的性质或概念与谓项上所附加的性质或概率是同一的。如果在结论的主项与谓项上分别附加的性质或概念不是同一的，那么，这样的推理就不是一个正确的推理。这里要特别注意语词与概念的区别。有时附加在主项与谓项上的语词是同一的，但是，它们所表示的概念却可以不同。比如：蚂蚁是动物，所以，大蚂蚁是大动物。结论中"大蚂蚁"之"大"与"大动物"之"大"，就语词方面说，是同一的；但是，就概念说，却是不同的。"大蚂蚁"之"大"，是表示相对于蚂蚁之"大"，而"大动物"之"大"，却是表示相对于动物之大。由于所附加的两个概念不是同一的，上面的推理就是一个错误的推理。

（2）间接推理的思维与表达运用

间接推理是有两个或两个以上前提的性质判断的推理。三段论推理是常见的间接推理。它由大前提、小前提和结论三个判断组成。大前提是已知的一般原理，小前提是关于特殊事实的判断，结论是从一般的已知的原理推出的对特殊事实做出的新的判断。比如："没有英雄是胆小鬼"（大前提）；"有的士兵是胆小鬼"（小前提）；"有的士兵不是英雄"（结论）。

三段论推理有五条重要原则：

1）在一个三段论中，必须有而且只能有三个不同的概念（或"词项"）。违反这条原则就会犯"四概念"的错误。所谓"四概念"的错误就是指在一个三段论中出现了四个不同的概念。"四概念"的错误往往由于作为中项的概念未保持同一而引起。比如："我国的大学是分布于全国各地的"；"华东师范大学是我国的大学"；"华东师范大学是分布于全国各地的"。这个三段论的结论显然是错误的，但其两个前提都是真的。为什么会由两个真的前提推出一个假的结论来呢？原因就是中项（我国的大学）未保持同一，出现了"四概念"的错误。即"我国的大学"这个词语在两个前提中所表示的概念是不同的。在大前提中它表示我国的大学总体，是一个集合概念。而在小前提中，它指我国大学中的某一所大学，表示的不是集合概念，而是一个一般的普遍概念。因此，它两次重复出现时，实际上表示着两个不同的概念。这样，以其为中项，也就无法将大项和小项必然地联系起来推出正确的结论。

2）中项在前提中必须至少周延（逻辑学术语，指判断中主项或谓项的外延全部断定的情况）一次。例如："共青团员都是青年"；"小张是青年"。这两个前提是无法得出确定结论的，原因在于作为中项的"青年"在前提中一次也没有周延（在这两个前提中，都只断定了"共青团员""小张"是"青年"的一部分对象），因而"小张"和"共青团员"究竟处于何种关系就无法确定，也就无法得出必然的确定结论。再如："古典小说是文学作品"；"《红楼梦》是文学作品"；"《红楼梦》是古典小说"。这个推理的中项（文学作品）两次都不周延，因此，它的结论并不是从前提中必然推出的。

3）大项或小项如果在前提中不周延，那么，在结论中也不得周延。比如："运动员需要努力锻炼身体"；"我不是运动员"；"我不需要努力锻炼身体"。这个推理的结论显然是错误的，主要错在"需要努力锻炼身体"这个大项在大前提中是不周延的（"运动员"只是"需要努力锻炼身体"中的一部分人，而不是其全部），而在结论中却周延了（成了否定命题的谓项）。这就是说，它的结论所断定的对象范围超出了前提所断定的对象范围，因而在这一推理中，结论就不是由其前提所能推出的。其前提的真也就不能保证结论的真。这种错误在逻辑上称为"大项不当扩大"（小项扩大的错误就称"小项不当扩大"）。

4）两个否定前提不能推出结论。前提之一是否定的，结论也应当是否定的；结论是否定的，前提之一必须是否定的。比如："一切有神论者都不是唯物主义者"；"某人不是有神论者"。由于两个前提都是否定命题，"某人"与"唯物主义者"无法通过中项"有神论者"形成确定的关系，因而也就无法得出必然结论。同时需要注意另外一种情况："一切有神论者都不是唯物主义者"；"某人是有神论者"；"某人不是唯物主义者"。在这个推理中，大前提是否定的，所以，结论也就是否定的。总之，如果结论是否定的，那就意味着它否定了结论的主、谓项之间存在包含关系。但是，如果两个前提都是肯定的，则表明它们的主、谓项之间都分别存在包含关系，而由主、谓两项之间的包含关系是推不出主、谓项之间的反包含关系的。因此，由两个肯定的前提推不出否定的结论。也就是说，两个肯定的前提不能得到否定的结论。如："动物是哺乳动物"；"哺乳动物是胎生动物"；"有些胎生动物不是哺乳动物"。从两个肯定的前提得出了否定的结论，因此是不正确的推理。

5）两个特称前提不能得出结论；前提之一是特称的，结论必然是特称的。例如："有的同学是共产党员"；"有的共产党员是转业军人"。由这两个特称前提无法必然推出确定的结论，因为这个推理中的中项（共产党员）一次也未能周延。又如："有的同学不是共产党员"；"有的共产党员是转业军人"。这里虽然中项有一次周延了，但仍无法得出必然结论。因为在这两个前提中有一个是否定命题，按前面的规则，如果推出结论，则只能是否定命题；而如果是否定命题，则大项"转业军人"在结论中必然周延，但它在前提中是不周延的，所以必然又犯"大项不当扩大"的错误。那么，为什么前提之一是特称的，结论必然是特称的呢？例如："所有共青团员都是青年"；"有的职工是共青团员"；"有的职工是青年"。这表明，当前提中有一个判断是特称命题时，其结论必然是特称命题；否则，如果结论是全称命题就必然会违反三段论的另几条规则（如出现大、小项不当扩大的错误等）。关于这条规则的必要性和必然性，还可以运用三段论的其他几条规则来加以论证。

比如季洪余《有志者为何事不成？》，这篇文章的中心是分析"有志者为何事不成"，文中较多地运用了三段论推理。文章第二段提出一个现实问题：一个青年朋友立志要做中国的托尔斯泰，最后没有成功。原因何在？作者先确立了几条"有志者"真正能够获得成功的基本原则：一是要符合客观的需要，二是要注意自己的主观条件，量力而行。这些都是"大前提"。那些青年朋友有志之所以不能成功，看来都违背了这基本原则。而且可以看出，作者在提出第一条原则时，其实是把辩证唯物主义的基本原理作为"大前提"，又构成了一个三段论推理，只不过表达形式比较活泼罢了。在思辨文写作中，演绎推理可以帮助形成论点。

2.复合判断推理思维与思辨文写作分析推理逻辑思维的融通培育

复合判断推理包括假言推理、选言推理、联言推理、二难推理等。

（1）假言推理的思维与表达运用

假言推理的大前提是一个假言判断（往往用假设复句或条件复句呈现），小前提是个直言判断，假言判断的前件或后件。假言判断反映了事物情况之间的条件关系。例如："只有吃过梨子，才知道梨子的滋味（大前提）。没有吃过梨子（小前提），所以不知道梨子的滋味（结论）。"假言推理分为充分条件假言推理、必要条件假言推理、充分必要条件假言推理。

①充分条件假言推理

它的大前提是一个充分条件的假言判断。例如"如果天下雨，那么地上就会湿。天下雨了，所以地上湿了。""如果天下雨，那么地上就会湿"是一个大前提，在这个推理过程中，小前提肯定了前件"天下雨"，就可以推出肯定后件的结论"地上就会湿"。

充分条件假言推理还有一种特定形式：拒取式。拒取式是一种逆向的假言推理，它基于假言命题的逻辑关系，特别是充分条件关系，通过否定后件来否定前件。也就是说，大前提一样，小前提否定了后件，就可以推出否定前件的结论。例如："如果市场经济是万能的，那么非洲第三世界国家就能成为发达国家（大前提），非洲第三世界国家并没有成为发达国家（小前提），所以，市场经济并不是万能的（结论）。"

充分条件假言推理的两种形式可以用公式表达如下：

如果 p，那么 q。p，所以 q。

如果 p，那么 q。非 q，所以非 p。

②必要条件假言推理

它的大前提是一个必要条件假言判断，在日常语言中，"只有……才……""没有……就没有……""不……不……""除非……不……""除非……才……""除非……否则不……""如果不……那么不……"等语句形式都能表达必要条件假言命题，可由此构成必要条件假言推理。必要条件假言推理有两种格式。一种格式是：只有 p，才 q。q，所以 p。如："他只有满18岁才有选举权。他已满18岁，所以他有选举权。"另一种格式是：只有 p 才 q，非 p，所以非 q。如："他只有满18岁才有选举权，他没有满18岁，所以他没有选举权。"

③充分必要条件假言推理

共有四种格式：

只要 p，就 q。p，所以 q。

只要 p，就 q。非 p，所以非 q。

只要 p，就 q。q，所以 p。

只要 p，就 q。非 q，所以非 p。

这种推理的大前提是一个充分必要条件的假言判断。例如："三角形的三个内角相等，则其三边也相等。"读者可根据以上公式，给它提供四种小前提并推出相应的结论。

（2）选言推理的思维与表达运用

选言推理是具有两个前提的推理，其中一个前提是选言判断（大前提。通常用选择复句表示），另一个前提是这个选言判断的一部分选言肢（或其否定。小前提）。选言推理分为不相容选言推理、相容选言推理。

①不相容选言推理

因为大前提是不相容选言判断，几个选言肢互不相容。又分为两类，一是肯定否定式：要么 p，要么 q。是 p，所以非 q。比如："要么改正错误而得信于民，要么坚持错误而失信于民。要改正错误得信于民，所以不能坚持错误失信于民。"这是个不相容选言推理。在这个推理过程中，"要么改正错误而得信于民，要么坚持错误而失信于民"是大前提，"要改正错误得信于民"，这个小前提肯定了其中的一个选言肢，否定了另外一个选言肢，"所以不能坚持错误失信于民"就是运用选言推理推出的结论。二是否定肯定式：要么 p，要么 q。非 p，所以 q。比如："要么深化改革而克服前进中的困难，要么停止改革而带来更大的困难。不能停止改革而带来更大的困难，所以要深化改革而克服前进中的困难。"

②相容选言推理

是以一个相容选言判断为大前提组成的推理。由于相容选言判断的各个选言肢是相容的，因此肯定一部分选言肢不能否定另一部分选言肢，所以相容选言推理只有否定肯定式。比如："每一个伟大人物的后面都站着伟大的女性，或者是他的母亲，或者是他妻子。这个伟大人物背后站着的不是他的母亲，所以他背后站着的是他的妻子。"

在写作中，选言推理思维能让文章阐述充分、对比突出、观点鲜明。如鲁迅的

《拿来主义》就是使用选言推理进行分析论证的典型。其推理过程可以归纳如下：

论题：要实行"拿来主义"。

论证：或实行"闭关主义"，或实行"送去主义"，或听凭"送来"，或实行"拿来主义"。

"闭关主义"：自己不去，又不许别人来，被枪炮打破大门后只会"碰了一串钉子"——违背规律行不通；

"送去主义"：其结果不是"不知后事如何"，就是"发扬国光"，最终后世子孙"只好磕头贺喜，讨一点残羹冷炙做奖赏"——只是"送去"必沦为乞丐；

"送来主义"：除了一些丧权辱国的条约，还有就是"英国的鸦片，德国的废枪炮，法国的香粉，美国的电影，日本的印着'完全国货'的各种小东西"——"于是连清醒的青年们，也对于洋货发生了恐怖"，"被'送来'的东西吓怕了"——听凭"送来"会大受其害。

结论：所以，要实行"拿来主义"。

那如何正确地实行"拿来主义"？文中第八段，鲁迅用了"大宅子"来譬喻，如何正确处置这所"大宅子"，就是怎样才是正确对待文化遗产和外国文化的态度，即正确实行"拿来主义"的做法。

作者巧用了选言推理，推理过程如下：

论题：如何正确处置"大宅子"（即如何正确实行"拿来主义"？）

论证：或"孱头"，或"昏蛋"，或"废物"。或"运用脑髓，放出眼光，自己来拿"。

"孱头"——"怕给他的东西染污了，徘徊不敢走进门"——不行；

"昏蛋"——为保存自己清白"勃然大怒，放一把火烧光"——不行；

"废物"——因为羡慕，接受一切，"欣欣然的蹩进卧室，大吸剩下的鸦片"——不行。

所以，只能是"运用脑髓，放出眼光，自己来拿！""要或使用，或存放，或毁灭"，要做到这一点，"首先要这人沉着，勇猛，有辨别，不自私"——水到渠成，说服力强。

此外，文中作者巧用比喻，把文化遗产分为三类。第一"鱼翅"类；第二"鸦片"类；第三"烟枪""烟灯""姨太太"类。如何对待每一类，作者有的也用了选言推理。如对待"鱼翅"类，作者就提出"抛在路上""宴大宾"和"和朋友们像萝卜白菜一样的吃掉"三种措施，作者排除前两种，支持后一种。

思辨文写作中如何运用选言推理来分析？首先要多元尝试性认识，提出多种解决问题的办法、方案；然后通过权衡比较，排除负面因素较多的主张，从而确立负面因素较少的主张。这个过程就是分析论证的过程。

如一篇学生作文片段：

"愚公移山"是大家都很熟悉的一个故事，愚公坚持不懈的精神也时刻鼓舞着人们。但在当今社会，愚公处理问题的方法还值得学习吗？

其实当代愚公面临着三种选择：搬家；移山；立足山区，搞经济开发。

很明显，这三种选择中，移山的成本最高，把"方七百里，高万仞"的太行、王屋搬到渤海，谈何容易！再说，即使完成了这一跨世纪的工程，那些世世代代栖息在山中的飞禽走兽又将向何处去？一片葱茏碧绿的山野突然消失，对当地的气候会造成什么样的影响？这些因素也是要考虑的。另外，搬家也不失为一种明智的选择，但不同的环境会有不同的困难。显然，第三种方案才是最佳选择。

这个作文片段对当代愚公面山而居的问题提出了三种改变生活环境的方式，作者运用选言推理的方法，站在现代社会的角度，分析了移山、搬家都不是最佳方案，提出了搞经济开发的新思想，很切合改革开放和区域发展的社会取向。

运用选言推理进行论证，可以把写作者从"用论据证明论点"的单一思维中解放出来，走向开放的论证思维。

（3）联言推理的思维与表达运用

联言推理是指以联言判断为前提或结论，根据联言判断的逻辑性质所进行的推理。联言推理分为合成式、分解式两种推理形式。

①合成式

结论是一种联言判断，而各个前提是该联言判断的各个联言肢，根据一个联言命题的各个联言肢为真，推出该联言命题为真。如果用小写的英文字母"p""q"来表示联言命题的肢命题，即联言肢，其推理形式是：p；q；所以p并且q。比如：

"动物是由细胞组成的；植物是由细胞组成的；所以，动物和植物都是由细胞组成的。"再比如说："在社会主义建设时期，不仅工人和农民是社会主义建设的依靠力量，而且知识分子也是社会主义建设的依靠力量，所以，工人、农民和知识分子都是社会主义建设的依靠力量。"

②分解式

前提是一个联言判断，而结论是这个联言判断的一个联言肢。即由联言命题真推出其联言肢的真。其推理形式是：p 并且 q；所以 p（或者 q）。比如："犯罪的时候不满十八岁的人和审判的时候怀孕的妇女，不适用死刑；所以，犯罪的时候不满十八岁的人不适用死刑。"又如："既然大家都认为老王既有优点又有缺点的看法是正确的，那么我说老王是有缺点的，这又有什么不对呢？"这里的"我"运用的就是联言推理，即：老王既有优点又有缺点，所以，老王是有缺点的。

在现代汉语中联言命题逻辑联结词通常有"……和……""既……又……""不但……而且……""一方面……，另一方面……""虽然……但是……"等等。

联言命题是由同时断定了事物的几种情况的各个联言肢所组成的，因此，联言命题的真假就取决于联言肢的真假。一个联言命题只有当其每个肢命题都真时，这个联言命题才是真的；只要其中有一个肢命题是假的，整个命题就是假的。

（4）二难推理的思维与表达运用

二难推理是由两个假言判断和一个选言判断为前提构成的推理。当考虑事物有两种可能性以及每一种可能性会导致某一结果时，常常采用二难推理思维。这在辩论中常常用到。反驳对方的观点，常常运用这种推理迫使对方在两种情况下做出选择，不管选择哪种情况，都令对方难以接受，从而使对方陷入进退两难的困境。其推理形式是：如果 P 那么 r；如果非 P 那么 r；P 或者非 P，所以 r。比如："你不要轻易去尝试冒险。如果你准备充分，那么可能还是会有意外风险导致失败（假言判断）；如果你准备不充分，那么也会因为准备不足而失败（假言判断）。既然无论准备充分与否（选言判断）都可能失败，你又何苦去冒险呢？（结论）"这个推理就运用了二难推理的简单构成式。

二难推理除了上述简单构成式外，还有破坏式、复杂构成式、复杂破坏式。

①破坏式

在二难推理破坏式中，选言前提的各个选言肢分别地否认各个充分条件假言前提的后件，结论就分别地否认各个充分条件假言前提的前件。

其呈现形式分为两种：

如果 P 那么 q；如果 P 那么 r；非 q 或非 r，所以非 P。比如："如果你是一个诚实的人，那么你就不能说假话；如果你是一个诚实的人，那么你就不能隐瞒自己的过错。你或者说假话或者隐瞒自己的过错，你就不是一个诚实的人。"

如果 P 那么 r；如果 q 那么 s；非 r 或非 s，所以非 P 或非 q。比如：如果你是一个爱国的人，那么你就要维护国家主权；如果你是一个勇敢的人，那么你就应该承认自己的不足。你不维护国家主权或不承认自己的不足，你就不爱国或不勇敢。"

②复杂构成式

在前提中，肯定两个不同假言命题的两个不同的前件，结论则肯定两个不同的后件，其结论是选言命题。其推理形式是：如果 P 那么 r；如果 q 那么 s；P 或 q，所以 r 或 s。比如："如果别人的意见是正确的，你就应该接受；如果别人的意见是错误的，那么你就应该反对。别人的意见或者是正确的或者是错误的，你或者应当接受或者应当反对。"

③复杂破坏式

在前提中否定两个不同假言命题的两个不同的后件，结论则否定两个不同的前件，其结论同样是选言命题。其推理形式是：如果 P 那么 q；如果 r 那么 s；非 q 或非 s，所以非 P 或非 r。比如："如果习题训练是全能的，那么它就应消除成绩差异；如果勤奋是全能的，那么它就应消除智慧差异。没有消除成绩差异或没有消除智慧差异，所以习题训练不是全能的或勤奋不是全能的。"

二难推理的形式是有效的，它的结论是否难以接受则不是思维形式方面的问题。在写作中，二难推理常用于辩论性或驳论性文章，针对对方的谬误，摆出两种可能，对方选择哪一种都会陷入困境，从而被驳倒。

由于二难推理的特殊形式结构，辩论中的二难推理的前提，往往是虚拟的，所以形成"以假设推论，以诡辩结尾"的攻辩方法。二难推理虽然是论辩中强有力的武器但也有人故意利用错误的二难推理作为诡辩的工具，日常生活中人们在运用二难推理时也常犯错。所以，必须学会破斥错误的二难推理，其方法通常有三种：

第一，指出该二难推理的推理形式无效。

二难推理主要由充分条件假言判断和选言判断构成，因此必须遵守充分条件假言判断和选言判断的相关规则。二难推理的肯定式，主要利用充分条件假言推理的"肯定前件就要肯定后件"的规则；二难推理的否定式，主要利用充分条件假言推理的"否定后件就要否定前件"的规则。如果相反，就是错误的二难推理。比如："如果某甲贪污数额巨大，那么某甲构成犯罪；如果某甲受贿数额巨大，那么某甲也构成犯罪。某甲或者贪污数额不大，或者受贿数额不大，所以某甲不构成犯罪。"这个推理的错误在于推理形式，其形式违反了充分条件假言推理"否定前件不能否定后件"的规则。

第二，指出对方的前提假设是虚拟的，不符合现实。

二难推理常用作辩论中的诡辩。二难推理的假的结论总是来源于假的前提。二难推理的前提虚假有以下两种情况：

1）前提中假言判断不是正确的充分条件假言判断，即前后之间不具有必然联系。比如："如果从经验出发，就会犯经验主义错误；如果从书本出发，就会犯本本主义错误。或者从经验出发，或者从书本出发，所以或者犯经验主义的错误，或者犯本本主义的错误。"这个二难推理之所以错误，是因为前提中的两个假言判断前后不具有充分条件关系，假言前提虚假。

2）前提中选言判断的选言肢没有穷尽所有可能的情况。以"关于你是否已经停止殴打你的父亲"这一问题为例，在这个情境下，人们被要求只能在"是"与"否"之间做出选择。若回答"是"，就会被理解为过去有过殴打父亲的行为；若回答"否"，则会被认为现在仍在殴打父亲。也就是说，回答的选项只有"是"或者"否"这两种。基于这样的设定，得出的结论便是：你要么过去打过你的父亲，要么现在还在打你的父亲。然而，这一推理并不正确。其根源在于，上述提问属于"复杂问句"，它预先设定了一个其他人不一定认可的判断。实际上，除了"过去打过但现在停止"和"过去打过且现在仍在打"这两种情况外，还存在"从来没打过"这种可能。但该问题在设计时，就将这一可能性排除在外，导致选言肢不完整，进而使整个二难推理出现错误。

第三，不正面回答对方假设性问题，迂回作答。

比如在《应不应该停止保护大熊猫》这个辩论性或驳论性的文稿中，如果"不应该保护"一方提出"我国是否存在比大熊猫更稀有、更需要保护的动物，只是因为资源不够没有得到良好保护？"这一问题，后续的二难推理很可能是，其他动物比大熊猫更需要资源，大熊猫的数量已经回升，所以无论如何都应该去保护其他更稀缺的动物。这个时候，辩论的对立方或驳论方就可以迂回作答，指出"大熊猫在我国已经是一种特有的文化宝物形象，并且在我国政治和国际交流中具有难以取代的价值，不能让外宾产生自己收到的礼物并不珍贵、不具有代表性，在中国都没被保护的印象"。

第四，构建一个结论相反的二难推理。

为增强驳斥力，仿照原二难推理的形式结构构造一个结论相反的二难推理在辩论性或驳论性文章写作中常用，可以达到"以彼之道，还施彼身"的目的。比如一古代故事《不死之酒》：东方朔偷饮了汉武帝求得的据说饮了能够不死的酒，汉武帝要杀他，东方朔说："如果这酒真能使人不死，那么你就杀不死我；如果这酒不能使人不死（你能杀得死我），那么它就没有什么用处。这酒或者能使人不死，或者不能使人不死，所以你或者杀不死我，或者不必杀我。"这就是一个二难推理。汉武帝认为东方朔说得有理，就放了他。东方朔成功辩解的这段例子运用的就是二难推理思维方式。

（三）类比推理思维与思辨文写作分析推理逻辑思维的融通培育

1.类比推理思维的特点

类比推理亦称类比法，是根据两个或两类事物在某个或多个属性上相同的特点推出它们在其他或另一属性上也相同的思维方法。除了一个类及其子类或分子之间的类比无意义外，任意两个或两类对象都可以进行类比，可见类比思维是在两个特殊事物之间进行分析比较。

类比推理的重要作用在于给人类提供假设，它是科学研究和创造发明的探索工具，是创造性思维的标志之一。比如从鲁班发明锯子到仿生学的建立，类比推理在其中起到了关键作用。

类比推理具有如下特点：

（1）推理路径特殊

类比推理是由特殊到特殊的推理，它不需要建立在对大量特殊事物的分析研究并发现它们的一般规律的基础之上。类比推理的思维方式侧重于在同中求同，只有属性相同或同类的事物，才有构成类比的可能和价值。类比推理的基本方法和路径包括由一类到另一类、由同类中的一个到另一个、由一类中的一个到不同类中的一个。

（2）结论受前提制约的程度低

类比推理不像演绎推理那样，结论严格地受到前提制约，只要找到合适的类比对象，就可以进行推理，结论具有一定的灵活性。

（3）类比推理依赖跳跃式思维建立相似性关联，需要创造性想象力发现潜在类比关系

（4）类比推理能提供探索方向的启发性线索

类比推理的主要作用是为进一步的研究和探索提供方向和线索。它可以帮助人们从已知的事物或现象中获得启示，去推测未知的事物或现象，激发人们的思考和探索欲望。

（5）推理方向具有开放性

类比推理的结论并不是唯一确定的，它可以根据不同的类比对象和相似点得出多种可能的结论。推理方向不受固定的规则和模式限制，具有较大的开放性和多样性。

（6）适用范围极广

类比推理是一种基于相似性的或然性推理。尽管这种推理具有不确定性，但它有极大的启发性。因此，它可以在归纳与演绎无能为力的一些领域中发挥独特的作用，尤其是在那些被研究的事物个案太少或缺乏足够的研究资料的积累而导致水平较低、不具备归纳和演绎条件的领域。

2. 类比推理论证的思维特点、表现形式及写作运用

（1）类比推理论证的思维特点及写作运用

类比推理论证是以类比推理为根基的一种论证手段。它借助已知事物或事例，找到与其具备某些相同特点的事物或事例，展开比较类推，以此论证论点。其中，

"相同特点"是这种论证方法能够成立的前提，没有相同特性，就无法进行类推；"比较类推"是这种论证方法的根本标志，没有这个推理过程，就达不到证明论点的目的；"已知事物"是这种论证方法的一个重要条件，它是为所要论述的主体事物服务的客体事物，没有这个条件，不能使类推的道理明显化，不易为读者接受，在某些情况下也不能达到证明论点的目的。这种论证方法通过客体事物与主体事物相同特点的比较，把客体事物的性质类推到主体事物上，由此揭示出主体事物具有与客体事物同样的性质，从而达到证明论点的目的。比如，鲁迅的《文学和出汗》一文中有这么一段话："只要流传的便是好文学，只要消灭的便是坏文学；抢得天下的便是王，抢不到天下的便是贼。莫非中国式的历史论，也将沟通了中国人的文学论欤？"作者把"抢得天下的便是王，抢不到天下的便是贼"这一"中国式的历史论"与"只要流传的便是好文学，只要消灭的便是坏文学"这一"中国人的文学论"（实际上是针对梁实秋的文学观）进行类比，通过揭示"中国式的历史论"的局限性来否定当时"中国人的文学论"的狭隘与片面。这种类比思维在记叙文中也有运用，尤其是在散文中。

（2）类比推理论证法的表现形式及写作运用

在表现形式上，类比推理论证法在同一论证过程中从主、客体呈现形态来看，有如下不同情况：

①主体事例只能是一个，而客体事例则不受限制，可以是一个，也可以是几个

如《察今》里就有"荆人涉澭""刻舟求剑""投婴于江"这三个客体事例，每一个客体事例后面都有一段比较类推的文字，起着反复论证反复强调的作用，从而形象地揭露了"今世之主"一成不变地"法先王之法"的荒谬。

②客体事例的来源多向

客体事例可以是生活中的真实事例，也可以是假设的事例；可以是一个包含科学原理的事例，如《晏子使楚》中因水土不同而橘变为枳；也可以是寓言故事，如《察今》中的三个事例；还可以是成语典故，如《善于建设一个新世界》中的"滥竽充数"。

③主体事例与客体事例之间的相同特点在数量上不限，可以是一个，也可以是许多个

如《察今》，主体事例"今世之主法先王之法"与它的三个客体事例之间就只有"主观的做法不适应客观的变化"这一个相同的特点；而《邹忌讽齐王纳谏》中，主体事例齐王与客体事例邹忌之间有多个相似性，宫妇左右、朝廷之臣、四境之内对齐王的态度及妻、妾、客对邹忌的态度上，均表现为"私""畏""有求"这三个方面的相同特点。相同的特点越多，主体事例就越具有客体事例的性质，越能暴露主体事例的本质。

(3) 类比推理论证的写作运用

①让类比物和类比推理出新、出深

A. 让广泛认同的常规类比物类比出深、出新

选择常规类比物是写作中的常见方法。这种类比物的选择和运用，如果没有较有深度的思考，往往难以给人耳目一新的感觉，难以产生较好的影响力，甚至会使读者觉得老生常谈。

比如，一考生写作的关于猫与老鼠的漫画材料作文《优越赐予的懒惰》，猫吃鱼、猫捉老鼠都是生活中的常见现象，作者由猫吃鱼不捉老鼠的漫画展开联想，类比到人类未来生活相同的命运，富有智慧地发现了二者的相似点："优越赐予的懒惰已让猫淡忘了捉老鼠的冲动甚至本能。"文章由漫画展示的猫与老鼠的优越生活情景，类比分析人类未来因"坐享其成"引起"渐渐淡忘了根源"，以致丧失求生本能，甚至可能"身处陷阱深处"的情况。作者忧虑地指出，"我不知道这份小小的懒惰背后，是否还隐藏着一条通向覆灭的'坦坦大道'"，并由此发出"拒绝优越赐予的懒惰"的深切呼唤。作者论证时选择和运用这种已被广泛认同的类比物，符合人们的思维习惯，且类比物和议论分析内容、主题十分协调，读者也很容易领会。尤其是这些常见物的类比被考生写出了深度和新意，让读者感到新鲜、深刻。

B. 不具有广泛联想意义的类比物及类比出新

写作者将他人关注较少甚至未曾关注的具有相同属性的事物临时地赋予特定意义和近似联系，是类比物运用及类比思维创新的好办法。比如，孟子的《鱼我所欲也》，拿鱼和熊掌的关系来类比生和义的取舍，因为这两者在本质上的共同点都是

"舍轻取重"，于是可以从"舍鱼而取熊掌"推导出"舍生而取义"。这个类比新颖，意义突出，成为一个阐述事理的经典案例。

②选择核心类比物并建立类比体系

写作思辨文有时需要使用几个类比物做系列化的类比，几个类比物既各自分别类比推理，论述各自小观点，又组合构成系列推理，论述核心的大观点。这就需要作者精心选一个核心类比物，引发出其他类比物，构成围绕一个核心进行系列的类比推理。如刘诚龙在《割断欲望之绳》一文中巧妙地以"牛被绳索所缚团团转而不能吃草"这一个生活中常见的现象来类比"人被无形的欲望之绳所缚团团转而不得解脱"，以有形之物类比无形之物。而且，"绳索"还作为全文核心类比物出现，由牛的"绳索"引发出使"风筝失去了天空"的风筝的绳索、使"大象失去了自由"的大象的绳索、使"骏马失去了驰骋"的骏马的绳索等系列类比物，围绕"割断欲望之绳"核心进行系列的类比推理：牵牛的是绳，那牵人的又是什么呢？将哲思蕴于类比物的形象之中，借形象来传达智慧，这就是古人所说的"立象以尽意""尽意莫若象"。老禅者"一理通百事"的睿智可以说正是类比思维带来的智慧，读者在形象中不难领悟到"割断欲望之绳"的人生哲理。寻求本质属性的共同点是建立类比联系进而取得成功的关键。

类比推理是一种有效的写作构思操作模式，在写作中的运用非常广泛。它如果写作者能够有意识地训练自己的类比推理思维，善于寻找事物的关联，从相互联系的事物中寻找共同的思维触点，思理为妙，神与物游，就能拥有一个广阔自由的思维空间和充满创意的表达天地。

（4）类比推理思维在写作运用中的注意事项

类比推理得出的结论不具备逻辑必然性。运用类比思维，需注意以下主要问题：

①类比推理是根据两个对象间具有某些共同属性从而推断它们在其他属性上也相同，所以，相同的属性愈多，则结论的可靠性就愈大

比如人们拿石煤渣与化肥类比，化肥中含有的主要成分是钙、镁、氮、磷、钾等，这些成分都是植物生长所需要的。而石煤渣中也含有钙、镁、氮、磷、钾，人们就推测，石煤渣也许能做植物肥料。后来人们又在实践中发现，化肥呈粉末或液

体状，植物容易吸收。实践证明把石煤渣研成粉末做肥料，效果确实不错。

②类比对象之间相同的属性数量越多，结论可靠程度越高

比如《劝学》："积土成山，风雨兴焉；积水成渊，蛟龙生焉；积善成德，而神明自得，圣心备焉。故不积跬步，无以至千里；不积小流，无以成江海。骐骥一跃，不能十步；驽马十驾，功在不舍。锲而舍之，朽木不折；锲而不舍，金石可镂。蚓无爪牙之利，筋骨之强，上食埃土，下饮黄泉，用心一也。蟹六跪而二螯，非蛇鳝之穴无可寄托者，用心躁也。"这里由"积土成山""积水成渊"两个事理推出"不积跬步，无以至千里"、"不积小流，无以成江海"、"驽马十驾"、"金石可镂"、蚓"上食埃土，下饮黄泉"等众多正面事理以及"锲而舍之，朽木不折"、蟹"用心躁也"等反面事理，来论证"学不可以已"这个道理，就是采用类比推理，使文章说理充分，观点可靠。

③类比对象的相同属性与类推的属性之间具有必然联系时，结论可靠程度越高

比如对新书的类比认知与推理：如果新书与之前的书一样，都是红色封面的，这是一个与阅读的愉悦感没有关系的类似；但是，如果新书与先前看过的书一样，由同一作者撰写，这自然相当重要。当相似方面是相关的时候，相似方面便增加了论证的力度，并且，单个的具有高相关的类似属性比一批不相关的类似属性对论证的贡献更大。

④已知属性与推出属性之间联系的紧密程度越高，结论越可靠

比如以前人们拿鲸和鱼相类比，看到它们有许多相同之处，如形体相似、都生活在水中等，因而就错误地认为，鲸就是鱼类。后来发现，鲸用肺呼吸、用乳汁哺育幼崽，属于哺乳类动物，虽然也生活在水里，但与卵生的鱼类根本不同。对鲸最初的认识错误之所以发生，就是因为所根据的属性与所推出的属性之间并无必然联系。

⑤在运用类比推理过程中，如果发现在类比对象中存在着和推断的属性不相容的属性，那么，不管有多少其他相同属性，也不能推得相同的结论

比如：

公元前645年，政治家管仲病危，齐桓公深情地问他："你还有什么话要吩咐

我吗?"管仲说:"希望您能疏远易牙、竖刁、公子开方这三个人,他们将来对您、对国家都不利。"桓公说:"易牙是我的厨师,精于烹调,有次我随口说:'什么山珍海味我都尝过了,就是没有吃过蒸婴儿的味道。'结果,易牙就把他不到三岁的儿子蒸给我吃。"管仲反驳道:"人没有不爱自己的亲骨肉的,易牙仅为迎合君王的戏言,连自己的亲生骨肉都不要,他对您有什么用呢?"桓公说:"竖刁是贵族,他知道我喜欢宫中的生活,恐近臣染指宫中美女,就自阉净身来侍奉我。"管仲反驳道:"人没有不爱惜自己身体的,竖刁竟然自毁其身,又怎能真心对您?"桓公说:"公子开方忠心追随我十五年。齐卫之间,不过几天的路程,但是公子开方十五年没有回家,父母去世也不回国奔丧。"管仲再反驳道:"人没有不爱自己的父母的。公子开方连自己的父母都不爱,他能真心爱您吗?他们不都是违背人情的人吗?这些包藏着不可告人目的的狼子野心的人,又如何能托以国家大事呢?"

齐桓公认为易牙、竖刁和公子开方三人真心爱自己,管仲在这三人如何对待桓公的实例中都找到了与类推属性不相容的属性,从而有力地否定了桓公的观点。他在易牙烹子给桓公吃的实例中,发现易牙不爱自己亲骨肉的属性;在竖刁自宫以侍奉桓公的实例中,发现竖刁不爱自己身体的属性;在公子开方不为父母丧的实例中,发现公子开方不爱自己父母的属性。而这些属性与想要推论出的"三人爱桓公"的属性是不相容的。因为自己的身体、生我者、我生者是一个人生命中最重要的部分,一个人连这些都不爱,那么,他一定不会真心爱与自己没有血缘关系的其他人。管仲的智慧启示读者,当我们想推翻别人错误的观点时,如果能在对方论据内部找到与结论有巨大差异的关键之处,便能四两拨千斤,一语中的,击败对方。

类比推理思维与思辨文写作分析推理逻辑思维的融通运用利于培育思辨文写作分析逻辑思维,发展类比推理思维。

(四)形式逻辑推理方式与思辨文写作推理思维方式融通的综合培育

1. 归纳推理多种思维方式与思辨文写作技能思维融通的综合培育

归纳推理是从个别实例中推导出一般规律或结论的推理方法。在实际应用中,为了更全面、准确地得出结论,通常需要综合运用多种归纳推理方式。比如要拟写一篇题为《传统与创新:相辅相成,共铸辉煌》的思辨文,可以按照以下步骤进行归纳推理:

简单枚举法的运用。首先,文章开头部分可以通过简单枚举归纳的方式,列举传统与创新在科技、文化艺术等多个领域的结合与互动,初步展现两者相辅相成的关系。比如:(在科技领域)传统医学与现代科技的结合、传统工艺与现代科技的融合,以及(在文化艺术领域)传统戏曲与现代舞台艺术的融合、传统绘画与现代艺术手法的结合等。通过实例展示传统与创新在多个领域的结合与互动。这种归纳方式使得读者能够直观地感受到传统与创新在现实生活中的应用和融合,从而初步接受文章提出的观点:"传统与创新两者相互依存、相互促进,共同推动着人类社会的进步与发展。"

科学归纳法的运用。接着,文章还可以运用科学归纳的方法,分析传统为何能成为创新的重要源泉,以及创新为何能让传统焕发新的生机。再阐述两者之间的因果关系:"传统之所以能成为创新的重要源泉,是因为它提供了丰富的素材、稳定的价值观和实践经验;而创新之所以能让传统焕发新的生机,是因为它赋予了传统新的内涵,拓展了应用领域并激发了人们的兴趣。这种相互作用和相互促进的关系,使得传统和创新在社会发展中形成了良性的互动和循环。"如此,文章可以进一步加深读者对传统与创新相互依存、相互促进关系的理解。

最后,文章在总结时,通过归纳推理得出"传统与创新是人类社会发展的重要推动力"的结论。这一结论是对前文所述多个事实和观点的综合归纳,既符合逻辑,又具有现实意义,使得文章的论证更加完整和有力。

综上所述,在写作此文时可以通过综合运用简单枚举归纳、科学归纳等多种归纳推理方式,深入探讨传统与创新的关系,使得论证更加充分、深入和具有说服力。可见,通过综合运用多种归纳推理方式,可以更加全面、深入地理解问题,得出更准确、可靠的结论。这不仅有助于解决当前的问题,还能为未来的研究和实践提供有益的参考和启示。

在综合运用归纳推理方式时,还需要注意:确保所依据的实例具有代表性和广泛性,避免以偏概全;对实例进行充分、深入的分析和比较,确保结论的准确性和可靠性;注意归纳推理的局限性,认识到归纳结论可能不是绝对正确的,而是具有一定程度的概率性。

2. 演绎推理多种思维方式与思辨文写作技能思维融通的综合培育

在写作中，演绎推理是一种常用的逻辑分析方法，它可以帮助学生从已知的前提或原理出发，推导出符合逻辑的结论。比如要拟写一篇关于"是否禁止学生使用手机"的思辨文，可以按照以下步骤进行演绎推理：

三段论推理的运用。首先，可以使用三段论推理来构建文章的基本框架。大前提可以是"过度使用手机会对学生的学习和健康产生负面影响"，小前提则是"当前学生普遍过度使用手机"，结论则是"应该禁止学生使用手机"。

假言推理的运用。接着，可以运用假言推理来进一步阐述大前提。例如，可以假设"如果学生过度使用手机，那么他们的注意力将被分散，学习效率下降"，并且"如果学生过度使用手机，那么他们的视力健康将受到威胁"。这些假设和推理可以更有力地支持大前提的真实性。

假言推理的加强。然后，可以使用拒取式推理来反驳对方的观点。假设对方认为"禁止学生使用手机会侵犯他们的个人自由"，可以运用拒取式推理进行反驳："放任学生过度使用手机而不加以限制，他们的学习和健康将受到更大的损害，这难道是对他们个人自由的真正尊重吗？"通过这样的反驳，可以加强自己的立场。

选言推理的补充。最后，可以使用选言推理来补充和完善论证。可以将学生按照不同的年龄段、学习习惯等特征进行分类，然后分别讨论他们在使用手机方面可能存在的问题和解决方案，从而使论证更加全面和深入。

运用以上步骤，可以构建一篇结构清晰、逻辑严密的思辨文。通过综合运用演绎推理的多种方式，更有效地论证自己的观点，并反驳对方的论点。这样的文章不仅具有说服力，而且能够让读者更好地理解文章思路和推理过程。

需要注意的是，在进行演绎推理时，需要确保前提的真实性和可靠性，并且推理过程要逻辑严密、无懈可击。只有这样，才能写出高质量的思辨文。

3. 归纳推理和类比推理思维方式与思辨文写作技能思维融通的综合培育

类比推理是由特殊性前提推出特殊性结论的推理：两个或两类事物，有若干相同属性，由此推出它们还有其他属性相同。类比推理在生活、科技、社会等领域以及写作中有着广泛的应用。

鲁迅的《藤野先生》中有这么一段文字：

大概是物以希为贵罢。北京的白菜运往浙江，便用红头绳系住菜根，倒挂在水果店头，尊为"胶菜"；福建野生着的芦荟，一到北京就请进温室，且美其名曰"龙舌兰"。我到仙台也颇受了这样的优待，不但学校不收学费，几个职员还为我的食宿操心。

该文段归纳推理与类比推理结合。先用归纳推理中的简单枚举法列举生活事例：北京的白菜，运往浙江成为稀有物品，变得贵重；福建野生的芦荟，到北京成为稀有物品，变得贵重。再归纳推理得出结论：所以，物以稀为贵。然后再用类比推理，说自己留学仙台，也是物以稀为贵，所以受到优待。

4. 归纳推理和演绎推理思维与思辨文写作技能融通的综合培育

在实际运用中，归纳与演绎两种推理方式并非完全割裂，而是相互依存、相辅相成、互相印证的，诚如恩格斯在谈到这一问题时说的："归纳和演绎，正如分析和综合一样，是必然相互联系着的。"归纳是从个别性前提推出一般性结论的方法，演绎是一般性前提推出个别性结论的方法，两者既互相区别和对立，又互相联系和补充。事实上，作为演绎的前提的一般性原理是通过归纳，从经验材料中概括出来的，同时演绎也为归纳确定研究的方法。通过归纳获得结论总是或然性的，归纳需要演绎来补充，同时演绎是否符合客观真理，需要到归纳中去求得检验。在人类的认识过程中，归纳和演绎是相互为用的。也就是，一方面归纳是演绎的基础，没有归纳就没有演绎；另一方面，演绎是归纳的前导，没有演绎也就没有归纳。

比如要拟写一篇关于"科技与人文的融合发展"的思辨文，可以通过综合运用演绎推理与归纳推理，深入探讨科技与人文融合发展的必要性及其可能带来的积极影响。

首先，运用演绎推理来阐述科技与人文融合发展的理论基础。科技作为推动社会进步的重要力量，为人类提供了更便捷、更高效的生活方式。而人文则关注人的精神世界、价值观和文化传承，是社会文明的重要体现。科技与人文的融合，就是将科技的理性与人文的情感相结合，实现科技与社会的和谐发展。这种融合不仅符合社会发展的客观规律，也是人类追求美好生活的内在需求。

接下来，通过归纳推理来总结科技与人文融合发展的实际案例。随着科技的快速发展，人工智能、大数据、云计算等新技术在各个领域得到广泛应用。在教育领域，智能化教学系统提高了教学质量和效率；在医疗领域，精准医疗技术为患者提供了更个性化的治疗方案；在文化领域，数字化技术为传统文化的传承和创新提供了新的可能。这些实际案例表明，科技与人文的融合已经在多个领域取得了显著成效，为社会进步和人类福祉做出了积极贡献。然而，也应该意识到，科技与人文融合发展并非一帆风顺。在融合过程中，可能会出现技术滥用、文化冲突等问题。因此，需要制定科学合理的政策和法规，加强科技伦理和人文精神的引导，确保科技与人文的融合发展能够真正造福人类。可见，科技与人文的融合发展是当今社会的必然趋势。

通过综合运用演绎推理与归纳推理，可以深刻去分析科技与人文的融合发展的必要性和积极影响。深入地分析问题，提出有力的结论。

通过综合运用演绎推理、归纳推理以及其他相关推理方式，可以构建出一个完整、严谨的推理框架，帮助更深入地理解问题，提出有力的结论。这种综合运用不仅提高了推理的准确性和有效性，也为解决复杂问题提供了有力的工具和方法。

5. 演绎推理与类比推理思维与思辨文写作技能融通的综合培育

《实践是检验真理的唯一标准》中有段文字：

辩证唯物主义所说的真理是客观真理，是人的思想对于客观世界及其规律的正确反映。因此，作为检验真理的标准，就不能到主观领域内去寻找，不能到理论领域内去寻找，思想、理论自身不能成为检验自身是否符合客观实际的标准，正如在法律上原告是否属实，不能依他自己的起诉为标准一样。

这段文字的论题是：检验真理的标准，不能到主观领域内去寻找，不能到理论领域内去寻找。论证的思维方式采用演绎与类比推理思维方式的综合运用。

演绎论证思维方式的运用：思想、理论自身不能成为检验自身是否符合客观实际的标准（论据）；真理是人的思想对于客观世界及其规律的正确反映（论据）。基于这两个论据，推断出：检验真理的标准，不能到主观领域内去寻找，不能到理论领域内去寻找（论题）。

类比论证思维方式的运用：在法律上原告是否属实，不能依他自己的起诉（论据）；所以，思想、理论自身不能成为检验自身是否符合客观实际的标准（论题）。

"思想、理论自身不能成为检验自身是否符合客观实际的标准"这个论题，在前面的演绎论证中作为论据来使用，而在后面的类比论证中被加以论证。因此，这个类比论证从属于前面的演绎论证。

6. 归纳推理+演绎推理+类比推理思维与思辨文写作技能融通的综合培育

演绎推理是从一般到特殊的推理，归纳推理是从特殊到一般的推理，类比推理是从特殊到特殊、一般到一般的推理。在抽象思维的推理方式运用和写作思维与技能实践中，这些推理方式经常会综合运用。

人的认识过程，归结起来往往是从特殊到一般、从一般到特殊的循环往复的过程。一方面，演绎是归纳的延伸和补充。因为，归纳需要演绎做指导，没有演绎，归纳就没有明确的目的和方向；归纳所得出的结论需要靠演绎来补充和修正。另一方面，演绎必须以归纳为基础。这是因为，作为演绎前提的一般原理归根到底是人们从一定的观察和实验材料中概括出来的，当演绎的前提是不完全归纳的结果时，要保证演绎推理结论的正确性，就必须在实践中再运用归纳对其进行验证，并不断地概括新的经验材料，使之不断地丰富和完善。在学习过程中，不仅要十分重视演绎推理的前提所依据的一般原理，尤其要重视这些一般性原理是如何从大量实践经验中归纳出来的，这样才能正确理解并运用一般原理去进行演绎推理，得出正确的结论。

类比推理可以使抽象的道理形象易懂，但也容易出现对象不可比的谬误。好的类比推理除了两个对象可比之外，还常常需要与归纳法、演绎法综合运用，相互补充，从而让论证更严密。归纳法在通过观察多个具体的实例后，找到它们的共性与普遍性规律，演绎法即可以此为基础补充和修正，类比法则可以此为基础，将其应用到新的事物中，预测新的事物的行为和性质。如墨子《非攻》中的一段：

今有一人，入人园圃，窃其桃李，众闻则非之，上为政者得则罚之。此何也？以亏人自利也。至攘人犬豕鸡豚者，其不义又甚入人园圃窃桃李。是何故也？以亏人愈多。苟亏人愈多，其不仁兹甚，罪益厚。至入人栏厩，取人马牛者，其不仁义又甚攘人犬豕鸡豚。此何故也？以其亏人愈多。苟亏人愈多，其不仁兹甚，罪益厚。至杀不辜人也，扡其衣裘、取戈剑者，其不义又甚入人栏厩取人马牛。此何故也？以其亏人愈多。苟亏人愈多，其不仁兹甚矣，罪益厚。当此，天下之君子皆知而非之，谓之不义。今至大为不义攻国，则弗知非，从而誉之，谓之义。此可谓知义与不义之别乎？

这一段文字中，墨子用偷人桃李、攘人犬豕鸡豚、取人马牛、取戈剑等事情类比攻国，指出攻国的不义本质。文段综合运用了归纳推理和演绎推理。先用偷人桃李、攘人犬豕鸡豚、取人马牛、取戈剑等事情归纳出一个道理：亏人愈多，其不仁兹甚，罪益厚；天下之君子皆知而非之，谓之不义。然后以归纳得出的道理为大前提进行演绎，小前提是攻国亏人多（这是隐含的），构成一个演绎推理，推出的结论是：攻国不仁兹甚，从而誉之是错误的。

总之，归纳法、演绎法和类比法的结合成为一种非常有力又灵活的推理手段，可以帮助人们更好地理解和解决问题；是思考和决策时的重要工具，让人们在不同情况下获取有用的信息，更加有效地处理不同的问题。多种推理方式结合运用可以避免在使用单一方式时可能产生的不确定性，通过分析多个方面的数据，确保推理结果的准确性和有效性。

三、形式逻辑推理论证思维与思辨文写作分析论证思维融通的写作运用

拟定一两个思辨性题目，供学生自由选择。按照形式逻辑推理论证思维与写作论证思维融通运用的途径，进行该题目主题下的思辨性内容分析，要求符合形式逻辑的知识要求，正确地综合运用几种形式逻辑推理论证思维。

第三节　进阶课程与教学体系一：　辩证逻辑思维与思辨类文体写作技能融通培育

本节要建构的是抽象思维与思辨文写作分析论证逻辑思维融通进阶产生写作分析内容的课程与教学体系，即辩证逻辑思维方式与思辨文写作分析论证逻辑思维深度融通的主体内容及教学法体系。通过这些内容的学习，培育思辨类文本写作技能，提升辩证逻辑思维能力。

辩证思维是科学研究，也是写作以及写作教学研究的方法论基础。辩证思维，运用到任何一个学科领域，都是认识世界的锐利武器。恩格斯一百多年前的《自然辩证法》，结束了自然哲学的时代，标志着科学自身的发展进入到辩证思维阶段。

这一思维方式在科学研究领域的运用主要体现在三个方面：1）承认世界是有序的、和谐的、统一的整体。2）承认自然界中存在着对立统一的关系。3）承认自然界和科学理论的可变性，由于自然界是不断发展变化的，所以，反映自然界本质规律的科学理论和概念也不可能是永恒正确的。20世纪的科学成果，如相对论、量子力学、分子生物学、系统论、控制论、信息论、计算机科学等都是深刻领悟并充分运用这一思维方式而取得的。比如系统论，其核心思想是强调整体和部分之间的相互联系和作用，是辩证思维方法论的具体体现。彼德斯和沃特曼在《美国62家优秀工商企业的最佳管理经验》一书中在第四章开头写道："第一流的智慧，是把相反的事物保持在同一个功能体内的能力。"这是辩证法中对立统一理论的体现。

辩证法也是文学作品思想光芒的重要来源。辩证法是文学作品主题与内容产生的重要因素。比如在思辨类文体写作方面，鲁迅先生的杂文在现代文学史上占有极其重要的地位，尤其是后期杂文，表现出对事物深刻的洞察力，这在很大程度上得力于他深刻的辩证思维能力。在叙事抒情类的文学作品中，作品的写作也与辩证法直接相连。比如，马克思说，莎士比亚的作品特点之一就是"崇高与卑下、可怕与可笑、英雄与丑角的奇妙的混合"。在我国现代文学史上，钱锺书夫人杨绛为电视连续剧《围城》的片头题词："围在城里的人想逃出来，城外的人想冲进去。对婚姻也罢，职业也罢，人生的愿望大都如此。"这句话点明了"围城"的含义，它告诉人们，人生处处是"围城"，"结而离，离而结，没有了局"，存在着永恒的困惑和困境。作家在围城中所提出的问题，涉及整个现代社会文明的危机和人生的困境，带有普遍意义。① 这"奇妙的混合"和"围城"，是作家艺术认知深刻性的体现，是对立统一的辩证思维的生动体现。

辩证思维可以使人越出日常经验的狭隘界限，全面、动态地看问题，和形式逻辑基于推理形式的分析相比，它是基于内容里层逻辑分析的一种思维形式，是一种重要的、高层次的思维能力，是一个人思维成熟的重要标志。

从思维发展的年龄特征看，中学阶段尤其是中学后期学生辩证思维快速发展，高中学生处于思维活动的初步成熟期，思维的批判性、独立性也逐渐增强。基于辩

---

① 李志连：《钱钟书〈围城〉的文化反思》，《山西师大学报（社会科学版）》，2007年第4期。

证逻辑思维知识和学生思维发展特征，本阶段写作教学重点考虑写作教学中学生写作论证逻辑思维培育如何与辩证逻辑思维深度融合，构建写作辩证思维能力培育的主体内容体系。辩证思维的知识体系较为复杂，一些认识尚存争议。基于学生思维发展特征和写作学习实际，依据辩证思维的主体内容和中学政治教材里的辩证哲学知识，这里重点对辩证思维里的联系地分析、发展地分析、对立统一地分析这三种思维方式的知识及分析、推理择其重点与学生写作的分析论证逻辑思维培育进行一些融通创构，实现对学生的辩证思维、分析论证逻辑思维的融通培育。

一、抽象思维与思辨文写作分析论证逻辑思维融通进阶产生思辨文写作内容的课程与教学体系创构一：辩证思维之联系地分析与思辨文写作技能思维的融通培育体系

（一）联系地分析与思辨文写作技能思维融通培育的课程与教学体系

1. 联系地分析思维方式的特点

世界上一切事物都处在普遍联系之中。任何一个事物都和周围的其他事物、相关事物有条件地联系着，就是事物内部诸要素之间也存在相互依赖、相互影响、相互作用、相互制约的关系。世界是一个普遍联系的有机整体。联系的观点是马克思主义哲学中唯物辩证法的基本观点。恩格斯说："辩证法是关于普遍联系的科学。"普遍联系的观点是唯物主义辩证法的起点，全部唯物辩证法的理论体系都是在普遍联系观点的基础上建立起来的。所以，联系的观点是唯物辩证法的总特征和根本观点。

联系的观点的内容主要包括联系的条件性、客观性、普遍性、多样性及整体和部分的联系、直接联系与间接联系。

（1）联系的条件性分析

任何事物的产生、存在、发展和灭亡都是有条件的，因此，任何具体的联系无不依赖于一定的条件，随着条件的改变，事物之间及事物内部各要素之间的联系的性质、方式也会发生变化，这就是联系的条件性。事物的联系之所以是客观的，是因为联系是有条件的；人们主观臆造的联系之所以是错误的，就是因为无视联系的条件性。只有承认条件性，才能充分认识事物的普遍联系，才能真正弄清事物的运动、变化和发展规律。

（2）联系的客观性和普遍性分析

事物和周围事物、相关事物以及事物内部间的联系是客观存在的，并且具有普遍性。比如，人生活在世界上，其生存、发展与自然环境、社会环境、家庭条件、人类自身各方面素养与能力等因素直接相关，自然环境、社会环境、人类自身内部诸因素直接相关联，等等。联系是客观存在的、普遍的，是固有的，所以关注和思考事物间的联系时，必须把握好其真实性的关联。

（3）联系的多样性分析

世界上的事物是千差万别、无限多样的，事物的多样性决定了联系的多样性，事物和事物、事物内部间的联系多种多样，有直接联系和间接联系、内部联系和外部联系、本质联系和非本质联系、必然联系和偶然联系等。比如，一个人在路上没违反交通规则，正常行走，被汽车撞上了，对于被撞的人来说，是偶然联系、直接联系、非本质联系、外部联系；对于肇事司机与事件本身，是直接联系、必然联系、内部联系、本质联系和外部联系。再比如，有的地区在技术条件和资源条件不够的情况下，盲目发展工业，最后导致资源浪费、产品不合格、环境污染等恶果，这是没能看清条件与结果、当前效益及与未来发展的多样性联系。在实际生活中，人们容易看到的是直接的、表面的、眼前的联系，容易忽视那些间接的、本质的和长远的联系，忽视联系的中间环节。把握联系的多样性，对于正确认识事物具有重要意义。

（4）整体和部分的联系分析

整体由部分构成，离开了部分，整体就不复存在。部分的功能及其变化会影响整体的功能，关键部分的功能及其变化甚至对整体的功能起决定作用；部分是整体中的部分，离开了整体，部分就不成其为部分。整体的功能状态及其变化也会影响到部分。

（5）直接联系与间接联系分析

直接联系与间接联系是普遍联系的两种重要形式。直接联系是时间、空间和层次上比较接近的事物、要素之间所发生的相互依赖、相互制约的关系。事物间的直接联系和间接联系的界限是相对的，绝对的、不需要任何中介的联系是没有的。

间接联系指事物和现象之间通过较多的中介、中间环节而发生的相互依赖和相互制约的联系。一般来说，在时间、空间和层次上间隔距离越大、中间环节越多的事物之间，联系越带有间接性；反之，就越具有直接性。

直接联系和间接联系在事物发展过程中所起的作用不同。直接联系具有当下直接现实性的特征，因而对事物的存在和发展起比较现实的重要作用；间接联系由于经过较多的中间环节和中介，其作用的程度往往不具有直接联系那样的现实性。在社会生活中，生产力决定生产关系、生产关系反作用于生产力以及二者构成的矛盾运动的规律，是社会现象间最直接的联系，因而对社会及其发展起重要的决定性作用。作为上层建筑的艺术、道德、哲学和宗教等社会意识形态同生产力的联系，则通过经济基础（生产关系）的中介和折光，它们同生产力的联系较为间接一些，对社会生产力发展的作用就不如生产关系和生产力的联系那样根本和直接。

一般说来，事物、现象间的直接联系，容易引起人们的注意，间接联系易为人们所忽视。在实践活动中，应首先抓住事物间的直接联系，但也不可忽视事物的间接联系。间接联系和直接联系一样，往往也体现着本质联系，并且对事物的发展有着重要作用。所以，人们要全面地理解和把握事物，就必须通过把握事物的直接联系进而把握事物的间接联系，从联系的总体上揭示事物的本质，揭示现象间交互作用的复杂情景以及各种联系在事物发展中的具体作用。

2. 联系地分析的规律、途径、方法与思辨文写作技能思维的融通运用

对事物的认识要着眼于整体，把各部分、各个要素联系起来考察，逐步形成对事物的完整、准确认识。比如，评价一个同学，应当从德、智、体、美、劳等诸方面去考虑，而不能只考虑其中的某些方面。王近庸《也谈末代皇帝和胡适》一文提到，有人因为梁启超曾"替袁世凯复辟帝制张目"而称之为"封建余孽"。作者指出，这种提法欠公允。"梁启超确曾追随过袁世凯，甚至做过一些错事，但当他看穿袁世凯复辟帝制的险恶用心，在对袁进行劝阻遭到拒绝之后，他一反拥袁的立场，积极投身反袁运动中"，"他又帮助蔡锷潜回云南，举起讨袁义旗，终于使袁世凯倒台"。而有人所以犯"将以前和全人一笔抹杀"这种毛病，正是由于陈腐的形而上学观念"像幽灵一样在人们的头脑里转悠"。

联系的观点要求多方面地探求、发现事物之间的联系。在思辨文写作中，联系的观点对于打开思路、丰富对事物的认识有着极大的作用。比如鲁迅的杂文在揭露

和批判封建礼教乃至整个封建文化和制度的罪恶、揭露帝国主义侵略奴役中国的野心、指斥国民党反动政府投降卖国的罪行、抨击国民党反动派的反革命文化"围剿"、批判复古逆流等方面所体现出来的博大精深的思想内容，无不体现其联系分析的宏大与浑厚，无不深刻揭示其罪恶存在及相互关联的种种形态。

从唯物辩证法的观点看，任何事物都是多样性的统一体。写作运用时，认识事物的本质属性，需要对事物的各部分、方面或要素进行纵横向分解和运动转换分析，分析它们的性质，揭示部分与部分、部分与整体之间、现象与本质之间的关系，以及它们在整个事物中所处地位和作用，达到全面认识事物的目的。这种经过分解认识事物的思维形式就是辩证分析思维。

（二）多样性联系分析与思辨文写作技能思维融通培育的课程与教学体系

1. 部分与整体多样性联系分析与思辨文写作技能思维的融通培育

事物的联系具有普遍性、多样性特点。把握这些特点，在事物内部以及事物之间寻求系统联系，是正确、辩证地认识事物的基本方法，也是培养对人生、社会认知能力的重要方面和手段。借助联系的辩证观和方法论，可以在很大程度上培养学生的思维能力，拓展学生的思维空间和其文章内涵的宽度和厚度。

可从事物的性质特征、组成方面、呈现形态多样性等角度去联系思维：

（1）从事物性质多样性的角度横向联系分析

"性质"是事物的本质，是一事物区别于其他事物的根本属性。从事物性质角度去联系发散寻求事物的丰富特征，扩展认知空间，就要充分、深入挖掘事物的属性，揭示事物属性的丰富内涵。比如思考"承受是难能可贵的精神"这一个抽象事物现象，从"可贵的精神"这一性质角度去联系思考探求其属性特征，可以发掘出"承受是坚持""承受是责任""承受是磨砺"等观点。在写作时，文章主体的思路框架可以据此呈现为以下三个分论点：承受是对理想目标的坚持、承受是对家庭社会的责任、承受是对品格意志的磨砺。

（2）从事物的组成多样性角度去联系分析

从事物组成的方面、角度的多样性去联系思考问题。如《战国策·燕策二》中有这么一个故事，可以从哪几个角度进行深入思考？

人有卖骏马者，比三旦立于市，人莫之知。往见伯乐，曰："臣有骏马，欲卖之，比三旦立于市，人莫与言，愿子还而视之，去而顾之。臣请献一朝之贾。"伯乐乃还而视之，去而顾之，一旦而马价十倍。

卖马者、伯乐、买马者、骏马，是本段文字出现的四个角色，从这四个不同角色的角度来分析就会发现不同的内涵。从卖马者的角度分析，卖马者非常聪明，他有对商品进行包装、宣传的意识，从这个角度可确立中心论点为"酒好也怕巷子深"。从伯乐的角度分析，马还是那匹马，但伯乐去了一次之后价格就上涨了十倍，这就是名人效应——幸好这是一匹好马，如果是匹劣马，伯乐的一世英名岂不要因此毁于一旦？是否能立即联想到某位著名主持人曾给某劣质奶粉做广告，事发后其形象在观众心目中大打折扣，因此可确立中心论点为"名人慎言"。从买马者的心态角度分析，要理性看待名人效应，不可盲目崇拜名人。从骏马角度分析，骏马只有在伯乐来了之后才显示出自身价值，可以联想到：诸葛亮虽有经天纬地之才，如果没有徐庶的走马举荐，又怎得刘皇叔重用；美玉虽好，如果没有卞和的冒死相献，是不会被世人认识和了解的。可以提炼出观点"千里马常有，而伯乐不常有"——马好仍需识马人的赏识。

（3）从事物呈现形态多样性的角度横向联系分析，寻求事物存在的丰富性和多样性

从事物所呈现的特征形态的角度去联系发散，会寻找到事物存在的丰富性和多样性，以揭示事物的特征及属性。比如对六国破灭的认识，苏洵、苏辙、苏轼的《六国论》各有其立论角度、中心论点、写作目的。

苏洵的《六国论》立论角度是外交政策，中心论点是"六国破灭，弊在赂秦"，写作目的是借古讽今，要改赂为战，救亡图存。苏辙的《六国论》立论角度是战略形势，中心论点是六国灭亡因战略失策，写作目的是借古讽今，要加强边备，御敌于外。苏轼的《六国论》立论角度是人才，中心论点是"六国久存，在于养士"，写作目的是借古讽今，应使"民之秀杰"各安其处。

六国灭亡是一个果，但关联甚多，"三苏"从不同相关方面去思考同一个问题，所以呈现了不同的立论角度。

再比如对秦朝灭亡的分析，贾谊《过秦论》从总结秦国兴盛与衰亡的历史教训的角度开展思维与立论，最后归结出"仁义不施而攻守之势异也"的结论，作为对

汉文帝的建议。杜牧的《阿房宫赋》从秦国迅速灭亡的角度立论，提出"族秦者秦也，非天下也"的论点，给唐王朝以警告。

2. 现象与本质、结果的因果多样性联系分析与思辨文写作技能思维的融通培育

因果联系包括正向因果、逆向因果思维联系。大千世界，五光十色；社会生活，千姿百态。但世界并不是杂乱无章的，无风不起浪，种种现象背后总是存在着种种因果链条。"因"引发"果"，"果"又成为"因"，如此相生相连，以至无穷。要对事物进行深透的分析与议论，就得抓住事物间的因果联系，追溯原因，推论结果，去发掘产生该事物的根源，推断该事物的发展趋向及其将会产生的结果。

（1）正向因果联系多样性分析与思辨文写作技能思维的融通运用

由因推果，即把已经出现的问题，或者业已出现的现象作为原因，去探求这个问题或现象可能会引发什么样的新问题、新现象，会向什么方向发展，前景如何，等等。这在写作中运用很普遍，是辩证法中发展观的运用，是通往议论深刻的一条重要途径。比如，上海一考生在《必须跨过这道坎》里写道："（生活）从来不是一条康庄大道，总有一道道坎阻挡着前行的步伐。于是很多人停在了追梦的路上，而只有那些跨过了生命坎坷的人才最终得到了梦想，找到了真理，迎来了光明和希望。"有困难，很多人停步了；跨过了，就得到成功。这个阐述思路就是由原因推出结果，比较深刻。

从事物产生背景多样性的角度去联系思维，探求事物自身运动的多样源泉和动力。

①多样性分析的角度与思辨文写作技能思维的融通运用

A. 一因一果分析

一个原因产生一个结果，比如他违法了就要被惩罚。这种思维在写作中也常用。比如文段："有时候，磨难恰恰能够历练人生，使人生绽放光彩。贝多芬双耳失聪，却能在这样的磨难下创造出不朽的交响曲，撼人心灵，那是因为他不屈服命运的打压，顽强抗拒厄运，才谱出了人类的心灵之歌；……磨难，是祸，又是福。它对于意志坚强者，是人生路上的一帘风雨，只要勇敢地走过去，前方就是另一片蓝天。"这段文字强调成果与顽强、意志的关系，侧重于一因一果。

但一因一果是断面分析，看似是一种合理存在，实际上这似乎等同于运算，客观上讲不太符合辩证思维的发展观，不合乎思维规律。因为因与果之间的转换是长远的、链条式的。

B. 一因数果分析

一因数果是建立在一因一果的基础上的。它包括两种情况：

一是一因产生一些平行的果。比如，一篇题为《比》的作文，集中分析了"比"的结果："比，有助于辨优劣，识别美丑；比，有助于增强自信心；比，能促使人奋进；比，会使人头脑清楚。"

二是因果绵延发展思维，即递进因果，是对问题深入分析的另一种有效方式。它的基本模式是：原因1——结果1/原因2——结果2/原因3——结果3/原因4——总结果。

这是一种辩证思维中发展式的思维方式。在写作思维中，这种发展式的思维探寻形式运用很常见，显得很重要。比如一位考生写《一步与一生》：失去了升大学这关键的一步，就会给自己求学带来很大的麻烦，就会给自己的事业发展带来很多不利，从而易使自己的人生黯淡。

C. 数因一果分析

任何一个结果产生的背景都是很复杂的。因果联系，常是数因一果的联系。比如谢觉哉在《说"怕"》中提出：可怕的物、可怕的事、可怕的人虽然存在，但都没有什么可怕。为什么呢？第一，"怕是相互的，我怕它，它也怕我"。第二，"心不亏，不怕；有斗争决心，不怕；有很好的准备，不怕"。

②多样源泉和动力分析与思辨文写作技能思维的融通运用

从探寻外因即事物产生背景的角度去联系思考，拓宽思维空间，探寻事物产生背景的多样性。比如，一个人的存在与发展，总是与家庭、集体、社会大环境、文化环境等因素相关联；一个企业的发展总是与技术、人力、设备、质量、经营等诸多方面直接相关。

内因多向联系思维。事物总是由其内部因素组成，唯物辩证法认为，内因是事物自身运动的源泉和动力，是事物发展的根本原因。

对事物内因诸因素以及诸因素间的联系进行探寻与认识，是认知事物存在与发展的基本辩证思维方法。比如一个人成功的内部要素：志向、自信、坚韧、勤奋、智慧、决断能力、情商……这样详尽地展开联想，从这些相关组成因素以及它们之间与发展现状关系的角度联系地认知与分析，就可以认识到成功的诸多要素，甚至产生奇特、深入、新颖的观点。

从内因行为体现的角度去横向联系思考，拓展思维空间。比如对"学会欣赏别人"这一观点的认识，从内因行为体现的角度去横向联系，可以探寻到这样一些方面：学会欣赏别人，要求自己要胸怀坦荡、虚怀若谷；学会欣赏别人，要努力发掘别人身上的闪光点，学习借鉴；学会欣赏别人，要互帮互学，取长补短，共同提高。

内外因结合的关联性分析。事物的存在总是和周围发生千丝万缕的联系，外因是事物存在的必然关联因素，是事物存在的外部矛盾。外因的存在是多方面的。虽然内因是事物发展的根本原因，外因要通过内因的作用才能产生发展的直接动力，但外因对事物的发展有重大影响，在一定条件下，对事物的发展能否实现起决定性作用。由于内因的丰富性，内外因关联的情境性，内因与外因的联系呈现纷繁复杂的特点。可从如下三个方面进行分析：

一是内外因结合的正向关联性联系分析。不管内外因的因素以及它们的联系多么复杂，内外因结合产生积极作用是现象的主流。比如，甘肃一考生的优秀作文《时代在新，我们在行》："更新自我，活在当下。无论何时，一个人要施展鸿鹄之志，必与当时的时代相同步。李白、杜甫等诗歌界的领袖，他们之所以在诗歌上一展壮志，正是因为站在盛唐的舞台上，他们与时代共荣。而鲁迅、李大钊等，他们有的以笔为刀，有的高呼救国救民之口号。正值当时国家陷于危难之际，时代沉沦、黑暗，他们更新自我观点，为时代呐喊。而今，虽是和平年代，而科技日新月异，时代飞速发展，正是需要一个个善于更新的自我，活在当下，抓住当今时代的腾飞之翼。"作者在这里深刻地认识到李白、杜甫、鲁迅、李大钊等人由内因的努力和环境外因相互作用，在内因的促进下成就了自己。

二是情境中在外因影响下内因的负面结果联系分析。内因与外因的联系，也有不良现象出现。比如，一篇学生优秀作文《成功要内外因相结合》："邯郸学步，学习别人走路，可结果呢？自己爬着回去的。这就是盲目崇拜偶像的代价。因羡慕别人而彻彻底底地否定自己值得吗？我觉得一点都不值得。偶像只能起模范带头的作用。我们在学习的同时应该认真、仔细地衡量自己的能力，在学习别人的同时注意自己的个性。应该从自身的优势出发，发展自己。不是吗？我想谁都不愿意做那个乌鸦。在童话中乌鸦这个形象不是被骗，就是盲目地学习他人而最终死去。这乌鸦一点个人的思想、主见也没有，我看它是另类的变色龙一点也没有错。如若是世界上独一无二的个体，就应该为自己而活，应该走自己的路，从自己的优点出发创新，而不是重走别人的成功路。"

三是内因与外因的偶然性联系分析。这种偶然性联系思维过程中认识飞跃的心理现象，一种新的思路突然接通。英国科学巨匠牛顿因苹果从树上坠落而产生万有引力的灵感，就是不断思考的头脑这一内因与苹果坠落这一现象的偶然聚合，如同"踏破铁鞋无觅处，得来全不费功夫"，其特点是内因与外因的突发性、偶然性、独特性联系。如优秀高考作文《角度决定成功》第五段："爱迪生发明灯泡时，为了找到一个适合做灯芯的材料，他做了几千次实验，然而每一次失败对他来说并不是一次打击，而是一种鼓励，他不是想着自己还有多少种材料没有实验，而是想着自己已经排除了多少种材料，也正是凭借着这种精神，爱迪生才最终遇见了钨，获得了巨大成功。"

（2）逆推式因果思维的多样性发展联系分析思维（由果溯因）与思辨文写作技能思维的融通运用

人们思考问题时，习惯于从原因寻找结果。采用逆推式发展思维，从结果到原因进行反向推理，也是探求结果产生系列原因的重要方法。比如，一名学生对周围的人总是怀着恶意。通过逆推的思维分析方式，在事实调查的基础上得知：母亲生病期间和去世时，他一直信赖的亲友漠不关心、无动于衷；母亲去世不久，父亲娶了个后妈，后妈对他很刁恶；在学校也没有人关心他，成绩下降后，他更失落、灰心，主动和老师、同学接触，却处处遭遇冷眼。在家人的亲情、学校的温暖都失去之后，他一天天地憎恨周围世界，于是表现出对周围人的恶意。其逆推思路是：恶意向人←学校、家庭都失去温暖←家里失去亲情和温暖。这就是采用逆推式发展思维，从结果倒推，寻找结果产生的原因。在写作中，这种运用很常见。

对结果进行原因探寻，揭示问题产生的根源，是因果思维的常见方式。它探求已然现象的成因，主要探讨"为什么会出现""为什么会是这样"的问题，是追溯式的思维方式。它是通过揭示问题产生的主要根源而求得议论深刻透彻的一条思维途径。沿着这一途径去分析事理，必须注意事物间因果联系的复杂性和辩证性。因果联系的复杂性体现在产生某种问题或发生某一现象的原因往往有多个方面。在写作思维的训练中，由果溯因是一种重要的因果思维方式。一般说来，事物间的因果联系有一果一因、一果数因和递进因果这三种基本形式。

①一果一因分析

即一个结果由一个原因产生，这种情况是很少的。比如"身体很好的他下楼梯摔倒了"，唯一原因是"他"下楼梯不小心。再比如，"他之前一直为自己考试成绩不好闷闷不乐，这次考试后，他看见成绩开心地笑了"，这一结果产生的唯一原因是"他"这次考好了。

②一果数因分析

即一个结果由几个原因形成，这是因果分析思维中由果溯因的基本思路，即去探求产生结果的几个原因，这也是揭示事物内在因果关系的重要方法。比如，优秀高考作文《选择尊严》："因为心里不愿因为名利而屈节，所以选择了尊严；因为要获得抗争的勇气，所以选择了尊严；因为有力量勇敢地去实现自己的真正理想，所以选择了尊严；因为要让自己死而无憾，所以选择了尊严；因为要赢得别人出自内心的尊重，所以选择了尊严。"作者用五个方面的原因充分深刻地解释了为什么要选择尊严，这就是多因一果的因果思维探寻法的运用。一果数因有时也是一表多里的多样性分析。

运用一果数因的逆向式分析思维，能联系地看问题，全面地揭示事物间的因果联系，从而达到分析阐述的深透效果。

因果思维是揭示事物现象存在和意义的一种重要方式，这种方式的运用能帮助学生对主题做深刻透彻的分析。

3. 个性与共性的多样性联系分析与思辨文写作技能思维融通培育

客观事物是相互联系、相互区别的，既有共同点，又有不同点，同中有异、异中有同。共性指不同事物的普遍性质，是一类事物与另一类的区别；个性指一事物区别于另一事物的特殊性质，即事物的独特性，是同一类事物中不同个体的区别。

共性和个性是一切事物固有的本性，每一事物既有共性又有个性，个性与共性是相互联系的。共性决定事物的基本性质，个性揭示事物之间的差异，个性体现并丰富着共性，共性只能在个性中存在，共性是绝对的，个性是相对的、有条件的。任何共性只能大致包括个性，任何个性不能完全被包括在共性之中。共性寓于个性之中，个性又受共性的制约，共性和个性在一定条件下相互转化。在对事物进行具体分析的过程中，只有先确定了事物的相同点和差异点，才可能进一步分析、综合、概括出事物的本质属性和发展特征，才能对事物有真正的认识。

个性与共性的多样性联系的写作学习主要帮助学生认识同中有异、异中有同的道理，学习从事物的个性与共性的相互关系上分析事物的方法。思辨文写作时运用个性与共性的多样性联系分析思维，能实现多样性联系分析思维及写作思维的共同培育。

（1）比较性多样联系是个性与共性多样性联系分析的具体方法

通过对事物差异、正反、变化等多样比较联系，确定事物相似点、相同点与不同点。比较性多样联系是人在思想上确定事物之间的异同或关系的一种辩证思维过程，是相关事物之间的异同关系在人们大脑中的一种集中反映。比较性联系的目的是寻求事物独特性（个性）、共性和事物的发展规律（特征），使更深刻、全面地认识事物。

求同、求异分析，即通过比较性多样联系分析探求事物的个性、共性及事物发展特征。

①求同分析

求同法又称契合法，是指在被研究对象出现的若干场合中，如果仅有一个先行因素是这些场合所共同具有的，那么这个先行因素就是被研究对象的原因。比如经过观察实验，看到用不同物质做成的形状各异的许多的摆，如果它们的长度相同，那么它们的摆动周期也相同。由此可以认为，摆的长度和摆的周期有因果联系。求同分析包括同一事物在不同情境中的比较，不同事物在同一情景、不同情景的比较即同类事物的比较与不同类事物的比较。

A. 同类事物的比较

可以将同一类事物进行合并，分析其共同点。如可以看出"宽容"的共同价值：有利于自己；有利于国家；带来和谐；培养美德。

B. 不同类事物的比较

杜甫诗句"朱门酒肉臭，路有冻死骨"是形象鲜明的贫富对比；思辨文《改造我们的学习》中马列主义的态度与主观主义的态度是褒贬鲜明的对比。凡是有对比的地方，给人的印象就特别鲜明而强烈，也易引起引发读者辩证地思考问题。

思辨文的写作中往往将古与今、新与旧、正与反的两种事物，或同一事物的不同方面进行对照比较，从中得出得与失、好与坏、正与误、美与丑的结论。这种比较又可分为纵比与横比。纵比，可以将两种事物从历史到现实做系统比较，横比，可将事物鲜明比照，相互印证，或以反衬正，或以正驳反，在对比中求结论。对比中，往往以正为主，破中有立。

②求异分析

求异法又叫差异法。其基本的内容是：被研究对象在一个场合中出现，在另一个场合中不出现，并且在这两个场合中只有一个先行因素相应地出现和不出现，其他现象则完全相同，则这个先行因素就是被研究对象的原因。例如有两块相邻的试验田甲和乙，土质、气候等自然条件完全相同，在管理方面也给予相同的条件，唯一不同的是：甲田种植新育的水稻品种，乙田仍种植旧的品种。结果甲田的产量明显高于乙田，于是可以认为新育品种是高产的原因。

A. 同一事物在不同情境中的比较

很多动物的象征或比喻义在不同文化中都会不一样。龙在东方是吉祥的象征，在西方是邪恶的象征。再如汉语中把人比作狗就是在骂人，但英语中却有 lucky dog（幸运儿）的说法。羊在汉语中象征着温顺，但英语中却区分绵羊和山羊，只有绵羊象征着温顺，山羊则象征着好色。

B. 不同事物在同一情景、不同情景的比较

比如学生习作《从电影片名谈起》写道："如解放前，上海明星影业公司拍的《丽人行》就用了唐代诗人杜甫的诗句，《八千里路云和月》就用了抗金英雄岳飞《满江红》中的一句词。"

C. 差异比较

还可以将有差异的相关事例进行比较分析，从中发现一些道理。例如，将廉颇

与蔺相如比较，就可以看出"不能宽容"的一些原因：狭隘；自我中心、个人至上；境界低下；不能站在历史与社会发展的宏观角度来看待事物……当然，也可以联想反面的事情，如有些"宽容"会带来"农夫与蛇"的后果，进而比较得出：宽容也是有原则的。

③求同求异并用分析法

就是将求同法与求异法综合使用。

比较思维是一种确定事物相似点和不同点的辩证思维，这种思维方法有利认识事物，表达事物特征。孤立地、没有比较地阐述对一种事物的认识，不容易给人以鲜明的印象，或者不容易说清；如果与其他事物进行比较，阐述的效果就会显著增强。俗话说："不比不知道，一比吓一跳。"可谓非常形象幽默地说明了对比的效果。

根据比较思维的类型，可以得出进行比较思维的方法：1）比差别。特点之差异、质量之优劣、方法之正误等，都可以选择一定的对比物与之进行比较，以显示它们的差别。2）比变化。这种方法主要是以自身的前后进行比较，是进步了，还是后退了？是扩大了，还是缩小了？从而说明发展趋势。前者属于横比，后者属于纵比。

比如《从珠穆朗玛峰看世界污染》一文，作者为了充分揭示出环境污染这一严重问题，引起人们的高度重视，在选材、构思、表达的过程中充分运用了比较思维。作者为了突出珠穆朗玛峰污染的严重性，将珠穆朗玛峰雪水中溶解的微量金属元素运用数据分项比较：其含铅量、含锌量、含锰量分别是南极的 86、33.3、33.6 倍。为了突出污染的严重恶果，将北爱尔兰受污染中毒而死的鸟与正常鸟体内所含多氯联苯进行比较，突出是前者比后者"140 倍"。为了突出湖水被污染的严重恶果，将苏联贝加尔湖近十年来原有水产和现有水产进行比较，突出"至少灭绝一半以上"的事实。不仅如此，作者为了突出消除环境污染的艰巨性、长期性，也两处运用了比较思维。其一，将日本濑户内海的污染与治理污染的长期性"被害的濑户内海在今后的几十年内都将是生物的坟墓"进行比较；其二，将地中海的污染与治理污染"要花去五十亿美元"，"25 年后才能使地中海基本上从污染的现状中恢复过来"进行比较。文章就是这样各处运用比较思维进行说明，举例子，列数据，将令人触目惊心的环境污染展现在读者面前。

（2）事物的个性与共性分析思维运用

个性与共性分析思维主要帮助学生认识同中有异、异中有同的道理，学习从事物的个性与共性的相互关系上分析事物的方法。例如，彭荆风、丁小平的报告文学作品《壮士横戈》中，主人公周在才虽然只有二十六岁，但已是一个"老兵"，是很有才干但又颇招非议的排长，生前他有那么多的遗憾与梦想，是一个"有缺点但对生活无比热爱的人"。小战士黄进在家娇生惯养，是老父和六个姐姐特别宠爱的"老幺"，他不爱说话，喜欢学习，一心想做个战斗诗人。他是平时常见的那种充满浪漫气质的"文弱书生"。周在才与黄进的生活环境有别，两人不同的个性也很鲜明，但他们都热爱生活，热爱祖国，在生死关头，他们毅然"舍生取义"，为国捐躯，这是他们的共性。在这两个人物身上，就生动体现了同中有异、异中有同的辩证法思维。

又如学生习作《从电影片名谈起》，作者从电影片名落笔，在肯定国产电影的数量和质量都有所提高的前提下，指出片名大致雷同，"给人一种乏味之感"，这就是有共性而缺少个性给人造成的印象。接着，作者又列举中外好的片名，指出其"意深思巧，艺术性强"，引人观赏，耐人寻味。这就是个性鲜明所产生的艺术魅力。本文作者从相互对比中得出"电影片名应有所创新"的结论。文末又给人启示："无论做什么事"，都不能"拾人牙慧"，"电影片名更应该有自己的独创风格"。这篇习作，除反映了青少年敢想敢说的共性外，也反映了作者敏于思索、标新立异的个性。个性与共性的思维训练，可结合课文导读、作文讲评、写电影戏剧评论等方式进行。

4. 纵向结构性联系分析与思辨文写作技能思维的融通培育

事物是向前发展的，不管是事物的内因、外因以及这些因素之间，还是存在的现象、事物与事理的发展过程，都在发展变化，这是事物存在的形态。古罗马喜剧作家忒壬斯曾说："真正的智慧不仅在于能明察眼前，而且还能预见未来。"纵向联系分析思维，是一种符合事物发展方向和人类认识习惯的思维方式，遵循由浅到深、低到高、由近及远、由始到终等顺序，合乎逻辑、循序渐进、环环相扣、层层深入。纵向联系思维是辩证分析的基本方式之一。在前联系的基础上，进一步分析事物现象及事理间的联系，思考事物的发展，这是辩证思维进一步发展必须要运用的思维方式。这种纵向结构性联系分析思维在思辨文写作中的运用很必要，两者的融通运用，能实现纵向结构性联系分析与思辨文写作技能思维能力的培育。

（1）承接关系分析及写作运用

即运用联系思维，对时间的纵深联系（古今的关联）、现象的过程性关联分析等进行纵向联系思考。

时间的纵深联系是指现象的时间先后，这包括短期时间联系和长远时间联系。比如，某人是追星族，特别迷恋某位明星。要理解他为什么追星，有必要了解他在一个时间段或较长时间段里先后看了些什么、听说了些什么，他的感想与情趣前后有何变化，等等。

现象的过程性关联分析，即从事物现象的起点、发展过程到结果进行现象联系思考，这是分析事物发展的基本方法。

比如优秀高考作文《青春追梦唱时代》一文中：

晋代孙康少时家境贫困，夜间没有油灯供他读书，他偶然发现书上的字在雪地里看得很清楚，便借着雪的反射光读书。通过不断努力，他官拜御史大夫。17岁考入清华大学土木工程系的沈崇海，在"九一八"事变后，领导各大学学生组织义勇军。大学毕业不久，他毅然投笔从戎，冒着大雪赶到杭州投考航校，最终被录取并在毕业后留校任教官，后来在抗日战争中重创日军，最终英勇殉国。是青春时代的伟大梦想唱响了他杰出的人生。他永留青史，让人景仰。我们的人生也应青春有梦，用追求成就自己，用成功精彩人生。

以时间为序、现象的过程性关联分析，是两种常见的纵向发展分析思路。这段文字对两个论据各自前后现象承接关系进行了阐述与分析，阐述思路清晰、深入，显示了从事物现象的起点、发展过程到结果的分析逻辑。

（2）递进关系分析及写作运用

是对事物性质、事理及认知方法的逐层深入的纵向探求，其探求序列一般是：事物的原因或背景→是什么（本质、形态特征）→意义与价值（或结果）→为什么→怎么办→结果。

①借助递进关联词"不仅""而且""况且"等对事物现象进行递进式的联系思考

比如阐述"严于解剖自己"这一论题，论证思路可以是"对自己要有自知之明"→"光有自知之明还不够，还要勇于自我批评"→"自我批评的勇气来源于对真理的追求和崇高的信念"。三层意思由一个观点引出另一深入的观点，用"还要"来递进，再深掘"自我批评的勇气"的来源。

②按照"提出问题—分析问题—解决问题"的思路展开联系，可按回答三个问题"是什么、为什么、怎么办"的顺序进行递进式联系思考

这种追问式递进展开结构，可以使对问题的剖析与探究如层层剥笋，步步深入，是一种逐步深入的纵向性展开的分析思路。这种文章结构适合于探讨需要逐步深入分析的问题。例如：对于"要钻牛角尖"这一写作主题，阐述思路可以是：什么是"钻牛角尖"→怎样"钻牛角尖"→"钻牛角尖"的结果是怎样的。

③针对某些不好的现象，分析其危害，挖掘其产生根源，指出解决问题的办法，即摆现象→析危害→挖根源→指办法

比如，对于"给爱一点空间"这个话题，可以从以下思路进行探寻：母亲给新婚女儿的赠言，"巨型婴儿"的悲剧故事（摆现象）→分析父母对孩子溺爱，却毁了孩子本该灿烂美好的一生（析危害）→深爱着孩子的父母，要给孩子一个空间，一次机会，让他们自由地穿越风雨，展翅九天（挖根源）→爱需要空间和自由（指办法）。

④内容按"引—议—联—结"的思路展开

"引"即引论，提出问题；"议"即本论，分析问题；"联"就是联系现实生活，联系时事多角度、多侧面地阐述，还可指出论点在现实生活中的指导意义；"结"即结论，解决问题，总结全文。比如优秀高考作文《光荣的荆棘路》：引——引述作文题目材料，逆向思维，提出论点"光荣的荆棘路"。议——分析论证自己的见解。联1——总启，概述生活中的类似现象；联2——举例论证"要勇于踏上荆棘路"；联3——联系现实，联系自己，证明"只要勇敢奔跑就能给人温暖，就光荣"，避免假大空。结——总结议论，重申观点，再次点题。

（3）观点分解式逐层纵向展开分析及写作运用

即将中心论点按一定的逻辑顺序分解成几个分论点，然后依次议论。分解方式有由小到大、由原因到结果、由点到面（也可相反）、由简单到复杂、由轻到重、由特殊到一般、由浅入深、由表及里、由具体到抽象，还可由可能性到必然性，等等。各分论点之间应环环相扣，步步深入。

从小到大的纵向性展开，如论题"跳出规则的方框"的论证思路：跳出规则的方框，可以帮助你登上人生的顶峰→跳出规则的方框，可以推动人类社会进步。

由浅入深的纵向性展开，如论题"在困难面前"的论证思路：要承认困难，因为困难无处不在，无时不有→要不怕困难，因为困难像弹簧，你强它就弱→要分析研究困难，千方百计地战胜困难。

由表及里，再深化地纵向性展开，如论题"美"的论证思路：美可以是天生丽质（列举各种自然美）→美更是自信风度（体现各种生命状态）→美更应是奉献精神（将观点深化）。

5. 多样性联系分析思维与思辨文写作技能思维融通的综合培育

多样性联系分析思维是纵横向思维及各种分析方式在写作中的综合运用。从唯物的观点看，任何事物都是多样性的统一体。认识事物的本质属性，需要对事物的各部分进行纵横向分解，分析各部分的性质，揭示部分与部分、部分与整体之间的关系。在对事物各部分进行综合分析的基础上，进一步分析事物间的联系，思考事物的发展形态及趋势，从而达到全面认识事物的目的。这是辩证思维进一步发展必须要进行的思维过程。综合联系分析思维实质是对横向、纵向现象的联系及相互作用、结果进行的分析。多样性联系分析思维分为横的分析、纵的分析、纵横交错分析。

这里主要阐述纵横交错式分析。即纵式结构和横式结构方式的结合运用。这种结构汇合"纵式"与"横式"的表现功能，纵横呈交合状态，或者纵中有横，或者横中有纵，纵横有机结合，以畅达文意。

（1）以纵为主、纵中有横的多样性联系分析

在思辨文写作中，内容以纵向思路铺陈逐步深入为主，辅以充分的横向分析，主辅结合，使文章清晰、深刻。

比如商志晓《思想以知识为根》一文。这篇文章整体上的结构方式为纵式结构，分别聚焦：第一，何为知识呢？第二，关于知识本身及如何获得、知识是否可靠？第三，知识，又承担着什么样的责任，发挥着怎样的作用呢？三个问题，层层深入，主体思路的内容联系深刻，是典型的纵向思维。但同时，在每一个问题分析过程中又有着充分的横向分析。比如在论证第三个问题"知识发挥着怎样的作用"时，作者分别阐述道："首先，知识发挥着将思想与其根须深植的土壤紧密联结并由以固本续脉的作用。""其次，知识发挥着确认思想的科学性真理性并使之借以承载起应有功能的作用。""再次，知识发挥着助力思想健康成长并使之续进生成'方法'、确立'价值'的作用。"三个作用呈现典型的横向并列式结构。

（2）以横为主、横中有纵的多样性联系分析

这种思维方式的综合运用，使文章内容的分析与铺陈开合自如、内容充分，横中有纵的纵线也使文章结构清晰、联系紧密。

比如毛泽东《关于正确处理人民内部矛盾的问题》。这是一篇讲话，分门别类拟了十二个小题目：两类不同性质的矛盾；肃反问题；农业合作化问题；工商业者问题；知识分子问题；少数民族问题；统筹兼顾、适当安排；关于百花齐放、百家争鸣、长期共存、互相监督；关于少数人闹事问题；坏事能否变成好事？关于节约；中国工业化的道路。全文以横向安排材料为整体结构，从中穿插纵向的论证阐述。

辩证思维之联系地辩证分析的思维方式与思辨文写作技能思维的融通运用，利于培育思辨文写作的技能思维，提升联系地辩证分析的思维能力。

二、抽象思维与思辨文写作分析论证逻辑思维融通进阶产生思辨文写作内容的课程与教学体系创构二：辩证思维之发展地分析与思辨文写作技能思维的融通培育体系

唯物辩证法认为，事物是发展变化的。由于事物的普遍联系，事物间相互作用、相互影响，构成了事物的运动、变化、发展。世界上的一切事物都处在永不停息的变化、发展中。不管是自然界、人类社会，还是人的认识，都在不断地发展变化。比如，地球有一个产生、发展的过程，已经经历了太古代、元古代、古生代、中生代和新生代，现在还在继续变化和发展。人类社会也经历了一个由简单到复

杂、由低级到高级、由野蛮到文明不断发展的过程。人的认识也会经历由不知到知，由知之不多到知之较多，由知道得肤浅到比较深刻的变化发展过程。发展的实质是事物的前进和上升，是新事物的产生和旧事物的灭亡。发展地分析是建立在联系分析的基础上的，是一种对事物认知的前进和上升的联系分析。这种思维是辩证类与思辨类写作的基本思维方式之一，能让学生对事物有深刻、长远的分析能力，在写作中的运用能使文章具有深刻性。思辨文写作技能思维培育应运用发展地分析思维方式，两者融通运用，实现辩证思维之发展地分析思维方式与思辨文写作技能思维的融通培育。

（一）发展的前进性、曲折性分析与思辨文写作技能思维的融通培育

任何事物的发展都具有前进性和曲折性。发展的前进性，是指事物总是在运动变化之中，不管是走向正向的方面，还是反向的方面，即使看似没有变化，实际上内部的形态和以往都有不同。发展具有曲折性，是指事物的发展总要经历一个由小到大、由不完善到比较完善的逐步发展的过程。发展的曲折程度，由发展过程中发展要素间的依赖、发展双方矛盾的运动决定。发展地分析分为纵向性展开分析、螺旋式上升否定之否定分析、偶然性和必然性的转换分析。

1. 一般纵向性分析

即事物的发展走向正面或者反面，包括直线上升或下降，是一种按事物发展变化的过程进行思考的思维方法。

纵向性展开分析思维表现在思辨文中，往往是一种逐步推进的递进结构。如毛泽东的《一个极其重要的政策》一文，其主题是论述"精兵简政"这个政策在抗日战争最后阶段的重要性。全文分四段，讲了四层意思：第一段说明了进一步讨论这个问题的必要性；第二段从形势分析入手，强调了只有实行"精兵简政"的办法，才能克服日益严重的物质困难；第三段再进一步论述"精兵简政"何以能有效地克服当前和今后的物质困难；第四段再进一步，指出不克服"现状与习惯"对人们头脑的束缚就不能正确地实行"精兵简政"这一重要政策，就不能"轻轻快快地同敌人作斗争"。四层意思层层推进，前面是后面论述的基础，后面是前面论述的深入，像抽丝剥茧一样，使论述步步推进，自浅而深。

2. 否定之否定分析

否定之否定分析也叫作螺旋上升式分析。否定之否定规律是哲学的基本规律之一。它揭示了事物发展的前进性与曲折性的统一，表明了事物发展不是直线式前进而是螺旋式上升的。否定之否定规律的原理对于人们正确认识事物发展的曲折性和前进性具有重要的指导意义。

假设一个人最初对某项技能毫无兴趣，认为自己完全不适合（最初的否定）。然而，随着时间的推移，他因为某些原因开始尝试并学习这项技能。在学习过程中，他遇到了许多困难，甚至想要放弃（第一次否定后的尝试和再次否定）。但是，他没有放弃，而是继续坚持并寻求进步。渐渐地，他发现自己对这项技能越来越感兴趣，并取得了不小的进步（否定之否定的阶段）。这个例子说明了否定之否定的过程：从最初的否定，到尝试和再次否定，最后到否定之否定，即认识到自己的潜力和成长。这个过程体现了事物发展的曲折性和前进性，也展示了人们通过不断努力和反思，最终实现自我超越的可能性。

否定之否定形成的螺旋式思维的递升是思辨文写作中很重要的辩证思维形态，也是写作思维水平的体现。翦伯赞的《内蒙访古》一文，其中的一段就集中体现了否定之否定的辩证思维：

然而现在还有人反对昭君出塞，认为昭君出塞是民族国家的屈辱。（这是对"和亲政策"的否定，接着作者用辩证的观点进行分析）我不同意这样的看法。因为在封建时代要建立民族之间的友好关系，不能像我们今天一样，通过各族人民之间的共同的阶级利益、经济基础和意识形态，主要的是依靠统治阶级之间的和解，而统治阶级之间的和解又主要的是决定于双方力量的对比，以及由此产生的封建关系的改善。和亲就是改善封建关系的一种方式。当然，和亲也是在不同的历史条件下出现的，有些和亲是被迫的，但有些也不是被迫的，昭君出塞就没有任何被迫的情况存在。如果不分青红皂白，只要是和亲就一律加以反对，那么在封建时代还有什么更好的方法可以取得民族之间的和解呢？在我看来，和亲政策比战争政策总要好得多。

在这段文字中，作者用历史唯物主义的观点，深入分析了和亲政策产生的历史条件，得出了"和亲就是改善封建关系的一种方式"的结论。这就对否定和亲的观点来了个辩证的否定，最后得出了"和亲政策比战争政策总要好得多"的肯定结论。以此实现了在辩证否定的基础上进行辩证的肯定。从中可以读出作者思维的辩证性，这样的否定之否定便是螺旋上升式分析。

3. 偶然性和必然性的转换分析

必然性即必然联系，是由本质原因引起的不可避免的结果联系，如种瓜得瓜、摩擦生热等；偶然性即偶然联系，是由非本质原因引起的可以出现也可以不出现、可以这样出现也可以那样出现的结果联系。如，一位喜爱文学艺术的大学生曾写信向余秋雨提出这样的问题："为什么报刊上对好的作品总是否定得多，而对那些平平庸庸的东西，却总是很少批评？"余秋雨先生回信说，报刊上那些文章"总的来说不能算是文艺批评"。余秋雨先生揭示了大学生提到的两个现象间的偶然联系，对两个现象间的必然性进行了否定。也就是，所谓的对好的作品的批评并非是必然的，而是偶然的，对所谓的"平平庸庸的东西"很少批评也是偶然的；而大学生看重的批评性的文章其实也并非文艺批评性文章，因此大学生对这二者的评判并不成立，这是余秋雨先生对其必然性否定的体现。因此在思辨文写作中，如果要深入分析研究因果联系，就必须注意区分必然性与偶然性的关联。

必然性和偶然性在一定条件下，还可以相互转化。必然性和偶然性的相互转化，也就是必然性的现象在一定条件下可以变成偶然性的现象；偶然性的东西在一定条件下也可以成为必然性的现象。具体说来，这种相互转化表现为两种情形：

其一，对某一过程来说是偶然的现象，对另一过程而言则可能是必然的；反过来说，也是一样。例如：形成一种新理论、提出一个新发现的历史条件已成熟时，这个新理论、新发现总是要被提出来的，这是必然性；至于是谁捷足先登，提出新理论，做出新发现，则是偶然性。可是，为什么是张三而不是李四提出新理论、做出新发现，则与张三的坚定立场、正确观点、科学方法以及渊博的知识、严肃的态度、超人的智慧、刻苦的努力等有着内在的联系，这里又有必然性可循。

其二，随着时间的推移，情况的变化，有些偶然性可以变成必然性，有些必然性可以变成偶然性。例如：在生物进化过程中，旧物种出现新的变异原是偶然的东西，而在新物种产生后便成为必然的东西了；反过来，某一物种的必然性状经过退化，在一定条件下会变成该物种可有可无的偶然性状。人类祖先浑身有毛、长尾巴是必然的，而现在个别婴儿出现满身长毛、长尾巴等返祖现象，是偶然的。偶然性和必然性看似矛盾，实则紧密相连。如一学生在作文中阐发对生命力话题的理解时，写出了这样的分析议论句："一粒种子偶然落在肥沃的土壤里，随后发芽生长，这是偶然；但种子在适宜条件下生长，则是必然。随着这棵植物的成长，它可能偶然遭遇风雨，但风雨过后，若它生命力顽强，则必然更加茂盛。"这一段例举议论体现了偶然性和必然性的转换和因果联系。其实，这样的素材在自然界和人类社会中处处可见，写作中运用这种思维分析现象，更展现了偶然性与必然性相互交织的复杂之美。

（二）质量互变分析与思辨文写作技能思维的融通培育

事物的发展变化是由量变到质变，又从质变到量变的无限交替过程。量变，是指事物在数量上的增减，如大小、速度、程度和规模等方面量的变化。质变，是指事物从一种质态到另一种质态的变化，是事物性质的根本变化。世界上任何事物的发展是从量变开始的，没有一定程度的量的积累，就没有事物性质的变化。事物的变化，都是由量变到质变的统一，量变是质变的前提和必要准备，质变是量变的必然发展结果，但是一次量变到质变的过程，并不等于事物发展的终结。因为事物会在新质的基础上，又开始新的量变。事物就是这样在不断地经过量变、质变，由低级到高级，由简单到复杂，循环往复以至无穷地向前发展。思辨文写作运用质量互变分析思维方式，能培育发展性思维能力和写作能力。

比如文言文《劝学》，文章首先阐明学习的意义，"君子博学而日参省乎己，则知明而行无过矣"，即学习可以改变人的本性。这"博学"与"日参省"就是量与质不断变化的过程，这变的结果是达到"知明"与"行无过"的境界，就发生了质的变化。再比如这一段文字："'为山九仞，功亏一篑'。生活中有一个奇怪的现象，就是很多时候失败都是在接近成功的那一瞬。有人把这种失败怪罪于命运，以为是命运在捉弄人，而事实上，这是因为在临近成功的时候，人们便以为成功的质变已经发生了，结果心松懈了，改变甚至停止了量变，没有足够的量变，成功便与之失之交臂。"这是对从量变到质变的反面关系分析，量变不达到一定的程度就不会引起质变。

量变和质变的规律还告诉我们，超过了一定的限度，事物可能向相反的方向转化，这就是"物极必反"。比如，在学习、体育运动上，要取得好的成绩，都必须付出辛勤劳动。但是如果不注意劳逸结合，辛劳过度，结果往往适得其反。在社会主义建设中，人们都希望经济建设的步子迈得大一点，但步子迈得过大，形成"冒进"，结果就会误国误民。

又如，一学生习作《冰的启示》，就较好体现了量变引起质变的思维规律。作者在前三段写了一些自然现象，接着写道：

俗话说：冰冻三尺，非一日之寒。永定河面上的冰，之所以能承受巨大的压力，是由于它具有一定的厚度。而这厚厚的冰层，不是"一日之寒"所能形成的，而是积一日又一日之寒的结果。由此可见，凡事都有一个渐变的过程。荀子《劝学篇》大讲"积"的重要，我想说的也就是这个道理。这又使我想起了一个人的变好与变坏，也不是"一日之功"。有的人曾慨叹自己没有生在战争年代，否则也成为什么样什么样的英雄人物了，而这些人在现实生活中又不肯"积善成德"，不肯从点滴做起，如抓紧课堂上的每一分钟的时间认真学习，注意自己的一言一行合乎文明规范，等等。这种人有为人民立功的愿望，但是在行动中违背了客观规律，他们永远只能是个"叹息者"。

千里冰封，河面上行车走人，这是严寒的标志。但是人们往往也从中得到鼓舞。不是有这样一句诗吗：冬天来了，春天还会远吗？当严冬施展它的威风的时候，"千里冰封，万里雪飘"，人们却在迎接播种的春天了。

这篇习作从自然界的现象悟出人生哲理：量的积累引起质的变化，我们应养成文明习惯，珍惜寸光，日积月累，让自己发生质的变化，成就为人民立功的愿望，满怀信心地"迎接播种的春天"。

（三）发展地分析与思辨文写作技能思维融通的综合培育

以上是辩证思维中发展地分析几种分析技能的理论阐述，在实际的思辨文写作中，发展地分析技能运用不应是单一的，而是综合的。发展地分析与思辨文写作技能思维融通的综合运用及培育，可从以下几个方面进行例述。

1. 一般纵向性展开分析和否定之否定分析的综合运用

比如优秀高考作文《当年味碰上雾霾》。文章在围绕"年味碰上雾霾"的话题展开论述时，其写作思路明显体现了一般纵向性展开分析和否定之否定分析。作者对年味和雾霾关系的思考是具有纵向递进性的。第一段叙述现象"不知从哪年开始，每当鞭炮烟花绽放美丽的时候，雾霾也日益'浓郁'起来"。第二段提出问题"要年味还是要蓝天？环境和年味，能否兼顾"。第三段只是较浅层面的陈述年味，到了第四段内容转向对如何抵制雾霾天气的思考和阐述。第五段开始体现了否定之否定的分析思维和写作技能，特别是"为了环境而少放或不放，谁说这不是对传统文化的继承与保护呢？"这一句对年味中爆竹燃放的行为完成了否定之否定的思考，并且以反问的句式引起读者的进一步思考。第六段直接表明了观点"相对于燃放烟花爆竹过节，不如弘扬绿色传统节日，过低碳环保年"。第七段在否定之否定的基础上进一步提出了解决办法"爆竹不是不能放，而是应该少放，或者是换一种方式放"，这也是纵向递升的思维体现。最后一段文字"当年味碰上雾霾，不是不幸，而是考验。考验能否为世人、为自己，少放烟花。让清风拂面，心旷神怡，过清新健康年，让年味更清新、更健康"，文字虽短，却较精练地体现了否定之否定和纵向性展开分析的综合。其中"年味碰上雾霾，不是不幸，而是考验"这一句，较好地对前文的分析阐述以及自己的观点进行了总结。

2. 偶然性和必然性的转换分析和质量互变分析的综合运用

比如优秀高考作文《当"炫富摔"遇上"平民摔"》一文。文章围绕"炫富摔"和"平民摔"展开论述。这两种"摔"表面看似偶然事件，实则体现了阶级分化影响下价值观念不同的必然性。"'炫富摔'火到中国后，引发了国内几亿人的关注，很多人也加入了'摔'的行列。"但中国人的"摔"却不局限于"炫富"，而是衍生出了丰富多样的"摔法"。文中一句"从富人摔的那一跤中，感受到的只有羡慕嫉妒恨，只有富人摆出的高姿态。而从广大网友的'平民摔'中，感受到的却是真实的人生、百味的生活"，是偶然性向必然性转换的思维体现，作者在进行转换后进一步提出了真正的值得"炫"的应该是有价值感的东西。文章第四、第五段中密集出现的论据则是从质量互换的反向思维来进行论述：并非"摔"得越多，露的富越多，越有价值，而是做自己觉得最有意义和最应该做的事才最有价值，如母亲对宝宝、教师对学生、医生对病人、消防员对群众，他们的价值和成就不是来自"炫富"，而来自一次次的真情付出。即使是世界首富比尔·盖茨也并非靠"炫富摔"来获得世人的关注，相反却是将大量的金钱财富当作附属品。写到这里，作者的写作思路经历了偶然性与必然性的转换和质量互换思维之后，在最后一段用一句"不必总炫兜里的钱，不必假摔无聊的跤，平平淡淡、真真切切过好每一天才是最大的财富"，表达了自己的思考。

由此观之，在思辨文写作中，带着偶然性与必然性转换、质量互变的思维进行问题剖析和论述，肯定能增加文章的思考深度，避免停留在表层的问题分析和阐述，从而带给人眼前一亮的感觉。这样的思维方式运用有助于思辨文写作水平的提升。

辩证思维之发展地分析与思辨文写作技能思维的融通运用，有利于培育思辨文写作技能思维，提升发展地辩证分析能力。

三、抽象思维与思辨文写作分析论证逻辑思维融通进阶产生思辨文写作内容的课程与教学体系创构三：辩证思维之用矛盾观分析与思辨文写作技能思维的融通培育体系

（一）矛盾观分析的哲学要素及基本思维方式与思辨文写作技能思维的融通培育

矛盾观即对立统一观。矛盾，是一个特殊的哲学范畴，是指事物内部对立着的两个方面之间相互依赖又互相排斥的关系，即矛盾反映了事物内部对立和统一关系。比如日常生活中常见的真假、善恶、美丑、劳逸、攻守。世界是普遍联系和永恒发展的，联系的根本内容是矛盾双方的联系，发展的根本动力是矛盾关系，没有矛盾关系就没有世界。所以，矛盾关系是世界存在的形态，是事物发展的源泉和动力，矛盾观分析法是认识世界和改造世界的根本方法。矛盾的观点，即对立统一的观点，是辩证法的实质和核心。思辨文写作技能思维的培育应用矛盾观分析的哲学要素及基本思维方式，两者融合运用，可以实现矛盾观分析的哲学要素及基本思维方式与思辨文写作技能思维的融通培育。

1. 矛盾的统一性和对立性分析与思辨文写作技能思维的融通培育

矛盾的属性，既有统一性，又有对立性，是矛盾所固有的相反相成的两种基本属性。矛盾的统一性包含以下两种情况：第一，矛盾的双方相互依存，即一方的存在以另一方的存在为前提。比如战争中的攻和守，没有攻就没有守，没有守也就没有攻。它们互相联系，互为存在的前提。第二，矛盾的转化。矛盾着的双方相互贯通、相互渗透、相互包涵，在一定的条件下，可以相互转化。矛盾的对立性是指矛盾双方相互对立、相互排斥的属性，体现着相互分离的倾向和趋势。这种相互对立、排斥的形式是纷繁多样的，事物不同，组成因素的对立性就不同。自然界现象中的排斥和吸引、遗传和变异，社会现象中各种利益关系和意识形态，国际关系间的各种纷争，人民内部不同意见的争论等等，都是矛盾对立性的不同表现。

对立统一思维是辩证思维的一种重要类型，它要求人们在思维的过程中，既要看到事物对立的一面，又要看到事物统一的一面，做到全面、深刻、准确地看待问题。很明显，运用对立统一思维，还必须综合运用联系、发展思维的各种思维方法，才能看清对立统一的组成因素以及两者的统一。思辨文写作技能思维的培育应运用矛盾的统一性和对立性分析的思维方式，两者融合运用，能实现矛盾的对立统一分析思维方式与思辨文写作技能思维的融通培育。

比如，周先慎的《简笔与繁笔》。文章着重论述了文章的繁简问题，作者运用对立统一思维把文章的繁笔与简笔看成既是对立的，又是统一的，统一在表现文章内容这点上，作者认为"文章的繁简又不可单以文字的多寡论""言简意赅，是凝练、厚重；言简意少，却不过是平淡、单薄。'繁'呢，有时也自有它的好处：描摹物态，求其穷形尽相；刻画心理，能使细致入微"，而"简而淡，繁而冗"，都不好。并以《水浒传》和《社戏》为例来加以证明，说明运用繁笔或简笔，应从是否有利于表现文章内容着眼。这就把握了事物的本质，阐明了文章繁笔与简笔的辩证关系。

2. 矛盾的普遍性和特殊性分析与思辨文写作技能思维的融通培育

矛盾具有普遍性和特殊性，写作时运用这一分析思维方式，能实现矛盾分析能力、思辨文写作技能思维的培育。

（1）矛盾的普遍性分析及写作运用

矛盾的普遍性指矛盾存在的共性和绝对性。矛盾存在于一切事物中，贯串于一切事物发展过程的始终。承认矛盾普遍性是一切科学认识的前提。

《邹忌讽齐王纳谏》《谏太宗十思疏》等，都是训练学生认识矛盾的普遍性的恰当案例。

《邹忌讽齐王纳谏》的整个事件过程存在诸多矛盾。从邹忌的角度，邹忌虽外形俊美，但对自身与徐公谁更美的判断存在困惑，妻、妾、客的夸赞，让他产生自我怀疑与被认可的矛盾；在进谏环节，邹忌需要在维护齐王作为君主的威严，避免因言辞不当触犯龙颜与促使齐王认识广纳谏言对国家治理的重要性之间找到平衡。从齐王角度来看，接纳邹忌谏言，意味着要直面自身在治国理政方面存在的诸多不足，这与君王长期以来的权威心理产生冲突；若拒绝纳谏，又难以推动国家发展。邹忌看到了这些矛盾存在的客观性，他从齐王也想国家强大这一主体方向出发，智慧地以妻、妾、客之赞美自己是出于私心这一客观事件切入，并以此为例，让齐王知道自己受"蔽甚矣"，齐王于是茅塞顿开，从而大开言路，使国家兴盛。

《谏太宗十思疏》写于唐贞观十一年（637），时值唐王朝在文治武功上均取得了巨大成就，唐太宗的骄矜心理与享乐思想也随着滋长起来，加重了对人民的剥削，人民颇有怨声。这就是矛盾的普遍性的反映。魏征身为臣子，肩负着向唐太宗进献良策，助力国家持续发展的职责，同时又必须顾及唐太宗的颜面和权威。如何在有效进谏的同时避免触怒唐太宗，成为魏征面临的客观矛盾。本文中，魏征智慧地从实现国家的长治久安的立场出发，恳切地论述了"居安思危，戒奢以俭"的观点，并向唐太宗提出"十思"作为"人君"的行动准则。这是缓和君民之间普遍性矛盾的对策。当然，本文的写作目的是维护封建阶级的统治，但作者对人民力量有一定的认识，文中所说的"十思"在客观上也有利于人民。

（2）矛盾的特殊性分析及写作运用

矛盾的特殊性是指，从横向看，具体事物的矛盾及每一个矛盾的各个方面都有其特点，主要矛盾与次要矛盾就是相对的特殊性；从纵向看，各个具体事物的矛盾及每一个矛盾的各方面在发展的不同阶段也各有特点。

矛盾的特殊性有三种情形：一是不同事物的矛盾各有其特点；二是同一事物的矛盾在不同发展过程和发展阶段各有不同特点；三是构成事物的诸多矛盾以及每一矛盾的不同方面各有不同的性质、地位和作用。

矛盾特殊性的原理要求在认识事物和解决问题时，必须在矛盾普遍性原理指导下坚持具体问题具体分析。这是马克思主义的一个重要原则。离开了具体分析，就无从认识事物。平时常说"量体裁衣""对症下药""因地制宜""因材施教"等，都是说要从实际出发，具体问题具体分析，用不同的方法解决不同的矛盾。

比如优秀高考作文《路，要靠自己走》一文中，提出矛盾的特殊性命题："路，要靠自己走"。接着，由小到大、从个人和革命两个方面展开论述，均突出了矛盾的特殊性。在论述人生之路时，根据具体矛盾具体分析的方法，批评了两种错误观点，然后以吴景山独自骑车考察为例，树立榜样；在论述革命之路时，先指出王明路线的错误，又本着具体矛盾具体分析的原则，肯定毛泽东路线的正确。这些正反对比的矛盾分析，突出了中心。最后联系现实，概述了当代青年的时代责任，扣住矛盾的特殊性作结："依靠自己的力量，走出一条具有中国特色的、符合中国国情的社会主义现代化建设的道路。"这一矛盾的特殊性，必然寓于矛盾的普遍性之中，是矛盾的特殊性与普遍性的辩证统一。

（二）矛盾观分析与思辨文写作技能思维的融通培育

事物作为矛盾的统一体，包含着相互矛盾对立的两个方面。这两个方面有正面有反面，有长处有短处，有内因有外因，有利有弊，有得有失。要全面地理解和分析事物现象，防止孤立片面地看问题，就必须看到事物组成的矛盾面，并运用联系、发展思维。只有这样，才能避免认识的片面性和绝对化，增强思辨的准确性和说服力。运用矛盾观分析思维方式，培育思辨文写作技能思维，可以实现两者的融通培育与共同发展。

1. 肯定与否定思维分析与思辨文写作技能思维的融通培育

肯定与否定思维分析是矛盾分析的方法之一。唯物辩证法认为，肯定一切、否定一切都是错误的；只能肯定应当肯定的，否定应当否定的，才是得当的。要准确全面地分析事物，就必须学会用肯定与否定辩证思维分析的方法分析事物。

（1）先肯定后否定的分析思维方式

比如《警惕在娱乐化中堕落》一文，作者写作目的是批判恶搞文化，在论述时先肯定娱乐的必要性，"我们需要娱乐，不能成天一本正经地活着"，承认人们有娱乐的需求，这是对娱乐这一行为在一定程度上的肯定。然后笔锋一转，指出"恶搞文化、穿越文化不能没有民族底线，不能没有精神之光"，从民族底线和精神之光的角度，否定了过度娱乐化、恶搞历史等行为，批判了那些放弃意义、思考和追寻，凡事以娱乐之心待之的现象，揭示出过度娱乐化的危害，达到辩证否定的目的。

（2）先否定后肯定的分析思维方式

比如《谎言有时也美丽》一文，在论证"谎言有时也是一种美丽"这一观点时，先从反面分析谎言的性质和危害，指出"'谎言'之所以称为'谎言'，是因为它是虚假的、不真实的、骗人的话语。一个人如果经常有谎言流于口中，去哄骗他人，久而久之，他便会失去人们的信任"，为自己观点的论证设置了障碍。接着再分析"善意的谎言"，指出"'善意的谎言'是人们对事物寄托的美好愿望，是人们善良心灵的对白……谁也不会去追究它的可信程度。即使听到善意谎言的人明知是谎话，也一样会去努力相信"，从性质和意义的角度肯定了"善意的谎言"，在否定的基础上实现了对中心论点的肯定。

2. 一分为二的矛盾分析法与思辨文写作技能思维的融通培育

一分为二的矛盾分析法是矛盾分析的基本方法。看到事物组成的两个矛盾方面，才能正确地看待事物。鲁迅的《拿来主义》中"他占有，挑选。看见鱼翅，并不就抛在路上以显其'平民化'，只要有养料，也和朋友们像萝卜白菜一样的吃掉，只不用它来宴大宾；看见鸦片，也不当众摔在毛厕里，以见其彻底革命，只送到药房里去，以供治病之用，却不弄'出售存膏，售完即止'的玄虚。只有烟枪和烟灯，虽然形式和印度，波斯，阿剌伯的烟具都不同，确可以算是一种国粹，倘使背着周游世界，一定会有人看，但我想，除了送一点进博物馆之外，其余的是大可以毁掉的了"，作者对中国传统的事物并没有彻底肯定或彻底否定，而是运用矛盾分析法一分为二地看待问题，既看到"鱼翅""鸦片""烟枪和烟灯"的坏处，也看到了这些事物身上的价值。

3. 主次矛盾及矛盾转化分析与思辨文写作技能思维的融通培育

主次矛盾及矛盾转化分析的思维方式运用于思辨文写作技能思维培育，既能培育思辨文写作技能思维，也能培育矛盾的主与次及主次矛盾转化分析的能力。

（1）主次矛盾的分析及写作运用

事物在发展过程中，同时包含着许多矛盾，各种矛盾所处的地位和所起的作用也是不一样的，有主要矛盾和次要矛盾之分。主要矛盾起主导和支配作用，规定或影响其他矛盾的存在和发展，决定事物的性质；次要矛盾处于从属地位，对事物发展和主体评价影响相对较小。把握了主要矛盾，才能抓住事物的本质和主流，才能辨方向、识大局。比如在社会发展中，当一个国家处于经济发展的关键阶段，经济建设可能就是主要矛盾。像中国在改革开放初期，面临着人民日益增长的物质文化需要同落后的社会生产之间的矛盾，发展经济、提高生产力水平就成为当时的主要矛盾，它决定着国家的发展方向和整体进程。而其他如文化建设、社会治理等方面的矛盾则处于次要地位，受经济发展这个主要矛盾的影响和制约。

因此，在运用矛盾的主与次分析问题时，不能把事物的主次矛盾同等看待，应该明确指出哪一矛盾是主要的，并对主要矛盾做重点论述，对次要矛盾做简略分析，这样，才能避免轻重不分、模棱两可，使观点鲜明。比如，分析"和为贵"话题，"和"在众多矛盾中对事物有积极作用和主导价值，这是对于事物态度"和"与"不和"这对矛盾中的主要矛盾，应该侧重分析强调，而对于其他体现"不和"的矛盾简略分析，几笔带过即可。总之，在对事物现象进行矛盾的主与次分析时不能"平分秋色"，不能犯"两个拳头打人"、两个分论点平均用力的错误。

（2）矛盾的主次转化分析及写作运用

矛盾转化，是指矛盾双方走向自己的对立面，是事物具体矛盾的解决，是新矛盾代替旧矛盾。矛盾的转化是有条件的。

在矛盾双方中起主导作用的，是矛盾的主要方面，这是决定事物性质的；而处于从属地位、不起主导作用的，是矛盾的次要方面。矛盾的主要方面发生变化，事物的性质也随之发生变化。矛盾的主要方面和次要方面是互相联系、互相影响、互相转化的，因而，在注意矛盾的主要方面对事物发展起决定作用的同时，还要注意矛盾的次要方面的作用。比如《从农民富裕后的思想状况看加强农村精神文明建设的重要》一文，指出党的十一届三中全会以来，许多肯动脑筋、善于经营的农民先后富了起来。但一些封建主义的陈规陋习在农村有所蔓延：封建迷信活动重新抬头，赌博酗酒现象严重，金钱至上观盛行。这些说明农村精神文明建设已经成为农村的一个值得重视的问题（部分地区的主要矛盾）。作者又分析道：封建主义的陈规陋习、金钱至上观对农民的影响和侵蚀是严重的，但是随着改革的推进，当前农民精神状况的主要特点是：商品观念、价值观念初步形成，社会主义集体致富和个人致富的观念以及正确价值观也在加强。在此分析基础上，作者认为，随着改革开放的成功推进，只要在农村大兴精神文明建设之风，广大农民一定能摒弃陋习和错误的价值观，建立新风尚，农村一定能获得物质文明和精神文明双丰收（主要矛盾转化为次要矛盾）。

4. 同异互见分析与思辨文写作技能思维的融通培育

即同中见异和异中见同的矛盾分析思维运用。推理的中间环节是从抽象的规定性中分裂出的一组或若干组正相反对的矛盾因素。它们之间的"正相反对"关系往往取决于不同的前提条件，而前提条件的选择则服务于要最终证明的观点。此种分析思维方式的特点是要求同时导出同中见异和异中见同的具体结论。这种推理过程的关键，在于条件的设定，中间环节之所以能够形成同异互见的推理模式，完全离不开不同的条件。思辨文写作技能思维培育，运用同异互见分析的思维方式，既能培育同异互见分析的思维能力，也能提升思辨文写作的技能思维。

毛泽东在一九五八年"关于帝国主义和一切反动派是不是真老虎的问题"的一段论述①，就是一次典型的同异互见的推理。毛泽东同志首先提出一个总体概念："同世界上一切事物无不具有两重性（即对立统一规律）一样，帝国主义和一切反动派也有两重性，它们是真老虎又是纸老虎。"然后从中分裂出两对矛盾因素：历史上的剥削阶级在其发展时期是革命的，是真老虎；在其没落时期是反动派，是纸老虎。由此最后导出综合认识："从本质上看，从长期上看，从战略上看，必须如实地把帝国主义和一切反动派，都看成纸老虎。从这点上，建立我们的战略思想。另一方面，它们又是活的铁的真的老虎，它们会吃人的。从这点上，建立我们的策略思想和战术思想。"这就是对具体规定性的认识。对立双方，同异互见，但也显示出一种主要发展趋向。

在具体的写作实践中，同异互见思维的运用也十分常见。比如，高考作文《一步与一生》就生动呈现了同异互见思维的特殊效用。这篇文章主要运用了同异互见矛盾分析来组织材料、建构文章，其运用的具体策略灵活自由、相互交融，大致可归结为两个方面：

第一，通过二分法实现论理的客观性和全面性。作文将中心论点一分为二，裂变出两对矛盾因素：一方面阐述了在正确道路上迈出正确的一步可以带来与众不同

---

① 毛泽东：《毛泽东选集》（合订本），人民出版社，1964，第 1088 页。

的人生发展，另一方面又阐明在错误道路上迈出一步会让自己品尝苦果；一方面摆出了"一失足成千古恨"的观点，批评它的不科学性，另一方面，阐明"一失足未必成千古恨"的道理。作文在抑扬转换的过程中，同构了两种思想，拓展了逻辑视野，深化了文章的内涵，表现了内容的复杂性、深入性和全面性，增强了文章的意蕴。

第二，通过同异对比，突出分析的真伪反差与严密逻辑。材料的异同相融。在思辨文写作当中，一般考生都是列举正面材料来证明自己的真命题，采取的是自圆其说的方法。这种方法的逻辑，应该说是不严密的，因为它往往经不起反例的攻击。如果能够从反面来证明观点的不足之处，作文就会思维严密、思想深刻，充满思辨力量。这篇作文就恰当地运用了这种方法，运用四则材料来证明"一失足成千古恨"的观点，后面又用了反面材料来证明"一失足未必成千古恨"。

这样正反并举，有力地证明了"一步对一生会产生重要影响"的中心观点。这四则材料的内部，也同样分别运用了正反并举法：史铁生跨出死亡边缘与假如没有跨出死亡边缘，司马迁想到死亡与忍辱成就辉煌；成克杰贪图享受与假若没有在腐化的道路上迈出一步，马加爵伺机报复与若不报复。正反材料并举，使事理形成鲜明对比，产生引人深思、促人警醒的表达效果，水到渠成地阐明了观点。

正反分析思维的结合。"逻辑"是指符合一般生活原理的思想认识，而"反逻辑"则是指超越常人生活经验的思想认识。两者的结合，便能增加作文的说理空间，容纳深厚的社会内涵。这篇作文在表现正面逻辑论证的基础上，又大胆地运用了反逻辑的论述："不过，'一步错'，真的就'步步错'吗？'一失足'真的就'千古恨'了吗？'浪子回头金不换'又给重新振作的勇气，只要及时总结经验教训，同样可以成就精彩人生。""一失足成千古恨"是符合一般思维逻辑的认识，而"重新振作又可以成就人生辉煌"则是超越常人的思想，是一种"反弹琵琶"的构思，将这两方面的材料组合起来，就能够将作文的思想认识引向深入，从而拓展作文的内涵。

（三）矛盾综合分析推理与思辨文写作技能思维融通的综合培育

思辨文写作技能思维运用矛盾综合分析法，会使议论更具思辨色彩，内容更加丰厚、深刻，也利于培育对矛盾的综合分析能力。

1. 肯定与否定思维+一分为二思维分析与思辨文写作技能思维融通的综合培育

为了进一步增强文章的说服力，写作思辨文可以综合运用矛盾分析法的肯定与否定思维与一分为二思维。肯定与否定思维要求在分析事物时要避免全盘肯定或否定，辩证地看待事物的不同方面；一分为二思维则要求学生在写作时分析事物的是与非的矛盾对立统一。这两种思维方式在写作运用时，应该"破""立"结合。"破"的是常规的、固化的、片面的思维，"立"的是在对事物全面、客观分析后提出的具有新意的见解。肯定与否定、一分为二的思维方式的综合运用，利于文章思维的深刻厚重。

写作中根据需要，可以先破后立，也可以先立后破，肯定与否定思维与一分为二思维可以灵活运用。2021年高考北京卷作文题提供的材料中有如下一句："在同一个时代，有人慨叹生不逢时，有人只愿安分随时，有人深感生逢其时、时不我待……"生活在同一时代的人有不同的人生态度，适宜用肯定与否定思维，在论据的使用上正反对比，在论证策略上破立结合。其优秀习作《论生逢其时》之一，开头引用作文材料并通过因果分析引出中心论点"生逢盛世，须要努力进取"。文章主体着眼于不同的"人生态度"，分三个层次展开思辨，破立结合。第一层从纵向看当今中国是盛世，从横向看世界并不太平，因此不能"躺平"而当奋进。这里还含有盛世与忧患同存的一分为二的分析。第二层从个人与国家的关系着眼，分析"躺平"的负面影响和对自身的不利，强调努力奋进，人人有责。第三层着眼位置与价值的关系，论证在平凡的岗位上也能有所作为甚至创造伟大，运用了一分为二思维方式，对平凡与伟大进行了对立统一的分析。文章为时而著，具有现实意义。作者在否定中肯定，在驳斥中理论，辩证地分析了"生逢其时"众多维度的原因。此外，文中也多处运用了肯定与否定的正反对比思维，如第二段中既有国内与国外的横向对比，也有中国过去与现实的纵向对比，说理让人信服，给人启迪。

2. 肯定与否定思维+矛盾转化思维分析与思辨文写作技能思维融通的综合培育

在具体实践中，写作者应当综合运用肯定与否定思维和矛盾转化思维。一方面做到对事物的全面客观分析，既要看到观点的正面，否定观点的对立面，也要看到观点的 A 面与 B 面，避免全面肯定或否定；另一方面，还要看到矛盾对立双方的统一与转化。肯定与否定思维、矛盾转化思维的综合运用，能够让文章的思维与分析更加深刻。

比如，2022 年新高考全国卷 I 作文题。题目提供的材料是围绕围棋的"本手、妙手、俗手"三个特殊的专业术语，以及初学者与这三者的关系，阐述了追求成功应持的态度。要求考生结合材料写一篇文章，体现自己的感悟与思考。本题在立意时就应紧密围绕材料，通过运用肯定与否定思维、矛盾转化思维分析，客观合理地看待"三手"的内涵以及"三手"之间的关系。"本手"属于基本功层面，是初学者的必备技能；"妙手"属于创造性层面，是棋力的高阶水平；"俗手"属于破坏性层面，是棋力的低级表现。对这个现象以及内在联系的辩证分析，一方面要运用肯定与否定思维看到"三手"的正面内涵以及对立面，另一方面也要运用矛盾转化分析思维，看到三者的 A、B 面和三者之间的联系。"本手"虽然并不是棋力的最高水平，但却是创造性发挥的前提与基础；"妙手"虽然神乎其技，却终究离不开"本手"的条件积累。因此，"本手"是不容忽略的阶段，不能贸然否定其价值。并且，三者之间存在动态发展关系：在一定条件下，"本手"可以转化为"妙手"，也可能转化为"俗手"。转化为"妙手"的条件是对"本手"理解深刻、"本手"功夫扎实。相反，如果热衷于追求"妙手"，而忽视更为常用的"本手"，则难免陷于"俗手"。"俗手"貌似合理，却通常是会使全局受损的下法。

此题的优秀习作《弃俗正本，稳中求妙》一文，文章的中心论点是："夯实本手功夫，创出制胜之妙手"。文中先列举了一些青年欲效仿先锋施展"妙手"却下成了"俗手"的事例，提出了"本手"是青年立身之基与发展之源，是实现"妙手"创新的跳板与前提。随后作者采取并列式结构，阐述了修炼"本手"的积极意义：促使学会"按规矩做事、按规律办事"；抓住现阶段的主要矛盾，即外界挑战与青年自身能力间的差距；正心诚意，戒骄戒躁，避免再陷"俗手"。最后，文章提出：强调"本手"并非要青年一味守止，不求变通，而是要引领青年看清主次矛盾，规避思维弊病，明确成长路径，找准思想的"发力点"与行动的"落脚点"，这样才有利于在不懈的坚持中突破"瓶颈区"，跃至"无人区"，以"妙手"与担当去写就青春之歌。文章将肯定与否定思维、矛盾转化思维结合，观点鲜明，内容深刻、厚重。

3. 矛盾的主与次+同异互见思维分析与思辨文写作技能思维融通的综合培育

近年来，中学段的作文考试对学生思辨性表达的检测力度不断加大，不少作文题目中蕴含两个或多个观点。这些观点在结构上常常是并列关系，在内涵上通常是对立统一关系。其对立统一关系可分为两类：多元矛盾型（题目材料中蕴含多个观点，这些观点或呈并列关系，或呈对比关系，或呈互补关系，或呈互见关系，或者几种关系同时具有或部分具有），这对学生辩证思维的综合运用能力提出了较高要求。矛盾的主与次、同异互见思维分析与思辨文写作技能思维的综合融通运用，利于认识和分析复杂的内容对象，使分析主次分明、深刻。

如优秀学生习作《有所害怕，有所不害怕》一文中，面对材料中蕴含的二元对立矛盾型材料，作者选取了其中的主要矛盾重点着墨，将此观点当成文章的重点来写，通过列举全球气候变暖、日本右翼否认侵略历史等素材，通过不同的概念、事例、表述来相互印证、补充，有力地论证了"要有所害怕，要心存敬畏"的观点。在肯定心存敬畏的同时，作者又提出了"当然，也不能什么都害怕"的观点。纵观作者所用笔墨篇幅，"有所害怕，心存敬畏之心"用墨占全文80%以上，是主要矛盾的主要方面，"也不能什么都害怕"用墨近20%，是次要矛盾。并且阐述时注意了不同概念、事例、表述的相互印证、补充，同义互见。如此行文构思，既兼顾了试题材料的两个观点，又详略得当，重点突出，内容充实。

关于多元矛盾型写作中矛盾的主与次、同异互见思维分析与思辨文写作技能思维融通运用，以"电子游戏对青少年成长的影响"写作为例进行说明。

开篇点题：当下电子游戏风靡，青少年群体广泛参与，关于其对青少年成长的影响，各界争论不休。电子游戏究竟是助力成长的"神器"，还是阻碍发展的"洪水猛兽"？

接着罗列观点：

观点一：电子游戏能锻炼青少年的反应能力、手眼协调能力以及策略思维。例如策略类游戏需要玩家规划布局、分析局势，在虚拟世界中培养解决复杂问题的能力。

观点二：游戏社交成为青少年社交新方式，通过组队"开黑"、交流游戏心得，他们结交志同道合的朋友，拓展社交圈，提升人际交往能力。

观点三：部分青少年沉迷电子游戏，严重影响学业，日夜颠倒的游戏作息还损害身体健康，导致近视、肥胖等问题。

观点四：一些电子游戏充斥暴力、血腥等不良内容，潜移默化影响青少年价值观，使其行为出现攻击性、冷漠化倾向。

观点一、二是现象的重要方面，两者同义互见，呈现了电子游戏的正面价值；观点三、四是现象的另一重要方面，两者同义互见，呈现了电子游戏的负面价值。权衡上述观点后，整合为：电子游戏并非洪水猛兽，关键在于引导。家长、学校与社会应共同协作，引导青少年合理安排游戏时间，筛选优质游戏，发挥其益智、社交优势，同时加强教育监管，提升青少年自律意识与辨别能力，抵御不良内容侵蚀，促进青少年在电子游戏中健康成长。

最后总结升华，强调正确看待电子游戏对青少年全面发展、社会和谐稳定的深远意义，呼吁构建良好的游戏生态环境。

文章主体观点及阐述主次分明，内容阐述同义互见，详略得当，全文内容重点突出、深刻厚重。

四、抽象思维与思辨文写作分析论证逻辑思维融通进阶产生思辨文写作内容的课程与教学体系创构四：辩证思维与思辨文写作分析论证逻辑思维融通进阶的综合运用体系

（一）联系与发展地分析与思辨文写作技能思维融通的综合培育

横向联系与纵向发展分析是在思辨类文章写作中采用联系与发展地分析方式，也就是横向联系与纵向发展分析的结合。在实际应用中，横向联系与纵向发展分析往往相互补充、相互渗透。通过横向联系，可以更全面地了解问题的各个方面；通过纵向发展分析，可以更深入地理解问题的本质和规律。将两者结合起来，可以使分析更加全面、深刻、透彻。联系与发展地分析的思维方式与思辨文写作技能思维的综合融通运用，能使辩证思维和思辨文阐述的横纵思维都得到发展。

以"传统文化与现代文化融合"话题的写作为例。

首先，可以从横向比较的角度入手，概述传统文化与现代文化的不同特点。如：传统文化承载着历史的厚重，强调礼仪、道德和家族观念；而现代文化则更加注重创新、多元和个人价值。两者在表现形式、价值观念和社会功能等方面存在显著差异。

接下来，可以分析传统文化与现代文化在融合过程中的相互作用和影响。这一部分可以探讨传统文化在现代社会中的价值体现，以及现代文化对传统文化的冲击和改变。如：在融合过程中，传统文化为现代社会提供了精神支撑和文化底蕴，而现代文化则为传统文化的传承和发展注入了新的活力。同时，现代文化中的一些观念也在悄然改变着传统文化的内涵和外延。

然后，可以从纵向深入的角度，探讨传统文化与现代文化融合的历史脉络和发展趋势。这一部分可以分析不同历史时期文化融合的特点和变化，以及未来文化融合的可能走向。如：从历史上看，传统文化与现代文化的融合是一个渐进的过程，不同时代有着不同的融合方式和特点。未来，随着全球化的深入发展和科技的不断进步，传统文化与现代文化的融合将更加紧密和深入。

最后，可以总结全文，强调传统文化与现代文化融合的重要性。如：传统文化与现代文化的融合，不仅是文化发展的必然趋势，也是社会进步的重要体现。应该在尊重和保护优秀传统文化的同时，积极吸收和借鉴现代文化的优秀元素，推动文化的创新和发展。

通过以上横纵联系发展分析的综合运用，学生可以全面而深入地探讨"传统文化与现代文化融合"的话题，展现出对文化现象的深刻理解和独到见解。这样的文章不仅逻辑清晰、层次分明，而且能够引起读者的共鸣和思考。

（二）矛盾传递推理分析与思辨文写作技能思维融通的综合运用

矛盾传递推理分析是指推理中间环节的各对矛盾因素是一种连锁关系，后一对矛盾因素均由前一对矛盾因素所导出，形成一种递进的系统。矛盾传递推理分析思维与思辨文写作技能思维的综合融通运用，能使矛盾综合分析思维、联系与发展地分析思维与思辨文写作技能思维都得到发展。

1. 由一对矛盾导出其余矛盾的推理分析及写作运用

即联系思维+发展思维+矛盾转化的递进分析。这是联系思维、发展、矛盾观及矛盾转化几种辩证推理思维方式的综合运用。推理的中间环节的各对矛盾因素的寻找是矛盾观及联系思维的运用。"各对矛盾因素是一种连锁关系，后一对矛盾因素均由前一对矛盾因素所导出，形成一种递进的系统"，是发展分析思维之递进分析、矛盾转化推理思维运用，也是思辨性文章走向深刻的重要思维模型。

以"科技进步与人文关怀"话题的写作为例。

首先，可以从科技进步与人文关怀这一核心矛盾出发，指出两者在现代社会中的冲突和张力。如：科技进步带来了前所未有的便利和效率，却也在一定程度上忽视了人文关怀的重要性。在追求速度和效益的过程中，往往容易忽视人的情感需求和精神追求。

接着，可以从这个核心矛盾出发，逐步揭示出与之相关的其他矛盾。如可以分析科技进步如何影响人们的生活方式、社会关系和价值观念，以及这些变化又如何进一步加剧科技进步与人文关怀之间的矛盾：随着科技的发展，人们越来越依赖电子设备，人与人之间的交流变得愈发疏离；同时，科技的快速发展也带来了就业结构的变革，许多人面临着失业和再就业的压力，这使得人文关怀的需求更加迫切。

然后，可以进一步探讨这些矛盾背后的深层次原因和可能的解决方案。如可以分析科技进步的驱动力、社会价值观的转变以及人文关怀的缺失等原因，并提出在科技进步的同时注重人文关怀，加强人与人之间的交流和理解等解决方案。

最后，可以总结全文，强调在科技进步的同时，不能忽视人文关怀的重要性。如：科技进步与人文关怀并不是对立的，而是可以相互促进的。应该在享受科技带来的便利的同时，关注人的情感需求和精神追求，让科技真正服务于人类，实现人与科技的和谐共生。

通过以上由一对矛盾导出其余矛盾的矛盾传递推理分析，学生能够深入剖析科技进步与人文关怀这一话题，揭示出其中的复杂性和多元性，同时提出具有针对性的解决方案。这样的文章不仅逻辑严密、分析深入，而且能够引发读者的思考和共鸣。

2. 由一面导出其反面的推理分析及写作运用

即发展地分析+矛盾转化+对立分析。这是矛盾传递推理分析中另一种常见的辩证思维综合运用的思维结构。

以"文化传承与文化创新"话题的写作为例。

首先，可以从文化传承的正面价值出发，阐述其在保持民族特色、弘扬传统精神方面的重要作用。如：文化传承是民族精神的延续，它承载着一个民族的历史记忆和文化基因。通过传承，能够保持文化的独特性和连续性，能够让后代子孙了解和继承先人的智慧和成果。

接着可以导出文化传承的反面，即其可能带来的局限性和束缚。如：然而，过度的文化传承也可能导致文化的僵化和停滞。当过分拘泥于传统，不愿接受新的思想和观念时，文化就会失去活力，无法适应时代的变迁。

然后，可以进一步探讨文化创新的重要性，以及它如何作为文化传承的反面矛盾而转化出现。如：文化创新是文化发展的动力源泉。文化创新能够打破传统的束缚，为传统文化注入新的元素和活力，使其焕发出新的光彩，从而推动文化与时俱进，满足现代社会的需求。

接下来，可以分析文化传承与文化创新之间的辩证关系，即两者并不是孤立的，而是相互依存、相互促进的。如：文化传承为文化创新提供了土壤和基础，而文化创新则能够为文化传承注入新的活力。在文化传承中，应该注重挖掘和发扬优秀传统文化的精髓，同时也要敢于尝试新的表达方式和创新思路。在文化创新中，也不能完全抛弃传统，而是要在尊重传统的基础上进行创新，实现传统与现代的有机结合。

最后，可以总结全文，强调文化传承与文化创新的重要性，并呼吁在实践中寻求平衡与转化。如：文化传承与文化创新是文化发展的两个重要方面，它们既相互矛盾又相互依存。应该在传承中创新，在创新中传承，实现文化的可持续发展。只有这样，才能在保持文化特色的同时，推动文化的繁荣与进步。

通过以上由一面导出其反面的矛盾转化推理分析，学生在"文化传承与文化创新"的话题作文中能够展现出对两者关系的深刻理解和独到见解，使文章更具深度和广度。

（三）矛盾对比推理分析与思辨文写作技能思维融通的综合培育

矛盾对比推理分析可以帮助识别并对比那些存在矛盾关系的元素，分析它们之间的差异、对立点以及可能的转化过程。这不是一种孤立的分析方法，它需要与其他分析方法相结合，以形成更完整、深入的分析体系。矛盾对比推理分析思维与思辨文写作技能思维的融通运用，能使矛盾分析思维和思辨文写作技能思维都得以培育。

其思维方式及流程：横向联系分析+发展分析之纵向分析、矛盾转化。

矛盾对比推理分析即推理的中间环节的各对矛盾因素构成纵横比较的整体关系，在这种反映全体而不是局部的比较下，导出正确的结果。推理的中间环节的各对矛盾因素的寻找，是辩证思维的联系思维和矛盾观思维的运用，纵横比较是辩证思维的联系思维与发展思维的综合运用，推出正确结论是发展思维的运用。

以"现代社会中快生活与慢生活的矛盾与平衡"话题的写作为例。

开头：随着社会的快速发展，人们的生活节奏也在逐渐加快，"快生活"成为现代社会的常态。然而，与此同时，"慢生活"的理念也逐渐兴起，呼吁人们放慢脚步，享受生活的美好。这两种生活方式似乎存在着天然的矛盾，但实际上，它们之间也可以达到一种平衡。

正文：

横向联系分析+矛盾分析+纵向发展分析。

"快生活"的优点：高效率、快节奏，有助于人们更快地实现目标，适应现代社会的竞争压力。"快生活"的缺点：可能导致人们忽视身心健康，缺乏与家人和朋友的交流，生活品质下降。

"慢生活"的优点：强调生活的品质和感受，有助于人们放松身心，享受生活的乐趣。"慢生活"的缺点：可能使人缺乏进取心，难以适应快速变化的社会环境。

对比推理+发展分析之矛盾转化。

矛盾点：快与慢、效率与品质、竞争与放松。平衡之道：在不同场合和情境下灵活选择生活方式，既要追求效率，也要注重生活品质；既要保持竞争力，也要学会放松身心。

结尾：

矛盾分析+发展分析之矛盾转化。

"快生活"与"慢生活"并非完全对立，而是可以相互补充、相互平衡的。应该根据自己的实际情况和需求，灵活选择适合自己的生活方式，实现生活的和谐与美好。

通过这个实例，可以看到矛盾对比推理分析思维在写作中的运用，不仅有助于学生深入思考和全面分析问题，还能使文章结构更加清晰，逻辑更加严密。同时，这种分析方法也有助于培育学生的思维结构，利于学生更好地理解和处理现实生活中的复杂问题。

五、辩证逻辑分析论证与思辨文写作分析论证逻辑思维融通的写作运用

拟定一两个思辨性题目，供学生自由选择。按照辩证逻辑分析论证思维与写作分析论证思维融通运用的途径，进行该题目主题下的思辨性内容分析，要求符合辩证逻辑的知识要求，正确、综合运用几种辩证逻辑分析论证思维。

第四节　进阶课程与教学体系二：　批判性思维与思辨类文体写作技能融通培育

本节要建构的是抽象思维与思辨文写作分析论证逻辑思维融通进阶产生思辨文高阶写作内容的课程与教学体系，即批判性思维与思辨文写作技能融通培育的主体内容体系。通过这个体系的学习，培育思辨类文体写作技能，提升批判性思维能力。

一、批判性思维的概念、特点与思辨文写作

（一）批判性思维的概念

批判性思维是"为决定相信什么或做什么而进行的合理的、反省的思维"。[①]理想的批判性思维者具有这样一些习性：好奇、见多识广、相信推理、思想开放、灵活、能合理公正地做出评估、诚实面对个人偏见、审慎做出判断、乐于重新思

---

① 武宏志：《批判性思维》，高等教育出版社，2016，第2页。

考、对问题有清晰的认识、有条理地处理复杂问题、用心寻找相关信息、合理选择评价标准、专注于探究、坚持寻求学科和探究环境所允许的精确结果。所以，培养优秀的批判性思维者就意味着朝这个理想的方向努力，把发展批判性思维技能和培养那些良好习性结合起来，使这些良好习性不停地产生有用有益的见解。

综合对批判性思维的相关界定及现象分析，可以得出：批判性思维是一种通过审查证据和推理，做出关于事实、真相判断并提出新的见解的思维方式。它要求摈弃错误、扭曲和带有偏见的非理性思维，对任何来源信息持健康的怀疑论，为观察和认识自我、他人和社会寻求更好的发展意见，提供理性、真诚和公正的方式。批判性思维是理性、民主社会的基础①，是社会发展的重要动力。

（二）批判性思维的特点

1. 决定性

按照美国批判性思维研究的先驱恩尼斯的定义，"批判性思维是一种为决定信念或行动而进行的合理、反思的思维"，批判性思维是决定应该相信什么和应该做什么的思考，要想获得知识、解决问题、做出合适决策和行动，就必须依赖批判性思维。

2. 合理性

批判性思维是理性思维，是建立在合理的基础上判断知识、认知和行动的首要原则。"理性"的意思包括两个方面：一是知识的存在、认知和行动要有好的理由；二是批判性思维有决定知识、认知和行为有效性的方法和规则。批判性思维有一系列的方法及规则来分辨和判断信息与观念的真实性、可靠性，分析和评价思考中的意义、推理、假设和标准，挖掘思考和论证下面的深层假设，考察和综合不同的、替代的思考、观点、论证，等等。

3. 反思性

批判性思维是关于思考的思考。这包括两个方面：一是自我反思。批判性思维不仅用来发现别人思考的不足，也用来反思自己思维的不足，评价自己的思考与观点，以获得合理的知识和更好的行动。这是自我思考的思考，包括思考自己的思考

① 武宏志：《批判性思维》，高等教育出版社，2016，第4页。

是否符合实际，是否细致、深刻，是否充足、多样和全面。自我反思是不断获得合理的知识和更好行动的基础，比思考他人更重要，也更艰巨。所以，批判性思维是一种促使认识主体、自我超越与提升，促使思维不断发展的思维形式。二是反思批判性思维标准和方法的运用。运用批判性思维考察自己的思考时要根据标准和方法，而且还要反思这些标准和方法本身在不同场合下的适合性和合理性，从而选用合适的批判性思维方法。

4. 建设性

这是批判性思维的目的。批判性思维不仅仅是用来发现缺点的，它的主要目的是找到正确的思想和知识。一方面，批判性思维是用理性和公正的标准对已有的观念、知识、决策和论证进行质疑、分析、评价和有意识的审核，通过发现别人的和自己的缺点，知道如何改进，进一步寻找好的知识和行动。另一方面，批判性思维是一个探索过程，它在质疑与审思的过程中，试图根据经验、逻辑和辩证的方法来找到更好的观念，做出合理的行动。所以批判性思维的目标一直是建设性的，是吸收不同观念、寻找一个综合完善的结论、决策的思考过程。

二、批判性思维的基本技能与思辨文写作分析论证逻辑思维的融通培育体系创构

批判性思维作为思维的重要方式，有其自身的知识体系。批判性思维能力包括六种基本能力：解释、分析、评估、推论、说明、自校准。[①] 培育批判性思维的教学应基于批判性思维的特点及技能，构建批判思维教学体系。

语文教学主要由阅读和表达两块构成，并与批判性思维全面相关。批判性写作思维教学是批判性思维这种思维方式与写作教学的跨学科融合运用，是语文教学中培育批判性思维教学的重要组成部分。批判性思维是写作观点及内容产生的重要源泉，批判性思维的基本技能是写作教学和产生、形成学生批判思维的基础方法和内容，通过培育学生的这些基本技能，促进和培养学生更深入地理解社会和人生现象，提出对社会生活、人生现象的合理性、建设性的批判性观点，并产生批判思维内涵和思维发展力，从而提高写作能力，同时培育批判性思维，促进自我和社会发展。

---

① 武宏志：《批判性思维》，高等教育出版社，2016，第 4 页。

批判性写作思维基本技能体系的建构，一方面必须根据批判性思维特点，结合批判思维的基本能力，另一方面还必须根据写作自身的特有属性，关注写作学习的内容对象，符合写作内容产生和完善的途径和特征。

批判性写作思维对象的类型有两类：一是写作认知的生活化和社会化原始对象。这类对象包括自然现象、社会现象、文化思潮现象、自身的各种存在现象，是产生原生批判性思维写作内容的源泉。通过对这些现象的理解与分析，提出合理的、建设性的批判性观点，产生内容分析体系。二是写作认知的表达形态化对象。这类对象指已经形成的文本形态，是文学或政治、思想评论类文章批判性写作内容产生的基础。通过阅读理解、审美分析这些文本，产生批判性观点及内容分析体系，也是提高阅读和理解能力、批判思维素养的有效途径。

以苏洵的《六国论》、鲁迅的《中国人失掉自信力了吗》的批判性写作认知为例，从写作元认知的角度，对"解释""分析"这两种最常用的产生批判性写作内容的途径进行具体分析和思维培育示例，也对批判性思维的评估、推论和说明在写作教学中的运用进行阐释和例析。

（一）融通进阶产生思辨文高阶写作内容的课程与教学体系创构一：批判性思维的基本技能之解释与思辨文写作技能的融通培育

解释（interpretation），是批判思维概念体系里的第一个基本技能术语。[①] 即理解和表达各种经验、情景、数据、事件、惯例、信念、规则、程序、标准的意义或重要性。包括理解和表达批判思维对象的概念范畴、系列概念或观点、信念、规则、标准、数据、事件、情景、行为、表达过程等作者意欲表达以及实际表达的特征和意义。对于任何一个事物要进行判断，首先要对其有准确的理解。解释作为批判性思维的一种技能，其核心是理解和表达。其过程包括归类、理解意义、澄清含义。

澄清批判性思维对象的意义，是产生合理性、建设性批判思维观点体系的基础和核心，是主体观点和观点体系确立的重要方法，也是写作行为得以进行的前提条件。因此，解释应是批判性思维写作中的第一技能和最重要的环节。

[①] 武宏志：《批判性思维》，高等教育出版社，2016，第 2 页。

在批判性写作思维培育过程中，可将"解释"这一基本能力具体活用为：对写作对象的内涵因素进行归类，正确理解这些类型对象的含义或异同点，澄清或明晰相关概念体系和观点体系及其内涵。批判性思维的解释与思辨文写作技能的融通运用，既利于培育思辨文写作技能，也提升了批判性思维的解释思维能力。

面对纷繁复杂的社会生活和所关注的文本形态这两类批判性思维的写作认知对象，如何通过解释澄清批判思维对象的意义体系，为批判性写作的观点和观点体系的产生打下坚实基础？

1. 解释生活化原始对象，产生批判性写作认知

对写作范围内生活化原始对象进行解释，即依据一定的准则和方法，对纷繁复杂的社会生活现象进行分类、理解意义、澄清意义，产生合理性和建设性的批判性观点和观点体系，是批判性写作的一种常见形态，是生活化原始对象写作认知中批判性解释的具体体现。

比如苏洵《六国论》批判性写作认知的产生。北宋中期，政治专制腐败，军事上骄惰无能，外交极端软弱，更因长期贿赂契丹、西夏而极大损伤国力，助长了契丹、西夏的气焰；加之军事力量不足，人才重视不够，当时的北宋已经积贫积弱，强敌环伺，国运衰危。这令苏洵十分焦急，这样的时局与国运也成了他创作《六国论》这篇著名政论文的原始认知对象。

面对北宋衰败和倾覆之险的纷繁复杂的形成原因，作者归类梳理，得出结论："贿赂"是当前最危险的政府措施之一；再是对人才和军事固国重视不够。作者深刻认识到，向当权者直言贿赂等重大治国策略的亡国之险，不仅容易触犯君王，而且也会祸及自身，达不到劝谏的目的。在对上述治国措施、统治者态度等现象进行深入的类型化分析和理解之后，为了表达对统治者的有力劝告，作者找到了一个相似类比的对象：秦的强盛与六国中韩、魏、楚的灭亡。这是作者写作中宏观归类与对象意义理解的体现。

为了更充分地表达自己对秦国胜利、六国灭亡原因的深入分析，以给当权者以参照，作者分别对秦的强盛，韩、魏、楚灭亡的事件、原因、结果以及其余国家灭亡与韩、魏、楚等国的关联进行归类、理解及意义澄清，更加深刻、充分地凸显秦国胜利，韩、魏、楚以"贿赂"灭亡以及其余国家灭亡之间的关联。对秦的强盛，

作者理解道："秦以攻取之外，小则获邑，大则得城。较秦之所得，与战胜而得者，其实百倍。"秦国接受贿赂是使国家强大的重要原因。对诸侯所亡，作者理解道："诸侯之所亡，与战败而亡者，其实亦百倍。"从这些宏观类型的划分与比较中，作者理解到韩、魏、楚贿赂是诸侯国灭亡的主要原因，受贿赂是秦国强盛的重要原因，贿赂是失败的关键。

为了深入理解贿赂灭国这一现象，作者在寻求韩、魏、楚因贿赂灭亡与燕、赵、齐灭亡的关联时，同样采用类型化原则，并对之予以理解及意义澄清。作者把争霸战中失败的六国以是否给秦"割地"为标准分为"赂者"与"不赂者"两大类，并分别理解每一类灭亡的原因。韩、魏、楚割地给秦国，是为"赂者"；燕、赵、齐没有割地求安为"不赂者"。根据是否与秦国交好，将燕、赵、齐分为两类，齐与秦相交好，为"与"者；燕、赵与秦不交好，为"不与"者。这样，以"赂"字为核心和同一标准的划分，阵营清晰，利于理解和澄清每一类对象灭亡的本质原因和关联性原因。就大的类型上看，"赂秦而力亏，破灭之道"；不赂者"盖失强援，不能独完""以赂者丧"，让作者深刻理解到六国互丧"弊在赂秦"。

通过对生活化批判性思维原始对象的分类与意义理解、澄清，作者形成了自己的观点体系：

中心论点："六国破灭，弊在赂秦"

分论点一："赂秦而力亏，破灭之道也"；

分论点二："不赂者以赂者丧"。

这种明晰的归类以及建立在归类基础上形成的批判性的观点体系，使作者对这一历史现象的评论观点确切、有高度，对秦国所以胜利、六国所以灭亡的认识深刻，切中肯綮。

参照对象、观点本质所指的批判性思维的观点体系：北宋可能因赂而亡，因不强军对抗和不重视人才而亡，警醒北宋当权者，给北宋提供了建设性的治国策略。

作者在对原创写作的思维对象进行现象分类，分类理解、澄清类型现象含义这一思路的基础上，产生了合理性和建设性的批判性观点及观点体系。由于对思维认知对象的事件、原因类型与结果归类有明晰、合理的划分以及现象意义的澄清，作者对事件或现象的批判性认识就高于他人，为进一步井然有序地论证和具体、深入地分析打下了坚实基础。

对纷繁的社会生活现象的分类、理解与意义澄清，产生合理性和建设性的批判性观点，是写作行为得以进行的前提条件。

2. 解释表达形态化对象，产生批判性写作认知

即对文本形态中的不同意见或有争议的现象、观点、思潮进行归类、理解、澄清意义，对观点的论证逻辑予以粗略的澄清，提出驳论性的观点及观点体系。驳论性解释的写作认知产生是批判性思维在写作中的重要体现，是驳论性批判思维进一步衍生的基础。

（1）对不同观点及所涉及现象进行归类、理解与澄清

其澄清的主体方法与解释生活化原始对象基本相同。比如鲁迅的《中国人失掉自信力了吗》批判性写作认知的产生。鲁迅当时所处的中国近代社会，国势贫弱，屡遭外侮，国内悲观论调一时甚嚣尘上。如中国国民党的官僚政客和"社会名人"等在北京等地多次举行"法会"，祈祷"解救国难"；又如《大公报》公开发表《孔子诞辰纪念》的社评，散布"中国人失去了自信力"的失败主义论调，随后又有一批走狗文人随声附和。鲁迅从复杂的社会现象中，发现了两类不同类型的现象：很多中国人失掉自信力和不少中国人没有失掉自信力。再对现象进行分类和理解，"中国人失掉自信力"这类人的观点与行为发生了阶段性的类型变化：盲目骄傲、夜郎自大、盲目崇拜、借助外援到今不如昔、祈求鬼神；另一类型，"中国人没有失掉自信力这类人"，从古以来，就有埋头苦干、拼命硬干、为民请命、舍身求法、前仆后继地战斗的人。在对不同的观点及所涉及现象的归类、理解与澄清的基础上，作者产生了驳论性写作的观点及观点体系："中国人失掉自信力"的说法是不全面和错误的；中国的脊梁正在为国家的尊严与发展奋斗，这应该得到人们的关注。

（2）对不同观点的论证逻辑予以粗略的澄清，确定用以批驳的观点的正确性

这也是解释表达形态化对象与解释生活化原始对象不同的地方。比如鲁迅关于"中国人失掉自信力了"论证逻辑的分析。当前中国确实存在盲目骄傲、夜郎自大、盲目崇拜、借助外援，乃至今不如昔、祈求鬼神三种现象。从此看来，对方说"中国人失掉自信力了"看似是合理的。但是，一方面，这些"中国人"只是一个特殊

群体，另一方面，从古以来，直至当下，有不少埋头苦干、拼命硬干、为民请命、舍身求法的人，他们有坚定的信念，在为国前仆后继地战斗。很明显，"中国人"这个概念范畴出现了问题。通过理解与分析对立面的观点、核心概念及人物事实的另一些类型、事实依据，可以认识到：就形式逻辑角度分析，对立观点的概念运用、事实依据与归纳推理都有偏移，这种基于不完全归纳推理得出的结论显然不符合逻辑，不能成立；就辩证逻辑的角度分析，现象的联系分析缺少全面性，矛盾分析也只是在表象和表面上，在个性与共性的分析上缺少联系，并且缺失公正立场。所以"中国人失掉自信力了"这一观点不符合逻辑联系，是不正确的，中国人应该看到那些被忽视的真正的"中国的脊梁"没有失掉自信力，仍在不断地奋斗。

（二）融通进阶产生思辨文高阶写作内容的课程与教学体系创构二：批判性思维的基本技能之分析与思辨文写作技能的融通培育

分析（analysis），是批判性思维概念体系里的第二个基本技能术语。指辨识陈述中意欲表达的和实际的推论关系，辨识问题、概念、描述或其他表达信念、判断、经验、理由、信息或意见的表征形式。① 其过程由审查观点、概念以及概念间的关系，识别、分析、深究论证逻辑、价值意义组成。

批判性写作思维观点及观点体系产生后应该怎么做？需要对观点及论证逻辑进行批判性再分析。分析应是批判性写作思维中的第二技能。批判性思维的分析与思辨文写作技能的融通运用，利于培育思辨文写作技能，提升批判性思维的分析能力。

1. 审查观点以及陈述观点的概念体系

即在观点形成体系的基础上，审查观点所包含的判断、所运用概念及概念间的逻辑联系是否正确，确保使用的概念体系围绕观点，为观点体系服务。生活化原始对象中一般性批判性写作认知和表达形态化对象中驳论性批判性写作认知这两类对象的观点及概念体系审查方式基本相同。比如，苏洵写作《六国论》，在"六国互丧，弊在赂秦"的观点体系产生以后，必须审定这一判断的合理性，包括"赂秦者""不赂者""互丧"这些核心概念及提法的正确性、所对应诸侯国现象理解的准确性以及观点体系逻辑关联的合理性。鲁迅拟写对"中国人失掉自信力了吗"这

----

① 武宏志：《批判性思维》，高等教育出版社，2016，第2页。

一观点的批驳性文章时，在进入批判性思维的"分析"阶段后，会对"中国人失掉了自信力"、有"他信力"和"自欺力"、很多中国人还没有失掉自信力这些基本观点和判断，以及"自信力""他信力""自欺力""民族脊梁"等概念和概念间的意义联系以及它们如何围绕批驳观点进行审定和明确。

2. 识别论证：识别、分析、深究论证逻辑

识别论证即确定陈述、描述、质疑是否表达或打算表达一个或一些理由以支持或反对某个主张、意见或论点。分析论证是指对于那些意欲支持或反对某一主张的理由予以表述，辨识它的主结论、支持主结论的前提或理由、深层前提或理由、推理的其他未表达因素、论证的整个结构或推理链，以及审查那些并不打算作为所述推理的一部分但作为背景性的、包括在表述整体之内的任何项目。

（1）生活化原始对象分析中的论证识别

对于写作认知的生活化原始对象这个批判思维对象，在前解释的基础上，形成观点体系、审定概念体系后，可直接进入对观点体系进行分析论证的阶段，即形成论证的整个结构或推理链，确认观点体系的逻辑生成。

比如苏洵在对六国灭亡和宋朝现实的观点性分析之后，就要分析"弊在赂秦""赂秦力亏""不赂者以赂者丧"这三个观点的关系："弊在赂秦"是主论点；"赂秦力亏""不赂者以赂者丧"，是证明主论点的两个分论点。通过论证"赂秦力亏"，分析六国破灭的直接原因是赂秦导致力亏。通过论证"不赂者以赂者丧"，从而深入论证不赂者灭亡也是赂的结果。

对于特殊案例，作者如何分析？齐人"未尝赂秦"，"与嬴"，亡了；燕赵之君，"能守其土"，亡了；"赵尝五战于秦"，亡了。这一些现象与"弊在赂秦"如何关联？作者深入认识到：齐"与嬴而不助五国也。五国既丧，齐亦不免矣。燕赵之君，始有远略，能守其土，义不赂秦。是故燕虽小国而后亡，斯用兵之效也。至丹以荆卿为计，始速祸焉。赵尝五战于秦，二败而三胜。后秦击赵者再，李牧连却之。洎牧以谗诛，邯郸为郡，惜其用武而不终也。且燕赵处秦革灭殆尽之际，可谓智力孤危，战败而亡，诚不得已"。所以，"不赂者以赂者丧"。这样分析，所有事件的逻辑关系就很明朗、集中了。

为了增强说服力，作者还从假设推理的角度进行分析："向使三国各爱其地……

以赂秦之地封天下之谋臣,以事秦之心礼天下之奇才,并力西向,则吾恐秦人食之不得下咽也。"这样的逻辑关系分析,既充分阐述了"赂秦力亏"这一观点,也能表达作者更深层的用意:劝北宋勿从六国破亡之故事。

(2)表达形态化对象驳论性分析中的论证识别

驳论性分析中对于论证逻辑的识别、分析、深究,包括明确对方的论点和论据,分析驳斥方的论证和观点(包括对方意欲表达及实际表达的特征和意义),强调自身观点这三个基本环节。

比如,鲁迅在拟写《中国人失掉自信力了吗》一文时,在建立了观点体系之后,需要去深入分析对方的观点和论证错在哪里,自身的观点如何建构和证明。

前述"中国人失掉自信力了"这一观点具有了表面的合理性,但"中国人"这个概念范畴出现了严重问题。在此基础上,作者通过分析深入认识到"中国人失掉自信力"观点的叫嚣者实际表达的特征和意义:两年以前,总自夸着"地大物博"(信"地"、信"物"),后来信"国联",其本质是这些人有着"他信力";不相信"国联"后,一味求神拜佛,其本质是这些人发展着"自欺力",这些人才是真正"失掉自信力"了。另一方面,当前埋头苦干、拼命硬干、为民请命、舍身求法的"民族脊梁"大有人在,并且前仆后继,正积极推动社会的发展,可见有不少中国人还没有失掉自信力,可是这些人还没有得到人们的重视。通过对对方观点、论据和论证逻辑的辨识与分析,作者明确了对方观点和论证的错误,进一步建构和深化了自己的观点:认清当局的丑恶面目,正视当下正有一批中国的脊梁并没有失去自信力,他们正在为国家的尊严与发展奋斗,从而构建了正确的批驳逻辑。

(三)融通进阶产生思辨文高阶写作内容的课程与教学体系创构三:批判性思维的基本技能之评估与思辨文写作的融通培育

评估(evaluation),是批判性思维概念体系里的第三个基本技能术语,指对主体观点体系及论证逻辑推理的可信性和实际存在的或意欲表达的推论关系的逻辑力量进行评价。[①] 即对观点体系、论证的逻辑推理的可行性和逻辑力量进行评价与判

---

① 武宏志:《批判性思维》,高等教育出版社,2016,第2页。

断。其中，观点及其逻辑推理的可信度高低是论证成败的关键所在。

教师在进行写作教学时，可以指导学生灵活运用评估这一思维技能对自己的观点及其逻辑推理的可信性和逻辑力量进行判断。这一训练不仅有利于提升学生文章观点与逻辑可信性、逻辑力量，也是培育学生批判性思维品质的一种方式。

比如对考场作文《隐于背后，方显真美》的评估。通过对中心论点的概念"背后"及其与真美的关系进行分析评估，发现了文章逻辑上的问题，如道理不成立、逻辑牵强、强加于人等。

此文的论点是"隐于背后，方显真美"，但是作者没有讲清什么叫"隐于背后"，给人的印象似乎就是"不讲究穿华美的衣服"。如文中说"海子短暂的一生，从不在意华衣丽衫，他隐于诗歌之后"。这是令人费解的，没有阐明海子"不在意华衣丽衫"怎样把自己"隐"在了"诗歌之后"。反过来问，如果海子别的情况都不变，他仅仅是买了几件漂亮的衬衫，难道他就不是"隐于诗歌之后"的海子了？

作者还举了瞎子阿炳的例子。文中说"阿炳从来不关注自己的衣着，一袭布衣，一把胡琴，阿炳整个身心都沉浸在音乐本身"。其实，这是对阿炳形象的误解。阿炳一生凄惨潦倒，温饱尚是大问题。现实生活中的阿炳何尝不想改变自己的生存窘况？他不是不关注自己的衣着，而是没有余钱置办几件像样的衣衫。作者由此把他的"从来不关注自己的衣着"悲苦升华为对"隐于音乐背后"的艺术理念的坚持，简直是拿穷人开涮。后人没见过阿炳，他有一张留于世上的照片，一副圆圆的墨镜架在他的鼻梁骨上，使人看不到他那浸满苦痛和哀愁的盲眼，身上穿的是一袭旧布衫。每当响起《二泉映月》的旋律，见过这张照片的人会倍加理解音乐中的情感，那不是"隐于音乐背后"，而是再现于音乐的现场。斯曲入心，斯人难忘！

此文所举事例充满了矛盾。其中提到的歌手萨顶顶，其舞台形象绝不是简朴的，相反，衣衫华丽多彩，特别是她头上常常戴有各种亮丽的串珠头饰，令人印象深刻。显然，这与作者所推崇的海子之简朴、阿炳之惨淡大相径庭。因此，就更使人对于什么是"隐于背后"感到糊涂了。

总而言之，文章没有阐明怎样"隐"，又怎样因能"隐"而显"真美"。作者从根本上就没讲清楚这些问题，因为人就不需要隐于音乐背后，衣服无论简朴与华美都不能使人隐起来。

再比如,在《拿来主义》一文中,鲁迅在对"送去主义"进行论述时即认为:"能够只是送出去,也不算坏事情……"随后又以尼采为例进行评估——只是给予,不想取得是不可取的。由此暗示了"'送去'虽不可取,但也不可全然否定"的观点。为后文的"'送去'之外,还得'拿来'"做了逻辑上的铺垫。

（四）融通进阶产生思辨文高阶写作内容的课程与教学体系创构四：批判性思维的基本技能之推论、说明与思辨文写作的融通培育

1. 推论：怎样才会更好

推论（inference），是批判性思维概念体系里的第四个基本技能术语。指辨识和把握得出合理结论所需要的因素；形成猜想和假说；考虑相关信息并从数据、陈述、原则、证据、判断、信念、意见、概念、描述、问题或其他表征形式导出逻辑推断[1]。即通过寻求证据→推测不同可能→得出结论的思维过程以寻求更好的或正确的主张或结论的逻辑推断。推论能力是批判性思维建设性决定知识和行动的特征体现。

2. 说明：陈述应该是什么，即结论及推断等该怎样

说明（explanation），是批判性思维概念体系里的第五种基本技能术语。指陈述推理的结果；用该结果所基于的证据的、概念的、方法论的、标准的和语境的相关术语证明推理是正当合理的；以使人信服的论证形式呈现推理。即表达结论及推断等该怎样。[2] 说明能力是批判性思维建设性、新的合理性、知识和行动呈现的特征体现。

3. 推论、说明及写作运用

（1）基于生活化原始对象的推论及说明

批判性思维来源于对客观世界自然现象、社会现象、文化思潮等各方面现象的认知与反省，生活化的原始对象也为批判性思维的推论及其说明提供了丰富的依据。在进行推论的过程中，需要赋予生活化的原始对象以逻辑意义。

---

① 武宏志：《批判性思维》，高等教育出版社，2016，第 2 页。
② 同上。

在《邹忌讽齐王纳谏》一文中，邹忌在对自己与城北徐公孰美的问题进行思考的过程中发现，在自己确实"不如徐公美"的前提下，妻、妾、门客均给出了不符合客观现实的回答。经过思考后，邹忌得出结论："吾妻之美我者，私我也；妾之美我者，畏我也；客之美我者，欲有求于我也。"也就是说，人与我之间的情感、利害关系会影响人们所做出的判断。邹忌在"暮寝而思之"的过程中，在确认自己"不如徐公美"的前提下，排除了妻、妾、门客判断同时出现错误等多种可能性，从而从妻、妾、门客与自己的利害、情感等表征形式做出"私我""畏我""欲有求于我"的判断，形成了妻、妾、门客因"私我""畏我""欲有求于我"而罔顾事实，认为"君美甚"的逻辑推理链条。于此，邹忌赋予了这件生活小事以逻辑意义，为后文对齐王的讽谏奠定了基础。

邹忌在家庭范围内发现了该逻辑推理链条后，进一步将推论范围扩大到"国"。由此产生了"私我""畏我""欲有求于我"的范围扩大版逻辑推理，也即"宫妇左右莫不私王，朝廷之臣莫不畏王，四境之内莫不有求于王"。也将结论从自己被蒙蔽，扩大为"王之蔽甚矣"。

邹忌得出人与人之间因利害、情感关系影响表面价值判断的结论，正展现了其推论的过程：质疑证据→推测选择→得出结论。

邹忌为了增强自己进谏的说服力，从自己与国君两个维度进行思考推论，形成了范围不同但性质相同的类比，在陈述推论的同时，体现了其推论的正当性，从而进谏成功。

（2）基于形态化对象的推论与说明

由于形态化对象体现为文本中不同的现象、观点与思潮，有自身的观点与逻辑基础，因此，在进行推论前必须先对其观点进行辨析，对其逻辑基础进行判断，方能建立合理的推论。

在《拿来主义》一文中，鲁迅首先针对当时社会中存在的"闭关主义""送去主义""送来主义"等观点、思想进行辨析，否定了这些思想的合理性与正当性。面对外部世界，当"闭关主义""送去主义""送来主义"都没有合理的存在根基时，唯一的选择即是"拿来主义"了。鲁迅借助这样一个不相容选言推理，确定了"拿来主义"的合理性、正当性基础。

由于"拿来主义"是作者新创的概念，因此，在确定其合理性与正当性基础之后，鲁迅通过"大宅子"的比喻，论证"拿来主义"何以拿、怎么拿的问题，进一步确立了"拿来主义"的合理与正当的结论，使整篇文章具有极强的说服力。

批判性思维的基本技能之推理、说明与思辨文写作技能的融通运用，既能培育思辨文写作技能，又能提升批判性思维的推理、说明的思维能力。

（五）融通进阶产生思辨文高阶写作内容的课程与教学体系创构五：批判性思维的基本技能之自校准与思辨文写作的融通培育

自校准（self-regulation），是批判性思维概念体系里的第六种基本技能术语。这种能力是批判思维反省性的体现。指自觉监控自己的认知活动、活动中所使用的元素以及得出的结果，并将分析和评估技能应用于自己的推论性判断，以质疑、证实、确认或校正自己的推理或结果。即自我审查→自我校正。这是对怎样形成一个合理的结果以及自我的反思与完善。①

1. 运用生活化原始对象进行的自校准

批判性思维的运用本质上是通过对纷繁复杂的社会生活现象进行审视与推理，做出判断，提出见解的思维方式。因此，社会生活中生活化的原始对象即是批判性思维进行反省的源泉。即通过批判性思维，运用生活化原始对象，对业已产生或正在产生的写作认知进行自校准。

如《六国论》中，苏洵以古人之语"以地事秦，犹抱薪救火，薪不尽，火不灭"验证了其"六国破灭，弊在赂秦"的论点后，立即提出了一个例外："齐人未尝赂秦，终继五国迁灭，何哉？"苏洵对此解释道："五国既丧，齐亦不免矣。"虽然齐国从来没有以地事秦，但五国相继灭亡，齐国的灭亡也就不可避免了。

为了这种自校准的深入，苏洵继续提出了"始有远略"的燕赵，两国均能保卫自身的领土，"义不赂秦"。可惜荆轲刺秦激怒了秦国，赵王听信谗言诛杀了李牧，且当时秦国一统天下大势已成，这才导致燕赵的灭亡。苏洵一反前文论述"赂秦"之弊，在文章第三段以"未尝赂秦"的齐国、"义不赂秦"的燕赵之亡入手，分析了不赂而亡的原因，为"用武而不终"、赂秦导致的"秦革灭殆尽"之势不可逆。

---

① 武宏志：《批判性思维》，高等教育出版社，2016，第4—8页。

最终得出"不赂者以赂者丧"的结论。

苏洵在写作过程中，以齐燕赵三国的史实，对"弊在赂秦"的论点进行了自我质疑，并在此过程中完成了对"弊在赂秦"论点的证实，并确认自己的论点。通过批判性思维弥补了本应存在的逻辑漏洞，强化了文章的说服力。

2. 运用形态化对象进行自校准

在理解和表达各类范畴、系列概念、观点并对其进行分类、理解意义、澄清意义，期望由此产生合理性和建设性的批判性观点或体系时，纷繁复杂的文本、思想、思潮常常会在此过程中进入逻辑歧路，此时，对其逻辑的澄清与自证即是自校准。

在议论性随笔《读书：目的和前提》一文中，黑塞在第二段论证获得真正教养最重要的途径之一就是研读世界文学（论点）。虽然这条路永无止境，但作家和思想家们在作品中留给读者巨大的思想、经验、理想财富，对每一位作家的理解会"使你感到满足和幸福"（纵向分析及结论）。但此时，整个逻辑链条的成立，仍需要一个前提——"满足、幸福"是什么。因此黑塞以一个破折号进行了补充说明："不是因为获得了僵死的知识，而是有了……建立……生动联系"。在此，黑塞对自身逻辑进行了自我审查，明确了"满足、幸福"的内在含义，在明确了"满足、幸福"的含义后，该段文字的逻辑链条得以完善，完成了自我校准。

批判性思维的基本技能之自校准与思辨文写作技能的融通运用，利于培育思辨文写作技能，提升批判性思维的"自校准"思维品质。

三、批判性写作思维技能与形式逻辑、辩证逻辑思维方式在思辨文写作分析论证逻辑思维中的综合融通培育体系创构

（一）批判性思维技能在思辨文写作分析论证逻辑思维中的综合融通培育

批判性思维技能在写作中运用的前提，是要厘清六种技能及其关系。解释表现为对批判性思维对象概念、范畴、观点的理解。分析表现为对批判性思维中推论关系及其相关辩证形式的辨识。推论及说明表现为由形成猜想推测到从相关表征形式中提取相关因素得出合理结论的过程。评估表现为对逻辑过程可信性及其各种表征形式间推论关系逻辑力量的评价。自校准表现为对批判性思维的反省、反思与完善。六种技能间的关系相互依托，互相成就。具体来说，解释是分析的前提，分析是推论及说明的具体形式，说明是推论的载体，自校准、评估是推论成立的保证。

在六种技能中，推论承载批判性思维主要的逻辑关系。

这些技能在写作中如何运用，以贾谊《论积贮疏》为例进行说明。由于生活化原始对象是批判性思维对象的来源，因此，在文章首句开宗明义"仓廪实而知礼节"后，贾谊立即对该句含义进行了分析："生之有时，而用之亡度，则物力必屈。"揭示了积累与物力的关系，从而总结了古圣人治国严密细致的原因是"其畜积足恃"。在对"积贮"的概念、重要性进行分析后，通过对照当时社会食者众、靡者多、积蓄少的现象，以正反对比的形式进行分析，初步证明了"积贮"对国家非常重要的中心观点。

在通过正反对比的分析初步证明了"积贮"对国家的重要性后，贾谊进一步对国家在遭遇灾荒与战争两种情况下"积贮"的作用进行推论与说明。以两个反问句："国胡以相恤？""岂将有及乎？"将本文论点从古圣王的治国理论推测，过渡到了现实国家的真实情境的验证。通过对具体情境的推论与说明，增强了观点的说服力。

在前面阐述基础上，贾谊归纳出了"夫积贮者，天下之大命也"的结论，并与前两部分相关内容再一次进行了联系，以对该观点进行评估与自校准，通过"苟粟多而财有余，何为而不成？""怀敌附远，何招而不至？"对"积贮"重要的观点进行了评估。作者还提到了人民遭受饥寒也有统治者骄奢淫逸、挥霍无度的原因，对"积贮"的观点进行了自校准，从而使全文逻辑严密，具有较强的说服力。

《论积贮疏》一文突出表现了分析、推论、说明，乃至评估、自校准五项技能的综合运用，具有较强的写作借鉴意义。

批判性思维技能在思辨文写作分析论证逻辑思维中的综合融通运用，利于培育批判性思维技能的综合运用能力和思辨文批判性写作分析论证中的逻辑思维与表达能力。

（二）形式逻辑思维与批判性思维在思辨文写作分析论证逻辑思维中的综合融通培育

1. 形式逻辑思维与批判性思维在写作中的综合运用：反驳论点

运用形式逻辑思维直接反驳论点，即是运用概念、逻辑分析，直接证明敌对论点是错误的，是形式逻辑思维与批判性思维在写作中的综合运用。

（1）形式逻辑思维假言三段论与批判性思维的融通运用

假言三段论是三段论的一种类别，又称假言推理。它具有两个前提，其中一个前提是假言判断，另一个前提是这个假言判断的前件或后件。与直言三段论有所不同的是，假言三段论的大前提都是假言判断。如庄子在他的"辩无胜论"的文段中，即运用了假言三段论的方式对敌对观点进行了直接反驳。庄子首先指出了大前提：辩论的胜负需要裁判（吾谁使正之）；以及小前提：没有人可以做这样的裁判（恶能正之?）。在此基础上进一步论证了小前提的正确性：与你我意见相同或不同或一个相同一个不相同的人都不能做裁判，从而反驳了"辩论能分出胜负"的观点。在这一论证过程中，庄子以大前提与依附于大前提的小前提为依据，对小前提进行了充分的分析，巩固了整个两层三段论结构，成功反驳了"辩论能分出胜负"的观点。

（2）形式逻辑思维的反证法、归谬法与批判性思维的融通运用

反证法，也被称为"逆证"，即通过证明与原命题相矛盾的另一论点的正确来证明原命题的错误。常被用于从正面反驳较为困难的命题论证。《逻辑学大辞典》对归谬法的解释是："通过从一个命题导出荒谬的结论而否定该命题的一种方法。"归谬法是一种直接反驳的方法，即由所反驳的命题直接推出蕴含其中的假命题，从而直接断定被反驳的命题的虚假。由于同属于逆向论证，在写作实践中，上述两种方法往往与批判性思维结合共用。李斯的《谏逐客书》可谓此项运用的最佳例证。

李斯在《谏逐客书》的第二段中完美利用了归谬法，形成了对逐客政策的有力驳斥。李斯从秦王目前拥有的各类珍奇珠宝入手，假定承认秦王逐客政策的正当性，就可得出珍奇宝物"必秦之所生然后可"这一观点，并由此进行归谬论证：这类珍器宝物并不产自秦国，则这些珍宝器物秦王均不能享受。此时，珍器宝物"必秦之所生然后可"已然不攻自破。李斯再运用类比思维，既然珍奇宝物"必秦之所生然后可"这一观点错误，那么"取人"应如何呢？本段将批判性思维与归谬法进行了灵活运用，加之作者的铺陈排比，在严密的逻辑论证基础上形成了强大的说服力。

李斯在《谏逐客书》第三段又反第二段之道而行之，采用了反证法。作者在段首开篇明义，提出了"地广者粟多，国大者人众，兵强则士勇"的观点，并通过

"太山""河海""王者"等例证明了只有"广""大""强"才是"五帝三王"无敌的关键。而这一论点与秦王的逐客政策存在显著的矛盾，根据矛盾律，既然"广""大""强"才是国家强大的关键，那么逐客政策的正确性也就自然被证伪了。

2. 运用形式逻辑思维审视内容及结构

（1）运用形式逻辑思维规律进行内容分析的审视

随着学识与能力的进步，学生思维逐渐从原始朴素逻辑进入形式逻辑阶段，能够运用形式逻辑原理对生活中各类现象进行观察与评判。但正如黑格尔所说，古典形式逻辑的思维规则取自经验，具有"非此即彼"的概念问题，抛弃了概念自身的矛盾特征，自有其形而上的局限。因此，教师在指导学生时，应当结合批判性思维对学生进行指导。在以形而上方式进行观察与评判后，还应以批判性思维对该现象进行解释、分析、评估、推论乃至说明与自校准。只有如此才能逻辑完备，说理有力，使学生逻辑思维得到全面发展。

如鲁迅的《拿来主义》一文，作者的论证过程就体现了形式逻辑与批判性思维的充分结合。

文章第一段，作者就说明了中国封建社会后期奉行的"闭关主义"在近代以来"碰了一串钉子"，是行不通的。根据形式逻辑矛盾律，既然闭关行不通，那只有打开国门，而这也存在两种情况——"送去"与"送来"。根据形式逻辑矛盾律与排中律，"送去"与"送来"两种观点定有一真，但作者再次突破了形式逻辑形而上的形式，对两种思想都大加批判。以批判性思维的分析、推论对两者的弊端进行分析后，突破性地提出了"拿来"与"拿来主义"。在此过程中，通过对"送来"的分析与评估，作者进一步进行自校准，即不仅要"拿来"，还要"自己来拿"。作者利用形式逻辑的形式，又不拘泥于形式，引入批判性思维对形而上的形式逻辑进行矫正，取得了强有力的说理效果。

《邹忌讽齐王纳谏》中也体现了很好的思辨能力。邹忌在思考自己与徐公谁更美时，运用形式逻辑矛盾律，发现妻、妾、宾客所言不实，并结合批判性思维评估思维技能，对妻、妾、宾客说出错误答案的逻辑过程进行反推，从而得出"私我""畏我""欲有求于我"的推论，并推及"王之蔽甚矣"。其以形式逻辑作为出发点，以批判性思维作为校准工具的方式与《拿来主义》异曲同工。

（2）论证过程的形式逻辑思维审视

①用演绎法审视论证过程并论证

如在《鱼我所欲也》中，作者创造性地运用演绎论证中的选言推理进行正面论证。"舍生取义"这一论点是否正确，取决于"义"是否重于"生"。所以文章说："生亦我所欲，所欲有甚于生者，故不为苟得也。"生命自然是我喜爱的，可我所喜爱的还有那胜过生命的东西，所以我不做苟且偷生的事。这是一个省略了小前提的不相容的选言推理，属于肯定否定式。其推理规则是：不相容的选言肢包括二肢或多肢，肯定其中一个选言肢，就必然否定其他选言肢。因此可以把这个不相容的选言推理整理如下：

大前提：或者所欲者为生命，或者所欲者为有甚于生者（即"义"）；

小前提：（省略）要取得有甚于生者（即"义"）；

结论：故不为苟得（即"不苟且偷生"）。

由以上推理看出：文章把喜爱的"生"与"有甚于生者"作为选言肢，承上省去了"二者不可得兼"的限制条件，但从上下文悟得出仍为不相容性质的选推理；在结论中已否定"苟且偷生"，正是在小前提中已肯定了要取得比生命更宝贵的东西。

②用类比法审视论证过程并论证

类比论证就是以同类事物或相近性质为基础，进行比较推理，以求了解新事物。在《劝学》中，荀子可谓将该种方法运用到了极致。在本文第三段中作者首先提出"吾尝终日而思矣，不如须臾之所学也"，通过"终日而思"和"须臾之所学"的对比，强调空想不如学习，说明需求诸自身之外的东西提升自身。紧接着用"跂而望"不如"登高之博见"说明做事的方法很重要。然后用"登高而招""顺风而呼""假舆马""假舟楫"这四个相近性质的例子说明"用对了方法，借助外界条件就可以弥补自己的不足，获得良好的效果"的观点。最后论证重心回到人自身，同理，君子的天赋与其他人没有什么不同，君子之所以能超越一般人，就是因为君子善于利用学习这个外部条件来弥补自己的不足。结论自然有力，水到渠成。

③用归纳法审视论证过程并论证

归纳法指由个别现象推及一般规律的推理方法，反映的是人们对日常生活中规律的归纳总结能力。在《劝学》一篇中，荀子通过一系列生动的比喻和形象的描绘，成功构建了关于专心致志与成功之间紧密联系的逻辑体系。

首先，荀子使用了对比手法，通过蚓与蟹的对比，突显了专心致志的重要性。蚓虽然"无爪牙之利，筋骨之强"，却能够"上食埃土，下饮黄泉"，关键在于其"用心一也"。相对地，蟹虽然具有六跪二螯的生理优势，却只能寄居在蛇鳝之穴，这是因为它"用心躁也"。这里，"利""强""一""躁"等词精准地刻画了两者特性与行为方式的差异，进而归纳出专心致志对于成功的关键作用。

接着，荀子进一步通过排比和类比的手法，将这一观点扩展到更广泛的领域。他连用四个"无……无……"的句式，强调了没有专心致志的精神状态，就无法获得明确的见识、显著的成就，无法成功达到目标，也无法在多个角色或任务中游刃有余。这种排比的使用，既增强了语势，又使得论述更加严密和有力。

此外，荀子还通过引用《诗经》中的诗句，以淑人君子专一仪表和坚定心意的形象，进一步印证了专心致志的重要性。这种引用经典的手法，不仅增加了文章的文化底蕴，也使得论述更具说服力和权威性。

最后，荀子以"故君子结于一也"作结，既是对前文论述的总结，也是对专心致志精神的强调和升华。这里的"结于一"与前面的"用心一也"相呼应，形成了逻辑上的闭环，使得整个归纳推理过程更加完整和严密。

形式逻辑思维与批判性思维在思辨文写作分析论证逻辑思维中的综合融通运用，既能培育形式逻辑思维、批判思维能力，促进两者的综合运用，提高抽象思维能力，也能使思辨文写作的分析论证逻辑更加准确、严密。

（三）辩证思维与批判性思维在思辨文写作分析论证逻辑思维中的综合融通培育

在思辨文写作中，将辩证思维与批判性思维综合运用于分析论证逻辑思维，不仅能提高辩证逻辑思维、批判性思维的融通运用能力，提高抽象思维能力，还能提高思辨文写作分析的论证逻辑思维水平。

1. 用辩证思维和批判性思维审视论点、论据

批判性思维与辩证思维本质上是相互关联的。教师在教学中应引导学生将二者有机统一，综合运用。

以鲁迅的《拿来主义》为例。鲁迅在文中运用形式逻辑对"送去""送来""拿来"之间的关系进行了分析，同时借助批判性思维进行矫正，其中还蕴含着辩证思维。鲁迅对"送去"与"送来"并非完全否定，而是指出"'送去'之外，还得'拿来'，是为'拿来主义'"。这表明"送去"虽存在不合理之处，但在文化交流中也有其价值，体现了辩证思维中看待事物的全面性。

在提出"拿来主义"观点后，鲁迅进一步以"大宅子"为喻，对论证逻辑进行自校准。他强调"拿来"既不能盲目全盘接受，什么都拿，也不能一概拒绝，什么都不拿，不能做"孱头""昏蛋""废物"。这里运用辩证思维的对立统一原则，补充完善了"拿来主义"的内涵，明确了"占有、挑选"的原则，为后续论证奠定了坚实基础。这一过程体现了批判性思维对论点的严谨审视，以及辩证思维对论点的深化和完善。

2. 用辩证思维和批判性思维审视论证过程的逻辑性

（1）论证中语言意义的审视分析

在论证过程中，语言意义至关重要，它是论证的基石。推理的有效性与语言概念的准确性紧密相关，二者相互影响。例如，在论证"金钱是/ 不是万恶之源"这一命题时，对"万"与"源"的定义理解是关键。通常意义上，"万"多虚指，泛指一切；而《辞海》中，"万"表示数量极多。这一定义的差异直接影响命题的指向。此外，"源"即根源，若"金钱是万恶之源"，那么金钱本身是否具有恶的属性？如何解释由金钱带来的善行？对这些概念的准确理解，决定了论题能否成立。通过批判性思维对语言意义进行解释和分析，确保论证的准确性和严密性。

（2）论证中的内容分析与逻辑结构的辩证思维审视

论证的推理结构体现了前提与结论之间的支持关系，其严谨性取决于结论、前提及其相互关系的合理性。

①用联系思维和批判性思维审视内容分析与论证结构

世界万物相互联系，处于普遍的联系网络之中。在思辨文写作时，运用联系思

维能够使内容分析与论证结构更严谨、全面。以"人工智能对人类社会的影响"命题论证为例，在内容分析上，要深入探究人工智能在各领域应用产生的内部联系。比如，在经济领域，自动化生产和智能客服的应用提高了生产效率，降低了成本，但同时也引发传统工作岗位流失等问题。此时，需运用批判性思维分析生产效率提升导致传统工作岗位流失的因果关系，以及岗位流失对社会就业结构和个人职业发展的具体影响。在考虑人工智能与外部因素的联系时，政府科技政策、伦理道德、法律规范等方面不容忽视。政府政策引导人工智能的研究方向和应用领域，伦理道德规范其决策是否符合人类价值观，法律规范保障其安全使用。通过批判性思维对这些外部联系进行解释和评估，能更全面地认识人工智能对人类社会的影响。

②用发展思维和批判性思维审视内容分析与论证结构

世界处于永恒的运动变化之中，看待问题应秉持发展的眼光。运用发展思维构建内容分析与论证结构，有助于深化写作内容。仍以"人工智能对人类社会的影响"命题论证为例，可按照发展脉络进行论证：先阐述人工智能在技术层面的发展和突破，接着分析这些技术进步在经济、社会等领域产生的直接影响，然后深入探讨其对人类生活方式、思维方式以及文化传承等方面的间接影响。这种层层递进的论证结构，使论述从技术本身逐步拓展到技术对人类社会各个层面的影响，体现了发展的逻辑。在这一过程中，批判性思维发挥着重要作用，对每个阶段的发展进行分析、评估，确保论证的合理性和前瞻性。

③用对立统一思维和批判性思维审视内容分析与论证结构

看待事物应全面、整体，避免片面性。任何事物都具有两面性，包含正面与反面、主流与支流、成绩与问题，等等。以《过秦论》为例，贾谊为向汉代统治者提供借鉴，在文中着重论述秦始皇的过错，而舍弃其功绩。从政治目的出发，这种做法可理解，但从全面、客观的角度看，秦始皇统一六国，结束春秋战国长期分裂局面，推行书同文、车同轨，为"大一统"中华文明的形成奠定基础，其功绩不可忽视。

再如，某高考作文试题中有一则寓言材料，主要内容是两个小姑娘对玫瑰园的看法截然不同。第一个小姑娘因玫瑰有刺刺破指头，就主观断定这里是"坏地方"，全盘否定；而第二个小姑娘看到刺上有花，认为这是个好地方。从辩证思维的对立统一角度看，两个小姑娘的观点都具有片面性。运用批判性思维分析，第一个小姑娘犯了以偏概全、片面看问题、主观否定客观的错误，只看到事物的现象而忽略了本质。这启示我们在分析问题时，应有整体性和全局意识，全面、综合地看待事物。

3. 辩证思维、批判性思维与思辨文写作技能思维的综合融通运用

以"在线教育于疫情期间发展"主题探讨为例，深入探讨辩证思维、批判性思维与思辨文写作技能思维的综合融通。

（1）综合融通运用一：现象观察与初步思考

疫情致使线下教学全面停滞，学生的学习需求却亟待满足，在线教育借此契机迅速发展，填补了线下教育供给的空白。从辩证思维的联系观点来看，这是社会需求与教育供给模式在特殊时期的紧密联动。同时，批判性思维促使我们深入思考这一现象背后的原因：在线教育的快速崛起，是单纯受疫情倒逼，还是其自身原本就具备发展潜力？这种思考为后续的深入分析打开了思路。

（2）综合融通运用二：剖析优势与潜在问题

基于辩证思维的发展观点，在线教育展现出显著优势。它打破了时空限制，使优质教育资源能够跨越地域界限，让偏远地区的学生也能同步接受一线城市名师授课，这无疑是教育资源分配模式的重大变革。然而，批判性思维提醒我们不能忽视其潜在问题。例如，部分学生家中网络信号不佳、硬件设备不足，严重影响学习体验，这暴露了在线教育普及过程中的"数字鸿沟"问题，反映出教育公平在新教育形态下面临的新挑战，体现了矛盾的对立统一。

（3）综合融通运用三：教学模式与质量探究

在线教育教学模式丰富多样，直播互动和录播自学各有优势和局限。辩证思维引导我们认识到不同教学模式与学习需求、学科特点之间存在对立统一的关系。批判性思维则要求对这些教学模式进行严格评估。直播互动虽能实现实时答疑，但教师难以兼顾所有学生的反应；录播便于学生反复观看，却缺乏即时反馈。在评估教学质量时，不能仅依据课程完成率、考试成绩等单一指标，而应综合考量学生参与度、知识内化程度等多维度因素，这体现了批判性思维评估能力与辩证思维全面性要求的融合。

（4）综合融通运用四：市场竞争与发展预测

疫情期间，在线教育市场竞争激烈，大量参与者涌入。从辩证思维的发展视角来看，这种竞争态势虽在短期内可能导致市场混乱，但从长期看，将推动行业的进步与发展。批判性思维帮助我们分析竞争背后的利弊：部分机构为抢占市场大打价格战，导致课程质量参差不齐；而头部企业凭借品牌、技术优势整合资源，提升服务水平。基于此，运用批判性思维的推论，我们可以预测未来在线教育市场集中度将提升，具有核心竞争力的企业将主导行业发展，同时，政策监管也会随着竞争乱象的出现而逐步完善。这是两种思维结合对行业发展趋势的准确洞察。

（5）综合融通运用五：经验总结与持续优化

回顾在线教育在疫情期间的发展历程，运用辩证思维全面总结经验教训，我们发现在线教育既展现出强大的生命力，也暴露出诸多不足。批判性思维的自校准能力在此发挥关键作用，它督促我们不断审视分析过程是否客观、全面。例如，在评估在线教育对学生综合素质的影响时，最初仅关注学业成绩，而后续发现忽略了社交能力培养，就应及时调整分析框架。通过持续优化认知，为在线教育的未来发展及教育模式创新提供坚实的理论依据，推动教育领域在变革中不断进步。

通过以上对论点论据、论证过程以及写作技能思维的综合分析，我们全面展示了辩证思维与批判性思维在思辨文写作分析论证逻辑思维中的综合融通运用，希望能为读者在思辨文写作中更好地运用这两种思维方式提供有益的参考。

（四）形式逻辑思维、批判性思维与辩证思维在思辨文写作分析论证逻辑思维中的综合融通培育

在思辨性写作中综合运用形式逻辑思维、批判性思维与辩证思维，不仅能使文章思想深刻有力，也能促进抽象思维的深入发展。这里以鲁迅的《拿来主义》为例。

1. 批判性思维与形式逻辑思维的综合运用：驳论+形式逻辑推理

运用批判性思维对敌对观点进行否定后，运用形式逻辑推理推出结论和观点，是思辨类写作的一种方式。驳论文《拿来主义》一开篇便否定了"闭关主义"，并以辛辣的口吻讽刺了与"闭关主义"矛盾的"送去主义"，并在第二段提出"拿来！"此时，文章以形式逻辑"非真即假"的推理可表述为：

闭关主义——已经破产

送去主义——彰显"进步"（讽刺）

推出结论：要大胆地"拿来"

2. 归谬法与辩证思维综合分析

在观点提出之后，如何将阐述引向深入？可将归谬法与辩证思维进行综合运用。

"闭关主义"已经被历史证明是破产的，那么"送去主义"的问题在哪里呢？在闭关、送去之外，是否还有其他路可走？在形式逻辑推理的框架内，很难解决以上问题。因此鲁迅在接下来几段运用批判性思维和辩证思维完善了自己的推理，以归谬法推导出"送去主义"的荒谬，推理出"送去主义"的后果是"几百年后子孙只能讨一点残羹冷炙"；并进一步通过辩证分析与综合，提出在"送去"之外还有"送来"一途，但也被现实证明后果是可怕的。由此推导出，中国只有实行"拿来主义"方才有未来。

3. 立论+驳论与辩证思维的综合运用

通过以上论证，"拿来主义"被证明为确实需要实行。那么，应该如何拿来呢？此时，鲁迅以"大宅子"为喻，明确提出了"运用脑髓，放出眼光，自己来拿"。先采用驳论法，批判了三种不正确的拿来方式：全然放弃是"孱头"，全部毁掉是"昏蛋"，接受一切是"废物"。由此进行分析评估，对"大宅子"中相关事物具体分析后，从矛盾的对立统一的角度，对各类不同事物采取不同的对待方式。如鱼翅，因其本身属于食物，虽然昂贵，但也可在日常生活中食用；鸦片虽属于毒品，但却是药材的一种，可送到药房充分发挥其药用功效；烟枪烟灯属于新时期无用的事物，可送到博物馆作为展品，以为后人鉴；姨太太在新时期完全属于落后的事物，因此全部遣散。鲁迅根据各种事物的不同特点，运用辩证思维具体地分析了对不同事物的不同态度，即使是"拿来主义"也不是全部"拿来"，而是"放出眼光，运用脑髓，自己来拿"，从而形成对"大宅子"的正确利用方式的结论。四种不同的处理方式，在"拿来主义"的前提与结论间形成了一个可行性的链条，从而实现了对"拿来主义"的论证。"拿来"不是全盘接受，也不是全然拒绝，对所有事物的态度应是对立统一的，依据自己的需要来拿。鲁迅通过辩证逻辑思维，利用矛盾的对立统一规律，实现了逻辑闭环。

以形式逻辑立论，以辩证思维与归谬法、驳论法的综合运用完善全文的论证结构，是形式逻辑思维、批判性思维与辩证思维的综合运用途径。

四、批判性思维、辩证思维与思辨文写作技能融通的写作运用

拟定一两个思辨性题目，供学生自由选择。按照批判性思维方式与写作分析论证思维融通运用的途径，进行该题目主题下的思辨性内容分析，要求符合辩证逻辑、批判性思维方式的知识要求，正确、综合运用几种批判性思维方式进行辩证分析论证。

第五节 进阶课程与教学体系三： 思维方式与思辨类文体写作语言表达技能融通培育

本节要建构的是思辨文写作的语言表达进阶：形象思维与思辨文写作语言表达技能的深度、系统融通的课程与教学体系。通过这个体系的学习，培育思辨文写作语言表达技能，提升思维能力。

思辨类文章写作需要全面运用理性思维，但思辨类文章写作也离不开想象和联想，与形象思维直接相关。

一、形象思维与思辨文写作技能融通使思辨文更形象的教学途径

联想与想象是形象思维的基本方式，联想与想象融入思辨类写作技能之中，会使思辨文更加形象。其教学途径主要有：

（一）运用修辞手法使语言表达生动形象

比喻、拟人、象征、夸张等，都和想象、联想直接相关。夏衍的《野草》一文中用种子、小草的形象象征进步的事业和人民的力量，用石块、瓦砾影射压在中国人民头上的侵略者和一切反动势力，形象而又含蓄地表达了文章的主题思想。

（二）运用举例法或讲故事法，形象地体现思想主题

比如邓拓的《放下即实地》，中心论点是"要了解、把握情况"。文章从明代刘元卿《应谐录》中的笑话说起，将笑话和实际生活中的现象联系起来，写得生动，有趣。

(三) 形象对照法

鲁迅的不少杂文，都是替当时的一些帮闲文人"画像"的，如《二丑艺术》《"丧家的""资本家的乏走狗"》等。可以看出，议论的形象化，离不开想象和联想的运用。

二、联想与思辨文写作技能融通使思辨文增强知识性、趣味性、可读性的教学途径

写作思辨类文章尤其是思辨文中的杂文时，如果运用联想论说事理，谈天说地，纵论古今，不仅给人以知识，也让读者读来感到兴味无穷。据统计，《鲁迅全集》中征引的书籍文献达 4000 多种，谈到的人物有 4500 余人。邓拓的《燕山夜话》也以旁征博引为读者称道。联想融入思辨文写作技能，可使思辨文增强知识性、趣味性、可读性，这需要作者有深厚的学养、渊博的知识，以及对写作目的的深刻认识。

三、形象思维与写作表达的情感性融通使思辨文生气活泼、情感丰沛的教学途径

形象思维可激活感情，使思辨文充满情感和生气。朱光潜讲过："我很相信说理文如果要写好，也还要动一点情感，要用一点形象思维。"确实，如果思辨文纯粹运用概念、判断、推理以及辩证思维，很可能是干巴巴的，读来令人乏味。而情感活动与联想、想象活动是相互为用的，正如陆机《文赋》所说："情瞳眬而弥鲜，物昭晰而互进。"文章写作之初，可以借助于想象、联想激活感情；写作过程中，可以借助于形象的描绘来寄托感情，或慷慨淋漓，或委婉含蓄，或热情奔放，或幽默含讥，这样便可以使文章生气贯注、情感充沛。

四、运用形象思维激活思辨文写作的思路、生发议论的教学途径

有时面对写作题目提供的某一事实材料无法充分展开议论，通过联想，联系其他相似、相关、相反的事实材料，议论便可生发出来。比如巴人的杂文《况钟的笔》，从况钟的笔谈起，联想起蒙恬造笔和各种各样用笔的人，这是相关联想；又联想到戏中的主观主义者过于执的笔和官僚主义者周岑的笔，这是对比联想；联想到现实生活中作风与过于执、周岑相似的人，这是类似联想。最后提出文章的主

旨："经常用笔而又经常信笔一挥的人，是不能不想想况钟的用笔之法的。"

由此可见，思辨类写作技能融入形象思维，可使文章变得生气活泼，情感充沛，形象感人。要写好一篇思辨类文章，必须借助形象思维方式。

五、形象思维与思辨文写作技能融通的写作运用

拟定一两个思辨性题目，供学生自由选择。按照形象思维方式与思辨文写作技能的融通运用途径，进行该题目主题下的思辨性内容的形象性分析，要求符合形象思维、抽象思维方式的要求，形象、生动地进行思辨类写作的辩证分析论证。

第六节 进阶课程与教学体系四： 思维方式与思辨类文本结构技能融通培育

本节要建构的是结构性抽象思维与思辨文写作分析论证结构性逻辑思维融通产生篇章的融通培育的主体内容课程与教学体系。通过这个体系的学习，培育思辨类文本结构技能，提升学生思维品质。

写作教学中，结构是一个重要板块。思辨文写作的结构由作者阐述文本主题的意义结构决定，这个意义结构是作者用抽象思维产生围绕主题的主体意义表达的抽象逻辑和理性美的组构能力的体现。所以，思辨文写作的结构与抽象思维方式直接相关，抽象思维可以催生结构的产生，结构是抽象思维的结构性呈现。在抽象思维方式、抽象思维主体意义逻辑与思辨文写作结构技能融通之下，文本的思辨性、条理性会显示出来，好的抽象思维与思辨文写作结构技能的融通结合，会使文本变得深刻丰厚，丰富多彩，摇曳生姿。

一、结构性抽象思维之横向联系思维与思辨文写作结构技能思维融通培育

横向联系思维可以催生思辨文横向写作结构和意义逻辑。在横向联系思维的催生下，横向联系思维与思辨文写作结构技能思维融通使用，在宏观结构上主要体现在总分式结构技能上。不管是先分列后总述还是先总述后分列，都是辩证思维中联系这一思维方式的运用。

总分式结构是思辨类文章的常见结构中的一种，主要是联系思维中相关要素并行发散思维方式在写作中的运用。是围绕主题，运用联系思维中相关要素并行发散找到体现主题思想的几个平行的分论点，使文章思维的主体结构呈现观点总说和分点平行论说的表达形式。先分点论说再总说是这种形式的一种变式，也是辩证思维中联想这一思维方式的运用。这是横向联系思维与思辨文写作结构技能思维融通使用的具体体现。

横向联系的思维角度和方式很多，从事物性质多样性、事物组成方面、事物呈现形态等角度横向联系产生并列观点结构的多样性联系思维，都可用于思辨类文章写作的总分式结构。比如，从主题"是什么"的角度进行平行观点的联系思考，一考生在《心中有德》一文中，运用联系思维，进行思辨类文本的总分式结构铺排：文章开头提出中心论点"若心中有德，一切终将释然"。主体部分采用并列式结构，从主题"是什么"的角度对中心论点展开平行发散，以此来论证主要观点：分论点一，心中有德，是那淡泊名利的心境；分论点二，心中有德，是那舍生取义的精神；分论点三，心中有德，是那以救国救民为己任的情怀。然后在结尾部分综述主题的意义，点明主题。这样，既深化了主题，又重申了中心论点。全文结构非常清晰，论证有力。

结构性抽象思维之横向联系思维与思辨文写作结构技能思维融通运用，既可以培育思辨文写作结构技能，也能提升结构性抽象思维的横向联系思维能力。

二、结构性抽象思维之纵向发展思维与思辨文写作结构技能思维融通培育

纵向发展思维可以催生思辨文的纵向写作结构和意义逻辑。在纵向发展思维的催生下，运用纵向发展思维与思辨文写作纵向结构技能思维融通，是思辨文写作在结构技能上应有的另一种思维和结构形式，可实现对文章内容的逐步深入的阐述。

纵向发展思维与思辨文写作结构技能思维融通的主要教学途径：

（一）结构性抽象思维之一般递进连环式纵向思维与思辨文写作篇章结构的融通培育

即运用纵向发展思维对思辨文采用一般连环式结构进行阐述，随着递进式发展思维的展开，内容阐述及思路一环套一环，环环递进。这种融通结构一般按提出问

题（引论，观点是什么）—分析问题（本论，为什么是这样）—解决问题（结论，该怎么办）这样的思路进行逐步铺陈。比如一考生《谈坚持》一文，按照"是什么—为什么—怎么样"这一逐层深入的纵向发展思路来构思行文，开头结尾照应点题，第二段写坚持是什么，第三段写为什么要坚持，第四、五段写坚持需要什么及坚持要注意什么，即怎样做到坚持。整篇文章思路清晰，层次分明，结构严密。再比如，重庆一考生《论国人"情有独钟"的麻将》一文，发展思维与逐层深入的递进式结构融通，思路逐步打开，内容逐步深入铺陈。作者在提出"希望国人能像拒绝鸦片那样抵制它，还中国的蓝天一片宁静与祥和"这个观点之后，分现状分析、深入探究、"国人醒醒"三个主体板块，对麻将现象进行了由表及里的层进式分析阐述。作者对麻将对民众心灵、对社会进步所起的反面作用进行了深入分析，最后疾呼"国人醒醒"，语言犀利，观点明晰，内容充分、深刻，不失为一篇针砭时弊的佳作。

一般递进连环式纵向思维与表达结构还有起承转合式、引议联结式两种纵向思维与表达结构融通运用及培育的结构形式。

1. 起承转合式

起承转合的"转"，就是转从另一方面生发开去，有两种思维与结构方式，即对比延展和"进转"两种。对比延展包括由正面论述转入反面论述的"反转"、由反面论述转入正面论述"正转"、由正面论述进而转入更深一层意义的"进转"。起承转合这种文章结构，是一种基本结构，这种层进式发展思维与结构可使文章眉目清楚、内容丰蕴。其具体形态大致有如下几种变式：起—正承—反转—合；起—正承—进转—合；起—反承—正转—合。比如上海一学生的优秀作文《严和爱》的结构模式是：起—正承—进转—合。起：开门见山，亮出中心论点——"严和爱二者交融渗透，不可割裂"，简洁明了。承：紧承上文，用老一辈无产阶级革命家严格要求子女的事例证明人们应从思想上、学习上、工作上、生活上严格要求他们的后代。转：本文是"进转"，推进一步——不能使爱停留在低级的、庸俗的狭窄的圈子里，要把亲子之爱和国家大业紧密相连。合：总结全文，指出"严"是"爱"的表现，青少年要正确理解并严格要求自己，不辜负党和国家的厚望。

2. 引议联结式

引议联结是思辨类文章一般递进连环式纵向思维与表达结构的另一种结构形式。其基本思路一般采用引出观点—分析材料—展开联想—文章作结这样一个层进式发展思维结构。如广西一考生的优秀思辨文习作《我已经飞过》，就是一篇典范之作，结构安排按照引、议、联、结四个步骤展开：作者在简述了材料之后，通过对比，简明地提出了观点："没有突破性的尝试和努力，哪有意外的收获和成功！"这是"引"的部分。紧接着，作者结合材料内容评述"乌鸦有梦想"，"所以为此而努力"，分析简明，扣住了观点。这是"议"的部分。然后，作者展开联想，并对"人也是这样"进行深入、充分的阐述，着重阐明"自己创造美好的过程"，表达人应该为自己的理想而努力，就终会有所收获的中心。这是"联"的部分。最后，作者通过对生命中价值的认定再次强调自己对奋斗过程的颂扬。这是"结"。四个步骤步步相连，使内容的阐述逐步深入。

（二）结构性抽象思维之时间顺序式纵向思维与思辨文写作篇章结构技能思维的融通培育

思辨文写作的内容有时会按时间顺序采用逐步纵深的思维方式进行铺陈。时间顺序式纵向思维与表达结构一般有两种结构类型：

1. 文章材料的时间顺序式纵向思维与表达结构

即思辨类文章内容按材料的时间先后为序进行纵深思维铺陈。如高考作文《历史的笑容》，文章主要由三大块材料及相应的书写组成，这三则材料是三闾大夫屈原、滕王高阁上的狂生、"大江东去浪淘尽"的英雄，由先秦到唐至宋，按时间顺序来铺陈，采用时间顺序式纵向思维与表达结构。这种以主要材料为论据，并且按时间顺序来构成文章，是思辨类文章时间顺序式结构的一种常见、简单的结构类型，能使文章思路清晰，主题突出，易于学生学习。

2. 内容时间+事理先后顺序的纵向思维与表达结构

这是一种按内容和事理的先后时间来纵深阐述的纵向思维与表达结构形式。如广东一学生优秀习作《不要轻易说"不"》，为了阐述"不要轻易说'不'"这一主题，作者从"少年就是雏鹰，飞向自由的天空""青年就是夸父，奔向火热的未来""老年就是斧头，劈开未知的世界"这三个方面进行纵深阐述论证。时间由少年到老年，事理由雏鹰的无畏到夸父的火热到老年的成熟，逐步递进，逐步深入，新颖而又充分、深透。

三、结构性抽象思维之纵横交错的抽象思维与思辨文写作篇章结构技能思维融通培育的创新教学

即联系思维与发展思维的综合运用与思辨文写作纵横结构技能思维的融通。其主要运用方式是运用联系思维找出几个分论点，再运用发展思维进一步进行深入的意义分析和阐述，再做总结或再运用联系思维提出分论点、再总结。其写作结构形态是：

（一）"总—并列点—深入阐述—点（与前并列）—总结"的纵横思维方式的结合

这种结构先总述观点，然后展示几个分论点，在这基础上再深入阐述，再提出一个分论点进行阐述，再总结。这种结构，是在基本的总分式结构的基础上的一点变式。如江苏一考生的优秀作文《一毛钱与诚信》，文章开头一段提出观点："切不可丢弃诚信而欺诈"。为什么？诚信有些什么内涵，有些什么作用，文章的第二、三段作者分别用一个观点阐述：诚信可以是对情感而言的，诚信获得了友谊；诚信亦可对事业而言，对人民、对革命事业的诚信非常宝贵，诚信者留下了英名。这是总分结构。然后作者用"或许你说：对知音诚信，对事业诚信，我懂；但毕竟太高尚了，难以企及！"收束前文，转向深入阐述"一毛钱中有诚信"。然后再阐述了作者的一个观点（一个分论点）：诚信与成功是连在一起的。作者又继续挖掘诚信带给人的是心灵的崇高和精神的富足。在这里文章的议论结构已经有了变化，是总分式的创新运用，就内容而言，阐述也显得更深入。

（二）"分—总—作用—应该怎样—收束"的纵横思维方式的结合

如山西一学生的优秀习作《留些诚信给自己取暖》，作者在前三段提出第一个分论点"真诚"后，又提出第二个分论点"信用"，然后总提观点"诚信"，紧接着阐述"诚信"的作用，然后又从两个方面阐述了怎样做才是诚信，最后收束全篇。这是思辨类总分式结构纵横思维结合的创新运用。

这类纵横交错的复杂思维与表达结构变式还有一些，这里不再一一例举。

四、形象思维、抽象思维与思辨文写作结构技能融通培育的创新教学途径

形象思维、抽象思维与思辨文写作结构技能融通的教学可使文章生动而又深刻，结构严谨而不乏生气。

（一）形象化段落标题总分式结构的形象思维、抽象思维与思辨写作结构技能融通的创新教学

即在用联系思维产生系列分论点平行推进后，用形象思维方式将分论点的表达形象化，以此形成文章的主体表达结构。这是学生很喜欢用的一种形象思维、抽象思维与思辨写作结构技能融通的手段。如安徽一考生《千年的光明》一文，主体结构由联系思维产生的三个分论点组成。这三个分论点，采用运用形象思维的修辞方式，显得生动形象又有文采和智慧，其形象表述是："勇毅之灯长明""忠贞之灯长明""自由之灯长明"。三个分论点以及阐述紧扣主题"千年的光明"，主题突出，表达形象、生动。这是总分结构形式的一种创新运用。

（二）比喻式分论点+对象式总分结构的形象思维、抽象思维与思辨写作结构技能融通的创新教学

即在运用联系思维产生分论点后，标题采用形象思维以一个大的比喻托起全文，文章主体由两三个运用形象思维的比喻性分论点组成，在分论点的呈现形式上，采用比喻式分论点+论述对象的结构形式。如湖南考生《铸造人格之剑》一文，题目"铸造人格之剑"，比喻揭示主题很有力度。接着阐述怎样铸造人格："第一柄，剑曰，旷达。铸造者，苏轼。""第二柄，剑曰，超脱。铸造者，庄子。""第三柄，剑曰，是一把巨阙，上面刻着，高尚。"作者从这三个方面阐述了如何才能铸就人格，每个方面关键处的呈现不仅有比喻，而且点明了分论点和阐述对象，使分论点部分的阐述很明朗。这样的结构形象、明朗，有创新。这是通过形象思维与辩证思维的联系思维综合构建文章。

（三）辩论式分合层进式结构的形象思维、抽象思维与思辨写作结构技能融通的创新教学

辩论式的文章是一种特殊的思辨文，需要运用抽象思维的联系与发展思维、对立统一思维，表达结构上也是纵横结合，独具深刻性和生动性。通常模式是：平行

式小观点或小材料推出主体观点，然后用或纵或横的分析或例析和道理结合，深入阐述观点，最后收束观点，主体上呈现一种层进式结构。如山东考生《给"从谏如流"上把锁——晓风、莫克一席辩》一文，文章构置了两个人物，用对话质诘的形式来表现了两部分内容："晓风、莫克各自表明观点"和"晓风、莫克相互据理辩驳"。在第一部分提出了两种观点，供读者思考。第二部分经由一番辩驳，得出鲜明结论。每一部分又都有两个层次：第一层是"晓风""莫克"相互对立的两种见解主张；第二层是举例辩驳和说理辩驳的两种论证。从另一种角度看，"晓风""莫克"所表白的两种认识，也是互不雷同的两层主体："晓风"是作者虚构的陪衬人物，代表着某种片面认识；"莫克"是作者观点的代言人，表述着深刻、辩证的认识。作者以对话辩论的方式结构文章，使其观点有着鲜明的对立面，从而便于有的放矢，逐次解决读者可能存在的片面认识，突出体现了作者的创新意识和创新能力。值得一提的是，文章并不像一般驳论文字，让一方大获全胜，另一方一败涂地；而是最终把"晓风"的观点包容在"莫克"的观点之内。这样当然就突出了"给'从谏如流'上把锁"的辩证高度，也自然地让读者心悦诚服。文章分合层进式结构很突出。另外，文章里的对话并不只是干瘪的外在装饰，而是更清晰地展示着思辨的层次。巧妙的是，作者游刃有余，在推进思辨的同时，还为虚构的两个人物设计了对比鲜明的性格内涵，与"晓风"的单薄、急切相比，"莫克"显得更广博、大度，这当然也有助于文章主题的彰显。

辩论式记录是一种很好的思辨文分合式层进的创新结构。

五、结构性抽象思维与思辨文写作结构技能融通培育的写作运用

拟定一两个思辨性题目，供学生自由选择。按照结构性抽象思维方式与思辨文写作结构技能融通运用的途径，进行该题目主题下的思辨性内容的结构组合写作，体现每一种结构思维。要求符合思辨文写作结构技能的知识要求、结构类型的审美表达价值，严谨、充分、深入地进行思辨类文本写作的结构组合。

第六章

中学段"三主三辅交融并进"写作教育课程与教学法

体系结构及专题内容创构示例

前述内容是"全人·融通·系统"的核心理念下各块教学课程与教法内容总纲。虽然各年级都可以根据自己学段、年级情况系统选用或直接使用这些总纲,但本书的最大目的,是帮助教师建立适合自己学段、年级、学生需要的"三主三辅交融并进"体系。那么在创构的"全人·融通·系统"的核心理念体系、人文素养培育体系、思维方式与写作思维技能融通培育、写作教育课程与教学法宏观体系的基础上,中学段"全人·融通·系统"视域下的写作教育课程与"三主三辅交融并进"教学法体系该如何组构?

第一节 中学段"三主三辅交融并进" 写作教育课程与教学法
体系结构创构示例

在"全人·融通·系统"视域下,围绕生命、文化、思维、技能四个核心要素,以培育具有健全心灵、健全思维、民族灵魂、世界素养、时代精神的中国人,厚重、深刻、独到、真切的写作表达者为目标,创建写作教育课程与教学法体系。

一、中学段写作教育课程与教学法体系结构："三主三辅交融并进"

（一）"三主三辅交融并进"写作教育课程与教学法体系结构创构说明

本书第一章"融通"一节，阐述了主辅如何融通；第一章"系统"一节，阐述体现该书思想和系统观点的写作教育课程与教学法体系以构建"三主三辅交融并进"体系的最终形态及具体构建模型。因学段特点不一，各学段的"三主三辅交融并进"体系具体内容浩瀚，本书只能给各学段老师提供各主体板块具体的纲要性内容，由教师参照这些内容自主灵活建构。

在每一个三大主体融合的专题学习内容里，人文素养专题学习的材料或篇章除去人文学习价值之外，一定程度上体现了本专题学习内容里的思维方式、写作技能，专题融通培育里的范例与专题学习的人文专题内涵、思维形式、表达技能相对应，并从不同角度或不同层次揭示人文专题内涵，实现人文素养、思维方式、写作技能学习的相互融合、促进，构成一个人文素养、思维方式、写作技能结构化学习与强化的学习专题，实现写作教学人文素养、思维结构、表达技能的高效培育，写作素养和能力培育与写作教学育人的整合、协同发展。

（二）构建主体内容之外的其他相关内容说明

关于文体类型教学设置以各学段课程主体内容为主体课程设计，较少涉及的文体类型如各段的诗歌、小小说、剧本、新闻类文本等未列入主体课程，由教师根据自己的教学情况自由安排。关于说明文的教学设计，初中段设计了说明文教学，高中段因时间很紧、重于思辨，故没有设置。

主体课程的专题内容间辅助课程的插入未详细罗列每一大专题的写作课程内容与教学法设计，根据专题内容，必须选择性融入辅助性课程与教学的内容，以实现思维素养和写作素养的融通互补发展。在具体教学实施的过程中，一两个专题学习之后，可根据学段学生情况专设辅助课程一里的"自定人文点+不限文体自由写作""社会热点+研究性写作""选修课或名家、名著研究性写作（学习性写作）"。"个体选择性自由写作"在初中后段、高中段有少量设计。第一章第一节里的"表达性写作"，在初中、高中段有少量设计，每学期一次，教师可以根据学生实际情况增加训练次数。

与写作相关的其他活动如日记、文学社团活动、写作任务完成后的各类文本演讲、记叙文与剧本相互间的转换、新闻采访等没有设计，由教师自行安排。

二、各学段专题设置的重要区别

（一）各学段人文素养培育教学设计的重要区别

1. 各学段人文素养培育专题内容表达不同

每个学段的人文学习按从单元主题到多元主题的思维发展路径设置了人文主题学习系列。各学段在人文素养培育方面的内容选择主要参考该书所建构的人文素养培育系列，整合古今中外的文化精华并予以开拓，根据学段情况采用多学科、多媒介的融合。初中段用内容较为浅易、语言较为生动到内容较为深刻、理性的文字呈现该书所建构的人文素养培育系列中的内容，辅以相关故事或视频；高中段所涉人文素养培育可以全采用该书所建构的人文融通专题培育内容。因此，初、高中阶段人文素养培育专题学习内容的深浅、广度、表达方式有不同。

2. 同一主题在不同学段的内容深浅、广度不同

每年段会强化一些同一人文主题。比如，"'爱'是美德的基石""'爱国'是一个公民的重要品质"，这些主题在每个学段每个年级都可能出现，但不是简单的重复，不同的学段和年级对"爱""爱国"认识的丰厚度、广度是不同的。

3."社会体验和社会实践课程与教学""自我觉醒、发展与个体性重建课程与教学"在各学段人文素养整合性培育课程设置中的运用设计有别

"全人"核心理念及课程开发中的"社会体验和社会实践课程与教学""自我觉醒、发展与个体性重建课程与教学"，是全人教育的重要组成部分。为了强化"全人"视域下人文素养的融通培育，每一个人文素养培育专题内容在主体内容学习之后，都必须设计"社会体验和社会实践课程与教学""自我觉醒、发展与个体性重建课程与教学"两个人文素养培育课程及教学，但学段、年级不同，课程所涉及的内容范围、内容认知与体验、内容再认知、个体性重建难度不同。

（二）各学段思维方式与写作技能融通培育的重要区别

思维方式与写作技能融通培育在各学段学习内容的比重、呈现形式有别。

就思维特征而言，15~17岁是抽象逻辑思维发展趋于初步定型或成熟的时期，高中二年级（十六七岁）是认知发展的成熟期，所以初中段以形象思维与写作技能融通培育为主，初中尾段涉及比高中浅易的抽象思维及表达技能；高中段在综合温习了初中段以形象思维与写作技能融通培育的内容之后，以抽象思维与写作技能融通培育为主，兼及形象思维与写作技能融通培育。

两个学段在主体课程体系中没有重点设计思维方式与说明文体写作的融通教学，由教师根据自己教学情况，参照思维方式与说明文写作技能融通培育的相关内容以及辅助课程设计特点自行加入。

（三）各学段辅助课程设计的重要区别

辅助课程是和主体课程配合的重要的写作教育课程，灵活运用在写作课程设计和实施中、写作任务完成或学习课程结束后。

1. 各学段"辅助性课程一"教学内容及教学的设计区别

"辅助性课程一"包括两个方面：个体性素养、技能生长与培育内容设置与写作教学主体内容融通；写作主体个体性、个性化的内涵素养与表达技能完善与提升的辅助学习内容同主体专题教学一体化结合。

个体性素养、技能生长与培育内容设置与写作教学主体内容融通，即在写作教学主体内容的构建中，系统融入以下四个结合：阶段性和综合性结合、文体写作与技能交叉互补结合、指定任务和自主学习结合、读研写结合。

写作主体个体性、个性化的内涵素养与表达技能完善与提升的辅助学习内容与主体专题教学一体化结合，即在写作课程设计和实施中及写作任务完成后，根据学生的现场情况，对表达主体文本内涵素养的个体性和艺术性进行完善与提升的辅助教学及文章本体技能元素培育与优化的辅助教学。其教学方式是教师主导与学生学习、多元评改、自我完善晋级结合。教学内容包括艺术心理生成和写作行为生成、主题生成、文体特征与内容结构、表达技能的基础等级和发展等级的双等级辅助教学。

根据不同学段学生认知水平的不同，辅助课程的教学内容及教学设计也有所区别。比如"四个结合"，初中段可一定程度上采用，高中段要全面采用。根据学段情况，当学生具有一定不同文体写作能力了，就可以设置文体交叉互补结合的任务。日常教学中，教师可以根据自己的情况灵活安排，以实现文体技能互补。对于表达主体文本内涵素养的个体性和艺术性完善与提升，从初中段到高中段辅助教学内容的难度是逐级提升，文章本体技能元素培育与优化的辅助教学也是如此。

2. 各学段"辅助性课程二"教学内容及教学的设计区别

"辅助性课程二"是写作情境学习课程，运用于人文素养整合性培育，以社会参与、社会实践和社会服务为主要写作情境，在思维方式与写作技能融通培育的写作运用中、专题写作任务及拓展写作任务实施中都有体现。这一辅助课程根据人文素养及写作任务要求，设置写作学习的现实情景和虚拟情景，激发和丰富学生对社会、人生的认识，促进学生社会性素养、个体性素养的发展。各个学段学生情况不同，写作情境学习课程设置的内容、方式、深度、广度与写作表达要求就不同。

3. 各学段"辅助性课程三"教学内容及教学的设计区别

"辅助性课程三"是自我完善、建构与多元评价、完善课程，适合于各学段，既用于人文素养整合性培育之中，也用于人文素养、思维方式与写作技能三个主体内容的融通学习以及写作实践完成之后，以促进学生素养的自我觉醒、完善、建构与个体性发展。在初中、高中段会适量增加在"全人"核心理念及课程里"人本位生命文化主体智慧的自我觉醒、发展与个体性重建写作教育课程"中的"人本位生命文化形态调适与矫治的表达性写作"，以促进学生生命的健全发展。"多元评价、完善"是用于写作实践完成之后的教学内容和教与学方式设置，即在每一专题的学习里融进师生、生生对习作的多元评价、完善，实现学生素养及表达写作、能力的提升。初中段三个年级的学生自我认知能力不断提高，自我完善、建构与多元评价、完善课程能较好地逐步实行；高中段学生认知水平已经达到一定程度，可以在教师的指导、同伴的协助下较高程度地进行自我完善、建构与多元评价、完善课程。

三、教学法运用

用"系统"核心理念内容中课程与教学法开发的"'全人·融通·系统'视域下教与学方式的系统一体化"完成课程教学，实现教学目标。

四、初中段"三主三辅交融并进"写作教育课程与教学法体系宏观结构创建

初中段三年"三主三辅交融并进"写作教育课程与教学法体系的总目标:在小学写作教育的基础上,基于初中学生思维、认知及写作特点,在人文素养发展方面,侧重用文字较为浅易、内容丰富生动、有一定深刻度的融通培育方式,重点培育学生对美德、人类及自身发展相关的重要素养的深刻、丰富认识,一定程度上体现培育健全心灵、民族灵魂、世界素养、时代精神这一本专著所提倡的人文目标;在思维方式与写作技能融通方面,侧重形象思维,辅以抽象思维与对事物观察、认识以及记叙抒情类文体、思辨类文体写作由点到断面、篇章,由简单到复杂的能力形成逻辑的融通培育,较好地培育形象思维能力、简易的抽象思维能力,能完成清晰、生动、完整的一般记叙抒情类文本和浅易的思辨类文本写作。通过三个年级"三主三辅交融并进"写作教育课程与教学法体系实现人文素养、思维方式与写作技能的主线、辅助线的融通发展,全面提高初中生的人文素养、思维结构及观察、思考与表达能力。下面以图表形式给出初中段"三主三辅交融并进"写作教育课程与教学法体系主体内容的创建示范。

表 1 七年级写作教育课程与教学法体系的主体内容

专题序列	专题内容
一	人生、社会与写作(含案例展示)
二	文体写作学习基础课程:思维方式与记叙抒情类文体融通的特征及简单运用
三	主体课程:人文融通培育专题"爱"+形象思维之情景再现、联想追思+自然状态下人物描写的点、断面(人文主题"爱"的理性认知与情景认知;自然状态下的人物外貌、动作、语言、心理描写)。 辅助课程:选择性融入辅助课程一(含由分技能思维到技能思维的初步综合运用,语言积累及锤炼、仿写,个体选择性自由写作,等等)、辅助课程二(含再现对象的描述视频学习、现实环境体验)、辅助课程三
四	主体课程:人文融通培育专题"自然美"+形象思维之情景再现、联想追思+自然景物描写的点、断面(人文主题"自然美"的理性认知与情景认知;自然景物特征描写)。 辅助课程:选择性融入辅助课程一(含由分技能思维到技能思维的初步综合运用,语言积累及锤炼、仿写,个体选择性自由写作,等等)、辅助课程二(含再现对象的描述视频学习、现实环境体验)、辅助课程三

专题序列	专题内容
五	主体课程：人文融通培育专题"诚信"+形象思维之情景再现、联想追思、想象+审美和主题情景下人物描写的点、断面（人文主题"诚信"的认知与情景认知；审美和主题情景下的人物外貌、动作、语言、心理描写）。 辅助课程：选择性融入辅助课程一（含由分技能思维到技能思维的综合运用，语言积累及锤炼、仿写，个体选择性自由写作，等等）、辅助课程二（含再现对象的描述视频学习、现实环境体验）、辅助课程三
六	主体课程：人文融通培育专题"勇敢"+形象思维之情景再现、联想追思+自然状态下人物和事件的清晰叙述（人文主题"勇敢"的理性认知与情景认知；事件中人物活动点、面、过程情景的清晰叙述）。 辅助课程：选择性融入辅助课程一（含由分技能思维到技能思维的综合运用、语言积累及锤炼、仿写，个体选择性自由写作，等等）、辅助课程二（含再现对象的描述视频学习、现实环境体验）、辅助课程三
七	主体课程：人文融通培育专题"正义"+形象思维之联想、情景再现、想象+审美和主题情景下人物和事件的生动叙述（人文主题"正义"的理性认知与情景认知；事件中人物活动的点、面、过程情景的形象性叙述）。 辅助课程：选择性融入辅助课程一（含由分技能思维到技能思维的综合运用，语言积累及锤炼、仿写，个体选择性自由写作，等等）、辅助课程二（含再现对象的描述视频学习、现实环境体验）、辅助课程三
八	主体课程：人文融通培育专题"奋斗"+形象思维之联想、情景再现、想象+浅易的文章结构一（人文主题"奋斗"的理性认知与情景认知；浅易的文章结构一）。 辅助课程：选择性融入辅助课程一（含由分技能思维到技能思维的综合运用，语言积累及锤炼、仿写，个体选择性自由写作，等等）、辅助课程二（含再现对象的描述视频学习、现实环境体验）、辅助课程三
九	主体课程：人文融通培育专题"生命百态"+形象思维之联想、情景再现、想象+围绕中心选择、描述事件和人物（人文主题"生命百态"的理性认知与情景认知；围绕中心选择事件和人物并描述）。 辅助课程：选择性融入辅助课程一（含由分技能思维到技能思维的综合运用，语言积累及锤炼、仿写；个体选择性自由写作，等等）、辅助课程二（含再现对象的描述视频学习、现实环境体验）、辅助课程三（+表达性写作）

专题序列	专题内容
十	主体课程：人文融通培育专题"顽强"+形象思维+围绕中心，生动、形象描述事件和人物断面、场景一（人文主题"顽强"的理性认知与情景认知；事件的起伏）。 辅助课程：选择性融入辅助课程一（含由分技能思维到技能思维的综合运用，语言积累及锤炼、仿写，个体选择性自由写作，等等）、辅助课程二（含再现对象的描述视频学习、现实环境体验）、辅助课程三
十一	主体课程：人文融通培育专题"爱国"+形象思维之联想、情景再现、想象+人物形象的个体性、典型化、丰富性和生动性描述（人文主题"爱国"的理性认知与情景认知；事件的起伏）。 辅助课程：选择性融入辅助课程一（含由分技能思维到技能思维的综合运用，语言积累及锤炼、仿写，个体选择性自由写作，等等）、辅助课程二（含再现对象的描述视频学习、现实环境体验）、辅助课程三
十二	主体课程：人文融通培育专题"奉献"+形象思维之联想、情景再现、想象、结构性+浅易的文章结构二（人文主题"奉献"的理性认知与情景认知；浅易的文章结构二）。 辅助课程：选择性融入辅助课程一（含由分技能思维到技能思维的综合运用，语言积累及锤炼、仿写，个体选择性自由写作，等等）、辅助课程二（含再现对象的描述视频学习、现实环境体验）、辅助课程三

注：共十二个专题。建议每半年实施六个专题。

表2 八年级写作教育课程与教学法体系的主体内容

专题序列	专题内容
一	主体课程：人文融通培育专题"爱"+形象思维之联想、情景再现、想象+生动地描述一件事（人文主题"爱"的理性认知与情景认知；场景和事件描写）。 辅助课程：选择性融入辅助课程一（含由分技能思维到技能思维的综合运用，语言积累及锤炼、仿写，个体选择性自由写作，等等）、辅助课程二（含再现对象的描述视频学习、现实环境体验）、辅助课程三

专题序列	专题内容
二	主体课程：人文融通培育专题"尊重"+形象思维+围绕主题描述两三件事（人文主题"尊重"的理性认知与情景认知；两三件事的场景和事件描写及前后关联）。 辅助课程：选择性融入辅助课程一（含由分技能思维到技能思维的综合运用，语言积累及锤炼、仿写，个体选择性自由写作，等等）、辅助课程二（含再现对象的描述视频学习、现实环境体验）、辅助课程三
三	主体课程：人文融通培育专题"谦逊"+形象思维+文本描述结构一（人文主题"谦逊"的理性认知与情景认知；文本描述结构一）。 辅助课程：选择性融入辅助课程一（含由分技能思维到技能思维的综合运用，语言积累及锤炼、仿写，个体选择性自由写作，等等）、辅助课程二（含再现对象的描述视频学习、现实环境体验）、辅助课程三
四	主体课程：人文融通培育专题"勤劳"+形象思维之联系的纵横升级、想象艺术性与发展性+人物形象的典型性、丰富性和生动性一（人文主题"勤劳"的理性认知与情景认知；围绕中心，形象思维与人物形象的个体性、典型性、立体性、生动性技能的融通运用）。 辅助课程：选择性融入辅助课程一（含由分技能思维到技能思维的综合运用，语言积累及锤炼、仿写，个体选择性自由写作，等等）、辅助课程二（含再现对象的描述视频学习、现实环境体验）、辅助课程三
五	主体课程：人文融通培育专题"自然美"+形象思维+游记及结构一（人文主题"自然美"的理性认知与情景认知；游记的思维方式与写法融通实践及结构一）。 辅助课程：选择性融入辅助课程一（含由分技能思维到技能思维的综合运用，语言积累及锤炼、仿写，个体选择性自由写作，等等）、辅助课程二（含再现对象的描述视频学习、现实环境体验）、辅助课程三
六	主体课程：人文融通培育专题"建筑美"+形象思维+说明事物一（人文主题"建筑美"的理性认知与情景认知；说明事物要抓住特征）。 辅助课程：选择性融入辅助课程一（含由分技能思维到技能思维的综合运用，语言积累及锤炼、仿写，个体选择性自由写作，等等）、辅助课程二（含观察对象的描述视频学习、现实环境体验）、辅助课程三

专题序列	专题内容
七	**主体课程**：人文融通培育专题"科技美"+形象思维+说明事物二及表达结构（人文主题"科技美"的理性认知与情景认知；要有合理的顺序、文本内容表达结构）。 **辅助课程**：选择性融入辅助课程一（含由分技能思维到技能思维的综合运用，语言积累及锤炼、仿写、个体选择性自由写作，等等）、辅助课程二（含再现对象的描述视频学习、现实环境体验）、辅助课程三
八	**体课程**：人文融通培育专题"建筑美"+形象思维+游记及结构二（人文主题"建筑美"的理性认知与情景认知；游记的思维方式与写法融通实践及结构一）。 **辅助课程**：选择性融入辅助课程一（含由分技能思维到技能思维的综合运用，语言积累及锤炼、仿写、个体选择性自由写作，等等）、辅助课程二（含再现对象的描述视频学习、现实环境体验）、辅助课程三
九	**主体课程**：人文融通培育专题"生命"+形象思维为主、抽象思维为辅+一般记叙文写作中的抒情、议论方式（人文主题"生命"的理性认知与情景认知；记叙文写作中思维方式与抒情、议论方式的融通运用）。 **辅助课程**：选择性融入辅助课程一（含由分技能思维到技能思维的综合运用，语言积累及锤炼、仿写、个体选择性自由写作，等等）、辅助课程二（含再现对象的描述视频学习、现实环境体验）、辅助课程三（+表达性写作）
十	**主体课程**：人文融通培育专题"未来世界"+形象思维+创写故事（人文主题"未来世界"的理性认知与情景认知；形象思维的想象、联想与故事形成思维与技能的融通运用）。 **辅助课程**：选择性融入辅助课程一（含由分技能思维到技能思维的综合运用，语言积累及锤炼、仿写、个体选择性自由写作，等等）、辅助课程二（含再现对象的描述视频学习、现实环境体验）、辅助课程三
十一	**主体课程**：人文融通培育专题"奋斗与人生"+形象思维+事件演讲（人文主题"奋斗与人生"的理性认知与情景认知；生动的事件形成技能）。 **辅助课程**：选择性融入辅助课程一（含由分技能思维到技能思维的综合运用，语言积累及锤炼、仿写、个体选择性自由写作，等等）、辅助课程二（含再现对象的描述视频学习、现实环境体验）、辅助课程三

专题序列	专题内容
十二	主体课程：人文融通培育专题"环境与人"+形象思维+编写小剧本（人文主题"环境与人生"的理性认知与情景认知；形象思维的想象、联想、生动的小剧本形成思维与技能的融通运用）。 辅助课程：选择性融入辅助课程一（含由分技能思维到技能思维的综合运用，语言积累及锤炼、仿写，个体选择性自由写作，等等）、辅助课程二（含再现对象的描述视频学习、现实环境体验）、辅助课程三

注：共十二个专题。建议每半年实施六个专题。

表3 九年级写作教育课程与教学法体系的主体内容

专题序列	专题内容
一	主体课程：人文融通培育专题"追求与奉献"+形象思维之联系的纵横升级、想象艺术性与发展性+人物形象的典型性、丰富性和生动性二（人文主题"追求与奉献"的理性认知与情景认知；形象思维与人物形象的个体性、典型性、丰富性、生动性技能的融通运用二）。 辅助课程：选择性融入辅助课程一（含由分技能思维到技能思维的综合运用，语言积累及锤炼、仿写，个体选择性自由写作，等等）、辅助课程二（含再现对象的描述视频学习、现实环境体验）、辅助课程三
二	文体写作学习基础课程：思辨类文体的基本特征与抽象思维融通的简单运用
三	主体课程：人文融通培育专题"人与社会"+抽象思维之形式逻辑思维基础+思辨文观点的确定（人文主题"人与社会"的理性认知与情景认知；形式逻辑思维与思辨文观点确定的融通运用）。 辅助课程：选择性融入辅助课程一（含由分技能思维到技能思维的综合运用，语言积累及锤炼、仿写，个体选择性自由写作，等等）、辅助课程二（含再现对象的描述视频学习、现实环境体验）、辅助课程三
四	主体课程：人文融通培育专题"文明与进步"+形象思维+抽象思维+思辨文的论据（人文主题"文明与进步"的理性认知与情景认知；形象思维、抽象思维与思辨文论据产生的融通运用）。 辅助课程：选择性融入辅助课程一（含由分技能思维到技能思维的综合运用，语言积累及锤炼、仿写，个体选择性自由写作，等等）、辅助课程二（含再现对象的描述视频学习、现实环境体验）、辅助课程三

专题序列	专题内容
五	主体课程：人文融通培育专题"环保与社会发展"+抽象思维之形式逻辑三种推理方式一演绎推理的简单运用+思辨文的内容分析（人文主题"环保与社会发展"的理性认知与情景认知；演绎推理与思辨文内容分析产生的融通运用）。 辅助课程：选择性融入辅助课程一（含由分技能思维到技能思维的综合运用，语言积累及锤炼、仿写，个体选择性自由写作，等等）、辅助课程二（含再现对象的描述视频学习、现实环境体验）、辅助课程三
六	主体课程：人文融通培育专题"科技与社会发展"+抽象思维之形式逻辑三种推理方式二归纳推理的简单运用+思辨文的内容分析（人文主题"科技与社会发展"的理性认知与情景认知；归纳推理与思辨文内容分析产生的融通运用）。 辅助课程：选择性融入辅助课程一（含由分技能思维到技能思维的综合运用，语言积累及锤炼、仿写，个体选择性自由写作，等等）、辅助课程二（含再现对象的描述视频学习、现实环境体验）、辅助课程三
七	主体课程：人文融通培育专题"智慧与人生"+抽象思维之形式逻辑三种推理方式三类比推理的简单运用+思辨文的内容分析（人文主题"智慧与人生"的理性认知与情景认知；类比推理与思辨文内容分析产生的融通运用）。 辅助课程：选择性融入辅助课程一（含由分技能思维到技能思维的综合运用，语言积累及锤炼、仿写，个体选择性自由写作，等等）、辅助课程二（含再现对象的描述视频学习、现实环境体验）、辅助课程三（+表达性写作）
八	主体课程：人文融通培育专题"和谐与发展"+抽象思维+思辨类文章的基本论证方式的简单运用（人文主题"和谐与发展"的理性认知与情景认知；抽象思维与思辨文基本论证方式的融通运用）。 辅助课程：选择性融入辅助课程一（含由分技能思维到技能思维的综合运用，语言积累及锤炼、仿写，个体选择性自由写作，等等）、辅助课程二（含再现对象的描述视频学习、现实环境体验）、辅助课程三
九	主体课程：人文融通培育专题"人与世界"+形象思维+抽象思维+思辨文写法的综合运用（人文主题"人与世界"的理性认知与情景认知；抽象思维与思辨文写法的融通运用）。 辅助课程：选择性融入辅助课程一（含由分技能思维到技能思维的综合运用，语言积累及锤炼、仿写，个体选择性自由写作，等等）、辅助课程二（含再现对象的描述视频学习、现实环境体验）、辅助课程三

专题序列	专题内容
十	主体课程：人文融通培育专题"人与人"+思辨文的结构（人文主题"人与人"的理性认知与情景认知；抽象思维与思辨文结构的融通运用）。 辅助课程：选择性融入辅助课程一（含由分技能思维到技能思维的综合运用，语言积累及锤炼、仿写，个体选择性自由写作，等等）、辅助课程二（含再现对象的描述视频学习、现实环境体验）、辅助课程三
十一	主体课程：人文融通培育专题"爱"+形象思维+抽象思维复杂的记叙文的写作（人文主题"爱"的理性认知与情景认知；形象思维、抽象思维与复杂的记叙文的写作描写、抒情、议论的结合的融通运用）。 辅助课程：选择性融入辅助课程一（含由分技能思维到技能思维的综合运用，语言积累及锤炼、仿写，个体选择性自由写作，等等）、辅助课程二（含再现对象的描述视频学习、现实环境体验）、辅助课程三
十二	主体课程：人文融通培育专题"自我发展与幸福"+形象思维+抽象思维+演讲稿（人文主题"自我发展与幸福"的理性认知与情景认知；形象思维、抽象思维与演讲稿写作的融通运用）。 辅助课程：选择性融入辅助课程一（含由分技能思维到技能思维的综合运用，语言积累及锤炼、仿写，个体选择性自由写作，等等）、辅助课程二（含再现对象的描述视频学习、现实环境体验）、辅助课程三

注：共十二个专题。建议每半年实施六个专题。

五、高中段"三主三辅交融并进"写作教育课程与教学法体系宏观结构创建

高中段三年"三主三辅交融并进"写作教育课程与教学法体系的总目标：在初中写作教育的基础上，基于高中学生思维、认知及写作特点，在人文素养发展方面，对人类及自身发展相关因素的认知与培育内容进行全面开掘，通过丰富、深刻的融通培育方式，全面培育高中生对人类及自身发展相关的重要素养，全面培育具有健全心灵、民族灵魂、世界素养、时代精神的"全人"；在思维方式与写作技能融通方面，侧重抽象思维，辅以形象思维与事物认识能力培育，以及思辨类文体写作由点到断面、篇章能力形成逻辑，内容层级逐步走向高阶的素养与内容产生逻辑的融通培育，在思辨类素养的培育过程中，辅以形象思维为主、抽象思维为辅的记

叙抒情类文本写作,实现文体交叉学习和素养互补,较好地培育高中生的抽象思维能力,深化其形象思维能力,使之能完成深刻、厚重、完整的思辨类文本和复杂的一般记叙抒情类文本。通过高中段三个年级"三主三辅交融并进"写作教育课程与教学法体系实现人文素养、思维方式与写作技能的主线、辅助线的融通发展,全面提高高中生人文素养及观察、思考与表达能力。下面以图表形式给出高中段"三主三辅交融并进"写作教育课程与教学法体系主体内容的创建示范。

表4 高一年级写作教育课程与教学法体系的主体内容

专题序列	专题内容
一	温习与提升主体课程:人文专题融通培育"爱"+形象思维之联系的纵横升级、想象艺术性与发展性、辅助抽象思维+人物形象和事件的典型性、丰富性、生动性(人文主题"爱"的理性认知;围绕中心,形象思维与人物形象和事件的个体性、典型性、立体性、生动性技能的融通运用,完成一篇复杂的记叙抒情类文章)。 辅助课程:融入辅助课程一(含初中所学的文体写作技能思维的综合运用,语言积累及锤炼、仿写,等等)、辅助课程二(含专题学习相关描述视频学习、现实环境体验)、辅助课程三(+表达性写作)
二	主体课程:人文专题融通培育"奋斗·发展·爱国"+抽象思维、思辨文写作的基础知识与技能思维基础融通学习课程(人文主题"奋斗·发展·爱国"的理性认知;抽象思维方式与思辨类文体特征、类型的深度融通运用及培育,思辨类文体包括一般思辨文、散文性思辨文〔含议论性随笔〕、短评〔含时评文〕,三类文体各初步完成一篇)。 辅助课程:选择性融入辅助课程一(含初中所学的文体写作技能思维的综合运用,语言积累及锤炼、仿写,个体选择性自由写作,等等)、辅助课程二(含专题学习相关描述视频学习、现实环境体验)、辅助课程三
三	主体课程:人文专题融通培育"改革·发展"+抽象思维分析推理与思辨文写作分析推理技能思维融通运用的基础课程体系(人文专题"改革·发展"的理性认知;形式逻辑思维基础知识与写作融通的基础运用:概念思维、判断思维、形式逻辑规律)。 辅助课程:选择性融入辅助课程一(含三个点的学习由分技能思维到技能思维综合运用)、辅助课程二(含专题学习相关描述视频学习、现实环境体验)、辅助课程三

专题序列	专题内容
四	主体课程：人文专题融通培育"环保·社会发展"+抽象思维分析推理与思辨文写作分析推理论证技能思维融通运用产生分析内容的基本方式及写作运用的课程体系一（人文主题"环保·社会发展"的理性认知；形式逻辑推理论证思维与思辨文写作分析推理技能思维的融通运用及培育体系；归纳推理逻辑思维与思辨文写作推理思维方式的融通运用）。 辅助课程：选择性融入辅助课程一（含由分技能思维到技能思维的综合运用）、辅助课程二（含专题学习相关描述视频学习、现实环境体验）、辅助课程三
五	主体课程：人文专题融通培育"革命·社会进步"+抽象思维分析推理方式与思辨文写作分析推理论证技能思维融通运用产生分析内容的基本方式及写作运用的课程体系二（人文主题"革命·社会进步"的理性认知；形式逻辑推理论证思维与思辨文写作分析推理技能思维的融通运用及培育体系；演绎推理思维与思辨文写作推理思维方式的融通运用）。 辅助课程：选择性融入辅助课程一（含由分技能思维到技能思维的综合运用）、辅助课程二（含专题学习相关描述视频学习、现实环境体验）、辅助课程三
六	主体课程：人文专题融通培育"诚信·发展"+抽象思维分析推理与思辨文写作分析推理论证技能思维融通运用产生分析内容的基本方式及写作运用的课程体系三（人文主题"诚信·发展"的理性认知；形式逻辑推理论证思维与思辨文写作分析推理技能思维的融通运用及培育体系；类比推理思维与思辨文写作推理思维方式的融通运用）。 辅助课程：选择性融入辅助课程一（含三个点学习由分技能思维到技能思维的综合运用）、辅助课程二（含专题学习相关描述视频学习、现实环境体验）、辅助课程三
七	主体课程：人文专题融通培育"个人·集体·成功"+抽象思维分析推理与思辨文写作分析推理论证技能思维融通运用产生分析内容的基本方式的写作综合运用（人文主题"个人·集体·成功"的理性认知；形式逻辑三种推理论证思维与思辨文写作分析推理技能思维融通的综合运用）。 辅助课程：选择性融入辅助课程一、辅助课程二（含专题学习相关描述视频学习、现实环境体验）、辅助课程三

专题序列	专题内容
八	文体交叉学习主体课程：人文专题融通培育"自信·自律·发展"+形象思维之联系的纵横升级、想象艺术性与发展性、辅助抽象思维+人物形象和事件的典型性、丰富性和生动性之二（人文主题"自信·自律·发展"的理性认知；围绕中心，形象思维与人物形象和事件的个体性、典型性、立体性、生动性技能的融通运用，写作一篇复杂的记叙抒情类文章）。 辅助课程：融入辅助课程一（含所学的文体写作技能思维的综合运用、个体选择性自由写作等）、辅助课程二（含专题学习相关描述视频学习、现实环境体验）、辅助课程三
九	主体课程：人文专题融通培育"科学·创新·发展"+结构性抽象思维与思辨文写作的结构融通培育一（人文主题"科学·创新·发展"的理性认知；结构性抽象思维之横向联系思维、纵向联系思维与思辨文写作结构技能思维融通培育及篇章结构运用）。 辅助课程：选择性融入辅助课程一、辅助课程二（含专题学习相关描述视频学习、现实环境体验）、辅助课程三
十	主体课程：人文专题融通培育"友善·和谐·社会发展"+抽象思维与思辨文写作分析论证逻辑思维融通进阶产生写作的分析内容的课程体系一（人文主题"友善·和谐·社会发展"的理性认知；辩证思维之联系地辩证分析与思辨文写作技能思维的融通运用及培育）。 辅助课程：选择性融入辅助课程一、辅助课程二（含专题学习相关描述视频学习、现实环境体验）、辅助课程三
十一	主体课程：人文专题融通培育"谦逊·尊重·发展"+抽象思维与思辨文写作分析论证逻辑思维融通进阶产生写作的分析内容的课程体系创构一：辩证思维之联系地辩证分析的思维与思辨文写作技能思维的融通运用及培育体系。 辅助课程：选择性融入辅助课程一、辅助课程二（含专题学习相关描述视频学习、现实环境体验）、辅助课程三
十二	主体课程：人文专题融通培育"公正·法治·社会发展"+抽象思维与思辨文写作分析论证逻辑思维融通进阶产生写作的分析内容的课程体系创构二：辩证思维之发展地辩证分析的思维及与思辨文写作技能思维的融通运用及培育体系。 辅助课程：选择性融入辅助课程一、辅助课程二（含专题学习相关描述视频学习、现实环境体验）、辅助课程三

注：共十二个专题。建议每半年实施六个专题。

表5　高二年级写作教育课程与教学法体系的主体内容

专题序列	专题内容
一	主体课程：人文专题融通培育"美德·人生"+抽象思维与思辨文写作分析论证逻辑思维融通进阶产生思辨文写作内容的课程体系创构三（人文主题"美德·人生"的理性认知；辩证思维之用联系地、发展地分析的综合思维与思辨文写作技能思维的融通运用及培育体系）。 辅助课程：选择性融入辅助课程一（含写作技能思维的综合运用）、辅助课程二（含专题学习相关描述视频学习、现实环境体验）、辅助课程三
二	主体课程：人文专题融通培育"革命·规则·进步"+抽象思维与思辨文写作分析论证逻辑思维融通进阶产生思辨文写作内容的课程体系创构四（人文主题"革命·规则·进步"的理性认知；辩证思维之矛盾观分析的思维与思辨文写作技能思维的融通运用及培育体系）。 辅助课程：选择性融入辅助课程一（含由分技能思维到技能思维综合运用）、辅助课程二（含专题学习相关描述视频学习、现实环境体验）、辅助课程三
三	主体课程：人文专题融通培育"环保·发展"+三种辩证思维方式与思辨文写作分析论证逻辑思维融通进阶思维表达方式的综合运用（人文主题"环保·发展"的理性认知；联系、发展、矛盾观三种思维表达方式的综合运用）。 辅助课程：选择性融入辅助课程一（含由两种技能思维综合运用到三种技能思维的综合运用）、辅助课程二（含专题学习相关描述视频学习、现实环境体验）、辅助课程三
四	文体交叉学习主体课程：人文专题融通培育"创造·幸福"+形象思维之联系的纵横升级、想象艺术性与发展性、辅助抽象思维+人物形象和事件的典型性、丰富性和生动性二（人文主题"创造·幸福"的理性认知；围绕中心，辅助抽象思维，形象思维与人物形象和事件的个体性、典型性、立体性、生动性技能的融通运用，写作一篇复杂的记叙抒情类文章）。 辅助课程：融入辅助课程一（含之前所学文体写作技能思维的综合运用，语言积累及锤炼、仿写；个体选择性自由写作，等等。自定人文点、自由写作一篇写景状物的文章）、辅助课程二、辅助课程三。

专题序列	专题内容
五	主体课程：人文专题融通培育"自由·平等·文明"+抽象思维与思辨文写作分析论证逻辑思维融通进阶产生思辨文高阶写作内容的课程体系创构一（人文主题"自由·平等·文明"的理性认知；融通进阶产生思辨文高阶写作内容的课程体系一、二：批判性思维的概念、特点与思辨文写作，批判性思维的基本技能之解释与思辨文驳论写作的融通运用［澄清批判思维对象的意义体系，产生主体观点和观点体系］；批判性思维的基本技能之分析与思辨文驳论写作的融通运用［观点及内容分析的批判性思维］）。 辅助课程：选择性融入辅助课程一（含由分技能思维到技能思维综合运用）、辅助课程二（含专题学习相关描述视频学习、现实环境体验）、辅助课程三
六	主体课程：人文专题融通培育"批判性思维·社会发展"+抽象思维与思辨文写作分析论证逻辑思维融通进阶产生思辨文高阶写作内容的课程体系创构二（人文主题"批判性思维·社会发展"的理性认知；融通进阶产生思辨文高阶写作内容的课程体系三、四：融通进阶产生思辨文高阶写作内容的课程体系三［批判性思维的基本技能之评估与思辨文驳论写作的融通运用：评价其主体观点及逻辑推理是怎样的］，融通进阶产生思辨文高阶写作内容的课程体系四［批判性思维的基本技能之推论、说明与思辨文驳论写作的融通运用］）。 辅助课程：选择性融入辅助课程一（含由分技能思维到技能思维综合运用）、辅助课程二（含专题学习相关描述视频学习、现实环境体验）、辅助课程三（+表达性写作）
七	主体课程：人文专题融通培育"民主·富强"+抽象思维与思辨文写作分析论证逻辑思维融通进阶产生思辨文高阶写作内容的课程体系创构三（人文主题"民主·富强"的理性认知；融通进阶产生思辨文高阶写作内容的课程体系五：融通进阶产生思辨文高阶写作内容的课程体系五［批判性思维的基本技能之自校准与思辨文驳论写作的融通运用：批判性思维的反思与完善］，批判性思维技能的综合运用）。 辅助课程：选择性融入辅助课程一（含由分技能思维到技能思维的综合运用）、辅助课程二（含专题学习相关描述视频学习、现实环境体验）、辅助课程三

专题序列	专题内容
八	主体课程：人文专题融通培育"勇敢·正义·发展"+批判性写作思维技能与形式逻辑、辩证逻辑思维在思辨文写作分析论证逻辑思维中的综合融通运用（人文主题"勇敢·正义·发展"的理性认知；形式逻辑思维、批判思维与辩证思维在思辨文写作分析论证逻辑思维中的综合融通运用）。 辅助课程：选择性融入辅助课程一（含由两个点的技能思维综合到技能思维综合运用）、辅助课程二（含专题学习相关描述视频学习、现实环境体验）、辅助课程三
九	主体课程：人文专题融通培育"传统文化与现代文明"+思辨文写作的语言表达融合进阶：形象思维与思辨文写作技能的深度、系统融通的教学内容课程体系创构。 辅助课程：选择性融入辅助课程一（含由分技能思维到技能思维综合运用）、辅助课程二（含专题学习相关描述视频学习、现实环境体验）、辅助课程三
十	主体课程：人文专题融通培育"觉醒·发展"+思维方式与思辨文写作分析论证结构逻辑思维融通产生篇章的写作运用体系创构：结构性抽象思维方式与思辨文写作结构技能思维融通培育的主体内容设计及教学法体系创构，形象思维、抽象思维与思辨文写作结构技能融通运用的创新教学途径体系创构。 辅助课程：选择性融入辅助课程一（含由分技能思维到技能思维综合运用）、辅助课程二（含专题学习相关描述视频学习、现实环境体验）、辅助课程三
十一	文体交叉学习主体课程：人文专题融通培育"生命健康与幸福"+形象思维之联系的纵横升级、想象艺术性与发展性、辅助抽象思维+人物形象和事件的典型性、丰富性和生动性二（人文主题"生命健康与幸福"的理性认知和情景认知；围绕中心，辅助抽象思维，形象思维与人物形象和事件的个体性、典型性、立体性、生动性技能的融通运用，写作一篇复杂的记叙抒情类文章）。 辅助课程：选择性融入辅助课程一（含技能思维的综合运用）、辅助课程二（含专题学习相关描述视频学习、现实环境体验）、辅助课程三
十二	主体课程：人文专题融通培育"国家的发展与世界"+思辨文写作之抽象思维方式形式逻辑和辩证逻辑思维、批判思维的综合运用。 辅助课程：选择性融入辅助课程一（含由两种思维方式和技能思维的融通组合到三种技能思维的综合运用）、辅助课程二（含专题学习相关描述视频学习、现实环境体验）、辅助课程三

注：共十二个专题。建议每半年实施六个专题。

表6 高三年级写作教育课程与教学法体系的主体内容

专题序列	专题内容
一	主体课程：人文专题融通培育"发展、幸福与自身因素"+高考作文基础等级要求综合学习与思维方式的融通运用（人文主题"发展、幸福与自身因素"的理性认知和情景认知；基础等级要求学习与抽象思维、形象思维综合融通运用）：（一）记叙抒情类文章高考作文基础等级内容、表达要求综合学习与思维方式的综合融通运用（文体运用［一般记叙文、抒情散文］，立意、内容与结构、语言；形象思维+抽象思维）。（二）议论类文章高考作文基础等级内容、表达要求综合学习与思维方式的综合融通运用（文体运用［一般议论文、散文性议论文、时评文］，立意、内容与结构、语言；抽象思维+形象思维）。 辅助课程：选择性融入辅助课程一（含读研写结合，写作主体个体性、个性化内涵素养与表达技能完善与提升）、辅助课程二（含专题学习相关描述视频学习、现实情景体验）、辅助课程三
二	主体课程：人文专题融通培育"人·社会·发展·幸福"+高考作文发展等级之"深刻"与思维方式的融通运用（人文主题"人·社会·发展·幸福"的理性认知和情景认知；"深刻"要求学习与抽象思维、形象思维综合融通运用）：（一）记叙抒情类文章之"深刻"要求与思维方式的融通运用（立意、内容和结构；形象思维+抽象思维）；（二）议论类文章之"深刻"要求与思维方式的融通运用（立意、内容和结构；抽象思维+形象思维）。 辅助课程：选择性融入辅助课程一（含由"深刻"的分要求与思维方式融通学习到总要求整合与思维方式综合融通运用，读研写结合，写作主体个体性、个性化内涵素养与表达技能完善与提升）、辅助课程二（含专题学习相关描述视频学习、现实情景体验）、辅助课程三
三	主体课程：人文专题融通培育"人·自然环境"+高考作文的发展等级之"丰富"的要求学习与思维方式的融通运用（人文主题"人·自然环境"的理性认知和情景认知；抽象思维、形象思维）：（一）记叙抒情类文章之"丰富"要求与思维方式的融通运用（内容；形象思维+抽象思维）；（二）议论类文章之"丰富"要求与思维方式的融通运用（内容；抽象思维+形象思维）。 辅助课程：选择性融入辅助课程一（含由"丰富"的分要求与思维方式融通学习到总要求整合与思维方式综合融通运用，读研写结合，写作主体个体性、个性化内涵素养与表达技能完善与提升）、辅助课程二（含专题学习相关描述视频学习、现实情景体验）、辅助课程三

专题序列	专题内容
四	主体课程：人文专题融通培育"人与历史、人类"+高考作文的发展等级之"深刻""丰富"要求与思维方式的综合融通运用（人文主题"人与历史、人类"的理性认知和情景认知；抽象思维、形象思维）：（一）记叙抒情类文章之深刻、丰富+思维方式（立意、内容和结构；形象思维+抽象思维）；（二）议论类文章之深刻、丰富+思维方式（立意、内容和结构；抽象思维 + 形象思维）。 辅助课程：选择性融入辅助课程一（含读研写结合，写作主体个体性、个性化内涵素养与表达技能完善与提升）、辅助课程二（含专题学习相关描述视频学习、现实情景体验）、辅助课程三
五	主体课程：人文专题融通培育"自由、民主、平等与发展"+高考作文的发展等级之"有创新"与思维方式的融通运用（人文主题"自由、民主、平等与发展"的理性认知和情景认知；抽象思维、形象思维）：（一）记叙抒情类文章之"有创新"（立意、内容与形式）+思维方式（形象思维+抽象思维）；（二）议论类文章之有创新（立意、内容与形式）+思维方式（抽象思维［侧重于批判性思维］+形象思维）。 辅助课程：选择性融入辅助课程一（含由"有创新"的分要求与思维方式融通学习到总要求整合与思维方式综合融通运用，读研写结合，写作主体个体性、个性化内涵素养与表达技能完善与提升）、辅助课程二（含专题学习相关描述视频学习、现实情景体验）、辅助课程三
六	主体课程：人文专题融通培育"公正、法制与社会发展"+高考作文的发展等级之"有文采"与思维方式的融通运用（人文主题"公正、法制与社会发展"的理性认知和情景认知；形象思维、抽象思维［理性之美］）：（一）记叙抒情类文章之"有文采"与思维方式的融通运用（形象思维、抽象思维［理性之美］）；（二）议论类文章之"有文采"与思维方式的融通运用（形象思维、抽象思维［理性之美］）。 辅助课程：选择性融入辅助课程一（含由"有文采"的分要求与思维方式融通学习到总要求整合与思维方式综合融通运用，读研写结合，写作主体个体性、个性化内涵素养与表达技能完善与提升）、辅助课程二（含专题学习相关描述视频学习、现实情景体验）、辅助课程三

续表

专题序列	专题内容
七	主体课程：人文专题融通培育"社会发展与人类文化"+高考作文的发展等级之"有创新""有文采"要求与思维方式的综合融通运用（人文主题"社会发展与人类文化"的理性认知和情景认知；抽象思维、形象思维）。 辅助课程：选择性融入辅助课程一（含读研写结合，写作主体个体性、个性化内涵素养与表达技能完善与提升）、辅助课程二（含专题学习相关描述视频学习、现实情景体验）、辅助课程三
八	主体课程：人文专题融通培育"改革、创新与发展"+高考作文的发展等级之"深刻""丰富""有创新""有文采"要求与思维方式的综合融通运用（人文主题"改革、创新与发展"的理性认知和情景认知；抽象思维、形象思维）。 辅助课程：选择性融入辅助课程一（含读研写结合，写作主体个体性、个性化内涵素养与表达技能完善与提升）、辅助课程二（含专题学习相关描述视频学习、现实情景体验）、辅助课程三

注：共八个专题。建议上半年实施五个专题，下半年实施三个专题。

六、各学段课程教学实施中的写作教学法

参照第一章核心理念"系统"里的"三、'全人·融通·系统'视域下写作教育课程与教学法系统结构建的宏观结构"中的教学法体系。

第二节　中学段"三主三辅交融并进"写作教育课程
与教学法体系专题内容创构示例

一、初中段"三主三辅交融并进"写作教育课程与教学法体系专题内容示例

八年级专题一：

"爱"+形象思维之联想、情景再现、想象+生动地描述一件事

一、专题融通培育学习目标

（一）人文素养整合性融通培育目标

学习古今中外关于"爱"的定义阐释，理解其本质与内涵、价值；学习正确地

爱的方式；通过实践活动，丰富、增进爱的体验，深刻认识和体悟爱与被爱的意义，促进对人及事件的认知能力和个体素养的发展。

（二）思维方式与写作技能融通培育目标

1. 学习运用联想、情景再现与想象产生记叙抒情类文章的局部内容、主体人物、过程情境。

2. 学习在记叙抒情类文章写作中运用联想、情景再现与想象生动形象地描述对象与事件。

二、主体内容一：人文素养整合性融通培育——"爱"的认知、体验、重建与表达的主体课程与教学内容

（一）人文智慧"爱"的理性认知、体验主体课程一：爱的内涵

1. "爱"的本质

爱是一种强烈的、积极的情感状态和心理状态，代表着对人或事物有深切真挚的感情，是一种对人、事、物十分深刻的喜爱。这种感情起源于人和人之间的亲密关系或者人和事物之间的联结，也可以起源于钦佩、慈悲或者共同的利益。

爱的本质可以从不同角度进行理解：

（1）情感角度

一般来说，爱会带来温暖的吸引、强烈的热情以及无私的付出。

（2）哲学角度

爱的本质是人类对生灵的理解，对生活充满喜悦，并以接纳一切为目标，进行行动实施。爱也是两个或者多个独立的主体，通过付出情感的方式，无意识地构建出了主体间的共生纽带。

（3）心理学角度

爱是一种能力，是一种能去爱并能唤起爱的能力。

（4）社会文化角度

"爱"在汉语中是一个多义的字，包含了爱情、友情、亲情、博爱，以及人对所有事物的根本情感。

2. 对"爱"的多样性解释

爱是一个普遍主题，不同文化、哲学和文学作品对其有不同的解释和表达。

（1）哲学家对爱的解释

柏拉图：爱是一个阶梯，从对肉体美的爱开始，逐步上升到对美的言行、美的知识的追求，最终达到对美本身的沉思。

康德："爱不是意愿的结果，而是一种感觉。"强调爱的自由本质。

克尔凯郭尔："爱是一切，它给予一切，也夺走一切。"强调爱的绝对性和复杂性。

萨特："爱就不评判。"强调爱的自由选择和责任。

汉娜·阿伦特：爱能够摧毁传统的中介物，显现人的真实自我。

阿兰·巴迪欧：将爱视为一种"真理程序"，强调爱是一种追求真理的过程。

（2）作家对爱的解释

纪伯伦：爱是"移动的海洋"。强调爱的自由流动性和包容性。

爱伦·坡："比爱更多的爱。"暗示爱中存在一种超越普通爱的深层情感。

罗伯特·弗罗斯特：爱为"不可抗拒的渴望"。揭示爱中的驱动力和内在冲动。

托妮·莫里森："稀薄的爱不是爱。"强调爱需要深度和真诚。

（3）宗教与文化传统中的爱

中国：儒家强调"仁爱"，认为爱是人与人之间的关怀和尊重。

印度：佛教认可爱作为一种精神和情感的力量，能够引导人们走向解脱和觉悟。

西方：基督教强调爱是神的本质，是信徒与神之间关系的核心。

这些不同的解释展示了爱在东西方文化中的多样面貌，从道德和哲学的角度到宗教和文学的角度，爱被赋予了丰富的内涵和多重意义。

（二）人文智慧"爱"的理性认知、体验主体课程二：爱的体现及价值

1. 爱的表现形式

分类标准不一，爱的表现形式、概念也不同。比如，按范围和价值层次分，有小我之爱和大爱之说，小爱如爱自己、爱父母、爱亲友等等，大爱如爱国、爱党、爱人民、爱人类、爱地球、爱自然等。这里选择部分爱的体现形态例说。

亲情：这是最基本的爱，存在于家庭成员之间。父母对子女的爱是无私的，子女对

父母的爱是感恩的，兄弟姐妹之间的爱则是相互扶持和理解。亲情是一种血肉之情。

友情：友谊中的爱是建立在共同兴趣、相互尊重和信任之上的。朋友之间的爱纯洁而真诚，他们在彼此需要时提供支持和鼓励。

爱情：这是广为人知的爱，它包含亲密、共鸣和奉献、担当。爱情涉及情感的深层次连接和精神的共鸣。

博爱：这是一种无条件的爱，超越了个人利益和感情。它是对人类的普遍的感情，对所有生命的尊重和关怀。

爱国：这是民族精神的核心，是公民与祖国之间牢固的情感纽带。中华民族有着深厚的爱国主义传统，这是中华民族的精神基因，对祖国的忠诚和热爱，是每一个公民基本的道德情感和义务。

爱自然：这是人类对大自然和地球的热爱、保护之情。它促使我们关心环境、保护动物和植物，珍惜自然资源，与大自然和谐共处。

2. 爱的价值与意义

爱的价值与意义涵盖了多个层面，包括个人心理、社会互动、文化价值等。主要体现在以下几个方面：

（1）个人心理和情感发展

爱能够满足人类的基本需求，如归属感、认同感和安全感。对心理健康和幸福感有积极影响，能够减轻压力和焦虑，提高生活满意度。增强心理韧性，使人在面临困境时具备更强的应对能力。

（2）社会功能与发展

爱是社会关系的纽带，能够增强社会的凝聚力和稳定性。提高社交能力、增强同理心和促进合作行为，会对个体的心理健康和社交关系产生积极影响。爱还能激发人类的创造力和灵感，推动社会的进步和发展。

（3）文化价值与精神追求

爱是社会和谐的润滑剂，有助于构建一个更加和谐、包容和进步的社会。爱是人类文明进步的重要推动力，它使人超越自私和狭隘，关注整个国家、人类和地球的福祉和发展。

（三）辅助课程：人文智慧"爱"的情境认知、体验

1. 情景学习课程+理性认知一

活着就是爱（节选）

我准备以我所获得的诺贝尔和平奖奖金为那些无家可归的人们建立自己的家园。因为我相信，爱源自家庭，如果我们能为穷人建立家园，我想爱便会传播得更广。而且，我们将通过这种宽容博大的爱带来和平，成为穷人的福音。首先为我们自己家里的穷人，其次为我们国家，为全世界的穷人。……因为在今天的世界上仍有如此多的苦难存在……当我从街上带回一个饥肠辘辘的人时，给他一盘米饭，一片面包，我就能使他心满意足了，我就能驱除他的饥饿。但是，如果一个人露宿街头，感到不为人所要，不为人所爱，惶恐不安，被社会抛弃——这样的贫困让人心痛，如此令人无法忍受。因此，让我们总是微笑相见，因为微笑就是爱的开端，一旦我们开始彼此自然地相爱，我们就会想着为对方做点什么了。

上面是特蕾莎修女获诺贝尔和平奖时发表演讲的部分内容。这篇演讲没有长篇大论，没有空洞的呼号，而是从平常的生活和人的最细微的感情出发，阐述她自己所坚持的大爱信念。特雷莎的语言是朴素平淡的，她所描述的和所做的都是平常的事情，但是正是这种平常中蕴含着不同寻常的情感力量，使我们的心灵受到震撼。

2. 情景学习课程+理性认知二

常香玉的故事：把爱献给祖国和人民

有这样一位老太太，她住的房子是由几个子女凑钱买的，面积不大，卧室只有10平方米，卧室里的柜子还是她21岁结婚时从旧货市场购买的，至今已有60年，桌子也有40多岁的"高龄"了。她就是中国当代家喻户晓的人物，杰出的豫剧大师常香玉。

新中国成立后，常香玉用自己演出的收入为农业社捐献了一台拖拉机；抗美援朝时，她与丈夫带着"香玉剧社"的演员赴全国各地义演，为志愿军捐献过一架飞机；十年动乱后，她把补发的所有工资作为党费全部上交；1998年，一些演员向她拜师学艺，准备搞个大型拜师会，常香玉说咱不搞那些花花形式，要为下岗职工干点实事，于是拜师会变成了义演募捐会，她自己又捐了2万，又动员她的五个孩子捐资1万，加上义演的门票收入6.7万元以及常派弟子、社会各界的捐助10多万

元，全交给有关部门资助下岗职工；2001年，她在河南洛阳儿童福利院看望孤残儿童时，捐资2000元；2003年，她为抗击"非典"又捐献了1万元……有一点需要提醒大家，常香玉没有走过穴，也不做商业演出，她的不少捐款都是从每个月1600元的退休金中节省下来的。

"人民艺术家"常香玉始终保持节俭、朴实、勤劳和奉献精神，积极参与社会公益活动，将自己的生命与舞台融为一体，用真情演绎来服务群众、奉献社会，展现了高尚的艺术家品德。她的行为不仅是对职业道德的践行，更是对社会责任的担当。

3. 情景学习课程+理性认知三

唐太宗吃蝗虫：爱百姓是治国之道

唐太宗贞观二年，京城长安一带久旱无雨，引发蝗灾。唐太宗李世民到地里巡视庄稼受灾情况，看见蝗虫，就捉了几只，祷告说："人有粮食吃才能活命，可今天你吃庄稼，祸害老百姓。老百姓有了过错，责任在我一个人。你要是有灵，就吃我的心，而不要祸害老百姓啊！"说完就要将蝗虫吞下肚里，大臣们连忙劝阻说："吃了蝗虫恐怕会致病，皇上千万不要吃。"太宗回答："我只希望把灾祸转到我一个人身上，哪还顾忌什么疾病呢？"于是吃下了蝗虫。

唐太宗在蝗灾面前的行为，将其愿为人民承担灾难的勇气和坚决消灭蝗虫的决心体现得淋漓尽致，也展现了他忧国忧民的形象。在国家有难之际，唐太宗首先想到的是人民，担忧的是民生，无怪乎当时的百姓对唐太宗无限爱戴。

4. 情景学习课程+理性认知四

走上保护自然之路：大自然也需要爱护

香港环保先驱温石麟在回忆自己怎样走上以保护自然为己任的道路上来时，首先想到的是自己的生物老师——他大学预科的生物教授。这位外籍老师是他爱护自然的最初的带领者。一次，他们去香港海边做海岸生态考察。那位老师站在退潮的烂泥里，告诉正在寻找生物样本的学生们："你们可以取上来观察，但是，结束后要放回原位，因为它们是属于这里的，我们是大自然的观察者，不应该破坏、扰乱大自然的平衡。"这位赤脚站在烂泥里的教师，一直引导着他的学生走向尊敬生命、爱护自然的生活。

热爱大自然就是热爱人类自己。因为天、地、人、万物原本是一体。若有天、有地、有万物，但没有人，那么天地万物的生存将失去意义。若无天、地，人与万物将不能生存。假如只有天、地、人的存在，而没有万物，天地间一片寂寥，人类将无以为生。所以，天、地、人、万物共同组成大自然，彼此息息相关，缺一不可。

5. 情景学习课程+理性认知五

触龙说赵太后：溺爱其实是害

战国时期，赵国面临强秦进攻，请求齐国支援。齐国要求赵太后的幼子长安君来做人质，方可出兵援救。赵太后溺爱幼子，坚决不同意。大臣触龙于是进谏，劝说太后，使她明白让幼子为国建功，既符合国家利益，也有利于长安君今后的地位稳固，这才是真正的母爱。赵太后幡然醒悟，接受了劝告。

"父母之爱子，则为之计深远。"真正的爱不是只顾眼前，而是考虑孩子在将来离开父母，走向社会时能够独立生活，能够正确面对困难和挫折，有能力解决各种问题，能够事业有成、家庭幸福。

（四）辅助课程：人文智慧"爱"的再认知、再体验、反思、个体性重建与写作表达

1. 人文智慧"爱"的批判性认知、再体验、个体性重建与写作表达

爱在现代文明里是一个普遍适用的概念，不仅存在于亲情、友情、爱情中，个人对普通大众，也可以有爱。爱看似是永恒的、正义的、完美的、纯净的、高尚的，可是实际生活中爱的表现比较复杂，人们对"爱"的认识和态度也会盲目、褊狭。

爱如果没有真实、正当的行动，就是假的、错误的。一些贪官台上讲忠于党、爱人民、廉洁为公，下台就被国家纪检部门带走。不要被爱的纷繁表象迷惑，应由表及里辨识真爱。

有时人们对爱的认识和态度流于肤浅和褊狭。比如，认为自私自利就是爱自己，认为只要听话就是爱父母，认为满足朋友的任何要求就是爱朋友……

日常生活中爱的形态有哪些复杂现象？你认为真爱是什么样子？怎样将真爱变成成长的动力和追求进步的行为？请把你的观察和思考写出来。

2. 人文智慧"爱"的社会体验、社会实践与个体性写作表达

通过参与社会实践，拓宽自己关于"爱"的视野和知识面，增强自己对爱的认识和体验。比如参观解放战争纪念馆、抗日战争纪念馆、烈士陵园、慈善机构、养老院等；到消防队举行"走近消防员，致敬火焰蓝"活动；参与环保、助老助残、教师节、劳模演讲会等活动。

在这些活动中，你看见了"爱"有哪些体现？你为"爱"付出哪些行动？你感觉哪些地方特别需要爱？有"爱"以及为"爱"付出有什么价值，对你有什么帮助？请将这些观察、体验、再认知整理成一篇文章，或者以某一以"爱"为主题的社会体验和社会实践的所见、所思为内容写一篇演讲稿。

3. 人文智慧"爱"的自我觉醒、个体性重建与写作表达

通过对自身"爱"主体智慧的认知及拥有现状的再认知、再体验、反思，自我调控，重建和发展文化智慧，并对再认知、再体验、反思和重建的具体内容进行写作表达。

你自己是否拥有对"爱"的正确认识？在对"爱"的认识与情感上是否有不足？是否爱国、爱你身边的人？你是否向身边的老师、父母、朋友、陌生人恰当表达过自己的爱？是否参与过慈善活动？是否有博爱之心，如是否对其他国家遭遇自然灾害产生同情和帮助之心？你是否对正处于战火、贫困、疾病中的地区予以关注？请把你的这些自我觉醒、个体性认识、自我调控，通过写作表达出来。

三、主体内容二：思维方式与写作技能融通培育——"形象思维之联想、情景再现、想象+生动地描述一件事"主要能力体系及融通运用

形象思维的主要思维方式是联想、情景再现、想象，是记叙抒情类文本写作的思维与技能基础，在写作时借助形象思维会使写作的内容空间更大、表现力更强。

要生动地描述一件事，首先要通过联想、情景再现等技能在脑海丰富的形象储备中提取和确定一件事，选择相关人物及活动特征、一件事的过程，再运用想象进行艺术化加工。形象思维与写好一件事的写作技能的融通运用，分为情景再现、形象加工、艺术化表现三个阶段。

1. 联想、情景再现：在生活事实中寻找事件对象、事件

（1）运用形象思维展开联想，再现活动场景和人物

生活中的素材十分庞杂，在写作主题的要求下，作者首先需要运用联想打开大脑中的生活宝库，选择合适的写作对象作为主要对象、相关人物、次要对象及能够很好表现人物的事件，确定相关的形象体系、协同关系。在"爱"的主题统领下，作者需要充分发挥联想力，在脑海丰富的形象储备中提取、选择素材：写谁？相关人物有哪些？哪一件事中包含着你的感情和态度评价，让你感到特别想写？是否选择事件中的相关人物，选择哪些相关人物？这些对象的主次关系怎样确定、协和？怎样才能构成一个形象丰满的人物和完整合理、生动的情节链条？记叙抒情类文章写作时的事件对象、事件选择，还须将作者的情感、所写人物的事件环境结合在一起，才能达到生动、感人的表达效果。

比如，一学生在作文《藏在细节里的爱》中选择了外婆帮"我"捡球这样一个很普通却很有表现力的事例作为主要事件，展现外婆对"我"的爱。事件中的人物选择了外婆、"我"，外婆是主要人物。事件的过程是：由于外婆说方言，"我"与外婆之间并不亲近，但当"我"的球落入污泥沟里时，外婆毫不犹豫地下到沟里去捡球，虽然她步履笨重，但她的脸上"挂着如向日葵般灿烂的笑"，让"我"感受到了外婆暖暖的爱，内心充满了温暖和幸福，消除了与外婆间的陌生感。文章选择一个普通事件、普通人物的活动及特征，却很触动人心。

（2）运用形象思维在事件过程中嵌入主次人物活动、表情、动作细节和人物语言，再现生动的活动场景和人物特征

比如，某篇学生习作《我终于懂得了那份爱》，作者在叙述中心事件"买衣服"时，特意提到在"我"想买衣服却被母亲说不适合时的"冷笑"，以及母亲最后答应为"我"购买时的平静。后来"我"发现衣服的标签会磨到脖子，回家后却发现母亲早已经将标签剪掉。这个时候，母亲的"嘴角泛起笑容"。在这篇文章中，"我"与母亲的态度形成了鲜明对比。我幼稚任性，母亲却将无私的爱"渗透到了我心灵的每个角落"。这组反差不仅没有削弱主题表达，反而促成"我"对母亲长久以来看似冷淡的态度的理解，从而深化了主题表达。

（3）运用形象思维在事件过程和人物活动中嵌入环境描写，生动再现活动情境

比如，一学生佳作《时光里的爱》，作者以老屋为背景，讲述了和奶奶之间的温馨时光。本文的环境描写堪称妙笔。奶奶在菜园里忙碌，绿色的辣椒也不时出来凑个热闹；奶奶和"我"开心地笑，同时"老屋也被这满院的笑声感染，朱红的大门更显鲜艳，冰凉的墙壁沐浴在阳光下笑靥如花"；蝉声聒噪，不绝于耳，让人心中有股无名的火在烧，而奶奶缝鞋垫的画面总能让"我"的心安静下来。多处环境描写与人物事件交替出现，不仅画面感十足，让读者置身其中，且与人物形象之间相互映衬，升华了情感，烘托了主题表达。

2. 运用联想和想象寻找和扩展内容：纵横展开扩展人物特征、场景及事件

记叙抒情类文本内容的寻找与拓展，自然离不开联想和想象的运用。按展开方式，联想可分为横向联想和纵向联想两类。通过横向联想产生和拓展描述内容，通过纵向联想增加内容的纵深感。围绕"爱"的专题写作学习，可运用纵横联想寻找、构建、呈现人物活动和事件过程，拓宽"爱"的宽度与厚度。

在确定写作对象和事件之后，通过运用形象思维纵横展开、扩展，寻求事件中丰富的人物特征、场景及事件过程，是必须进行的写作程序。

（1）运用形象思维按事件的纵向发展过程顺序展开联想，寻找、选择、组建人物活动和事件过程

比如，一学生习作《点点滴滴都是爱》，作者以春夏秋冬的纵向时间变迁为序，展开联想，列举了母亲为"我"倒牛奶、为熟睡的"我"盖被子、加班仍不忘为"我"做好晚饭、为"我"戴围巾等生活中的具体事例，表现了母亲对"我"的关爱之情，同时也表达了"我"对母亲的感激之情，人物活动场景具体，事件清晰，细节突出，主题鲜明。在架构文章时，选取让自己情感产生波动的几个代表性瞬间作为情感叙写、扩展、渲染的断面，既能够表达真挚的情感，也容易引起读者的共鸣。

（2）由点触发相关事件的横向联想，扩展写作内容

比如，一学生的习作《心里美滋滋的》，作者从给母亲拔白发这个细节入手，由"母亲的白发变多了"引发自己一连串的回忆、联想，叙写了很多感人事件。这

些相关联想，为作者寻找丰富、有表现力的文章材料打下了很好的基础。

3. 运用联想和想象：形象和事件的加工、美化

在真实呈现事件的基础上，为了传神地呈现人物和生活图景、事件，让人物形象和事件生动、完整，需要运用联想和想象对产生的人物形象和事件加工、美化。在写作实践中，主要的思维与表达技能融通运用的有人物和事件典型化想象描述法、环境和典型活动场景的想象构建描述法。

（1）人物和事件典型化想象描述法

典型化是作者对生活素材加工提炼，让人物形象和事件具有典型性、代表性的过程。社会现象极为纷繁，无数现象积聚在作者大脑，简单再现这些现象自然不能成为文章。记叙抒情类文章写作选择有代表性、表现力的人物和事件，需要作者从大量的现实人物特征和事件中进行反复的分析、比较、提取。比如，学生作品《母爱，点亮了我的青春》。母亲在作者心中相关的事件和人物特征是纷繁的，要写母亲的爱自然不能什么都写进来，怎样让事件和人物具有典型性、代表性？作者选择了一件"我"考试失利，母亲关心"我"的典型事件来表现人物的典型特征。文章前部分，写阴雨天的光线暗淡，"我"考试失利，情绪很低落，感到自己的青春岁月屡遭挫折，如天气一样暗淡无光，而母亲并没有批评"我"，她一边画画，有时眼睛明亮地看着"我"，一边用温和的语言开导"我"："天空不会总阴着，人不会总处于消沉中。"随后，她以画中的向日葵为喻、以她怎样克服困难为例引导"我"，照亮了"我"心中的灰暗。作者通过一个小事件，让读者管中窥豹，看见了母爱与母亲的智慧、"我"在母亲帮助下的成长。习作良好的表达效果，离不开作者在联想的基础上运用想象对人物形象和事件的选择、锤炼、再营构和情境、语言的美化。

（2）环境和典型活动场景的想象构建描述法

人物的活动离不开环境、活动场景的描写，有了这些描写，人物和事件才会生动起来。

①环境创构的想象描述法

环境是人物活动、事件的自然情景或者背景。通过联想和想象给人物形象和事

件增加自然情境，是人物和事件生动、增强感染力的重要写法。比如，一学生习作《与自然并肩而行》，当作者确定写自己与自然的接触，表达自然的美好以及对自然的热爱之后，通过纵向联想，确定这篇作文按时间顺序结构。作者按时间顺序营建了富有诗情画意的四季意境，如春天的花开鸟鸣、夏天的树林幽绿、秋天的树叶变红、冬天的大雪覆盖。作者还通过想象运用形容词描写、比喻和拟人等修辞手法，使这些环境如意境般更加生动有趣，将自己对大自然的赞美与喜爱表达得深挚，真切。

②典型的人物活动场景的想象构建描述法

记叙文塑造人物形象、构建事件情节发展，都离不开人物的活动场景。包括以人物活动为中心的有代表性、生动性的事件场景，人物活动的各种细节描写。人物活动场景的构建必须建立在联想的基础上，通过想象和典型化手段，对事件过程中人物之间发生各种关系时的众多生活画面与现象进行分析、摘取与锤炼，使场景充满感染力和表现力。因此场景的描述常常综合运用多种写作方法，如写景、叙事、外貌、对话、心理、行动描写等，这些描写还常常借助对比、比喻、拟人、夸张等多种修辞方法，实现对场景、人物、事件的生动描写。比如，一学生习作《时光里的爱》，作者围绕回忆中奶奶照料自己的几幅画面展开描写。每一幅画面都是一个活动片段，每一片段选择不同的视角，构建不同的环境和活动场景：天还没有亮，奶奶早早地为"我"准备营养搭配均衡的早餐，在明亮的灯光下温馨地看着"我"吃；雨天，奶奶打着伞在校门口等待，从众多的雨伞中走出来，来到"我"的面前，高兴地喊"我"的名字；晚上，那些老年人在外面遛弯、锻炼，奶奶却在灯下陪着"我"做作业；考试不利时安抚"我"；等等。这些具体场景中的外貌、语言、动作描写，对于表现奶奶对"我"的爱与付出有很重要的作用。为了让场景更加动人，作者展开想象，多处运用了拟人和比喻手法：餐桌上的灯光温情；餐盘上的辣椒向"我"红着脸；奶奶脸上的皱纹如花；雨中伞下奶奶的笑脸如一朵盛开的菊花；奶奶鞋帮上的小蝴蝶也仿佛有了生命，"似乎在向我歌唱"。

4. "形象思维之联想、情景再现、想象+生动地描述一件事"思维与技能的综合融通运用

通过联想、情景再现生活事实，寻找事件对象、事件，运用联想和想象纵横展

开寻找和扩展人物特征、场景及事件，再运用联想和想象对形象和事件进行加工、美化，这三个融通学习点，将形象思维与写作技能在写作实践中高度融合，帮助学生实现从原始材料到有表现力文章的过渡。

三者的综合运用，能构成生动的事件和人物形象。比如，一学生习作《岁月从不败爱意》，作者通过描述一个关于父女之间的日常场景，展现了父爱的伟大和坚韧。写作前，作者通过联想、情景再现父女之间的生活事实、寻找父亲的相关事件，将对父亲的爱集中在对他的"背影"上来描写。再运用联想和想象纵横展开寻找和扩展父亲的特征、活动场景及事件，并对父亲形象和事件进行加工、美化。作者选用了父亲挑担子、"我"骑车时父亲的呵护以及最后父亲拿着钥匙的场景，并通过一系列细致入微的细节描写，生动地展现了父爱的内敛、细腻和父亲无私的性格特征。文章结尾，作者再次发挥联想，通过父亲年轻时的形象和现在的对比，突出了时间的流逝中人物形象前后的巨大反差以及父亲为家庭的辛劳与付出，使父爱伟大的这一人文表现主题更加突出，增强了文章的感染力和表现力。

四、主体内容三：实战演练及辅助课程一、三

（一）实战题目

阅读下面的文字，根据要求作文。

爱有很多种：有令人潸然泪下的父母之爱，有让你铭记一生的朋友之爱，有只为付出不求回报的老师之爱。爱就在身边，也许就在父母的一个眼神里，在伙伴的一次帮助里，在老师的一句鼓励里。生活中并不缺少爱，缺少的是发现爱的眼睛。

请以《爱，原来就在这里》为题，写一篇文章。

要求：①思想健康，立意正确，事件具体，内容充实。②除诗歌，戏剧外，文体不限，语言流畅，书写清晰。③不得抄袭，不得套作，不少于600字。

（二）辅助课程一之个体性素养与表达技能的完善与提升

（三）辅助课程三：多元评价、完善与自我完善、建构

（两个辅助课程的具体内容见前相关部分阐述。）

五、教学法运用

（见本章第一节"四、教学法运用"的说明。）

二、高中段"三主三辅交融并进"写作教育课程与教学法体系专题内容示例

高一年级专题十二：

"公正·法治·社会发展"＋发展地辩证分析融通培育专题示例

一、专题融通培育学习目标

（一）人文素养整合性融通培育目标

理解"公正·法治·社会发展"的基本内涵，领会公正与法治对当今社会发展的重要意义；提高积极观察生活、深刻思考问题的能力，提升人文素养。

（二）思维方式与写作技能融通培育目标

掌握发展地辩证分析思维方式并进行写作表达。

二、主体内容一：人文素养整合性融通培育——"公正·法治·社会发展"的认知、体验与重建、表达的主体课程与教学内容

（一）人文智慧"公正·法治·社会发展"的理性认知与体验主体课程一：公正·法治

法治的含义、中西方法治区别及对西方法治的批判性认知见本书第二章第二节"四"。

1. 德治与法治

德治是中国古代的治国理论，是儒家学说倡导的一种道德规范，被封建统治者长期奉为正统思想。儒家学说是由春秋时期鲁国人孔子创立，逐步发展为以尊卑等级的仁为核心的思想体系，简称儒学，是中国影响最大的流派，也是中国古代的主流意识。儒家的德治就是以道德去感化教育人。儒家认为，无论人性善恶，都可以用道德去感化教育人。这种教化方式是一种心理上的改造，使人心良善，知道耻辱而无奸邪之心。儒家的德治对于维持封建社会的稳定起到一定作用。

法治以法律为基础，以法律为准绳，通过法律来规范国家权力，行使社会行为，保障公民权利，维护社会秩序和公平正义。法治需要思想道德建设先行，法治的运行需要道德支撑，法治的完善离不开道德制约。

2. 公正与法治

公正意味着权利的平等、分配的合理、机会的均等和司法的公正，是衡量社会

全面进步的重要尺度。实现和维护公正，最重要的制度保障便是民主法治。民主法治，是公平正义唯一的制度基础。

从严格意义上讲，法治必然要求公正，公正是法治题中应有之义。没有公正就没有法治，违背公正就不是法治。

3. 中西方对于公正、法治的认识

西方的公正观念可以追溯到古希腊时期，如柏拉图的正义论，认为正义就是社会的每个人做他自己分内的事，各司其职、各守其序并各得其所。近代以来，公正成为政治哲学、法学、社会学等学科的核心问题，讨论主要围绕自然权利、社会契约和社会福利等概念展开。西方公正观念往往强调个人权利、自由和平等机会的保障，倾向于通过制度设计和法律手段来实现公正。在实践中，西方社会注重程序正义，即确保法律程序公正、透明，以保障每个人的合法权益。西方法治在追求公平正义时更注重个人权利和自由，以及维护法律的稳定性和可预测性。

中国古代思想家具有丰富的公平正义思想，如孔子提出的"不患寡而患不均"，以及《礼记》中记载的"大道之行也，天下为公"的大同理想。古代中国的公正观念往往与道德伦理、社会和谐紧密相连，强调通过道德教化和社会规范来维护公正。在中国特色社会主义建设中，公正被赋予了新的内涵和时代特征。公正正义被视为中国特色社会主义的基本价值目标和核心价值观念，既继承了人类历史上进步的公正思想的精华，又体现了时代特色和制度特征。中国共产党人创造性地发展了马克思主义的公平观，强调分配公平，反对两极分化，把共同富裕作为社会主义革命和建设的目的。中国法治追求在社会主义法治体系下以人民为中心维护公平正义和人民的合法权益。

（二）人文智慧"公正·法治·社会发展"的理性认知与体验主体课程二：公正·法治·社会发展

公正是指社会公平正义。公正意味着每个人都应该得到平等的对待，无论其身份、地位、财富如何。公正的实现，需要法律的保障和司法的公正。只有当法律得到严格执行，司法公正得到保障时，人们才能相信自己的权益会得到保护，才能对社会充满信心和希望。这种信心和希望是推动社会发展的重要动力。

法治是社会秩序的守护者。它通过明确的法律规则，为人们的行为设定了界限，确保了社会的有序运行。法治的存在，使得每个人都能在法律的框架内自由行动，同时也受到法律的约束和保护。

法治为公正提供了制度保障，而公正则是法治追求的目标。法治与公正，是社会发展的基石。公正与法治相互促进，共同推动社会发展，对于构建一个和谐、稳定、繁荣的社会环境具有不可替代的作用。

(三) 辅助课程：人文智慧"公正·法治·社会发展"的再认知、再体验、反思、个体性重建与写作表达课程

1. 人文智慧"公正·法治·社会发展"的情景学习与个体性写作表达课程

(1) 文本素材及视频内容的认知、体验

素材一　历史公正：包青天之铡美案

背景：北宋时期，包拯以铁面无私、公正廉明著称，被誉为"包青天"。

事迹：新科状元陈世美被招为驸马后，抛弃了原配妻子秦香莲和一对儿女。秦香莲千里迢迢来京寻夫，却遭到陈世美的拒认和驱逐。在包拯的审理下，陈世美最终因欺君之罪和抛妻弃子行为被处以极刑。

意义：铡美案展示了包拯对于"法律面前人人平等"信条的坚持，以及对于社会公平和正义的维护。它体现了古代司法官员面对权贵时不畏强权、公正执法的精神。

素材二　中国人钝化的维权意识

春节时一位记者在年初五下午，从东莞虎门中心站乘坐公交车回寮步上班。上车后，他告知乘务员到寮步缪边路口下车。乘务员眼也不抬地说了句10块钱。记者当时就问乘务员："平时我坐公交，不是收费7元吗？"乘务员说："春节涨价了，7块只能坐到大岭山。"记者觉得这是乱涨价，就让乘务员拿出交通局的费用上涨通知，乘务员拿不出就大声吼道："别人都给10块钱，你没有钱就不要坐车呀，自己早点下车不要把位置占了。"整个公交车上的目光都聚焦在记者和乘务员身上。那一刻记者满脸通红，觉得自己作为消费者有维护自身利益的权利，于是他理直气壮地告诉乘务员："等我打个电话给市交通局，如果确有涨价的通知下发，我会按上调的价格支付。"乘务员一听就怕了，赶紧连声说："不好意思，对不起！"连7元钱都没收，不过记者还是主动支付了应给的7元费用。

然而让这位记者觉得不可思议的是，在他维权成功后没人跟着维权，不仅如

此，乘务员还对后来上车的乘客收费 10 元。像这类乱收费问题，愿意维权、敢于维权的人少之又少，大多数都没有反抗。

素材三 公平、法治是腐败的克星

2012 年 12 月 6 日，《财经》杂志副主编罗昌平连发三条微博，实名举报国家发展和改革委员会副主任刘铁男涉嫌学历造假、官商同盟巨额骗贷、恐吓威胁情妇等问题。

2013 年 5 月 12 日，国家发展和改革委员会副主任刘铁男涉嫌严重违纪，组织调查。

2013 年 8 月 8 日，中共中央纪委对刘铁男严重违纪违法问题进行立案检查。

根据国家发改委 2013 年 8 月 12 日的内部通报，刘铁男除了受贿 1000 多万元，其本人利用职务便利为亲属经营活动谋取利益及收受礼品，涉及金额超过 1.4 亿元；刘铁男与其子刘德成非法经营所得约 1.1 亿元，其妻子郭静华非法所得 3800 万元左右，并收受礼品折合约 41 万元。刘铁男非法所得累计超过 1.5 亿元。2014 年 12 月 11 日刘铁男被判无期徒刑。

素材四 视频

国家纪检部门录制的被惩治违法乱纪官员的忏悔录。

（2）社会体验和社会实践的认知、体验

到展馆或法治教育场地参观关于"公正·法治·社会发展"的各类展览；请律师或法院工作人员讲解法治与公正及其对社会、人生的意义；到社区或某公共场合进行法治情况调查、法治宣传、服务等。

（3）个体性写作表达

请结合提供的各类素材、参与的关于"公正·法治·社会发展"的实践活动，谈谈自己对"公正·法治·社会发展"人文素养专题的再认识，以及对当前社会法治现状以及未来应有前景的认识与建议。

2. 人文智慧"公正·法治·社会发展"的自我觉醒、个体性重建与写作表达课程

即学生通过自身对"公正·法治·社会发展"主体智慧及拥有现状的再认知、再体验、反思，重建人文素养，并对再认知和体验、反思和重建的具体内容进行写

作表达。

你对公正、法治的内涵，对公正、法治、社会发展三者的关系是否有正确的认识？还有哪些个体性认识？认识上还有哪些不足？对于日常生活中遇到或看到的不公正、不符合法治要求的现象，你是怎样看待的？社会上哪些为维护公正与法治的行为，令你深深感动？请把你的这些自我觉醒、个体性认识、自我调控通过写作表达出来。

三、主体内容二：思维方式与写作技能融通培育——辩证思维之发展地辩证分析与思辨文写作技能思维的融通及培育体系（详细知识阐述见本书第五章第三节"二"）

（一）发展地辩证分析与思辨文写作技能思维的融通培育

发展地辩证分析指的是对事物现象以发展辩证的眼光来看待，进行较为深刻的认知分析。发展地辩证分析主要包括两方面：第一，明确任何事物的发展都具有前进性和上升性的特点；第二，任何事物的发展都离不开量变到质变的无限交替过程。发展地辩证分析这种思维能让学生对事物有深刻、长远分析的能力，运用在思辨文中能使文章具有深刻性，是辩证类与思辨类写作的基本思维方式。

1. 发展的前进性和曲折性分析思维与思辨文写作技能思维的融通培育

根据事物发展具有前进性和曲折性特点，在思辨文写作中可以有以下几种分析路径：纵向性展开分析和螺旋式上升否定之否定分析以及偶然性和必然性的转换分析。

（1）一般纵向性分析

也就是一种按事物发展变化的过程进行思考的思维方法。如以下优秀习作片段：

法治，这一概念的萌芽与演变，犹如一条穿越时空的长河，承载着人类对于秩序、公正与自由的永恒追求。从古至今，法治的理念与实践在历史的长河中不断演进，形成了各具特色的法治文明。

在古代社会，法治的雏形往往与君主的权威和律法的制定紧密相连。那时，法律虽由君主颁布，但其目的多在于维护统治秩序，确保社会的基本稳定。随着社会的进步和文明的发展，人们对于法治的理解逐渐深化，不再仅仅将其视为统治者手中的工具，而是开始意识到法律对于保障个人权利、促进社会公正的重要作用。

进入近代，随着启蒙思想的兴起和资产阶级革命的爆发，法治理念得到了前所未有的重视和发展。这一时期，以民主、自由、平等为核心价值的法治观念深入人心，成为推动社会变革的重要力量。各国纷纷制定宪法和法律，确立起以宪法为核心的法律体系，明确了国家权力与公民权利的界限，为法治社会的建设奠定了坚实的基础。

在当代社会，法治已经成为衡量一个国家治理水平的重要标志。随着全球化的深入发展和信息技术的迅猛进步，法治建设面临着前所未有的挑战和机遇。一方面，跨国犯罪、网络犯罪等新型犯罪形态层出不穷，对传统的法治体系构成了严峻挑战；另一方面，互联网、大数据等技术的应用也为法治建设提供了新的思路和手段。因此，当代法治社会必须不断创新和完善法律体系，加强国际合作与交流，共同应对全球性挑战。

从历史的纵向视角来看，法治的发展是一个不断演进、不断完善的过程。它既是人类智慧的结晶，也是社会进步的必然产物。在未来的日子里，我们有理由相信，随着人类社会的不断发展和文明的持续进步，法治的理念与实践将会更加深入人心，为构建更加公正、和谐、美好的社会贡献更大的力量。

这个片段通过历史的纵向视角，对法治的演变和发展进行了一般纵向性的简要梳理和分析，展示了法治在不同历史时期的不同形态和作用，以及当代法治社会面临的挑战和机遇，对法治进行了较为深刻的思辨表达。

（2）否定之否定分析

也叫作螺旋式上升式分析。否定之否定规律是唯物辩证法的基本规律之一。它揭示了事物发展的前进性与曲折性的统一，整个发展过程包括：肯定、否定、否定之否定。如以下优秀习作片段：

最初，人们或许将公平简单地等同于"平均"，认为资源的均等分配即是公平的全部。然而，这种对公平的初步理解很快便遭遇了现实的挑战。人们逐渐意识到，绝对的平均主义忽视了个体间的差异与努力，反而可能抑制社会的活力与创造力，导致"大锅饭"式的低效与不公。

于是，公平的概念遭到了质疑，即从平均主义的桎梏中挣脱出来，向更加多元、动态的公平观转变。在这一阶段，人们开始重视效率与激励的作用，认识到合理的差异分配能够激发人们的积极性与创造力，从而推动社会整体的发展。这种基于能力与贡献的公平观，在一定程度上弥补了平均主义的不足，促进了社会资源的优化配置。

然而，随着社会的进步和人们认识的深化，这种看似更加合理的公平观也遭遇了新的质疑。人们发现，仅仅强调效率与贡献，可能会忽视弱势群体的利益，加剧社会的不平等与分化。于是，公平的概念再次向着更加全面、包容的方向发展。

之后公平被赋予了更加丰富的内涵：它既要尊重个体的差异与努力，鼓励效率与创造；又要关注社会的整体福祉，保障弱势群体的基本权益。这种新型的公平观，旨在构建一个既充满活力又和谐稳定的社会环境，让每个人都能在其中找到属于自己的位置，享受到应有的尊严与幸福。

通过否定之否定的哲学分析，我们可以看到，"公平"的概念并非一成不变，而是随着社会实践的发展而不断演进和完善。它既是人们追求的理想目标，也是推动社会进步的重要动力。否定之否定的发展辩证分析，让人们对公平的理解更加深刻和准确。

（3）偶然性和必然性的转换分析

事物发展过程中偶然性和必然性在一定条件下可以相互转化。认识到这一点，并以之展开对话题的分析，将使文章更加深刻。如以下优秀习作片段：

社会发展的车轮滚滚向前，其中公平与法治作为推动力量，其相互作用与演进过程充满了偶然性与必然性的交织。在历史的长河中，每一次社会制度的变革、法律体系的完善或是公平观念的革新，看似偶然发生，实则蕴含着深刻的必然性。

首先，在社会发展的某一阶段，某一具体事件或人物的出现，可能会成为触发公平与法治变革的导火索。比如，一次突如其来的社会危机可能促使政府加快改革步伐，完善法律体系，以保障公民的基本权利；或者，一位具有远见卓识的领袖可能提出新的公平理念，引领社会风尚，推动社会向更加公正的方向迈进。

然而，当我们深入剖析这些偶然现象背后的逻辑时，不难发现其中蕴含的必然性。社会发展的内在矛盾与冲突，如贫富差距的扩大、社会不公的加剧等，必然会引发民众对于公平与法治的强烈诉求。这种诉求积累到一定程度，就会转化为推动社会变革的强大动力。同时，随着人类文明的进步和认识的深化，人们对于公平与法治的理解也会不断演进和完善，从而推动法律体系和社会制度的自我更新与升级。

　　因此，可以说公平与法治的演进过程，是偶然性与必然性相互交织、相互转化的结果。偶然性为必然性的实现提供了契机和条件，而必然性则决定了社会发展的基本方向和趋势。在这个过程中，社会发展既是公平与法治变革的推动者，也是其变革成果的受益者。三者之间相互作用、相互影响，共同构成了人类社会不断向前发展的动力源泉。

　　作者先分析了社会发展中公平与法治变革的偶然性，随即又深入剖析了社会发展的必然规律，最终得出较为深刻的认识：公平与法治的演进过程是偶然性与必然性相互交织、相互转化的结果。

　　2. 质量互变分析思维与思辨文写作技能思维的融通培育

　　对事物进行发展辩证式分析还可以根据事物发展是量变与质变无限交替过程这一规律进行。如以下优秀习作片段：

　　公平与法治的演进，恰似一场漫长的旅程，其中量变与质变的互换不断推动着社会制度的完善与进步。起初，公平与法治或许只是零星散落在社会各个角落的微弱光芒，它们以微小的量变形式存在，不易察觉却持续累积。

　　随着时间的推移，这些量变逐渐汇聚成流，形成了对既有制度和观念的持续冲击与改造。在法律条文的每一次修订中，在司法实践的每一次进步里，都蕴含着公平理念的深化与法治精神的强化。这些看似微不足道的改变，实则是公平与法治量变积累的重要体现，悄然重塑着社会的法治生态，为质变的发生孕育着条件。

　　终于，当量变积累到一定程度时，质变便如破茧成蝶般悄然而至。一次重大的法律改革，或是一个具有里程碑意义的司法判决，都可能成为引发质变的导火索。它们不仅标志着公平与法治在某一领域或层面的根本性变革，更预示着整个社会法治文明的跃升。

　　然而，质变并非终点，而是新的量变起点。在质变之后，公平与法治又将踏上新的征程，继续经历着量变的累积与准备，为下一次质变蓄力。这种量变与质变的互换过程，构成了公平与法治发展的永恒旋律，推动着社会不断向前迈进。

　　因此，我们可以说，公平与法治的发展是一个量变与质变相互交织、相互促进的过程。在这个过程中，量变为质变提供了坚实的基础和准备，而质变则为量变指明了新的方向和目标。正是这种不断的量变与质变的互换，才使得公平与法治能够在历史的长河中不断演进和完善，成为人类社会发展的重要支撑和保障。

在探讨公平与法治的发展路径时，量变与质变的互换分析为我们揭示了其内在的动态演变规律。

（二）发展地辩证分析与思辨文写作技能思维融通培育主要能力点综合运用

即从上述"发展地辩证分析"融通培育主要能力点中任选两种或两种以上组合，进行能力点的综合运用，力求分析事物全面、深刻。

1. 一般纵向性分析、否定之否定分析与思辨文写作技能思维的综合融通运用

在历史的长河中，公平与法治的概念并非一成不变，而是随着社会的发展和文明的进步不断演进。从原始社会的简单规则到现代社会的复杂法律体系，公平与法治的内涵和外延都在不断拓展和深化。在原始社会，人们依靠简单的习俗和惯例来维持社会秩序，这些习俗和惯例虽然原始，但体现了初步的公平观念，即每个人在部落或民族内部都应享有平等的地位和机会。进入封建社会后，随着国家的形成和法律制度的建立，法制开始成为维护社会秩序的重要手段。然而，这一时期的法制往往带有浓厚的等级色彩和特权观念，公平的实现受到严重限制。随着资本主义的兴起和民主制度的建立，现代社会对公平与法治的追求达到了前所未有的高度。现代法治强调法律面前人人平等，保障公民的基本权利和自由，为公平的实现提供了坚实的制度基础。

随着社会的发展，公平与法治的内涵也在不断深化。从最初的简单规则到现代的法律体系，从维护社会秩序到保障人权和尊严，公平与法治的目标和追求越来越广泛和深刻。

在封建社会及以前的社会形态中，特权和不平等现象普遍存在。随着社会的进步和人们意识的觉醒，这些现象得到了深刻的批判和否定。这一否定过程推动了社会向更加公平和法治的方向发展。然而，现代法治制度在实践中也暴露出一些问题，如司法不公、法律漏洞等。这些问题促使人们对现代法治进行反思和完善。通过不断修改法律、加强司法监督等措施，现代法治制度得以更加公正和有效地运行。经过否定之否定的过程，公平与法治的发展达到了一个新的高度。这个高度不仅体现在法律制度的完善和司法公正的实现上，更体现在人们对公平与法治理念的深刻理解和广泛认同上。在这个高度上，公平与法治成为推动社会进步和发展的重要力量。

公平与法治的发展是一个纵向性的历史过程，也是一个否定之否定的辩证过程。在这个过程中，公平与法治的内涵和外延不断拓展和深化，为社会的和谐稳定和持续发展提供了坚实的制度保障。

该文在对公平和法治概念进行分析时，首先运用了纵向性分析，认为从原始社会到封建社会再到现代社会，公平和法治得到了历史性的演变。在第三段中，对公平和法治进行了否定之否定式的分析，深刻剖析了现代法治制度在实践中暴露出的一些问题。最后辩证地得出结论：公平和法治是推动社会进步和发展的重要力量，但自身的内涵和外延也在不断地更新拓展。

2. 偶然性和必然性的转换分析和质量互变分析与思辨文写作技能思维的综合融通运用

在人类社会的历史长河中，公平与法治作为社会进步的两大基石，其形成与发展既蕴含着深刻的必然性，也充满了偶然的转折与突变。

必然性的基石：社会进步的内在需求。我们需要明确的是，公平与法治的兴起与发展，从根本上讲，是社会进步的内在需求所驱动的。随着生产力的提高和社会关系的复杂化，人们逐渐意识到，只有建立公平的社会秩序和完善的法律体系，才能保障每个人的权益，促进社会的和谐稳定。这种需求是客观存在的，不受个人意志或偶然事件的影响，具有鲜明的必然性。

偶然性的催化：历史节点的关键抉择。然而，在公平与法治的具体实现过程中，偶然性也扮演了不可忽视的角色。历史的发展往往充满了不确定性，一些看似微不足道的偶然事件，却可能在关键时刻成为推动社会变革的重要力量。例如，一次偶然的社会运动可能引发人们对现有法律制度的深刻反思，进而推动法律的改革和完善；一位具有远见卓识的领袖的出现，也可能在关键时刻引领社会走向更加公平、法治水平更高的道路。这些偶然性事件虽然不可预测，但却以独特的方式加速了公平与法治的发展进程。

偶然性与必然性的转换：历史进程的辩证法。在公平与法治的发展过程中，偶然性与必然性并非孤立存在，而是相互交织、相互转化的。一方面，必然性为公平与法治的发展提供了方向和目标，使得社会能够在一定的轨道上稳步前行；另一方面，偶然性则为这一进程增添了不确定性和变数，使得历史的发展充满了曲折和惊喜。正是这种偶然性与必然性的转换，构成了历史进程的辩证法，使得公平与法治的发展充满了无限可能。

面对公平与法治的发展，我们既要看到其背后的必然性，坚定信心、持之以恒地推进社会进步；又要警惕偶然性可能带来的挑战和机遇，灵活应对、勇于创新。只有这样，我们才能在历史的洪流中把握方向、稳健前行，让公平与法治的光芒照亮人类社会的每一个角落。

可以从以上分析中看到，公平与法治的发展是偶然性与必然性相互转换的结果。在这个过程中，我们既要尊重历史的必然性规律，又要充分发挥人的主观能动性去应对各种偶然性挑战。只有这样，我们才能共同创造一个更加公平、正义、法治的社会。经过如此发展地辩证分析，我们对公平和法治的认识会既深刻又全面。

四、实战演练及辅助课程一、三

（一）实战演练

题目：阅读下面的文字，根据要求作文。

近年来，随着社会经济的快速发展和法治建设的不断推进，人们对于公平与正义的渴望日益增强。然而，在现实生活中，我们依然能看到一些不公平的现象，如教育资源分配不均、职场性别歧视、司法裁决中的偏见等，这些问题不仅损害了当事人的合法权益，也影响了社会的和谐稳定。在此背景下，探讨如何在法治的框架下实现更加广泛的公平，成为社会各界关注的焦点。

请结合当前社会实际，选取一两个具体领域（如教育、就业、司法等），深入分析其中存在的不公平现象及其原因，从法治的角度出发，探讨如何通过完善法律法规、加强执法力度、提高司法公正性等措施，来有效遏制和消除这些不公平现象。

要求：写一篇议论文，谈谈你的感想和思考，字数不少于800字，题目自拟，不得抄袭，不得透露个人信息。

（二）辅助课程一之个体性素养与表达技能的完善与提升

（三）辅助课程三：多元评价、完善与自我完善、建构

（两个辅助课程的具体内容见前相关部分阐述。）

五、教学法运用

（见本章第一节"四、教学法运用"的说明。）

参考文献

［1］艾尔弗雷德·诺思·怀特海. 教育的目的［M］. 张佳楠，译. 北京：教育科学出版社，2020.

［2］艾尔弗雷德·诺思·怀特海. 教育的本质［M］. 刘玥，译. 北京：北京航空航天大学出版社，2022.

［3］J. S. 布鲁纳. 教育的适合性［M］. 邵瑞珍，译. 北京：人民教育出版社，2021.

［4］约翰·杜威. 民主主义与教育［M］. 王承绪，译. 北京：人民教育出版社，2001.

［5］安德烈·焦尔当. 学习的本质［M］. 杭零，译. 上海：华东师范大学出版社，2015.

［6］汉纳·杜蒙，戴维·艾斯坦斯，弗朗西斯科·贝纳维德. 学习的本质：以研究启迪实践［M］. 杨刚，等译. 北京：教育科学出版社，2020.

［7］夸美纽斯. 大教学论［M］. 傅任敢，译. 北京：教育科学出版社，2015.

［8］保罗·A. 基尔施纳，卡尔·亨德里克. 学习是如何发生的［M］. 刘红瑞，姚梅林，译. 北京：中国青年出版社，2022.

［9］拉尔夫·泰勒. 课程与教学的基本原理［M］. 罗康，张阅，译. 北京：中国轻工业出版社，2014.

［10］黄光雄，蔡清田. 核心素养：课程发展与设计新论［M］. 上海：华东师范大学出版社，2017.

［11］施良方. 课程理论：课程的基础、原理与问题［M］. 北京：教育科学出版社，2020.

［12］经济合作与发展组织. 理解脑：新的学习科学的诞生［M］周加仙，等译. 北京：教育科学出版社，2014.

［13］约翰·杜威. 我们怎样思维·经验与教育［M］. 姜文闵，译. 北京：人民教育出版社，2005.

［14］大卫·苏泽，等．教育与脑神经科学［M］．方彤，黄欢，王东杰，译．上海：华东师范大学出版社，2014.

［15］826全美826National．基于课程标准的STEM教学设计［M］．北京：中国青年出版社，2018.

［16］马克斯·范梅南．生活体验研究：人文科学视野中的教育学［M］．宋广文，等译．北京：教育科学出版社，2003.

［17］爱德华·D.赫斯．学习的科学：如何学习得更好更快［M］．吕永安，汪建军，译．北京：中国青年出版社，2016.

［18］黛安娜·劳里劳德．教学是一门设计科学：构建学习与技术的教学范式［M］．金琦钦，洪一鸣，梁文倩，译．福州：福建教育出版社，2019.

［19］霍华德·A.奥兹门．教育的哲学基础（第九版）［M］．石中英，邓敏娜，等译．上海：上海教育出版社，2023.

［20］R. M.加涅，W. W.韦杰，K. C.戈勒斯，等．教学设计原理（第五版修订本）［M］．王小明，庞维国，陈保华，等译．上海：华东师范大学出版社，2018.

［21］孙培青．中国教育史（第四版）［M］．上海：华东师范大学出版社，2019.

［22］林崇德．21世纪学生发展核心素养研究［M］．北京：北京师范大学出版社，2016.

［23］北京教育科学研究院．教育现代化的理论进展与实践探索［M］．北京：北京师范大学出版社，2015.

［24］褚宏启．教育现代化的路径：现代教育导论（第2版）［M］．北京：教育科学出版社，2013.

［25］钟启泉．课程的逻辑［M］．上海：华东师范大学出版社，2019.

［26］钟启泉．现代课程论（新版）［M］．上海：上海教育出版社，2015.

［27］钟启泉，汪霞，王文静．课程与教学论［M］．上海：华东师范大学出版社，2009.

［28］夏红梅，郭惠宇．阅读教学与思维品质［M］．上海：上海教育出版社，2019.

［29］郭成．课堂教学设计［M］．北京：人民教育出版社，2007.

［30］皮连生. 教学设计（第2版）［M］. 北京：高等教育出版社，2009.

［31］皮连生，刘杰. 现代教学设计［M］. 北京：首都师范大学出版社，2010.

［32］钟启泉. 深度学习［M］. 上海：华东师范大学出版社，2021.

［33］钟启泉. 教学设计［M］. 上海：华东师范大学出版社，2022.

［34］钟启泉. 教学策略［M］. 上海：华东师范大学出版社，2023.

［35］麦克·格尔森. 如何设计深度学习的课堂：引导学生学习的176个教学工具［M］. 刘卓，刘雯睿，吕瑶，译. 北京：中国青年出版社，2022.

［36］夏雪梅. 项目化学习设计：学习素养视角下的国际与本土实践［M］. 北京：教育科学出版社，2021.

［37］郑国民，关惠文，任刚，等. 基于学生核心素养的语文学科能力研究［M］. 北京：北京师范大学出版社，2017.

［38］倪文锦，等. 语文教育学概论［M］. 北京：高等教育出版社，2009.

［39］倪文锦，谢锡金. 新编语文课程与教学论［M］. 上海：华东师范大学出版社，2006.

［40］薛彦华，蔡辰梅. 全人教育理论与实践［M］. 北京：北京师范大学出版社，2020.

［41］童庆炳. 文学理论教程（第四版）［M］. 北京：高等教育出版社，2008.

［42］胡经之. 文艺美学［M］. 北京：北京大学出版社，1989.

［43］蔡毅. 创造之秘：文学创作发生论［M］. 昆明：云南人民出版社，2011.

［44］童庆炳. 现代心理美学［M］. 北京：中国社会科学出版社，1993.

［45］孙绍振. 审美形象的创造：文学创作论［M］. 福州：海峡文艺出版社，2009.

［46］孙绍振. 美的结构［M］. 北京：人民文学出版社，1988.

［47］司新华. 语文教学的高阶策略：基于学科本质的创新实践［M］. 重庆：西南师范大学出版社，2020.

［48］彭聃龄. 普通心理学（第4版）［M］. 北京：北京师范大学出版社，2002.

［49］林崇德. 学习与发展：中小学生心理能力发展与培养［M］. 北京：北京师范大学出版社，2017.

［50］林崇德. 发展心理学（第二版）［M］. 北京：人民教育出版社，2009.

[51] 庞维国. 自主学习：学与教的原理和策略[M]. 上海：华东师范大学出版社，2004.

[52] 皮连生. 学与教的心理学（第五版）[M]. 上海：华东师范大学出版社，2009.

[53] 张大均. 教育心理学（第三版）[M]. 北京：人民教育出版社，2015.

[54] 林崇德. 教育与心理发展：教育为的是学生发展[M]. 北京：北京师范大学出版社，2013.

[55] 卢家楣. 情感教学心理学[M]. 上海：上海教育出版社，2013.

[56] 爱德华·E. 史密斯，斯蒂芬·M. 科斯林. 认知心理学：心智与脑[M]. 王乃弋，罗跃嘉，等译. 北京：教育科学出版社，2017.

[57] 高觉敷. 西方心理学史论[M]. 合肥：安徽教育出版社，1995.

[58] 朱智贤. 儿童心理学（第六版）[M]. 北京：人民教育出版社，2018.

[59] 陈帼眉，冯晓霞，庞丽娟. 学前儿童发展心理学[M]. 北京：北京师范大学出版社，2013.

[60] 黄月胜. 小学儿童心理学[M]. 北京：北京师范大学出版社，2013.

[61] 林崇德. 中学生心理学[M]. 北京：中国轻工业出版社，2013.

[62] 邱莉. 中学生认知与学习[M]. 北京：北京师范大学出版社，2020.

[63] 王可. 中学生的写作认知能力与培养[M]. 北京：科学出版社，2011.

[64] 张新立. 心路弯弯：中学生自我教育心理学（修订版）[M]. 北京：人民军医出版社，2012.

[65] 冯建军. 生命与教育[M]. 北京：教育科学出版社，2004.

[66] 叶澜. 回归突破："生命·实践"教育学论纲[M]. 上海：华东师范大学出版社，2015.

[67] 冯亚东. 平等、自由与中西文明：兼谈自然法（第二版）[M]. 西安：陕西人民出版社，2012.

[68] 牟复礼. 中国思想之渊源（第二版）[M]. 王重阳，译. 北京：北京大学出版社，2016.

[69] 张立文. 中国哲学史新编（第2版）[M]. 北京：中国人民大学出版社，2012.

[70] 孙叔平. 中国哲学史稿[M]. 上海：上海人民出版社，1981.

[71] 北京大学哲学系中国哲学教研室. 中国哲学史（第二版）[M]. 北京：北京大学出版社，2003.

[72] 冯契. 冯契文集（增订版）[M]. 上海：华东师范大学出版社，2016.

[73] 李泽厚. 中国古代思想史论[M]. 北京：人民文学出版社，2020.

[74] 李泽厚. 中国现代思想史论[M]. 上海：生活·读书·新知三联书店，2008.

[75] 李泽厚. 中国近代思想史论[M]. 北京：人民文学出版社，2020.

[76] 萧公权. 中国政治思想史[M]. 北京：商务印书馆，2011.

[77] 李泽厚，刘纲纪. 中国美学史[M]. 北京：中国社会科学出版社，1987.

[78] 王一川. 美学原理（第二版）[M]. 北京：中国人民大学出版社，2021.

[79] 叶朗. 美学原理[M]. 北京：北京大学出版社，2009.

[80] 李泽厚. 美的历程[M]. 北京：人民文学出版社，2023.

[81] 成中英. 本体与诠释：美学、文学与艺术：第七辑[M]. 杭州：浙江大学出版社，2011.

[82] 成复旺. 中国古代的人学与美学[M]. 北京：中国人民大学出版社，1992.

[83] 金元浦. 中国文化概论（精编本）[M]. 北京：中国人民大学出版社，2014.

[84] 张岱年，成中英，等. 中国思维偏向[M]. 北京：中国社会科学出版社，1991.

[85] 蔡元培. 中国人的修养[M]. 北京：中国华侨出版社，2020.

[86] 楚渔. 中国人的思维批判[M]. 北京：人民出版社，2011.

[87] 许倬云. 中国文化的精神[M]. 北京：人民出版社，2024.

[88] 张岱年，程宜山. 中国文化精神[M]. 北京：北京大学出版社，2015.

[89] 阿瑟·亨德森·史密斯. 中国人的性格[M]. 姚锦镕译，北京：中国华侨出版社，2011.

[90] 王柯平. 中国人的思维[M]. 高艳萍，译. 北京：中国大百科全书出版社，2018.

[91] 徐复观. 中国人之思维方法·诗的原理[M]. 北京：九州出版社，2014.

[92] 赵敦华. 西方哲学简史[M]. 北京：北京大学出版社，2001.

［93］江怡. 当代西方哲学演变史［M］. 北京：人民出版社，2009.

［94］曹顺庆. 西方文化概论［M］. 北京：中国人民大学出版社，2016.

［95］戴尔·卡耐基. 人性的优点全集［M］. 亦言，译. 北京：中国友谊出版公司，2020.

［96］戴尔·卡耐基. 人性的弱点全集［M］. 亦言，译. 北京：中国友谊出版公司，2017.

［97］马涛，孙瑞雪，于洋，等. 现代人本主义哲学家的智慧［M］. 天津：天津人民出版社，2020.

［98］王志敏，方珊. 佛教与美学［M］. 沈阳：辽宁人民出版社，1989.

［99］孙昌武. 佛教与中国文学［M］. 上海：上海人民出版社，2019.

［100］高楠. 道教与美学［M］. 沈阳：辽宁人民出版社，1989.

［101］申喜萍,王涛. 玄风道韵：道教与文学［M］. 成都：四川人民出版社，2012.

［102］孙津. 基督教与美学［M］. 重庆：重庆出版社，1990.

［103］刘成纪. 自然美的哲学基础［M］. 北京：中国社会科学出版社，2020.

［104］张子程. 自然生态美论［M］. 北京：中国社会科学出版社，2012.

［105］马正平. 高等写作学引论（第二版）［M］. 北京：中国人民大学出版社，2011.

［106］马正平. 中学写作教学新思维［M］. 北京：中国人民大学出版社，2003.

［107］翟京华. 语文新课程研究性学习与审美教育：走向智慧语文的思考与实践［M］. 北京：人民教育出版社，2007.

［108］杨义. 中国叙事学（增订本）［M］. 北京：商务印书馆，2019.

［109］浦安迪. 中国叙事学（第2版）［M］. 北京：北京大学出版社，2018.

［110］申丹，王丽亚. 西方叙事学：经典与后经典（第二版）［M］. 北京：北京大学出版社，2023.

［111］田子馥. 中国诗学思维［M］. 北京：人民出版社，2010.

［112］刘阳. 叙事逻辑研究［M］. 上海：华东师范大学出版社，2017.

［113］吴士余. 中国小说美学论稿［M］. 上海：上海三联书店，1991.

［114］唐孝威，何洁，等. 思维研究［M］. 杭州：浙江大学出版社，2014.

［115］李枫，舒静庐．科学思维［M］．北京：国家行政学院出版社，2011.

［116］王小燕．科学思维与科学方法论［M］．广州：华南理工大学出版社，2006.

［117］连瑞庆．形象思维与中学语文教学［M］．北京：教育科学出版社，2016.

［118］樊春风．形象思维［M］．沈阳：辽宁教育出版社，2018.

［119］华东师范大学哲学系逻辑学教研室．形式逻辑（第五版）［M］．上海：华东师范大学出版社，2016.

［120］王黔玲．形式逻辑简明教程［M］．成都：四川大学出版社，2012.

［121］沙青，徐元瑛．辩证逻辑简明教程［M］．石家庄：河北人民出版社，1984.

［122］于惠棠．辩证思维逻辑学［M］．济南：齐鲁书社，2007.

［123］董毓．批判性思维原理和方法：走向新的认知和实践［M］．北京：高等教育出版社，2010.

［124］加里·R.卡比，杰弗里·R.古德帕斯特．批判性思维与创造性思维（第4版）［M］．韩广忠，译．北京：中国人民大学出版社，2016.

［125］文森特·鲁吉罗．超越感觉：批判性思考指南（第九版）［M］．顾肃，董玉荣，译．上海：复旦大学出版社，2021.

［126］布鲁克·诺埃尔·摩尔，理查德·帕克．批判性思维（原书第12版）［M］．朱素梅，译．北京：机械工业出版社，2021.

［127］谷振诣，刘壮虎．批判性思维教程［M］．北京：北京大学出版社，2006.

［128］武宏志．批判性思维［M］．北京：高等教育出版社，2016.

［129］冯周卓，左高山．批判思维与论辩［M］．北京：北京大学出版社，2015.

［130］武宏志，周建武．批判性思维：论证逻辑视角（修订版）［M］．北京：中国人民大学出版社，2010.

［131］欧阳林．批判性思维与中学语文学习［M］．北京：中国人民大学出版社，2017.

［132］田中泰延．为自己而写：改变人生的简单写作技巧［M］．台湾：平安文化，2021.

［133］埃利森·凡伦．写作即疗愈：用文字改写人生［M］．俞强，译．北京：中国人民大学出版社，2022.

[134] 司新华. 高中写作新学程[M]. 北京：语文出版社，2017.

[135] 司新华. 适应性：语文教材编写的基本原则——兼及刍议部编版高中语文教材的编写[J]. 读写月报，2022（9）.

[136] 司新华. 写作的基础性、动力性核心品质的培育[J]. 读写月报，2020（9）.

[137] 司新华. 解释、分析：批判性写作思维的基本技能[J]. 中学语文教学参考，2019（31）.

[138] 司新华. "双线交融并进"的写作教学内容体系——人教课标版教材高中写作教学内容的全面优化改革[J]. 语文教学通讯，2018（10）.

[139] 司新华. 情感审美体验：文学教育的深层耕耘[J]. 中学语文教学参考，2015（34）.

[140] 司新华. 中学文学作品教学中高级情操的培育[J]. 基础教育课程，2015（23）.

[141] 司新华. 例谈科普文教学中的科学思维培育[J]. 中学语文教学参考，2018（19）.

[142] 司新华. 高中写作教学内容构建的两个基本原则[J]. 语文建设，2018（16）.

[143] 司新华. 写作教学，让学生怎样行走[J]. 中学语文教学参考·上旬，2015（16）.

[144] 司新华. 探究四法：让写人叙事文阅读走向深入[J]. 语文教学通讯，2015（13）.

[145] 司新华. 议论文结构创新的教学策略[J]. 语文教学通讯，2014（25）.

[146] 司新华. 例谈文学作品教学中"人"的缺失[J]. 语文建设，2014（22）.

[147] 司新华. 新课程推行中的典型桎梏[J]. 语文教学通讯，2011（34）.

[148] 司新华.《〈诗经〉两首》的人文意义[J]. 语文教学通讯，2011（10）.

[149] 司新华. 例谈课堂教学拓展的主要方法[J]. 语文建设，2011（2）.